Hg. Regina Nössler
Claudia Gehrke

Freiheit

Konkursbuch 59

Konkursbuch
Verlag Claudia Gehrke

Inhaltsverzeichnis

Film und Wissenschaft

Frauen, Männer, Kinder

Freiheit, nur eingeschränkt zu haben

Gefangen in Liebe, frei von Liebe

Aufbrechen

Unfrei. Gefangen.

Freiheit, die ich meine

Anna Breitenbach

Vorwort

Die sprach- und medienkritische Initiative „Floskelwolke“ wählte 2022 Freiheit zur „Floskel des Jahres“. In der Begründung hieß es u.a., der Freiheitsbegriff werde „entwürdigt von Egoman*innen, die rücksichtslos demokratische Gesellschaftsstrukturen unterwandern“. Sie verkehrten im Namen der Freiheit „selbstgerecht und unsolidarisch die essenziellen Werte eines Sozialstaates ins Gegenteil – alles für den eigenen Vorteil“.

Freiheit, so weiter, sei weder Gegenstand der Kritik noch eine hohle Phrase – sondern nur egoistische Fehldeutungen ließen sie zur Floskel verkommen.

Das Thema Freiheit ist komplex. Beinahe entzieht es sich, weil es einerseits seltsam abstrakt und theoretisch erscheint, andererseits ganz konkret und unmittelbar ist. Konkret im Großen (der Planet, Staat, Gesellschaft), wie auch im Kleinen (Beruf, Beziehungen, Familien etc.). Freiheit oder Unfreiheit, das betrifft Menschen schließlich direkt. Verstehe ich unter Freiheit nicht mehr als bloß die Wahl zwischen irgendwelchen Konsumgütern? Ob und wie viele ich mir davon leisten kann? Oder die Frage, wie schnell ich über die Autobahn brettern kann? Das Beharren auf meiner alten Ölheizung? Dann wäre der Begriff wirklich abgewertet. Denn das Bestreben nach Freiheit, der Kampf darum, wird an vielen Orten der Welt auch heute noch sanktioniert oder sogar mit dem Tod bestraft.

„Freiheit, die ich meine“ ist offenbar tief im kollektiven Gedächtnis verankert. Einige der hier Mitwirkenden greifen das Zitat auf oder haben ihren Text so genannt. 1813 schrieb Max von Schenkendorf unter dem Eindruck der Befreiungskriege (1813–1815) das gleichnamige Gedicht. Später wurde es von Karl August Groos vertont und fortan zu einem beliebten Volkslied. Im zwanzigsten Jahrhundert eigneten es sich die Nazis an – natürlich, was eigneten sie sich nicht an? – und es landete im SA-Liederbuch.

Rosa Luxemburg schrieb 1918: „Freiheit ist immer Freiheit der Andersdenkenden.“

Und Janis Joplin nahm 1970 den Song „Me and Bobby McGee" auf (Original von Kris Kristofferson), in dem es heißt: „Freedom is just another word for nothing left to lose."

Frei wie ein Vogel. – Diese Freiheit nehme ich mir. – Machen Sie sich frei. – Ich bin so frei. (Wobei Letzteres, ganz am Rande, übrigens oftmals nichts Gutes bedeutet, sondern im Gegenteil die Grenzen anderer überschreitet.)

Wir, Sie alle, die das hier lesen, jedenfalls die meisten, können – und sollten – uns glücklich schätzen, viele der Freiheiten zu genießen, die anderen auch im 21. Jahrhundert verwehrt bleiben. Wir können unsere Meinung frei äußern (dieses Freiheitsrecht wird von einigen leider falsch verstanden, Stichwort Hassrede), dürfen an freien, geheimen Wahlen für unsere Vertreter im Parlament teilnehmen, haben das Recht auf Freizügigkeit und können außerdem, eingeschränkt vielleicht durch monetäre Hindernisse, so frei leben – mehr oder weniger –, wie wir wollen.

Wir sind frei. Aber wir müssen uns auch an die üblichen Regeln halten. Die beruhen auf dem Strafgesetzbuch, dem BGB, der Straßenverkehrsordnung, der Studienordnung, Hausordnungen, WG-Putzplänen und vielen weiteren großen und kleinen Regelungen mehr. Hinzu kommen außerdem nicht festgelegte Regeln des alltäglichen Miteinanders, ohne die soziales Leben nicht funktionieren würde. Wir können nicht komplett alles ausleben, wie wir es uns vielleicht wünschen – täten wir es, würden wir individuell vollkommen frei agieren, quasi entfesselt, dann wären wir vermutlich auch ganz schnell einsam. Denn, wie auch viele der Texte in diesem Band sagen, die eigene Freiheit hört oftmals dort auf, wo die anderer beginnt bzw. wo sie diese einschränkt. Womit wir wieder bei Rosa Luxemburgs wunderbarem Satz wären, auch wenn sie damit 1918 keineswegs alle Menschen aus jeder Schicht/Klasse oder mit jeder Weltanschauung meinte, sondern andere linke „verfeindete" Gruppierungen im Blick hatte.

Durch die gesamte Geschichte hindurch haben Menschen für ihre Freiheit gekämpft. Und das tun sie auch heute noch. People of Color. Frauen. Menschen in Diktaturen. Freiheit ist nicht selbstverständlich. Niemals. Weder die große noch kleine Freiheiten. Freiheit kann ganz schnell verloren gehen. Das sollten wir uns immer vergegenwärtigen.

Um mit der populären Kultur zu enden – in dem Song „Born, never asked“ von Laurie Anderson aus dem Album „Big Science“ von 1982 heißt es:

It was a large room./Full of people./All kinds./And they had all arrived at the same building at more or less the same time./And they were all free./And they were all asking themselves the same question:/What is behind that curtain?/You were born./And so you're free./So happy birthday.

Claudia Gehrke & Regina Nössler

16.2.2024: Mitten in der Fertigstellung dieses Buches erfuhren wir, dass der russische Oppositionelle Alexej Nawalny unter „nicht geklärten Umständen“ in einem russischen Straflager zu Tode kam.

Hier, jetzt, früher, woanders

Yoko Tawada

Notizen zur Freiheit

Die individuelle Freiheit ist eine der schmackhaftesten Ernten der menschlichen Zivilisation. Sie muss noch stark modifiziert werden, damit sie zu einem Teil der Natur und des Kosmos wird.

Es ist schwer, eine klare Grenze zwischen Beleidigung und Kritik zu ziehen. Wo es Religionsfreiheit gibt, lassen die Gläubigen den anderen keine Freiheit, ihr Heiligtum zu beleidigen.

Eine freie, wirklich neue Aussage klingt manchmal provokativ, zerstörerisch oder feindselig. Wer frei ist, muss deshalb damit rechnen, gehasst zu werden.

Rituale, Stilübungen, Spielregeln, Traditionsbewusstsein: Das sind Dinge, die uns helfen, in der Kunst frei zu sein.

Das Wort „frei" enthält etwas Leichtes, Unbekümmertes, fast Launisches. Um frei zu sein, muss man sich zuerst von der verhärteten Freiheit befreien, die man durch einen Kampf gegen Unterdrückung gewonnen hat.

Achim Stegmüller

Ansichten von Freiheit

Ausfluchten

10. November 1989, Freitagmorgen, erste Stunde, im Geschichtsunterricht fragt Lehrer Krömer, was wir gestern Abend gemacht hätten. Niemand reagiert, ich verstehe nicht, warum er zuerst mit leuchtenden Augen und feuriger Stimme euphorisch wie beharrlich fragt, dann zunehmend irritiert, wie vor den Kopf geschlagen wirkt, als hätte er es aufgegeben. Er muss uns doch wieder belehren. Auch wenn er diese Unterrichtsweise nicht mag, betont er nun die Bedeutung dieser historischen Nacht, deren Ereignisse von nun an in allen Geschichtsbüchern stehen würden. Und auch wir müssten eines fernen Tages noch unseren eigenen Enkelkindern von diesen dramatischen Ereignissen erzählen. Wir sollten diese Nacht nie vergessen. Jetzt fragt er direkt und streng: „Na, Andrea, was hast du denn gestern Abend gemacht?"

Sie lächelt, zuckt mit den Schultern, „na ja, ich habe geduscht." Für mich sollten seither die Bilder dieser historischen Ereignisse auf immer mit der duschenden Andrea verknüpft sein.

Wann habe ich mich damals frei gefühlt? Endlich achtzehn geworden, durfte ich mir meine Entschuldigungen für den Unterricht selbst schreiben, konnte mir den Morgen selbst gestalten, genoss es, das Familienhaus für mich allein zu haben. Freiheit ging mit einem Sich-davon-Stehlen einher, war ein Flucht- und Ruheort, eine Nische, die ich finden musste, kein Wert, für den gekämpft, der gemeinsam gestaltet werden musste. Freiheit war es, am Weihnachtsabend, nach der Messe, nach der Feier mit der Familie, mit Freundinnen und Freunden in eine Hütte in den Odenwald zu fahren, ein Feuer anzumachen und uns gegenseitig unsere Lieblingstexte vorzulesen. Ich las aus der Apokalypse des Johannes. Danach trug ich Hölderlins Patmos vor. Ob den Leuten um mich nicht die Augen zugefallen, Hände und Füße kalt geworden sind? Überhaupt Hölderlin. An einem Abend mit Sabrina schnell nach Tübingen gefahren, zum Hölderlinturm, im Garten dort wollte ich ihr eine Ode vortragen. Doch gerade war ich über das kleine Eingangstor geklettert, schrie es von oben aus dem Fenster, wir sollten auf der Stelle verschwinden, ansonsten würde sie augenblicklich die Polizei rufen. Furchtbare Spießer allüberall, die mir den Weg zu meinem Glück verstellten. Erlebnisse von Freiheit gab es auf dem Rad, vom Freibad zurück, Hochsommerabende, an Stoppelfeldern vorbei Gedichte auswendig zu sprechen: „Oft scheint die Innerheit der Welt umwölkt, verschlossen,/des Menschen Sinn von Zweifeln voll verdrossen./Die prächtige Natur erheitert seine Tage/und ferne steht des Zweifels dunkle Frage."

Auch während des Studiums in Leipzig ein Liebäugeln mit dem Wahnsinn, ob nicht er am ehesten Freiheit schenken könne. An einem Winternachmittag, es war bitterkalt und die Landschaft weiß von gefrorenem Schnee, kamen Maren und ich an einer Psychiatrie vorüber, ein Backsteinbau aus der Mitte des 19. Jahrhunderts erschien uns idyllisch. Vielleicht hatten wir uns gegenseitig Robert Walser vorgelesen. Wir malten uns in diesem Backsteinbau unser einfaches und schlichtes Leben aus. In Ruhe gelassen werden wollten wir von diesen unanständigen Forderungen der Gesellschaft, Geld verdienen und selbstständig sein zu müssen.

Dann nach Kreuzberg. Nie hatte ich hier Sehnsucht nach dieser Nacht, von der Geschichtslehrer Krömer so geschwärmt hatte, meine Sehnsucht reichte weiter zurück, lag gerade in dieser abgetrennten Zeit, als der unter so vielen Heldinnen und Helden am allermeisten verehrte David Bowie hier gelebt und gewirkt hatte.

In der Wohnung unter mir wohnte Chris, wir hatten in unseren Bau noch keine Heizungen eingesetzt bekommen, er wärmte mit seinen Geschichten die kalten Nächte auf. Sein Bruder hätte, nachdem er seine geliebte Frau beim Suizid unterstützt hatte, jedes Gefühl für Kälte verloren, selbst im Winter noch sei er nackt im Landwehrkanal geschwommen, und immer wieder hätte ihn die Polizei da herausgefischt. Schließlich hätten sie ihn ins Gefängnis gesteckt. Diese Zeit ist schon so lange her, und ich wundere mich. Hätten sie den Bruder nicht eher in eine Psychiatrie einweisen sollen? Aber ich habe auch allen Kontakt zu Chris verloren und kann ihn leider nicht mehr fragen. Jedenfalls hätte sein Bruder sein Glück, seine Freiheit schließlich im Gefängnis gefunden. Denn unsere Gesellschaft sei doch ein Gefängnis, aber niemand würde es zugeben, und erst in den wirklichen Gefängnissen seien sie dann so ehrlich, das auch wirklich Gefängnis zu nennen. Für seinen Bruder sei es der ersehnte Ort gewesen, der erste Ort, wo er hätte Ruhe finden können.

Ich bewunderte und verehrte Chris für all seine Geschichten, konnte ihm nächtelang zuhören.

Gesellen

Ich wache im Hochsommer mit der Morgensonne auf, trete auf den Balkon, um die Pflanzen zu gießen, und sehe vom verwilderten Hotelflachdach die Spatzen auffliegen. Erfrischend wie ein Regen, der sich von der Erde zum Himmel bewegt. Dann lassen sie sich auf dem grauen Schrägdach nieder. Sie sind zu dieser Stunde noch still, später erst, wenn der alte Mann mit dem Stoppelbart sie füttert, setzt das Gezwitscher ein.

Sitze ich in Straßencafés, ist da stets am ehesten ein Spatz an meiner Seite. Zuerst kommen die Spatzen, dann erst die Bedienung. Habe ich längst bezahlt und werde nur noch über die kalte Schulter angeschaut, umringen sie mich noch immer mit ihrer Herzlichkeit.

Ich schlage ein Buch auf und begegne ihnen in den schönsten Sätzen. Ich lasse mich von ihnen überraschen, dann lasse ich sie wieder davonflattern. Spatzen kommen und gehen immer im rechten Augenblick.

Ein Tag so still, als lebte außer mir niemand in diesem achtstöckigen Bau, niemand in den Häusern um diesen Bau herum, selbst auf den Straßen ist es still. Nur das beständige Zwitschern der Spatzen gibt mir Halt und bewahrt mich vor dem Alleinsein.

Bin ich in der Fremde auf Reisen, nähern sich mir zuerst und unbekümmert die Spatzen, verlasse ich eine Gegend, verabschieden mich zuletzt die Spatzen.

Wo sie doch überall sind, auf welchem Kontinent der Erde, in wie vielen Büchern, im Hintergrund jeder Fernsehübertragung von wichtigen Menschen, die am Flughafen ankommen, sich die Hände schütteln, in jedem Land und jeder Lebensphase, zwischen den Buchdeckeln und auf dem Balkon schenken sie mir Zuversicht und lassen mich weiter an die Freiheit glauben.

Der Blick aus dem Fenster

Hier will ich bleiben
Bis ich zu einem Akaza-
Stock geworden bin

So schrieb Matsuo Bashô, hier in der Übersetzung von Ekkehard Mey, 1688 in Kyoto. Akaza, zu Deutsch Gänsefuß, sei Symbol des frugalen, bescheidenen Lebens in der chinesischen Dichtung, und der verholzende Stängel werde als Spazierstock gebraucht. In den Anmerkungen verweist Ekkehard Mey auch auf ein Gedicht des von Bashô verehrten chinesischen Dichters Du Fu aus dem achten Jahrhundert. Er habe nun an Jahren das halbe Jahrhundert weit überschritten, doch nichts sei so gegangen, wie er sich das dachte. Aber auch morgen noch wolle er wieder zu den Wolken aufschauen und sich auf seinen Gänsefußstock stützen.

Am Tag, als ich von diesen Übertragungen und Erklärungen hingerissen bin, an Jahren selbst einem halben Jahrhundert nah, erleide ich einem Hexenschuss. Er fesselt mich zwei Wochen ans Zimmer, abwechselnd sitze ich auf dem Stuhl, liege auf dem Sofa, so gut und schmerzfrei es eben geht, und bin nur froh, dass das Fenster den Blick zum Himmel öffnet.

Vom Fliegen

Die Parkpflegerin fährt an mir vorbei. Auf dem Rücksitz der Laubbläser, im Korb am Lenker kleine Schaufeln und Tüten, am Lenkrad ein Bouquet von Federn.

Gehe ich hier während der heißen Tage spazieren, sehe ich auch die vielen am Boden liegenden Federn. Von Krähen, von Milanen, von Reihern. Federn groß und lang wie mein Unterarm. Und die Parkpflegerin sammelt sie ein, steckt sie an ihr Lenkrad, von wo sie zum Himmel hinauf zeigen. Pflanzen, die vom Lenkrad zum Himmel wachsen. Fährt sie an mir vorüber, meine ich den Wind zu spüren, der an den Rändern der Federn säuselt. Manchmal meine ich, dass ich sie samt ihrem Fahrrad vom Boden abheben sehe. Das Federbouquet wie eine Antenne, ein Messgerät für etwas, was wir anderen Menschen noch nicht kennen, noch nicht gemessen haben. Der Reiher streift beim Landen mit seinem Flügel die Ginkgoblätter.

Hering und Schwein

Ich habe genau im Ohr, wie zärtlich und liebevoll sein Gesang beginnt, als würde er alle Dicken dieser Welt mit samtweicher Stimme sanft einpacken. Auf dem Weg zur Arbeit, in der Frühe um halb acht auf dem Rad, singe ich mit fünfundvierzig Jahren Westernhagens „Dicke“. Ich warte vor der roten Ampel. Bei der jährlichen Gesundheitsuntersuchung waren meine Blutfettwerte erneut viel zu hoch. Ich bin froh, dass ich kein Dicker bin, denn dick sein ist ’ne Quälerei, ja ich bin froh, dass ich so ein dünner Hering bin, denn dünn bedeutet frei zu sein. Die Ampel springt auf Grün, ich trete wieder in die Pedale. Ich werde auf meinem Rad schneller, stelle mir vor, ich sei ein Hering, unbeschwert in meinem Schwarm im Ozean. Doch die gibt es ja gar nicht mehr, sind ausgefischt, überfischt. Früher, so kommt es mir vor, bin ich frei umhergeschwommen, kein ausgebreitetes Netz hat mich aufgefangen, nichts und niemand konnte mich aufhalten. Gerade bei der Arbeit im Klassenzimmer, was habe ich mich früher grazil zwischen den Tisch- und Stuhlreihen bewegt, heute dagegen stoße ich überall an, werfe mit meinem Hintern Mäppchen zu Boden, trete gegen Rucksäcke und ausgestreckte Füße. Aber wenn ich zu einem Arzt gehe, hänge ich dann nicht für immer an ihrer Angel? Schicken sie mich dann nicht von einer Praxis zur nächsten Klinik, verschreiben mir immer neue Tabletten und schicken mich zu weiteren Untersuchungen? Dicke haben schrecklich dicke Beine, Dicke ham’n Doppelkinn, Dicke schwitzen wie die Schweine, stopfen, fressen in sich rin. Auch das Schwitzen ist ein Problem geworden, war es doch früher nie. Im Rucksack habe ich ein zweites Hemd. Der Hering wäre mir vielleicht eine angemessene Mahlzeit, schützt Herz, Kreislauf und vor Gefäßverengungen, könnte vielleicht meinen viel zu hohen Cholesterinspiegel senken. Vielleicht hat Herr Westernhagen damals alles vorweggenommen, prophezeit, was da auf mich zukommt. Dicke müssen ständig fasten, damit sie nicht noch dicker werden, und ham sie endlich zehn Pfund abgenommen, ja dann kann man es noch nicht mal sehen. Was ich alles unternehme, um bessere Werte zu bekommen, aber nichts hilft, Liegestützen, Bauchbeugen und Jogging quälen mich nur. „Dicke, Dicke, Dicke, Dicke“, singe und rufe ich vor mich hin, nicht mehr so samtweich wie am Anfang, nun aggressiv, sage dann „fette Sau“ zu mir selbst. Dann verstumme ich. Ich bin bei der Arbeit angekommen. Westernhagen singt den Song seit 2015 nicht mehr. Wie viele mit dem Song alt gewordene Herren es geben mag, die ihn wie ich auf dem Weg zur Arbeit noch heute singen?

Im Kopf

So oft schrecke ich nachts aus Träumen auf. Einbrecher nähern sich. Früher waren es nur Männer. Einem schoss mein Vater in den rechten Oberschenkel, sodass er blutend und schreiend aus dem Haus flüchtete. Ich habe Vater auf diese Pistole angesprochen, er verneinte, niemals sei er im Besitz einer Waffe gewesen, niemals könne er sich vorstellen, auf einen Menschen zu schießen. So realistisch waren meine Träume, dass ich noch Jahrzehnte später auf ihnen beharre. Und Vater nicht glaube. Inzwischen dringen auch Frauen in unser Haus ein. Vor einer Woche klingelte eine fremde Frau, Vater öffnete ihr, weil er meinte, das müsse Mutter sein, sie sprach kein Wort unserer Sprache, hielt ihm nur ein Schild hin mit der Bitte um Nahrungsmittel und einer schwer leserlichen Info zu ihrer Herkunft. Vater brachte ihr dann nur ein Glas Wasser. Seither sehe ich sie nachts mit ihren kleinen Kindern kommen, sie können noch kaum auf den eigenen Beinen gehen, aber umso besser unsere kleinen gekippten Fenster öffnen, da hindurch in Abstellraum und Toilette kriechen. Dann öffnen sie die Tür, dann schwärmen sie ein, dann sind sie nicht mehr aufzuhalten. Und ich zittere. Heute schrecke ich wieder auf. Ich bin es über die Jahre gewohnt, ertrage die Albträume tapfer und stoisch. Schwere Regentropfen schlagen gegen den Balkon, Donner und Blitz, ein Unwetter geht über uns nieder. Ich schließe die Fenster, in den Wasserleitungen brodelt es. Und ich sage mir: Von nun an will ich meine Albträume nicht länger als Vorboten einer tatsächlichen Bedrohung sehen, sondern über sie lachen, sie über mich hinweggehen lassen. Und dann den aufgeklärten Himmel genießen, die frische Luft tief einatmen. Ab heute will ich frei von der Gewalt der Nachtmahre sein.

Am Ende der wilden Wiese die klapprige Holzhütte

Valentin war in Gedanken versunken bis zum Ortsrand gekommen und blieb nun vor einem Einfamilienhaus stehen, das es während seiner Kindheit noch nicht gegeben hatte. Damals lag hier eine wilde Wiese, an deren Ende eine Hütte stand, in der Stallhasen gehalten worden waren. Valentin hatte mit Freunden in dieser Hütte eine Bande gegründet. Gemeinsam suchten sie an Samstagen zu Monatsende Pfandflaschen inmitten des Altglases, das die Menschen zur Abholung vor ihre Häuser stellten. Diese Pfandflaschen gaben sie dann im Supermarkt ab und mit dem Geld, das sie dafür bekamen, kauften sie sich anfangs Süßigkeiten und später Zigaretten, aßen Schokolade, Kekse und Gummibärchen im Zwielicht der Hütte, rauchten und schauten im Licht, das durch die Holzspalten drang, auf die Hochglanzseiten der Pornomagazine, die sie gestohlen hatten. Diese Hütte war Schutzraum und Burg, hier galten ihre Bandengesetze. Als es ihnen eines Abends langweilig wurde, als sie übermütig vom ersten Schnapskonsum waren, sperrten sie Georg, dessen Namenspatron als Skulptur in der Kirche doch so kraftvoll einen Drachen tötete, in den größten der alten Hasenkäfige, die sich hier stapelten. Wie er da drinnen winselte und flehte. Das gefiel ihnen. Georg lispelte und stotterte, es stand ihm gut, wenn er im Käfig flehte, winselte und weinte, so armselig wirkte er dann, dass sie sich keinen passenderen Ort für ihn vorstellen konnten als diesen Hasenkäfig. Valentin setzte sich auf den Käfig, damit Georg das Brett über seinem Kopf nicht aufdrücken konnte. Und weil die Türen der Vorderseite nicht verlässlich und solide wirkten, nagelten sie kurzerhand noch ein Brett davor. Nun saß er fast ganz im Dunkeln, nun würde er gewiss von alleine nicht mehr freikommen. Er weinte, er fluchte. Sauerstoff bekam er genug, darauf achteten sie. Und sie wussten, dass er nicht schreien würde, weil das am peinlichsten gewesen wäre, wenn ihn jemand so eingesperrt gefunden hätte. Im Dämmerlicht der Hütte erregte sie sein Winseln, plötzlich roch es auch anders. Und die Fotos im Hochglanzmagazin wirkten lebendiger.

„Hallo?"

Eine Frau schaute aus dem Fenster.

„Hallo? Stehen Sie unter dem Einfluss irgendwelcher Medikamente?"

Er schüttelte den Kopf.

„Können Sie sprechen? Verstehen Sie mich?"

Valentin nickte, mehr fiel ihm nicht ein. Was waren das für blödsinnige Fragen?

„Sind Sie von hier?"

„Nein, aus Japan."

„So sehen Sie aber gar nicht aus."

„Ich bin ja auch hier geboren."

„Ich habe Sie aber noch nie hier gesehen."

„Ich lebe jetzt in Japan, weil …"

Warum machte er jetzt das Fass dieses kausalen Nebensatzes auf? Wie eine strenge Lehrerin hakte sie nach:

„Weil?"

„Weil ich dort geheiratet habe."

„Ach so! Geheiratet haben Sie dort! Dann sollten Sie vielleicht auch besser dort ihr Eheleben führen, statt hier auf mein Haus zu starren!"

Valentin atmete tief ein. Es war doch immer wieder erstaunlich, in welchem Grade ihn Erinnerungen mitnehmen und erregen konnten. Da starrte er auf ein Einfamilienhaus und durchlebte Szenerien und Gefühle aus einer nicht mehr vorhandenen Welt. Sie hatten auch überlegt, einmal ein Mädchen zu entführen, es in einem Käfig zu halten, und manchmal nur wollten sie es aus dem Käfig herauslassen, damit sie in der Hütte verschiedene Aufträge erfüllte. Valentin rieb sich die Augen und überlegte, ob er diese Frau, die da gerade auf ihn einredete, vielleicht kannte. Ob sie früher vielleicht auf der Namensliste gestanden hatte? Zitternd hatten sie die Namen von Mädchen in einen Block geschrieben, als wäre die Niederschrift eines Namens schon die halbe Tat. Dieser Block wurde stets unter der vierthintersten Diele versteckt. Statt eines Mädchens hatte dann immer Georg herhalten müssen. Er hatte sich ausziehen müssen. Sobald er in einem Käfig drinnen saß, hatten sie mit Stöcken nach ihm gestochen oder auch einmal ihre Jungenpisse durch die Ritzen tröpfeln lassen.

„Also, ich meine nur, Sie machen einen ziemlich verwirrten Eindruck. Sie können froh sein, dass ich so nett mit Ihnen rede. Andere würden gleich die Polizei rufen."

Valentin erinnerte sich jetzt, dass Georgs Vater dieses Grundstück besessen hatte. Warum also sollte ihm hier nicht die Ehefrau Georgs gegenüberstehen? Er hatte in sämtliche Hasenställe hineinmüssen. Am Anfang war es noch der große Käfig gewesen, aber ihre Attraktionen hatten verfeinert werden müssen, weshalb er in immer kleinere Käfige hineingesteckt worden war. Selbstverständlich würde ihm dieser Georg, wenn er denn wirklich Herr dieses Einfamilienhauses war, nicht unter die Augen treten wollen. Ob Georg jetzt vielleicht drinnen im Wohnzimmer zitterte und nichts sehnlicher wünschte, als dass Valentin schnell wieder verschwand? Oder ob er Rache nehmen wollte? Ob er, wenn er jetzt mit seinem Auto angefahren käme, die Möglichkeit beim Schopf ergreifen und ihn anfahren, vielleicht sogar überfahren würde?

„Haben Sie mich noch nicht verstanden?"

Schon lag es ihm auf der Zunge, nach Georg zu fragen.

„Wenn Sie jetzt nicht auf der Stelle verschwinden, dann rufe ich wirklich die Polizei!"

Die allergrößte Sehnsucht nach der wilden Wiese überkam ihn, die sich hier einst ausgebreitet und an deren Ende die klapprige Holzhütte gestanden hatte.

Lesen und Reisen

1

In den 90er Jahren des vergangenen Jahrhunderts liebte ich Publikationen des Ammann-Verlags, dessen Poster auch in unseren WG-Zimmern hingen. Als Slogan habe ich etwas erinnert wie „Am besten reist man im eigenen Kopf" oder auch „Am besten reist man mit der eigenen Fantasie". Beim Recherchieren nun werde ich meiner Vereinfachung gewahr. Denn das wirkliche Pessoa-Zitat lautet: „Im Grunde reist man am besten, indem man fühlt."

Besonders liebte ich ein Gedicht des Heteronyms Alberto Caeiro, in dem es heißt:

Der Tejo entspringt in Spanien
Und mündet in Portugal ins Meer.
Das wissen alle.
Aber wenige wissen von dem Fluss in meinem Dorf,

Wohin er fließt
Und woher er kommt.
Und darum, weil er weniger Leuten gehört,
Ist er freier und größer, der Fluss meines Dorfes.

Gerade da, wo ich eben wohne, am nächsten Kanal entlang, zum nächsten See, einen Feldweg hinaus. Und durch die Wiederholung und das Kennenlernen des Weges zu verschiedenen Tages- und Nachtzeiten, in Sommer, Herbst, Winter und Frühling wird diese vermeintlich kleine Welt groß und weit und mir vertraut. Hier breitet sich die Freiheit aus.

2

Mich erreicht eine Mail von meinem Cousin, seit Ewigkeiten haben wir uns nicht mehr gesehen, nun bewegt ihn aber der Tod von Milan Kundera und die Lektüre eines Essays so stark, dass er mir schreibt. Es geht darin um die Geschichte des europäischen Romans, die damit einhergehende Utopie sowie die Gefährdung des Romans: „Wo liegt der Unterschied zwischen Öffentlichem und Privatem, wenn K. nie, nicht einmal beim Geschlechtsverkehr, ohne die beiden ‚Gehilfen' des Schlosses ist? Und was ist in diesem Falle Einsamkeit – eine Last, eine Beklemmung, ein Fluch (wie manche uns glauben machen möchten) oder, im Gegenteil, der kostbarste Wert, der vom allgegenwärtigen Kollektiv unterdrückt wird?"

Ob das unsere Freiheit ist? Der Rückzug, die Einsamkeit samt der Versenkung in Literatur? Kundera gelangt zu der Schlussfolgerung, dass das Absterben des Romans nicht auf eine Erschöpfung seiner Möglichkeiten zurückzuführen sein wird, sondern darauf, dass er in einer ihm fremden Welt entsteht. Meinen Cousin und mich verbindet, dass wir beide seit gefühlten Ewigkeiten keinen Roman mehr gelesen haben. Ich spreche von Kurztexten, er von Sachbüchern. Wenn uns Ruhe und Einsamkeit zum Lesen genommen werden, da sind wir uns einig, wird alles heikel und fragwürdig. Dann sind wir Pflanzen ohne Nährboden.

3

Tag für Tag hat es hier mindestens 37 Grad, in den Nächten kühlt es kaum ab. Und selbst in den schattigen Tempeln am Hang neben

Wasserläufen ist keine Abkühlung mehr zu finden, und auch wenn ich mich die Berge hinaufquäle, weht dort oben kein erfrischender Wind. Den ganzen Tag zu Hause unter der Klimaanlage zu sitzen, fühlt sich auch nicht gesund an. Ich gehe hinaus, verbringe meine Zeit in der Bibliothek oder in der großen Maruzen-Buchhandlung im ersten und zweiten Untergeschoss. Es ist Donnerstagnachmittag, ich kann kaum glauben, wie viele Menschen zwischen den Buchregalen stehen. Alle hat die Sehnsucht nach Abkühlung und nach Büchern hierhergebracht.

4

Freiheit tat sich auf, wenn der zum Däumling verwandelte Nils Holgersson auf den Rücken des Hausgänserichs Martin sprang, um nun mit ihm und der Wildgansschar ins ferne Lappland aufzubrechen.

Carola Lipp
Freiheit, Frauen, Krieg

Freiheit ist ein Begriff, der von seinen Bedeutungsebenen her und aufgrund der zahlreichen allseits bekannten Revolutionsdarstellungen über einen großen und leuchtenden Halo verfügt. Sofort steht einem das Bild der Fahne schwingenden Marianne auf den Barrikaden vor Augen oder andere Szenen von wagemutigen Revolutionskämpfern im Schlachtgetümmel, die in der nationalen wie auch europäischen Malerei und Bildhauerei des späten 18. und frühen 19. Jahrhunderts für Aufsehen gesorgt hatten und ikonografisch wurden. Selbst die Bildergalerien in den besetzten Ländern besaßen Gemälde solchen Typus, deren Funktion es war, den Zeitenumbruch zu vermitteln und auf den Punkt zu bringen.

Eugène Delacroix: Le 28 Juillet. La Liberté guidant le peuple, 1830

Nach dem erfolgreichen Krieg 1870/71 findet man z.B. in der deutschen Malerei ebenfalls Darstellungen von Frauen, allerdings nicht in der heroischen Pose der politischen Kämpferin, sondern vielmehr in ihren Funktionen als Erste Hilfe Leistende und Krankenschwestern. Obwohl Kriegslazarette auf der Arbeit von männlichen Ärzten und Pflegern aufbauten, war der Einsatz und die Rekrutierung von Frauen als Pflegende hier enorm wichtig; ihr heilender Effekt baute nicht zuletzt darauf auf, dass sie für die Verletzten auch seelische Repräsentantinnen der zu Hause sich ängstigenden Frauen waren. Lazarett- und Verletztendarstellungen begleiteten den Ersten Weltkrieg mit seinen tödlichen Stellungskämpfen und der Unzahl von Kartätschen- und Bombenopfern. Die heroischen Bilder vom anfänglich siegreichen deutschen Vormarsch verblassten neben diesen frühen Fotos, die das wahre Gesicht des Krieges zeigten. Dennoch unterstützten sie die Illusion und Hoffnung, dass es in den endlosen Gefechten zu einem Sieg kommen könnte. Diese Seite des Ersten Weltkriegs ist leider nur wenig erforscht, was sich aber gerade auch deshalb lohnte, weil sich durch die Kriegszeit und deren Folgen oft auch das Mann-und-Frau-Verhältnis verschob. Erstaunlicherweise waren es sehr viele Frauen, die im und um den Ersten Weltkrieg im Einsatz waren und sich sogar am Rande oder auf den Schlachtfeldern bewegten, um Soldaten zu versorgen. Sie verdienten es, ebenfalls näher untersucht zu werden. Ein weiterer materieller Beitrag der Frauen zum Krieg wird oft übersehen, obwohl er kriegswichtig war – Frauen arbeiteten nämlich zahlreich in der Kriegsproduktion, schliffen Kanten an Geschützen oder drehten Granaten.

Die Rüstungsproduktion und die dazu benötigten Arbeitsprozesse in der Metallbearbeitung brachten in dieser Zeit viele Frauen

Granatendreherei, 1917–18, Dt. Historisches Museum

in Lohn und Brot. Das war umso wichtiger, als sie mit einem Mann an der Front die einzigen Ernährerinnen in der Familie waren. Der Krieg hatte also großen Einfluss auf die Entwicklung der Frauenarbeit im Heimatland. Dies galt sowohl für Frankreich als auch für Deutschland. Die Kriegsproduktion entwickelte und förderte damals zudem die industrielle Serienproduktion und schuf damit Voraussetzungen für die Arbeit von Frauen im Massenbetrieb. Gleichzeitig begünstigte der Krieg Innovation und Effizienz der Produktion und veränderte durch erhöhten Arbeitsdruck auch den Alltag der nicht direkt in der Kriegsproduktion befindlichen Arbeitskräfte. Nicht umsonst bürgerte sich der Begriff Heimatfront ein. Auch hier ging es um Leistungsfähigkeit, um Tempo und Effizienz der Produktion.

Krieg bestimmte so die Lebenswirklichkeit und Motivation der in der Kriegsproduktion arbeitenden Personen. Arbeit in und nach der Kriegszeit war geprägt durch einen höheren Druck, der nicht nur die wenigen männlichen Spezialisten in der Rüstungsindustrie betraf, sondern vor allem die Frauen, die ihre Kriegsdienst leistenden Kollegen in den Fabriken ersetzten und Granaten und andere Geschosse drehten. Frauenarbeit in der Kriegsproduktion lässt sich übrigens bereits in den großen napoleonischen Kriegen ein Jahrhundert vorher beobachten, allerdings nicht in dem Umfang wie im Ersten Weltkrieg. Je mehr die Industrie im Ersten Weltkrieg ins Hintertreffen zu geraten drohte, desto häufiger und stärker wurden weibliche Arbeitskräfte für die Waffenproduktion mobilisiert. Ähnliches lässt sich auch im Zweiten Weltkrieg beobachten. Frauen waren also nicht nur als Krankenschwestern am Rande des Schlachtfelds unentbehrlich, sondern auch in der Kriegsindustrie und -wirtschaft, die beide meist unter der Knappheit von einzelnen Produkten und Mangel litten. Das Heranziehen von Frauen zu Arbeiten im soldatischen Tross schien gerade in den historischen Massenkriegen eine wichtige Option zu sein.

Es ist ein hässliches Paradox, dass ausgerechnet Kriegswirtschaft Frauen vermehrt den Zugang in die Fabrikarbeit öffnete, wodurch sich auch für Friedenszeiten neue Verdienstperspektiven boten. Frauen erlangten damit Möglichkeiten der Beschäftigung, konnten so den Lebensunterhalt ihrer Familie sichern – und gewannen hiermit auch ein nicht zu unterschätzendes Stück Freiheit.

Michael Augustin

Meinungsfreiheit

Heinrich Beindorf

Multiple choice

Du hast die Freiheit Shell oder Aral zu tanken
paar Pils zu trinken nach 'm Spiel
ohne dafür fünfmal Gott zu danken –
das ist viel.

Kannst nach Malle fliegen. Weggehn nach Berlin.
Im Calypso schuften oder auf'm Amt.
Linsensuppe oder Caipis ziehen,
auf alter Pappe oder Samt.

Andere sind so frei, noch Cadillacs zu bauen,
Orthophenylphenol aufs Obst zu tun,
zwanzigtausend Satelliten rauf zu hauen:
see you soon.

Und im Aufsichtsrat regiern nicht Demokraten,
auch ob's Frieden gibt in Timbuktu &
über Plastik, Technik, Daten
bestimmst nicht du.

So bleibt am Wahltag manche/r gern am Pool
schwört auf Mitte links-rechts oder so
Kolesnikowa und die Frauen von Kabul
wärn heilfroh.

Als der Direx uns entließ in jenen alten Tagen
hat er uns im Schlips mit Text geplagt:
wir wärn jetzt frei, alles zu wagen –
schön gesagt.

Kain

Man ist mit dem Bus bis Lahore gefahrn
und hat auf der Krim gebadet
tanzte mit Frauen aus Isfahan
und nichts hat keinem geschadet.

California dreaming. Benze in die Souks.
Es ging voran mit LOVE & PEACE –
nieder mit Milošević. Ex oriente lux.
Smileys aus Tscheljabinsk nach Paris.

Doch irgendwer denkt ja stets abstrakt
schmiedet sich eigne Geschichte
aus Gottvaterland & heiligem Pakt
und lügt uns die Zukunft zunichte.

Geschrei erhebt sich. Fahnen. Wieder
flieht das Glück an fernen Strand.
Der Fels des Sisyphos saust nieder
und der Schaitan fährt über das Land.

Er speit Blut & Unheil. Weltkristall zerbricht
und mit den Toten weicht die Illusion:
als gäb's den Frieden kampflos nicht
und die Freiheit wäre erst der Lohn.

Sunita Sukhana

In der Abwesenheit von Freiheit …

… wurden im Januar und Februar 2023 94 Todesurteile vollstreckt
… wurden Saleh Mirhaschemi, Madschid Kasemi und Said Jakobi, die an den Protesten teilnahmen, nach unter Folter gegebenen Geständnissen hingerichtet
… wurden im Mai 2023 mindestens 142 Menschen hingerichtet
… wurde ein Mann öffentlich vor einer großen Zuschauermenge gehängt
… wurde der 23-jährige Mohsen Shekari im Dezember 2022 nach seiner Beteiligung an den Protesten wegen „Feindschaft zu Gott“ öffentlich hingerichtet
… wurde Rapper Toomaj Salehi wegen seiner kritischen Songtexte zu sechs Jahren Haft verurteilt
… wurde im August eine „Kopftuchreform“ gebilligt, die strengere Strafen bis hin zur Haft für Missachten der Kleiderregeln einführt
… wurden Ärztinnen und Ärzte, die Protestierende versorgen, verhaftet, gefoltert und teilweise getötet
… wurde der deutsche Staatsbürger Djamshid Sharmahd aus Dubai entführt, sitzt seit drei Jahren in Haft und wurde mittlerweile zum Tode verurteilt
… wurde die deutsche Staatsbürgerin Nahid Taghavi 2021 verhaftet und verbleibt bis heute in Haft trotz schlechter werdendem Gesundheitszustand
… wurden bei den Protesten bisher Zehntausende Menschen festgenommen und mehrere Hunderte getötet
… tut der freiheitliche Westen immer noch nicht genug gegen die massenhaften Menschenrechtsverletzungen im Iran

Quellen:
https://www.dw.com/de/fast-100-hinrichtungen-in-iran-seit-jahresbeginn/a-64869915
https://www.tagesschau.de/ausland/asien/iran-hinrichtungen-116.html
https://www.faz.net/aktuell/politik/ausland/iran-mit-142-hinrichtungen-in-einem-monat-auch-minderjaehrige-betroffen-18977320.html
https://www.t-online.de/nachrichten/ausland/id_100181978/iran-hinrichtung-vor-grosser-menschenmenge-.html
https://www.amnesty.de/informieren/aktuell/iran-hinrichtung-mohsen-shekari-unfaires-gerichtsverfahren
https://www.tagesschau.de/ausland/asien/iran-rapper-toomaj-haft-100.html
https://www.nzz.ch/international/proteste-in-iran-die-neusten-entwicklungen-ld.1707898?reduced=true
https://www.handelsblatt.com/politik/international/demonstration-iran-raeumt-festnahme-von-zehntausenden-menschen-nach-protesten-ein/28964736.html
https://www.aerzteblatt.de/archiv/230331/Iran-Wegen-Berufsausuebung-verhaftet
https://www.zdf.de/nachrichten/politik/iran-djamshid-sharmahd-deutscher-todesurteil-100.html
https://www.deutschlandfunk.de/zustand-von-inhaftierter-deutsch-iranerin-taghavi-in-teheraner-gefaengnis-offenbar-lebensbedrohlich-102.html

Erika von Möllendorff

Freiheit – eine Annäherung

Gedanken im achtzigsten Lebensjahr, ohne Vollständigkeitsanspruch

Freiheit hat unglaublich viele Facetten.

Ich will nur einige auszugsweise beleuchten. Dabei möchte ich ein besonders schwerwiegendes Thema nur ganz kurz streifen, nämlich die Einschränkung der äußeren Freiheit z.B. durch Krieg, Gefangenschaft oder diktatorische Gedankenkontrolle. Da ist einem die äußere Freiheit genommen: In solchen Situationen scheint es unmöglich, Freiheit zu erlangen. Doch es gibt immer wieder beispielhafte Berichte von Menschen, die Gefangenschaft und andere ausweglose Situationen überlebt haben, ohne den Verstand zu verlieren. Ein berühmter Name: Viktor Frankl. Er hatte im Konzentrationslager die Entscheidung getroffen, trotzdem Ja zum Leben zu sagen, d.h. er hat seine innere Einstellung geändert. Diese Freiheit haben wir immer, auch dann, wenn wir die Situation selber nicht ändern können.

Das große Thema Krankheit, das einem bei unserem Denkausflug sofort in den Sinn kommt, soll hier ganz ausgelassen werden. Es würde einen zu großen Raum ausfüllen.

Derartige, mitunter extreme, Lebenssituationen zu meistern, ist nicht Lebensaufgabe jedes Menschen. Aber alle Menschen haben durchaus genügend Herausforderungen, die ihnen die Möglichkeit geben, die Grenzen ihrer inneren Freiheit sowie die verbleibenden Optionen auszuloten – sofern sie diese Gelegenheit bewusst wahrnehmen.

Aber kann man denn in einem Leben überhaupt zur vollständigen Freiheit gelangen? Oder vielleicht nur in kurzen Zeitabschnitten oder aber erst am Ende?

Betrachten wir dazu einfach unseren Alltag. Da gibt es die täglichen Stolpersteine. Ein Teil davon sind unsere vielen Fesselungen durch Glaubenssätze. Zumeist werden diese aber gar nicht wahrgenommen oder als solche erkannt. „Da können wir nicht über unsere Hürden springen." – „Das habe ich noch nie gekonnt." – „Das war schon immer so." Glaubenssätze sind ein unermessliches Reservoir. Glaubenssätze haben wir uns entweder selbst geformt, oder sie wurden uns eingeimpft– im Babyalter, wenn nicht sogar schon im Mutterleib, auch von den Vorfahren her.

Weiter geht es mit der Glaubenssatz-Aneignung in der Kindheit. Kinder lernen in der Schule (in der Regel, es gibt immer mehr Ausnahmen), dass man brav sein, stillsitzen, den Mund halten muss, wenn der Lehrer redet. Sie haben meist Dinge zu lernen, die ihrem Erkundungs- und Lerndrang nicht entsprechen. Kurz auf den Punkt gebracht: Es wird ihnen eher eine Untertanen-Mentalität anerzogen und kein Freiheits-Bewusstsein.

Die Freiheitseinschränkungen und Zwänge im weiteren Leben brauche ich nicht aufzuzählen, durch das soziale Umfeld, durch finanzielle Einschränkungen – und oft durch Menschen, die meinen, genau zu wissen, was für mich gut ist (egal, welche Ziele sie dabei verfolgen).

Deshalb ist wichtig zu beachten, aber nicht leicht zu verfolgen: wach bleiben und hinterfragen,

wo soll mir etwas eingeredet oder aufgezwungen werden, was mir nicht entspricht?

Alles auf den Wahrheitsgehalt prüfen, den „gesunden Menschenverstand" einschalten,

mich nicht einschüchtern und mundtot machen lassen, selber meine Entscheidung treffen, ob ich einem Vorschlag folgen will oder nicht, meine Gründe dafür oder dagegen mit Kopf und Bauch abwägen, also mit unseren beiden Gehirnen! (Das Bauchhirn wurde unterdessen wissenschaftlich belegt. Gemeinhin verstehen wir darunter unsere Intuition.)

Nutzen wir beide Hirne, um zu entscheiden. Wir haben schließlich die Entscheidungsfreiheit als Gabe für unser Leben mitbekommen. Diese Botschaft der christlichen Religion finde ich befreiend. Diese Entscheidungsfreiheit bürdet uns aber auch eine Verantwortung auf.

Wir sind auf dieser Erde ständig vor Entscheidungen gestellt. Es gilt zu lernen, diese bewusst zu treffen. Und es wäre gut, dann daraus weiterzulernen.

Bei diesen Aufgaben bekomme ich aber auch Unterstützung: Ich bin nicht allein. Ich bin verbunden mit allem, was lebt. Das ist eine außerordentlich wichtige Erkenntnis, die heute (wieder?) in unser Bewusstsein kommt. Das kann mir Dankbarkeit, Ehrfurcht und auch Demut einflößen. Wie weit man das „Alles" fasst, muss sich jeder selbst erarbeiten. Er hat die Freiheit, sich selber für eine Deutung zu entscheiden. Für viele Menschen ist eine Religion ein Halt. Andere wissen sich begleitet und angeleitet z. B von der „Seele", auch ohne einer speziellen Religion anzugehören. Auf meinem inneren Weg der Freiheit sollte ich mich allein von meiner eigenen, ich würde es so bezeichnen, „Spiritualität" leiten lassen. Unabhängig von Hilfen aus anderen Dimensionen, habe ich auch direkte Unterstützung in mir selber: „körpernahe Verbündete", deren Rolle wir uns im Allgemeinen gar nicht klar machen.

So habe ich ja einen Körper. Aber ich bin nicht dieser Körper. Doch nur mit ihm zusammen kann ich dieses Leben überhaupt leben. Das ist ein wichtiger Grund, ihn in Ehren zu halten, auf ihn zu achten, ihn zu pflegen, ihm Gutes zu tun und schädigende Einflüsse möglichst von ihm fernzuhalten.

Und wir sollten besser auf ihn hören. Er besitzt nämlich eine „Körper-Weisheit". Und ich kann nach und nach lernen, sie zu nutzen und nicht bei jeder Kleinigkeit die Verantwortung abzugeben, unabhängiger und freier werden. Ein paar Anregungen, wie sich die Körperweisheit „anzapfen" lässt: Es gibt vielerlei Möglichkeiten, die Energie unserer Meridiane, unserer körpereigenen Energiebahnen, zu nutzen. Aus der jahrtausendealten chinesischen Medizin sind uns Europäern die Akupunkturpunkte bekannt, die auf diesen Meridianen angeordnet sind. Es gibt viele unterschiedliche Herangehensweisen, etwa Jin Shin Jyutsu oder die Emotional Freedom Technique (EFT): da klopft oder drückt der Anwender selber Energiepunkte, um körperliche oder psychische Beschwerden zu beeinflussen. Es gibt verschiedene Variationen mit Möglichkeiten positiver Beeinflussung.

Und dann habe ich als weiteren Verbündeten meinen Verstand. Was wir uns aber normalerweise nicht klarmachen, weil wir den Verstand für das Höchste halten, was wir besitzen: Ich bin nicht mein Verstand. Ich kann mich meines wunderbaren Verstandes bedienen, zu meinem Nutzen. Er aber sollte nicht mich beherrschen, sonst werde ich nämlich unfrei. In einem solchen Fall wird der Verstand zum Ego. Wir sehen aber unterdessen überall, wie das Ego unsere

Welt und unser Miteinander beherrscht, und was daraus folgt: Krieg auf allen Ebenen.

Der Verstand befähigt uns, uns etwas bewusst zu machen. Wie oft merken wir es aber gar nicht, dass wir etwas nicht wahrnehmen. Es geht also auf dem Weg der Freiheit immer wieder darum, sich etwas bewusst zu machen, in Bewusstheit zu kommen. Meistens träumen wir vor uns hin, sind unbewusst. Oft hängen wir in der Vergangenheit fest oder sind schon in der Zukunft. Damit sind wir nicht im Hier und Jetzt. Viele Weisheitslehrer mahnen das an. Tröstlich ist, dass wir selbstverständlich nicht ständig im Hier und Jetzt/Bewusstheit sein müssen (oder dauernd meditieren müssen). Menschen sind gleichwertig, unabhängig vom sozialen, geistigen Status. Alle Menschen stammen aus der gleichen Quelle und gehen in dieser Welt einen gemeinsamen Weg, aber mit unterschiedlichen Geschwindigkeiten und Ausprägungen der Erkenntnisgewinnung. Es steht jedem frei, wie weit er innerhalb seiner individuellen Möglichkeiten kommen will. Dieser Gleichwertigkeit im Sinne von „jeder ist wertvoll" sind wir uns selten bewusst. Nur zu gerne urteilen wir übereinander. Nur in einer Sache ordnen wir uns sehr wohl oft als gleichwertig ein: Wir sind nämlich fast alle so „erzogen", dass wir bestimmte Dinge als gegeben hinnehmen – „weil man das so macht". Daraus folgt oft: „Da kann man nichts machen". Und so fühlen wir uns schnell machtlos. Wir erkennen unsere eigene Macht einfach nicht. Dabei sind wir mächtig, auch wenn wir das nicht glauben wollen.

„Unsere tiefste Angst ist nicht, dass wir unzulänglich sind. Unsere tiefste Angst ist, dass wir unermesslich machtvoll sind ..." heißt es in einem Gedicht von Marianne Williamson, das von Nelson Mandela bekannt gemacht worden ist. Unsere Glaubenssätze – unsere Gedanken –, unsere Worte sind so mächtig, dass sie uns krankmachen können. Daraus folgt, dass sie uns auch wieder gesundmachen können. Das vergessen wir bzw. nehmen es nicht wahr.

Wenn aber Gedanken so mächtig sind, haben wir auch eine Verantwortung für sie. In der Regel nehmen wir diese Verantwortung nicht bewusst wahr. Unsere Gedanken kommen von irgendwo her. Ich sollte mir überlegen, ob ich bestimmten Gedanken glaube oder sie befolgen möchte. „Ich muss nicht glauben, was ich denke", schreibt Serge Marquis.

Und ein altes Sprichwort sagt:

„Achte auf deine Gedanken, denn sie werden Worte.

Achte auf deine Worte, denn sie werden Handlungen.

Achte auf deine Handlungen, denn sie werden Gewohnheiten.
Achte auf deine Gewohnheiten, denn sie werden dein Charakter.
Achte auf deinen Charakter, denn er wird dein Schicksal."

Nach diesem kleinen Parcours durch einige Facetten der Freiheit sollten wir uns auch einmal fragen: Wozu wollen wir denn unsere Freiheit nutzen? Nur damit wir tun und lassen können, was wir wollen? Das sollte jede und jeder für sich überlegen und auch entscheiden. Vielleicht wollen wir ja auch die folgenden Werte stärken:

Uns selbst lieben – Selbstliebe ist ein heikles Thema und es kann auch übertrieben werden: Selbstfürsorge, die steckenbleibt und alles andere unwichtig werden lässt. Selbstliebe wird oft missverstanden. Selbstliebe ist eine Voraussetzung, um andere lieben zu können – das bedeutet eine etwas andere Wertung eines in unserer Kultur wichtigen Leitsatzes.

Unsere Liebe zu unseren Mitmenschen, zu unserem Miteinander.

Unsere Liebe zur Natur, zu unserer Welt, zu Allem.

Die Liebe überhaupt.

Unsere Würde.

Frieden.

Werfen wir abschließend noch einen kurzen Blick gezielt auf unsere Umwelt. Gedanken zu analysieren ist nicht nur im Umgang mit uns selbst wichtig, sondern auch bei der Einordnung der Dinge, die um uns herum geschehen.

Um unsere Freiheit zu erhalten, ist es wichtig: bewusst unsere Erde zu schützen, sie nicht weiter zu verschmutzen, verletzen, zerstören. Sie ist auch ein Lebewesen, auch wenn wir das bisher nicht in unserem Bewusstsein hatten. Unsere Körperzellen und die aller Lebewesen kommunizieren untereinander in gewissem Sinn (mittels natürlicher elektromagnetischer Wellen).

Die Erforschung und Entwicklung von neuer und wirklich nachhaltiger Energie-Nutzung ist angesagt. Wägen wir genau ab, was wir sinnvollerweise nutzen können, ohne nicht verantwortbare Nebenwirkungen (jede unserer menschlichen Handlungen kann auch unerwünschte Auswirkungen haben), lassen wir uns nicht jede nur ungenügend geprüfte Theorie einreden, die in die Welt gesetzt wurde, um Geld oder Macht zu mehren. Es ist wichtig, aufmerksam zu bleiben dafür, wo es Bestrebungen gibt, Freiheit einzuengen. Wir in der westlichen Welt haben einen Erkenntnisstand erreicht, der es uns erlaubt, derartige Bestrebungen zu erkennen.

Es ist natürlich sinnvoll, das unendliche materielle Wachstum in Frage zu stellen und an seine Stelle das Bewusstseins-Wachstum zu setzen. Es wäre gut, von äußeren Notwendigkeiten unabhängiger zu werden, wie Besitz, Bequemlichkeiten, von solchen, die uns hauptsächlich in der westlichen Welt zur Verfügung stehen. Ganz wichtig ist dabei, darauf zu achten, dass wir diesen Weg aus Überzeugung und freiwillig gehen.

Wir sollten uns klar werden, wie wir in Zukunft leben wollen. Wollen wir uns maximal selbst optimieren, bis hin zu Mensch-Maschinen-Hybriden? Damit werden wir ganz sicher unserer Freiheit beraubt. Ein Fazit aus diesen vielen nur angerissenen Überlegungen: Freiheit ist also kein Status, sondern ein Lernprozess, eine immerwährende Baustelle, eine ständige Entwicklung. Freiheit und Bewusstheit berühren sich immer wieder.

Wenn wir die innere Freiheit immer mehr in uns entwickeln, kann sie sich (hoffentlich) auch im Außen etablieren. Fangen wir am besten mit einer ganz einfachen Maßnahme an: Lächeln! So oft wie möglich. Es ist nachgewiesen, dass beim Lächeln in unserem Körper Botenstoffe freigesetzt werden, die uns im positiven Sinn verändern können. Ein Gefühl der Freude, ein „Flow“ macht uns freier.

An den Schluss möchte ich einen in meinem Leben hilfreichen und freimachenden „Glaubenssatz“ setzen, ein Gedicht des persischen Dichters Hafiz:

Ich vergesse manchmal, dass ich für die Freude geschaffen wurde:
mein Verstand ist beschäftigt und
mein Herz ist zu schwer, um mich zu erinnern,
dass ich berufen worden bin, den heiligen Tanz des Lebens zu tanzen.

Ich wurde erschaffen, um zu lachen und zu lieben,
um erhoben zu werden und andere zu erheben.

Oh Heiliges, Ewiges,
entwirre meine Füße von allem, was sie fesselt,
befreie meine Seele, dass ich tanze, und mein Tanz ansteckend sein möge.

Interview mit Najia Ahmad

Freiheit als Kind?
Einmal im Leben einen kurzen Rock anzuziehen. Das war ein Traum. Das dachte ich mir, wenn ich so viel Freiheit gehabt hätte, so kurze Röcke anzuziehen, das wäre doch sehr schön als Mädchen.

Freiheit als Jugendliche?
Ich war sportlich und habe Badminton gespielt, sehr gut sogar. Und ich bin immer versteckt zum Training gegangen und zum großen Turnier auch versteckt gegangen. Und meine Mutter hatte immer zu Hause auf meiner Matratze so eine Kiste mit einer Decke drauf und zu meinem Vater gesagt – er war beim Militär natürlich und hat sehr gut auf uns aufgepasst, und damals war die Geschichte von Russland und Afghanistan und so –, und sie hat immer zu ihm gesagt: Sie schläft. Obwohl ich nicht in der Wohnung war. Und sie hat auch im Hof vor der Haustür gesessen, damit ich zweimal so leicht an das Tor draußen klopfen konnte, dass mein Vater nicht merkte, wenn ich zurückkam. Das heißt, wir haben alles versteckt gemacht. Wir durften auch nicht diese ganz politischen Bücher oder teure Bücher zu Hause haben, weil mein Vater hat auch immer gefragt, mit wem habt ihr Kontakt, wer gibt euch so viele Bücher und so was …
Und das war es immer, diese Sachen, dass wir gedacht haben, ohne die, das ist Freiheit. Und dann bekommen wir unsere Freiheit.
Aber langsam kam auch viel anderes dazwischen, als ich studiert habe oder gelernt oder verreist bin, dann war das: Leben mit Freiheit und bekam eine ganz andere Bedeutung.
Damals war halb Besetzung von den Russen in Afghanistan und auch verschiedene Bürgerkriege gegen Russen und gegen Kommunisten, und von daher durften wir nur in die Schule gehen und wieder zurück. Und wir haben gar keine anderen, freien Beschäftigungen gehabt. Und woanders übernachten durften wir nicht, das war ein Traum, dass wir einmal, die ganze Klasse, Mädchen, eine Übernachtungsparty machen oder so was, das war alles nicht möglich.
Und Freiheit war für uns: Wenn wir das alles machen dürfen, das heißt Freiheit. Aber später dann, als wir richtig politisch aktiviert worden waren, haben wir gesagt: Nein, ein Land muss befreit sein, die Lehrkräfte müssen frei reden können und so weiter, das ist Freiheit.

Von Japan nach Deutschland
Ich war Jurastudentin, und mein Onkel war über zehn Jahre Botschafter in Japan. Und hat gute Beziehungen mit den Japanern gehabt, und diese Freundschaft wollten die immer pflegen. Dann haben sie drei Mädchen ausgesucht, dass wir dort die Sprache lernen und die japanische Kultur und so, dass, wenn die nach Afghanistan kommen, diese drei Mädchen in verschiedenen Orten, z.B. beim Fernsehen oder im Außenministerium, in solchen Bereichen, arbeiten müssten, damit wir diese Freundschaft mit Japanern pflegen.
Und als ich dort fertig war, ungefähr nach zwei Jahren, wollten wir nach Hause. Aber damals war die russische Besatzung weg, und dann kamen die Mudschahedin an die Macht und danach diese Taliban, und wir wollten nicht zurück, weil wir wussten, dass wir dort gar keine Zukunft mehr haben. Und diese Träume über diese Freiheit, Arbeit, eigenes Geld verdienen, im Government – wie sagt man? –, uns beteiligen und so was, das war alles in einer Sekunde komplett weg.
Als Frau, das war schwer, sehr schwer, dass ich diese Entscheidung getroffen habe zu

sagen: Ich bin auch ein Kandidat, wenn ich will, um nach Japan zu gehen! Mein Vater war absolut dagegen. Heirate, mit einem Mann darfst du, aber alleine kannst du diese Träume nicht verwirklichen. Ich werde deinen Onkel sogar umbringen, wenn er sich in meine Familienangelegenheit einmischt. Aber am Ende – ich war sehr stark und ich war ganz eindeutig – habe ich gesagt: Ich gehe!

Und warum nach Deutschland?

Weil ich nirgendwo alleine hindurfte, und mein Bruder war davor in Deutschland, in Stuttgart, und dann habe ich gedacht, wenn ich sage, nach Deutschland, kann es sein, dass die Familie etwas beruhigt ist und sagt: Ja, du darfst.

Als ich nach Deutschland kam, habe ich sehr hart gearbeitet, und danach habe ich meine Familie langsam Stück für Stück nach Deutschland geholt. Ich habe mir immer Ziele gesetzt, so kleine, und habe gekämpft für die Ziele, weil große konnte ich sowieso nicht, weil das war nicht in meiner Macht. Ich konnte z.B. sparen, sparen, sparen und dann eine Person … 20 000 DM hat es gekostet, dass eine Person nach Deutschland kommt. Man konnte nicht mit Einladungen einfach wen holen.

Der Vater

Und er hat mich immer geschimpft, egal, wie viele Leute da waren, und hat in russischer Sprache, persischer Sprache, in gebrochenem Englisch zu all meinen Kunden im Geschäft oder meinen Freundinnen gesagt: Dieses Mädchen hat mein Leben kaputtgemacht und hat mich von der Heimat hierhergeholt. Innerlich war er eigentlich glücklich. Aber er war eben Militär mit dieser blauen Uniform der Fluggesellschaften und mit vielen Schulterstreifen und alles …

Wie hast du die Freiheit hier erlebt?

Dieser Traum, dass ich einmal im Leben ohne Problem draußen joggen gehe, und das habe ich hier erwartet, dass ich das kann. In Japan gab es auch diese Begrenzung, weil wir durften ab neun Uhr abends nicht aus diesem Studentenwohnheim raus, das war streng verboten. Darin waren nur Mädchen. Die Japaner sind bei manchen Dingen genauso streng. Und dort habe ich auch nicht so diese schöne Freiheit genossen.

In Deutschland dachte ich mir: Jetzt habe ich das! Und als ich nach Deutschland gekommen bin, über Rumänien, Polen … und in Polen dachte ich, ich kann über diesen Fluss einfach so mit dem Fuß nach Deutschland kommen. Das war kein Fluss, sondern ein richtiger Riesenfluss, und ich habe das nicht geschafft und dann später noch mal versucht und noch mal versucht über die Brücke. Aber das ist eine andere Geschichte.

Und dann habe ich gesagt: Endlich, weil ich habe Sport geliebt und dachte, jetzt kann ich endlich schöne Joggingkleidung kaufen und morgens mit den Turnschuhen einfach laufen und genießen. Wahrscheinlich habe ich auch geträumt, dass ich mit Musik im Ohr … Ich weiß nicht, habe ich in Filmen gesehen oder so was, das war ein Traum.

Aber als ich nach Deutschland kam … mein Bruder hat ein Zimmer gehabt, ein Dachzimmer, mittendrin in Stuttgart-West. Und eine kleine Stehküche und eine kleine Dusche. Und das hat mich auch nicht sehr gestört, alles okay, weil in Japan gibt's auch nicht so große Wohnungen. Aber das Problem war: Er hat nur einen Schlüssel gehabt. Er hat bei der Post gearbeitet. Er hat mich tagsüber eingeschlossen und ist am Abend nach Hause gekommen. Und hat mich wie einen Hund beim Gassi um diesen Feuersee mit der schönen Kirche geführt, der hat mich zweimal eine Runde Gassi gebracht,

um den Feuersee rum. Und ich habe Fernsehen gehabt, und die ganze Zeit habe ich Tennis angeschaut und auch Musik und selber Deutsch gelernt ein bisschen.
Als ich in diese kleine Wohnung reingekommen bin, da gab's keinen Strom, die Stromrechnung war nicht bezahlt, paar Monate Miete auch nicht, er ist auch ein Typ gewesen wie Marco Polo, ständig am Reisen, drei Monate weg, und ihn interessierte nicht, wie viele Briefe mit Rechnungen gekommen waren. Ich habe dann mit meinem ersparten Geld von Japan die Rechnungen bezahlt, dass wir wieder Strom hatten.
So habe ich angefangen. Ich hatte gar keine Zeit, sie zu genießen, diese Freiheit. Aber später, langsam … ich wusste, sobald ich ein bisschen die Sprache konnte … und dass ich auch die Gesetze gekannt habe, und dann war schon was mit meiner Freiheit. Ich musste etwas machen, damit ich meine Familie hole, und ich musste diese Freiheit ausnutzen, aber leider, leider anfangs, zehn Monate … Das hat nicht richtig geklappt, weil ich keine richtige Aufenthaltsgenehmigung gehabt habe, keine Genehmigung, dass ich mich z.B. selbstständig machen kann, dass ich irgendwie was lernen oder studieren kann. Das eine hat mit dem anderen zu tun gehabt, und diese Freiheitsbeschränkung spürt man jede Sekunde, jede Minute, irgendwo hängt etwas, dass man nicht durchgeht, und die Sorgen der Familie. Und dann musste ich arbeiten. Und ja, das ist: Freiheit.

Aber jetzt?

Aber jetzt. Ja, ich fühle mich wirklich mit dem Alter ein bisschen frei. Und genieße diese Freiheit auch. Ich reise so viel. Ich darf jemanden besuchen. Ich darf jemandem helfen, wie ich will. Und ich bin für viele Menschen immer da und die anderen auch für mich. Und das ist sehr schön.
Und das, was mich ein bisschen traurig macht wegen der Freiheit, sind diese Gedanken: Wie kann eine Frau aus Afghanistan so viele Jahre auf Freiheit warten müssen? Jeden Tag sagen wir: Jetzt ist es vorbei, jetzt ist es vorbei, jetzt ist es vorbei. Und viele von uns haben das mit der Freiheit auch überhaupt nicht kennengelernt, weil sie sehr jung gestorben sind, es hat viele Tote gegeben, und an so was denke ich. Und dieses Gefühl macht mich krank ... Diese vierzig Jahre, dass in Afghanistan Krieg ist, und diese Bilder, wie die Welt das gesehen hat, die großen Flugzeuge und die Evakuierung und wie die Menschen um das Flugzeug gesprungen sind, im Fernsehen, diese schrecklichen Bilder, diese Riesenflugzeuge, und wir haben nie gedacht, dass ein Flugzeug auf einmal 2000 Leute mitnehmen darf oder 1000?
Dass ich als Frau, die so viele Jahre auf Freiheit im eigenen Land wartet, etwas tue und rede, auch mit den Deutschen hier in meiner Community oder mit meinen Kontakten. Es macht mich manchmal traurig, so traurig. Ich meine, diesen Kampf müssen wir wieder von null anfangen, und diese Kraft, die sie hineingesteckt haben, und nun das. Das ist sehr traurig – und das ist genauso traurig, wenn man nicht in Afghanistan drin ist. Für uns, die wir jetzt hier in einem freien Land leben, ist es manchmal doppelt traurig. Ist es, weil wir das leben, was die Frauen jetzt nicht haben? Sie dürfen nicht die Schule besuchen, dürfen nicht arbeiten, dürfen nicht rote Schuhe anziehen und diese Sachen.
Und dann? Dann wird meine Hoffnung auf Freiheit manchmal komplett zerstört. Dann denke ich, dass es so eine lächerliche Sache ist, dass diese Menschen, die über Freiheit reden, oder diese Community oder diese UN oder diese humanitären Sachen oder so was, wie kann das sein. Frauen dürfen so was nicht erleben, und die Welt macht

hinter uns irgendeine Politik, dass wir gar nichts verstehen, und das macht uns wirklich krank, weil ich meine, man kann auch damit wirklich … kann man damit leben, wenn man denn weiß, wer ist dein Feind? Wer ist gegen Frauen? Aber sie kennen diese Feinde nicht und haben gar keine Erklärung. Was ist Feind? Was ist Freund? Was ist Nachbar? Weil unsere Nachbarn sind genauso schlimm manchmal. Diese Regierung, meine ich. Und wen ich auch hier sehe, keiner gibt uns die richtige Antwort. Wir wissen das nicht. Und diese Unwissenheit ist die schlimmste. Ich meine, das ist wirklich eine … mit was soll ich es vergleichen: dass man denkt, dass man Krebs hat, an sich und einfach – es ist traurig.

Aber es hat auch mit der Religion zu tun, oder? Die Unfreiheit der Frauen?

Nein, es ist keine Religion. Das ist eine Waffe, dass man schneller umbringen kann, schneller vorankommen kann. Alle, alle, die gerade an der Macht sind dort, haben null Ahnung von Religion. Sie sind Terroristen. Unsere Religion hat mit Weisheiten zu tun. Unsere Religion waren Rumi-Gedichte, und Religion war, den Koran mit vielen Bedeutungen, vielen Freiheiten zu lesen. Aber die jetzt die Macht haben, haben mit Religion nichts zu tun.

Sie haben keine Gesetze, auch nicht durch die Religion. Die Religion sagt: Bildung von Mann und Frau. Wo ist das? Es steht schon in der ersten Sure im Koran. Dort steht: Lies oder schreib, oder so was. Bei denen gibt es davon nichts. Die wollen alles zerstören, alles Kulturelle. Sie haben die großen Buddhafiguren sprengen lassen, alle Statuen. Und jetzt machen sie es mit der persischen Sprache. Die sind gegen die persische Sprache, die haben eine eigene. Aber die haben gar keine eigene Sprache. Die benutzen nur indische, pakistanische Worte oder englische. Und das ist alles. Das ist furchtbar, wenn man sieht, dass die Hochkultur mit einem Schwert zerstören.

Was bedeutet Freiheit für dich?

Freiheit ist einfach: Befreiung von allen Einschränkungen, und diese Einschränkung von außen gibt's, dass man nicht reden darf, dass man nicht in die Schule darf, dass man jemanden nicht heiraten darf … Dass man verfolgt wird, wie jetzt die Frauen in Afghanistan.

Und dann gibt's auch diese innerliche Freiheit. Und wenn wir in unserem Bestreben, Sachen zu haben, immer nur haben wollen, wollen und das immer mehr, mehr, das nimmt uns auch eine gewisse Freiheit. Und wir müssen gegen beides kämpfen und uns befreien. Zufriedenheit findet man auch mit Kleinigkeiten, die dem Leben Schönheit schenken und begeistern. Das muss nicht immer groß und viel sein.

Diese „Triebseele", sagen wir bei uns, ein religiöses Wort, immer so gierig, Habenwollen. Diese verdammten innerlichen Gewohnheiten, die unsere Freiheit auch einschränken. Rein ins Haus und du kannst nicht allein sein, mit dir. Fernseher an! Viel besser ist: sich selber finden, die innere Ruhe. Das ist Freiheit.

Najia Ahmad hat in Stuttgart-Untertürkheim fünfzehn Jahre lang den Laden/das Lokal „Sapori d'Italia" geführt. Das Interview mit ihr machte Anna Breitenbach 2024.

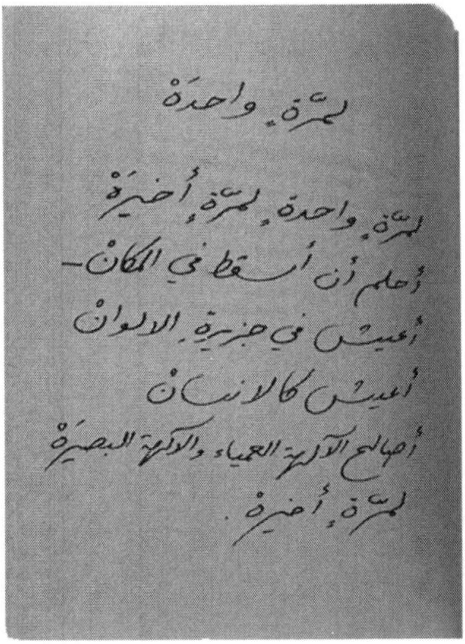

لمرّةٍ واحدة

لمرّةٍ واحدةٍ، لمرّةٍ أخيرة
أحلم أن أسقط في المكان -
أعيش في جزيرة الألوان
أعيش كالإنسان
أصالح الآلهة العمياء والآلهة البصيرة
لمرّةٍ أخيرة.

Najia Ahmad

Ein einziges Mal

Ein einziges, ein letztes Mal
träume ich, herabzufallen in den Raum,
zu leben auf der Insel der Farben,
zu leben wie ein Mensch,
zu versöhnen die blinden
mit den sehenden Göttern,
ein letztes Mal

Foto: Anna Breitenbach

Gail Wronsky

Die Kunst der Poesie

Ich folge nur der Sprache. Doch eines Tages
bei der Arbeit an einem Essay mit dem Titel „Die Zeit
des Schreibens mit den Fäusten", spürte ich silberne Lichtstrahlen von jenseits durch
die Wolken glühend in mir fließen. Jemand hätte denken können,
die Wolkengötter zögen meine Seele in den Himmel,
mit einer Lichterkette, den Himmel, der an diesem Tag reich zu sein schien,
wie Milch, in der sich ein Stück Butter auflöst. Mehrere
Gedanken durchstreiften die Wiesen meines Geistes –
Gedanken wie „Vielleicht wäre ich dort oben tatsächlich glücklicher."
Gedanken, die in Dichtung zu übersetzen ich versagt hatte,
mit Bleistift wie auch mit der Faust. Heute, in Malibu, bin ich
an einer kleinen Steinfigur eines Mädchens, das ein Buch liest, vorbeigegangen. Jedes Mal
wenn ich da bin, fürchte ich, dass sie eines Tages anfängt, die Seiten umzuschlagen,
und dann werden meine eigenen Bücher zu Stein.
Mögen wir niemals Sklaven sein, die an die Löwen verfüttert werden. Möge ich
den Rest meiner Tage in die Metaphysik der Erlösung eintauchen.

Aus dem amerikanischen Englisch von Tzveta Sofronieva

Sophie Voigtmann

Claudia Gehrke
Den Vögeln zuhören

„Ohne die Möglichkeit der Abschweifung von der Arbeit könnte ich kaum arbeiten. Ich muss hinaus in die Ferne blicken können und Wolkenschauspiele bewundern oder Bäume und Menschen in den Straßen von Berlin. Auch wenn ich zu Gast bin, stelle ich den Laptop so auf, dass ein Blick ins Weite möglich ist. Als Belohnung für eine der durchmachten Nächte plötzlich das seltene tiefdunkle Rot am Horizont, das einen atemberaubenden Sonnenaufgang einleitet ...“ (so endete mein Beitrag zum letzten Konkursbuch, Thema Arbeit).

Augenblicke der Freiheit, aufblicken, woanders sein. Den Vögeln zuhören. Winzige Freiheit, die vielleicht alle Menschen manchmal empfinden. Hoffentlich auch die Menschen, die in Unfreiheit leben. Um Unfreiheit geht es in vielen Beiträgen dieses Buchs, denn an „Freiheit“ zu denken ist kaum möglich, ohne die Freiheitsberaubungen in den Kopf zu bekommen. Im Moment wohne ich in einem klosterzellengroßen Zimmer. Es hat vielleicht acht Quadratmeter. Der Blick nach draußen: eine kleine Steinmauer, Meer, Himmel, mehr nicht. Der Gesang von Vögeln und Wind. Das empfinde ich als große Freiheit, hier arbeiten zu können. Nachts, ohne Mond, bewölkt, ohne Sterne: eine undurchdringliche Schwärze, die ich so noch nie erlebt habe. Wie eine dicke, weiche Mauer. Als der Laptop gestern Nacht abgeschaltet war, habe ich die Lampe ausgemacht. Bin ein paar Schritte hinaus in die umfassende Dunkelheit gegangen, die ich körperlich zu spüren glaubte. Ich weiß noch nicht, ob mich das beengt, eingesperrt oder geborgen hat. Wo ich auf der Insel bis vor Kurzem wohnte, war ich wie umarmt, eingekuschelt in einen Blumendschungel, der Blick zur Seite und nach hinten in schön geformte Hügel und nach vorn auf das Meer, im Vordergrund ein bezaubernder, oft grün leuchtender kleiner Kraterberg, Montaña del Azufre. Auf dem Meer manchmal Schiffe, ein Segelboot, Frachter, die leuchtenden Fähren am frühen Morgen vor Sonnenaufgang. Bei klarem Himmel die Lichter der anderen Inseln. Auf einer Insel ist das Meer von vielen Häusern aus zu sehen. Um die Häuschen herum war ein riesiger verwilderter Garten mit Teichen, von Früchten und Blüten überquellenden alten Orangenbäumen, Lorbeerbäumen, Jasminbüschen, Orchideenbäumen, Pfefferbäumen und den Blumen. Aufzustehen, hindurchzuspazieren, mich auf einen der blauen Stühle zu setzen, die im Gelände standen, die Arbeit zu unterbrechen, zu lesen und von oben auf die verwunschene Welt Tirimagas zu blicken, das fühlte sich an wie Freiheit, eine Ausnahmesituation. Ich musste ausziehen, da das Gelände an die anderen, die dort zur Miete lebten, verkauft wurde, und sie wollten die Häuschen für sich und ihre Freunde. Ich musste als Einzige gehen. Vertreibung aus dem Paradies. Wird mich die herbe fordernde Romantik des neuen Orts packen? Schiffe sah ich hier noch nicht, vielleicht fahren sie nicht um die windige Südspitze. Der kühle Passatwind aus Nordost trifft mich frontal. Auch durch die geschlossene Tür, durch die Spalten und das riesige Schlüsselloch.

Als Kind empfand ich Freiheit, wenn ich in der Wildnis spielte, alleine. Gruselige und romantische Fantasiegeschichten, Kämpfe. Manchmal mit meiner Schwester, mit Freundinnen. Im Wald, beim kleinen Sumpf, der hohle Baum mein Haus. Ein zerfallenes Haus, ein Dachboden voller Geheimnisse, an der Bushaltestelle nahe der Schule. Auch beim Bunker spielten wir. 50er, 60er Jahre. Um die Pubertät herum: Unterricht schwänzen, im Café sitzen statt in der Schule, Aufbruch, weg von zu Hause, noch während der Schulzeit ausziehen in eine WG, auch das war Freiheit, die aber schnell in Abhängigkeiten endete. In der Zeit wollte ich sein wie alle anderen der jeweiligen Szene. Machte darum Dinge, die ich eigentlich nicht machen wollte. Momente kleiner Freiheiten, obwohl sich aus der Zeit der Pubertät und danach Erinnerungen an Unfreies in den Vordergrund drängen. Mich zu verlieben war, so sehe ich das jetzt, mit vergleichbaren Freiheitsaufbruchsgefühlen verbunden wie das Spielen in der Wildnis. Ganz woanders zu sein. Hingerissen zu einer Person, es gab Männer, Frauen, meistens waren es Frauen. Im Sex – und das empfand ich wirklich so, Grenzen fallen, die Grenzen zwischen „Ich" und „Du" sich auflösen zu spüren, Orgasmen zu bereiten, Orgasmen zu bekommen. Doch natürlich folgten wieder Abhängigkeiten. Neue Aufbrüche. Lieben, ohne dauernd zusammen zu sein, ohne zusammenzuleben. Ohne Kontrolle. Unabhängig – zugleich abhängig von den jeweiligen Liebsten.

„Freiheit bedeutet für mich Unabhängigkeit. Punkt", formulierte der Verlags-Mailordermann Berndt Milde, und ergänzte bekannte Zitate: „Ganz er selbst sein darf jeder nur, solange er allein ist: wer also nicht die Einsamkeit liebt, der liebt auch nicht die Freiheit: denn nur wenn man allein ist, ist man frei." (Schopenhauer), „Und wenn dich morgens niemand weckt und nachts niemand auf dich wartet und du tun kannst, was du willst. Wie nennst du das, Freiheit oder Einsamkeit?" (Charles Bukowski). „Schließt eure Bibliotheken ab, wenn ihr wollt, aber es gibt kein Tor, kein Schloss, keinen Riegel, den ihr auf die Freiheit meines Geistes setzen könnt." (Virginia Woolf)

Frauen kämpften und kämpfen dafür, als Frau gleichbehandelt, gleich bezahlt zu werden, die gleichen Rechte zu haben wie Männer. Gleich bezahlt wird in Deutschland noch immer nicht. Eine relativ junge Bewegung kämpft dafür, ihre Identität zu befreien von Geschlecht- oder Genderzuordnungen. Transidente und transgender Menschen definieren sich nicht als Frau und nicht als Mann, sondern changierend, fluid, unfestgelegt. Sie bemühen sich, auch so wahrgenommen und angesprochen zu werden und versuchen, die Sprache genderneutral zu ändern, weiblich-divers-männliche Wortkonstruktionen entstehen. In Deutschland regen sich Leute über das „Gendern" auf, über Sternchen, Doppelpunkte, Unterstrich, Sprechpausen mitten in einem Wort und andere Versuche, Wörter in Richtung „trans" oder „jenseits von Geschlecht" zu biegen. Einige versuchen, ihre Ablehnung sprachanalytisch zu begründen. Auf der anderen Seite regen sich trans Menschen auf, wenn nicht genderneutral gesprochen oder geschrieben wird. Dogmatismus aus unterschiedlichen Richtungen. Die einen fühlen sich in ihrer Freiheit beschränkt, so zu sprechen, wie sie möchten, die anderen fühlen sich durch Sprache ausgeschlossen. In manchen Sprachen gibt es kein grammtikalisches Geschlecht.

Transsexuelle, Menschen, die sich vom Mann in eine Frau oder Frau in einen Mann verwandelt haben oder es planen, erzählen in

Gesprächen und Autobiografien oft von kaum zu ertragendem Unwohlsein im falschen Körper, das zu ihren Entscheidungen zu geschlechtsangleichenden Behandlungen und Operationen geführt hat. Andere verwandeln ihre Körper mit sogenannten Schönheitsoperationen. Die Körper werden freiwillig (wenn auch beeinflusst durch Szene, Moden, Werbung, Körperideale etc.) verwandelt. Körper verwandeln sich auch „unfreiwillig", durch Alterungsprozesse, Unfälle, Verletzungen und Verluste von Gliedmaßen in Kriegen.

Transidenten Menschen geht es um die Konstruktion des eigenen „Ich". Sie kämpfen für freie Selbstdefinition. Selbstliebe. Ihr Hauptanliegen ist nicht das Verhältnis zu anderen Menschen. Lesbische und schwule Menschen kämpfen weltweit dafür, als Mann einen Mann, als Frau eine Frau lieben und sexuell begehren zu können, ohne dafür in ihrer Freiheit und ihren Rechten beschnitten zu werden. Ob ich mich als lesbische Frau butch, femme oder als nichts von beidem definiere, das hat vielleicht mit Selbstkonstruktion zu tun, ist aber nicht gleichzusetzen mit trans. Theoriebände beschäftigen sich mit Gender-Fragen. Frauen-, Lesben-, Schwulen- und Transbewegung kämpfen für die Freiheit der Menschen, die sich so definieren, und die deswegen, auch heute und auch in unserer Gesellschaft noch, manchmal Gewalt erfahren und in ihrer Freiheit eingeschränkt werden. In vielen anderen Ländern müssen lesbische, schwule und trans Menschen um ihr Leben fürchten, mit Gefängnis und Todesstrafe rechnen. Oder sie erleben, wie sie als „extremistisch" eingestuft und ihre Rechte beschnitten werden, so vor Kurzem in Russland.

Und wie komme ich nun wieder zu meinen „kleinen Freiheiten"? Und zum Ende dieses Texts? Ich mache einfach einen Sprung, gehe hinaus, spazieren, setz mich in einen Garten, weg vom Bildschirm und dem offenen Textende, und fühle mich frei.

Orte, Räume, Meer

Sophie Voigtmann

Kira Zetzmann

Syndikate am Strand – Heterotopien und Utopien

„Das Nachdenken über Utopie ist die Sehnsucht und Suche nach einem Hoffnungsschimmer, der, beflügelt durch die Phantasie, durch die Dunkelheit dystopischer Weltverhältnisse scheint.“ (Beier 2023, S.208)

Ob es gleich Thomas Morus' Utopia sein muss, das an einem Ort nachgeahmt wird, oder „lediglich“ ein gemeinschaftliches Garten- oder Wohnprojekt, beide Male bilden diese alternativen Lebensformen einen sogenannten heterotopen Raum.

Heterotopien, das sind Räume, die von der allgemein etablierten Wert- und Wissensordnung abweichen, oder, wie Michel Foucault sie nennt, „Orte, welche die Gesellschaft an ihren Rändern unterhält, an den leeren Stränden, die sie umgeben“ – Orte, die für diejenigen „Menschen gedacht [sind], die sich im Hinblick auf den Durchschnitt oder die geforderte Norm abweichend verhalten“.[1] Heterotop sind diese Gegen-Orte gerade deshalb, weil „diese Orte völlig anders sind als all die Orte, die sie spiegeln und von denen sie sprechen“, weil in ihnen (je nach Gegen-Ort schon fast in einer weihevollen Geste) „all die anderen realen Orte, die man in der Kultur finden kann, zugleich repräsentiert, in Frage gestellt oder ins Gegenteil verkehrt werden“.[2]

Raum und dessen Gestaltung, bei Foucault schon immer, wenn auch mal mehr oder weniger explizit, zentrales Thema, erlangt besondere Bedeutung in den Vorstellungen und Umsetzungen dieser Gegen- oder Un-Orte; denn nichts anderes bedeutet Heterotopos als einen anderen Ort, ein Widerlager zur Gemeingesellschaft. Viele Orte können zu solchen Gegen-Orten *werden* – der Wald oder die Wohnung etwa; solange sie nur Un-Ort werden, an denen eine eigene Ordnung (gesamtgesellschaftlich gesehen wohl aber eine Un-Ordnung im übertragenen Sinne) praktiziert wird. Doch sie als *andere* Räume müssen gleichsam erst geschaffen werden, müssen von eigener Bemühung und Kreativität erst erobert sein.

Zumindest im Foucault'schen Sinn sind auch diese Orte jedoch nicht machtfrei, existieren sie doch immer mit und in ihren eigenen

1 Foucault 2005, S. 12.
2 Foucault 2006, S. 320.

Wissensordnungen, auch wenn diese vielleicht den üblichen Denksystemen zuwiderlaufen mögen. Dieses wie jene sind stets zeitlich und räumlich verortet und durch Macht und Wissen geordnet. Die Macht- und Wissenskonstellationen können ohne Rückbezug auf die Räume – die hier durchaus auch in ihrem ganz materiellen Sinn gemeint sein dürfen, selbst wenn mensch Diskurse leichtsinnig und gerne mal ins Nichts verbannt, auf Ebenen, in denen sie wolkengleich über den Dingen schweben und gleichsam bedeutungsarm wie schwammig sind – nur unvollständig abgetastet werden. Ja, für einen verankerten und vollständigeren Versuch müssen Räume nicht nur als Idee einbezogen werden, sondern auch ganz praktisch als Wohnungsarchitektur und Stadtplanung, im Aufbau von Bildungs- und Ausbildungsstätten, Arbeitsplätzen und Ruheorten.

Da auch heterotope Räume in die Gesellschaft „eingebunden" sind, wenn gleich auch an ihren Rand verfrachtet, resoniert in ihnen auch eine zweischneidige Funktion. Denn gewissermaßen bilden diese Räume auch eine Art Befriedungspotenzial, indem sie geduldet und unterhalten werden, sie bilden nicht nur einen Gegen-, sondern auch einen Illusionsraum. In Schäfers et al. Worten wird „hier [...] dem Menschen Glauben gemacht, dass Dinge erlebt werden können, die eigentlich nicht vorgesehen sind. Das ‚Andere', das innerhalb einer Gesellschaft keinen Raum findet, wird an ihren Rand gedrängt, an dem es einen Ort bekommt, wo es erlebt werden kann. Die Heterotopie ist dann ein Erlebnisraum, der Befriedigung verschafft und so den Einzelnen gesellschaftsfähig hält".[3]

Und keinesfalls sind alle Gegen-Räume gänzlich unbetroffen von ihrem Außen. An den Strand muss mensch beispielsweise erst mal kommen. Dafür muss mensch überhaupt von ihm wissen und bekannterweise sind nicht alle Strände so einfach auf der Karte geschweige denn ohne zu finden. In einer Gruppendiskussion mit dem Mietshäuser Syndikat[4] erklärte ein:e Teilnehmer:in beispielsweise über die Zugangsbedingungen zu Syndikatsstrukturen gleichsam treffend wie

3 Schäfer-Biermann et al., S. 87.

4 Als kurze Erklärung: das Mietshäuser Syndikat ist ein bundesweiter Solidarverbund von autonomen Haus- und Wohnprojekten, die sich entschieden haben, sich auf diese Weise zu vernetzen. Die Autonomie der Einzelprojekte wird durch diese Vernetzung insofern eingeschränkt, als eine Reprivatisierung der Häuser unmöglich gemacht wird – was jedoch der Idee von kollektivem Eigentum und beständiger Selbstverwaltung der Beteiligten entspricht.

ironisch: „So ganz schematisch würde ich denken, hast du kein Kapital im Sinne von finanziellem Kapital und kein kulturelles Kapital, machst du Mietwohnung. Hast du kulturelles Kapital und kein Geld, machst du Syndikat. Hast du sowohl als auch, dann machst du Baugruppe“.[5]

Das heißt jedoch nicht, dass problematische Dynamiken kritiklos bleiben müssen und heterotope Orte daher von Grund auf zu Nutzlosigkeit oder Un-Freiheitlichkeit verdammt sind. An ihnen mögen, wenn auch nicht müssen, dennoch unsichtbare Strukturen gebrochen werden – das ist es ja, was Machtstrukturen heute auch ausmachen: dass sie so verinnerlicht und institutionalisiert sind, dass sie gleichsam unsichtbar wie undenkbar anders geworden sind. Mensch könnte sagen, am leeren Strand magst du spielen, wenn du ihn betrittst; magst du quasi-entkörpert liegen, losgelöst von all den Zuschreibungen, die dich zu einem bestimmten Etwas machen in den Augen der Gesamtgesellschaft; dort magst du Sandburgen bauen oder dich in einsamen Dünen verlieren. Aber auch der Strand ist nie gänzlich zu denken ohne die Anbindungen, die ihn zugänglich machen, und unter anderem darin eine Unbeeinflussbarkeit von anderen Räumen verunmöglichen.

Foucault beschreibt Heterotpien an anderer Stelle als *lokalisierte* (und damit eigentlich auch als realisierte) *Utopien*[6] und darin als Orte, an denen Räume vereint werden, die unvereinbar scheinen und an denen Grenzen ignoriert, überschritten, neu geschrieben und umgedichtet werden können – wie die Heterotopie des Theaters, des Gartens, des modernen Friedhofs. „Wir leben nicht in einem leeren, neutralen Raum“, schreibt er dazu. „Wir leben, wir sterben und wir lieben nicht auf einem rechteckigen Blatt Papier. Wir leben, wir sterben und wir lieben in einem gegliederten, vielfach unterteilten Raum mit hellen und dunklen Bereichen, mit unterschiedlichen Ebenen, Stufen, Vertiefungen und Vorsprüngen, mit harten und mit weichen, leicht zu durchdringenden, porösen Gebieten.“[7]

Natürlich sind nicht alle Praktiken an Gegen-Orten zwangsweise subversiv, geschweige denn emanzipatorisch, nur weil sie sich einer anderen Wissensordnung bedienen. Aber die Andersartigkeit selbst ist es vielleicht doch.

5 Zitiert nach Sauer 2016, S. 176-177.
6 Vgl. Foucault 2005, S. 10.
7 Foucault 2005, S. 9-10.

Das eigentliche Wesen der Heterotopien ist, wollen wir Foucault folgen, die Infragestellung aller anderen Räume.[8] Einerseits durch das Potenzial, durch ihren eigenen illusorischen Charakter – „Die Heterotopie ist ein offener Ort, der uns jedoch immer nur draußen lässt", schreibt er kurz zuvor[9] – die Scheinhaftigkeit der gesamtgesellschaftlichen Realität als solche aufzuzeigen. Oder mensch könnte auch hier ganz materiell denken, denn Heterotopien bieten tatsächlich auch reale Räume, die eine ebenso reale wie radikal andere Wissens- und Denkordnung zur Orientierung und Strukturierung von Praktiken bietet. Macht, so dezentral gedacht, ordnet und ist in heterotopen Räumlichkeiten und Räumen aber natürlich genauso vorhanden – jede:r ist gewissermaßen teilhabend an ihr und ganz in ihrem Netz verwoben, allesamt teilnehmende Besitzlose, die miteinander ein großes oder auch mal ein kleineres Wissensspiel spielen, das dem heterotopen wie auch jedem anderen Raum seine Ordnung verleiht. Aber beiderlei Wesensarten der Heterotopien kennzeichnen diese stets als widersprechende und vielleicht auch widersprüchliche Orte zu den Hierarchien und Wissensspielen der Gesamtgesellschaft.

Mensch sollte deshalb also nicht nur ihre befriedenden Eigenschaften sehen oder die Heterotopie als von der Gesellschaft funktionalisiert oder institutionalisiert (was in Kontexten wie diesen bereits ein böses Wort darstellen mag) verdammen, sondern auch ihre Potenziale betrachten. Gegen-Orte sind immer auch Orte von Chancen und Möglichkeiten, denn an ihnen werden der Gesellschaft (diskursiv wie in anderen Praktiken) neue „Ordnungsmuster entgegengesetzt [...], die mit den Mitteln der vertrauten und bekannten Diskurse nicht verstanden werden können. Dabei wird der Mensch zugleich mit der Grenze des eigenen Denkens und der Logik eines anderen Denkens konfrontiert."[10]

Vielleicht kann mensch unter dieser Perspektive auch die Ansprüche an Gesellschaften und an ein Zusammenleben neu denken, die verschiedene Gruppen als alternativ – oder auch als utopisch – präsentieren. Als ein Beispiel, aber eines, an dem mensch das Konzept eines heterotopen Ortes gut festmachen kann, wären etwa anarchistische Gesellschaftsentwürfe und, im Hier und Jetzt gedacht, an sol-

8 Vgl. Foucault 2005, S. 19.
9 Foucault 2005, S. 18.
10 Schäfer-Biermann et al., S. 73.

che anschließende, bereits etablierte Lebenspraxen. Was sind diese denn nichts anderes als Gegen-Orte, Un-Orte, die die Prinzipien und Normalvorstellungen der „regulären“ Gesellschaft kritisch in Frage stellen und die gleichsam aus deren Perspektive unverstanden bleiben müssen, bis mensch sich auf das Seins-Experiment mindestens einmal gedanklich und unter dessen eigenen Prämissen einlässt?

Vergangene Praktiken etwa, sowohl bezogen auf ihr Scheitern als auch auf ihre Erfolge, waren immer auch „Kinderstuben“ für zukünftige Denk- und Praxiskonzepte für Anarchist:innen wie andere Menschen, die sich kritisch rückbeziehen konnten auf Herrschaftsstrukturen in diesen heterotopen Räumen wie auch in der Allgemeingesellschaft. „From the French mutual aid societies and the Paris Commune, through Occupy Wall Street, Decolonize Oakland and the Rojava constitution, the urge to freedom has always been a contextual affair.”[11]

Daran anschließend sind vielleicht die Kategorien nützlich, unter denen Alex Prichard Freiheiten in anarchistischen Theorien differenziert: negative Freiheitskonzeptionen, d.h. Freiheiten *von*; positive Freiheitskonzeptionen, d.h. Freiheiten *zu*; und letztlich Freiheitskonzepte bezogen auf Institutionen, d.h. Freiheiten *in*.[12] Alle Gegen-Orte stellen gleichsam gescheiterte wie realisierte Utopien ihrer Beteiligten dar, die selbstverständlich in örtlicher wie historischer Abhängigkeit, „expressions of the good and of freedom from an anarchist point of view“[13] sind bzw. waren. Das heißt, dass sie immer auch Ausdruck von Wertvorstellungen und gleichzeitig gelebte Praxis von Freiheit im positiven wie im negativen Sinne sind und stets natürlich Teil von Befreiungskämpfen und -ansprüchen.

Gerade diese (vielleicht auch unvermeidbare) Perspektiven-Bindung führte und führt vielleicht auf die Befriedungsproblematik zurück und verschwindet daher genauso gerne unter dem Radar. Mensch denke an dieser Stelle an (m)an(n)archistische Vertreter in der Vergangenheit – wie die auf patriarchale Gesellschaftsstrukturen bezogen unreflektierte und sexistische Weise, in der Proudhon seinen Freiheitsbegriff konzeptionalisiert. Wo er sich gegen traditionelle und durch Staaten vermittelte Herrschaftsverhältnisse stellt, so ist

11 Prichard 2019, S. 86.
12 Vgl. Prichard 2019, S. 78-84.
13 Prichard 2019, S. 81.

die Ausgrenzung von Frauen* von gesellschaftlichen Entscheidungsprozessen nicht nur Teil, sondern sogar Möglichkeitsbedingung des wahrhaft freien Mannes, der – da frau sich um die häuslichen Aufgaben kümmert – ideal am öffentlichen Leben partizipieren kann; und wo Proudhon die Institution der bürgerlichen Ehe zwar ablehnt, so nicht aufgrund eines besonders egalitären Frauen*bildes, im Gegenteil, blieb er stets zeitgenössisch-sexistischen und verkürzten Vorstellungen von Frauen* und Weiblichkeit verhaftet (wie etwa die mentale wie physische Unterlegenheit der Frau* im Vergleich zum Manne). Unter anderem von anarcha-feministischen Denker:innen (wenn zumeist auch nicht in ihrer Selbstbezeichnung) wurde Proudhon seiner Zeit schon kritisiert: „One of his most vocal and forthright critics, Jenny d'Héricourt, put it like this [in her text A Woman's Philosophy of Woman or, Woman Affranchised]: 'You have naively mistaken the scalpel of your imagination for that of science'."[14]

Und auch Praktiken, egal, ob auf positiven oder negativen Freiheitstheorien fußend, bieten ihre Schwierigkeiten und Problematiken, sind sie doch zusätzlich zu ihrer historischen und räumlichen Verortung letztlich auch noch – wenn eine gewisse Dauer in ihnen angestrebt ist – mit der Institutionalisierung ihrer zugrundeliegenden Werte verbunden. Prichard etwa weist darauf hin, dass Freiheit und Institutionalisierung durchaus auch als ko-dependent gesehen werden kann – jede Art, soziale Praktiken in eine Form zu übersetzen, die verständlich und relativ dauerhaft ist, also eine Gemeinschaft zu bilden, sei eine Form von Institutionalisierung.[15] Gleichsam sei Freiheit dadurch auch nie ohne Sozialität zu denken – frei zu sein also auch kein individuelles „Projekt" oder ein rein geistiges Unterfangen eines Einzelsubjekts, sondern stets verankert in sozialer Praxis. So heißt es auch: „There is no non-social domain of freedom".[16]

Intentional Communities, also bewusste Zusammenschlüsse von fünf oder mehr Erwachsenen (ggf. mit ihren Kindern) aus mehr als einer biologischen Familie, die sich dazu entschlossen haben, zusammen und zu einem gemeinsam bestimmten Zweck zu leben[17], könnten solche Orte gemeinschaftlich-freiheitlicher Praktiken sein

14 Zitiert nach Prichard 2019, S. 79.
15 Vgl. Prichard 2019, S. 84.
16 Prichard 2019, S. 84.
17 Vgl. Firth 2019, S. 496.

und sich anarchistischen Lebenskonzepten annähern. Das heißt natürlich nicht, dass jede Intentional Community zwangsweise inhaltlich subversiv ist und/oder anarchistische Ansprüche hätte, nur dass sie dies potenziell sein bzw. solche haben könnte. Die Zusammenschlüsse können nämlich vielfältig sein, wie etwa „shared households, cohousing communities, ecovillages, communes, survivalist retreats, kibbutzim, ashrams, housing co-operatives and squats".[18] In all diesen Lebensgemeinschaften im weiteren Sinne des Wortes werden andere Werte gelebt, aber alle von ihnen sind eine Neu-Verhandlung von Konzepten und Ordnungen, indem sie alternative Lebensformen erkunden und praktizieren.

Vorgeschlagen wird es, heterotope Orte zumindest als prinzipiell fähig zu dieser Art sozialer Freiheit zu sehen, und gleichzeitig, ohne hier Anspruch auf Vollständigkeit zu erheben, auf freiheitliche Prinzipien hinzuweisen, die sich zumindest für ein anarchistische Konzept von Zusammenleben anbieten können. In Anlehnung an die Auflistung von Saul Newman sind das Konzepte wie *voluntary inservitude*, der *ownness* und der *insurrection*, die gemeinschaftlich an verschiedenen Gegen-Orten gelebt werden können.[19] Diese könnten mindestens für solche Intentional Communities mit inhaltlich-anarchistischen Ansprüchen interessant werden.

Voluntary inservitude, angelehnt an La Boéties *voluntary servitude* (also die Partizipation der Unterdrückten in ihrer Unterdrückung), ist Teil der poststrukturalistischen Anarchie-Theorie. Das heißt, diese Art der Partizipation wird grundlegend abgelehnt und der Versuch unternommen, sich aktiv aus bestimmten Machtverhältnissen zu entziehen. Es ist mehr als und gleichzeitig doch ein Gedankenexperiment: Ohne die Identifikation mit Macht ist die Macht auch keine mehr – ohne ihre Anerkennung löst sie sich *als* Macht auf (wenn auch sicher gewalthafte Strukturen dadurch noch nicht aufzulösen sind). Es geht hier um die Reklamation eines eigenen Willens in der Lebensführung und im Sein.[20]

Ownness wird mit Max Stirner als ontologische Grundfeste tatsächlicher und beispielsweise auch auf die *voluntary inservitude* bezogenen Praktiken gesehen: „We can think of freedom, then, not as a goal to be achieved, but rather as the ontological ground upon

18 Firth 2019, S. 496.
19 Vgl. Newman 2019, S. 298-301.
20 Vgl. Newman 2019, S. 298-299.

which we can act. Postanarchist theory understands freedom as thinking and acting *as if* power does not exist".[21] Das heißt Frei-Sein bildet erst einmal Möglichkeitsbedingung für freiheitliche Praktiken.

Insurrection ist zuletzt als transformative Aktivität des Selbst und in Konsequenz der Welt zu sehen. Es ist „a kind of revolt not so much against the external world of power – although that might be a consequence of it – but more so as a kind of ethical form of self-transformation, a revolt against fixed identities, modes of action and forms of life that power imposes upon us or which we have freely internalised."[22] Mensch denke an dieser Stelle vielleicht an postpatriarchale und sorgezentrierte Gesellschaftsentwürfe (vergleiche hierzu etwa Friederike Beiers Kapitel zur Utopie einer geschlechtslosen und sorgezentrierten Gesellschaft[23]) und Lebenspraktiken, die an solche angelehnt sind (wie etwa Konzeptionen von „Sorgenden Städten" und Projekten wie *Barcelona en Comú*, auf denen diese aufbauen). Diese bilden bereits jetzt schon Teil von Auflehnungen gegen internalisierte und inkorporierte Gesellschaftsvorgaben.

Solche Prinzipien könnten ebenfalls Teil von Intentional Communities sein, also Teil von den Wissensordnungen, auf Basis derer und mit denen sie sich strukturieren. Aber natürlich können sich die Alternativen zum Altgehabten aus der Gesamtgesellschaft auf viele Bereiche mehr erstrecken: etwa auf „gift economies, face-to-face relationships and consensus decisions in small, loosely federated groups"[24], um nur ein paar Beispiele zu nennen. In ihrem, auch wenn das Wort oft negativ und idealistisch konnotiert ist, Utopismus und seiner versuchten Aktualisierung im Jetzt zeigt sich vor allem die Möglichkeit einer De-Naturalisierung bereits internalisierter Strukturen; es zeigt sich die Möglichkeit des Nachdenkens über und den Aufbau von Alternativen im Zusammenleben, die Möglichkeit der Verhandlung von ökonomischen und Eigentumsbeziehungen. Das ist auch, was Rhiannon Firth als eine der Hauptfunktionen eines solchen Utopismus bezeichnet: „Not only do utopias offer critique, but they are spaces in which we can think and do things differently."[25]

21 Newman 2019, S. 299, Hervorhebung im Original.
22 Newman 2019, S. 300.
23 Vgl. Beier 2023.
24 Firth 2019, S. 504.
25 Firth 2019, S. 498.

Das Nachdenken selbst über Freiheit und Frei-Sein hat sich seit dem 19. Jahrhundert geändert, auch wenn die Einteilung in die drei Kategorien immer noch Hand und Fuß besitzen mag. Mit dem Eintreten der Spät- oder Post-Moderne (je nachdem, wo mensch sich gern verorten möchte) haben sich nicht nur die gesellschaftlichen Zusammenhänge, unter denen mensch mindestens in Europa und Nordamerika zu agieren hat und in denen neoliberales Gedankengut auch global um sich greift, geändert. Auch die Fragen um das eigene Selbst und die Gemeinschaft und die Machtstrukturen, die beide durchziehen und verbinden, sind andere geworden.

Macht und Gesellschaft sind koextensiv – das beinhaltet jede Form von Macht, nicht nur die aktuelle. Um den geänderten materiellen und auch theoretischen Voraussetzungen gerecht zu werden, könnte es mittlerweile sinnvoller sein, auch ein neues Verständnis von „Befreiung" zu entwickeln. Befreiung von Unterdrückung und klassischen Herrschaftsverhältnissen (etwa oppressiven Institutionen, Systemen oder Personen) mag es geben, aber nie Befreiung von Machtverhältnissen, ganz allgemein gesprochen. „Indeed, the concept of freedom itself cannot be seen as ontologically different to power, but is only intelligible in relation to power and exists as part of a strategic 'game' conducted on the field of power relations"[26] – statt als befreite Gesellschaften sollte mensch über zukünftige (vielleicht auch utopische, um beim Thema zu bleiben) Gesellschaften eventuell lieber als solche Gesellschaften nachdenken, in denen Freiheit praktiziert wird, Praktiken gelebt werden also, die sich permanent und aktiv gegen die Verknöcherung von Machtverhältnissen realisieren.

So klein und unscheinbar ein heterotoper Ort also auch wirken mag – was ist schon eine einzelne Hausbesetzung, Kommune oder Gemeinschaftsprojekt im Vergleich zur Gesamtgesellschaft? –, so bleibt er doch immer ein Gegen-Ort zu ihr; und in den veränderten Gesellschaftsbedingungen und -gefügen im Vergleich zum 19. Jahrhundert ist es vielleicht auch ratsam, anders über ihre Veränderung nachzudenken. Und wie Machtverhältnisse ihr Netz über Institutionen und Apparate spannen, ohne je ganz in ihnen verortet zu sein, so „too the swarm of points of resistance traverses social stra-

26 Newman 2019, S. 296.

tifications and individual unities. And it is doubtless the strategic codification of these points of resistance that makes a revolution possible, somewhat similar to the way in which the state relies on the institutional integration of power relationships“.[27]

Es geht hier nicht um einen Gegensatz zwischen Revolte und Revolutionierung – individuelle Freiheit ist nur in Verbindung mit gesellschaftlicher Freiheit denk- und lebbar und jede widerständige Praxis, die diese lebt, eröffnet Un-Räume, die neue Umgänge mit Macht und Mitmensch erfahrbar machen.

In Versuchen des freiheitlichen Zusammenlebens liegt nicht nur Potenzial für widerständige Praktiken, es *ist* widerständige Praxis. Mit Foucault kann mensch solche Arten von heterotopen Orten immer schon als Orte des Widerstandes, ob gelebte Utopie oder nicht, gegen die Denk- und Wissensordnungen lesen – und in einer Zeit, in der es „no single locus of great Refusal, no soul of revolt, source of all rebellions, or pure law of the revolutionary“ mehr gibt, sind sie Teil einer „plurality of resistances, each of them a special case: resistances that are possible, necessary, improbable; others that are spontaneous, savage, solitary, concerted, rampant, or violent; still others that are quick to compromise, interested, or sacrificial“.[28]

Und jeder Ausbruchsversuch und jede Sandwanderung ist nicht nur oberflächlicher Lifestyle-Aktivismus, wie manche bösen Zungen behaupten mögen; jedes aufgeschlagene Zelt an den Stränden der Gesellschaft ist bereits Veränderung.

Literatur

Beier, Friederike (2023): Gesellschaft ohne Geschlecht? Grundrisse einer geschlechtslosen und sorgezentrierten Gesellschaft. In: Friederike Beier (Hrsg.): Materialistischer Queerfeminismus. Theorien zu Geschlecht und Sexualität im Kapitalismus. Münster: UNRAST Verlag, S. 207-223.

Firth, Rhiannon (2019): Utopianism and Intentional Communities. In: Cark Kevy & Matthew S. Addams (Hrsg.): The Palgrave Handbook of Anarchism. Basingstoke: Palgrave Macmillan, S. 491-510.

Foucault, Michel (1990): The History of Sexuality. Volume 1: An Introduction. Vintage Books Edition. English translation 1978 by Random House, Inc. New York: Random House.

Foucault, Michel (2005): Die Heterotopien/Les hétérotopies - Der utopische Körper/Le corps utopique. Zwei Radiovorträge. Zweisprachige Ausgabe. Übersetzt von Michael Bischoff. Mit einem Nachwort von Daniel Defert. Frankfurt a.M.: Suhrkamp.

Foucault, Michel (2006): Von anderen Räumen. In: Jörg Dünne & Stephan Günzel (Hrsg.): Raumtheorie. Grundlagentexte aus Philosophie und Kulturwissenschaften. Frankfurt/Main: Suhrkamp, S.317-327.

27 Foucault 1990, S. 63.
28 Foucault 1990, S. 63.

Newman, Saul (2019): Postanarchism. In: Cark Kevy & Matthew S. Addams (Hrsg.): The Palgrave Handbook of Anarchism. Basingstoke: Palgrave Macmillan, S. 293-303.
Prichard, Alex (2019): Freedom. In: Cark Kevy & Matthew S. Addams (Hrsg.): The Palgrave Handbook of Anarchism. Basingstoke: Palgrave Macmillan, S. 71-89.
Sauer, Madeleine (2016): Widerspenstige Alltagspraxen. Eine queer-feministische Suchbewegung wider den Kapitalozentrismus. Bielefeld: transcript Verlag (*Queer Studies*, Band 13).
Schäfer-Biermann, Birgit/Westermann, Aische/Vahle, Marlen/Pott, Valérie (2016): Foucaults Heterotopien als Forschungsinstrument. Eine Anwendung am Beispiel Kleingarten. Wiesbaden: Springer VS. DOI: https://doi.org/10.1007/978-3-658-12888-3

Sophie Voigtmann

Regina Nössler

Die (schon wieder) bedrohte Tempelhofer Freiheit

Der Flughafen Berlin-Tempelhof, eröffnet 1923, geschlossen und entwidmet 2008, berühmt geworden vor allem durch die Luftbrücke, die West-Berlin 1948 bis 1949 während der sowjetischen Berlin-Blockade mit Nahrung und Brennstoffen versorgte (und dadurch zum Symbol der Freiheit wurde), Stichwort Rosinenbomber, wurde 2010 für die Öffentlichkeit zugänglich gemacht. Eine Weile wurde das Feld „Tempelhofer Freiheit" genannt, wogegen sich jedoch eine Initiative mit der Begründung richtete, diese Bezeichnung verharmlose die mit dem Flughafen verbundene NS-Geschichte (Zwangsarbeiter, Gestapo-Gefängnis und KZ Columbiahaus).

Es wurde hitzig darüber debattiert, was mit dem ehemaligen Flughafen geschehen solle – während die Bevölkerung sich ihn längst gekapert hatte. Ein Volksentscheid schließlich erwirkte 2014 ein Verbot der Randbebauung des Feldes.

Diese Fakten sind im Großen und Ganzen nicht nur in Berlin, sondern bundesweit bekannt. Und sicher haben auch außerhalb Berlins die meisten in den Medien schon mal Bilder der großen freien Fläche gesehen. Das Tempelhofer Feld ist unzählige Male beschrieben (ich selbst habe in einem meiner Krimis eine Szene dort angesiedelt) und fotografiert worden. Und das ist nur allzu verständlich. Die knapp dreihundert Hektar sind ein Traum. Dreihundert Hektar Freiheit. Wenn ich das Feld durch den Eingang am U- und S-Bahnhof Tempelhof betrete, sehe ich vor mir in der Ferne am Horizont Neukölln, während hinter mir Tempelhof und links Kreuzberg liegen. Rechts die S-Bahn und ein Stück Stadtautobahn. Der Sound der Stadtautobahn klingt hier fast wie Meeresrauschen. Ich kann auf einer der beiden ehemaligen Start- und Landebahnen – jeweils vierzig Meter breit und rund zwei Kilometer lang – von Tempelhof auf direktem, schnurgeradem Weg nach Neukölln gehen, ohne irgendein Hindernis dazwischen.

Vielleicht ist auf den ersten Blick nicht zu verstehen, warum die Berlinerinnen und Berliner so an diesem Feld hängen. Zumindest diejenigen, die innerhalb des S-Bahnrings wohnen und nicht weit draußen in Dahlem oder Grunewald oder Französisch-Buchholz. Abgesehen von den erwiesenen Vorteilen für das Klima (freie Flächen kühlen immer heißer werdende Städte) und abgesehen vom unschätzbaren Erholungswert und auch abgesehen davon, dass mit einer Randbebauung ganz sicher nicht das Wohnungsproblem in Berlin zu lösen wäre, bedeutet dieses Feld tatsächlich Freiheit. Keine theoretische oder abstrakte, sondern eine Freiheit, die ganz unmittelbar zu spüren ist, eine gefühlte, keine gedachte, ungefähr so unmittelbar wie ins Wasser zu springen oder auf einem Berggipfel oder am Meer zu stehen.

Man spürt die Freiheit. Man spürt sie sofort. Und das, sobald man das erste Mal auf dem Gelände steht. Niemand kann sich dem entziehen – diese Weite! Der Blick. Oben so unendlich viel Himmel. Egal, wie man sich dreht, überall Himmel. Und im Unterschied zu manchen anderen Grünanlagen in der Stadt macht die allgegenwärtige friedliche Koexistenz der Benutzer Spaß. Es ist genug Platz für alle da. Für Radfahrer, Kite-Surfer, Jogger, Spaziergänger, Hunde, Kinderhorden, zwei Menschen, die im Gehen tiefernste Gespräche über Beruf, Familie, das Leben führen, für urbane Gärtner und Gärtnerinnen, für Drachenlenker, seltene Insekten, verträumte Melancholiker, für Feldlerchen. Das Tempelhofer Feld ist ein riesiger Spielplatz. Und zugleich ein wunderbares großes Nichts, mit dem manche Menschen offenbar nicht zurechtkommen (ohne selbst je dort gewesen zu sein, vermute ich). Sie können sich nichts anderes als ordentliche Parkwege und ebenso ordentliche Anpflanzungen vorstellen. Oder eben Beton. Es gibt natürlich längst öffentliche Toiletten, der Müll wird regelmäßig eingesammelt und die Tonnen geleert, was auch sehr gut ist, Grün Berlin kümmert sich – und dennoch, ein Hauch Anarchie und auch Erinnerungen daran, was in Berlin in den Neunzigern alles möglich war, schweben immer noch über dem Feld.

Freiheit ist nicht selbstverständlich. Sie ist fragil. Das gilt im Großen genauso wie im Kleinen, und es gilt auch für die Tempelhofer Freiheit, wenn ich sie hier noch einmal so nennen darf. Der derzeitige Berliner Senat (CDU/SPD) will auf Biegen und Brechen die Teilbebauung des Feldes erzwingen, obwohl diese damals mit überwältigender Mehrheit abgelehnt wurde.

Diejenigen, die am liebsten die gesamte Fläche zubetonieren würden oder, wenn schon nicht das, einen viel, viel kleineren, bis zur Unkenntlichkeit geschrumpften und vor allem sehr ordentlichen Park anlegen, und die meiner Ansicht nach noch nie dort waren (oder sie leiden unter Agoraphobie), können offenbar das große Nichts nicht ertragen. Damit erinnern sie mich an Leute im Zug, die es nicht mal fünf – ach, keine zwei – Minuten aushalten, einfach nur den Blick nach draußen zu richten, statt sofort zwanghaft einen Film auf dem Laptop zu sehen oder noch zwanghafter dauernd auf ihr Smartphone zu starren. Es muss wirklich schlimm sein, auf sich selbst zurückgeworfen zu werden.

Würde ich nach meinen liebsten Orten in Berlin gefragt, stünde das Tempelhofer Feld ganz oben. Für mich sind es nur drei U-Bahnstationen, Kurzstrecke, bis zum Meer.

Fotos Regina Nössler

Sabine Beyerle

Blaue Pause

Sabine Beyerle, Landvergnügen

Ewa Boura

Streulicht im Nimmermeer mit der Hand gefangen

In der Nachzeit wurde das Meer kanalisiert. So kam es, dass speziell hierfür das ganze Land umgebaut wurde, um es durch Kanäle fließen zu lassen. Es sollte von nun an verteilt und geordnet sich bewegen und durfte nur in dieser Form sich zeigen. Anders gab es das Meer nicht mehr, hieß es, und hat es auch nie gegeben.

Ich fand mich in diesem Zeitalter als Au-pair-Mädchen bei einer Familie wieder, deren viele Kinder ich Tag und Nacht zu hüten hatte. Das Haus durfte ich nicht alleine verlassen. Nur zu bestimmten Zeiten war es mir unter Aufsicht erlaubt – vom offenen Fenster aus wurde ich beobachtet –, mich bis zur Haustür oder höchstens noch bis zum Gartentor alleine hinauszubewegen.

Ich lebte so. Danach. Jahrein, jahraus. Stumpf vor mich hin.

Die Kinder wurden nicht größer. Und ich veränderte mich auch nicht mehr. Wurde weder älter noch sterblicher. Bis eines Tages aus düsterem Himmel und nicht nachvollziehbarem Grund eine Idee in mir aufkeimte und mir von dem Moment an Tag und Nacht keine Ruhe ließ. Nämlich, ob es vielleicht doch nicht etwas anderes außerhalb dieses Lebens irgendwo gäbe oder wenigstens je gegeben haben könnte? Und ob vielleicht nicht doch andere Gefühle als die vorgeschriebenen irgendwo lauerten. Wo, wusste ich nicht zu vermuten.

Nach Jahren dieses Daseins wollte ich mich an etwas heranwagen. Ich wollte einen Selbsttest ausführen. Dies war unerlaubt, so wie jede andere Form der Initiative, um nach Altem zu suchen. Um dieses gefährliche Wagnis aber zunächst einmal mit mir machen zu dürfen, musste ich so tun, als hätte ich die Seilschlinge nicht um den Hals. Das Ende wurde von zwei Händen am Fenster festgehalten. Manchmal verschwanden die Hände und ich wusste nicht, ob das Seil unterhalb des Fensters festgemacht worden war. Ich traute mich nicht, dies zu überprüfen.

Ich stellte mir vor, ich hätte die Schlinge nicht um den Hals, und bemerkte, dass es gar nicht so schwer war. Ich konnte mich gut dabei kontrollieren und wurde nicht ertappt. Ich spürte ein vages Etwas, das sich zögerlich zu mir hinauf ausbreitete. War es eine Erinnerung? Aber Erinnerungen sollten nicht mehr existent sein. Was war das?

Etwas Traumähnliches, das mich zwischen Wahrheit und Lüge, Wachsein und Schlafzustand in seinen Armen hin und her wiegte und sich in mir schleichend hochschlich. Wie darauf reagieren? Was, wenn herauskäme, dass ich mich an solcherlei Gemütszustände gewagt hatte? Und … welch ungewohnter, unerwarteter, verbotener und vor allem neuer Gefühlszustand sich da ausbreitete! Ach! Ich war fasziniert und gleichzeitig vor Angst in mir selbst festgefroren. Denn ich musste nach außen so tun, als ob. Es war ja unerlaubtes Terrain, was ich da betrat. Ich hatte mir vom Senat keinerlei Genehmigung geholt, um Neuland erforschen zu dürfen. Derlei durfte nur unter der Aufsicht von Gefühlsinspektoren geschehen.

Noch zweifelte ich an meiner Entdeckung. Noch. Denn ich spielte zwischen In-der-Schlinge-Sein und Frei-Sein. Frei-Sein? Woher kam dieser absurde Gedanke? Was sollte ich als Nächstes tun? Als Nächstes denken? Woher kam dieses Wort zu mir?

Im nächsten Moment holte mich ein neuer Gedanke ein. Falte über Falte legte er sich über mir zurecht. Was würde mir passieren, wenn ich dabei entdeckt würde, solche Gemütszustände in mir herangezüchtet zu haben? Todesangst erfasste mich.

Und gleichzeitig, unmittelbar darauf, verfiel ich in einen ekstatischen Rausch, der sich mit den Angstsätzen und Angstworten abwechselte, sich meiner annahm und mich wie ein Kokon umgarnte. Jetzt sprach eine Stimme laut hinter meiner Ohrmuschel mir zu. Sie sagte, es sei strengstens untersagt, staatlich unaufgeforderte Gefühle hervorzuholen. Personen jeglichen Alters machen sich allein nur dadurch strafbar, indem sie es wagen, Gemütszuständen nachzugehen, die nicht vorgeschrieben sind. Sie haben mit einer maximalen Eliminierungsstrafe zu rechnen.

Ich tat's trotzdem. Ich ging weiter in meiner Erinnerungssuche. Ein Klopfen, ein Pochen an meinen Schläfen. Ich fühlte meine Adern und dachte, sie platzen gleich. Wie sollte ich die Aufregung verbergen?

„Den Eros und den Wahnsinn kannst du nicht verbergen, mein Kind, egal wie sehr du dich bemühst", kam der Satz meiner thrakischen Großmutter in mir auf. Woher kam dieser Satz, diese Erinnerung? Unter welcher Gruppenthematik sollte ich jetzt das mir neu Dämmernde in mir einordnen?

Sobald ich versuchte, diese Worte, diese Erinnerungen einer staatlichen Kategorie unterzuordnen, verloren sie an Geschmack auf meiner Zunge.

Ich entfernte die Worte sofort aus meinen Gedankensätzen, versuchte sie unter staatlich erlaubten Wortkategorien unterzubringen. Zum Beispiel unter der Kategorie „ungewöhnliche Phänomene", aber es gelang mir nicht, die Gedankensätze ruhigzustellen. Sie hüpften selbstständig aus den staatlich vorgegebenen Kategorien weg und taumelten in der Luft meiner Wahrnehmung herum. Ich ließ meine Zunge ruhig machen und es geschah, dass sich eines dieser Worte aus dem Satzgefüge loslöste, zärtlich seinen Geschmack und seine Semantik in meiner Mundhöhle ausbreitete, sodass ich es an der Hand festhalten konnte, bis es sich wie ein Schaudern über meine ganze Haut legte: „Freiheit, ich heiße Freiheit", sagte es.

Ein weicher Vogel mit hellem, feinen Gefieder. Woher kam das Denken in mir? Wer redete in meinem Kopf mit einer Stimme mir Worte in Sätze zurecht? Ich wendete den Blick auf meine Hand. Da war der Vogel. Er war wirklich da. Ruhig und zart. Er war ganz still. Von wo aus war er hergeflogen, und warum hatte ich ihn nicht fliegen, landen sehen?

Es war anstrengend, die Röte in meinem Gesicht zu verbergen. Ich versteckte mich unter den Papierdecken. Tat schlafend, damit die Hitzewallungen mich nicht verraten konnten. In immer enger werdenden Abständen manifestierten sie sich auf meiner Haut, und ich wurde immer machtloser gegen diese elektrisierende Aufregung. Fragte mich, wie leicht ich von der Röte besiegt wurde. Um mich abzulenken, begann ich die Intervalle der Hitzewallung zu zählen, sie zu beobachten und so weiter. Ich musste jetzt ganz präzise werden. Ja, das war es. Durch das genaue Beobachten würde ich zur Selbstkontrolle kommen. Doch die Hitzewallungen wurden immer schneller, sobald eine Erinnerung in meinem Kopf emporragte. Obschon ich nicht ganz sicher war, dass es eine Erinnerung war, was da passierte. Diese Prozesse gehörten nicht unter die staatlichen Kategorien, sie passten in nichts, was erlaubt war, und ich stellte weiter fest, dass alles immer unkontrollierter wurde.

Die Rückzugsgebiete, ach ja, dachte ich. Diese waren der Horror des Senats. Das absolute No-go. Die Rückzugsgebiete waren auch so gut wie verschwunden. Es gab keine Gedankenorte mehr, in die jemand sich zurückziehen konnte.

Was – was ich zu denken wagte – Freiheit war. Das Bestehende hatte niemals zuvor derartig geschmeckt. Eine Erinnerung. Dieses Wort trug einen neuen Sinn aus der Vergangenheit hinaus. Selbstbewusst und unaufgefordert kletterte es meisterhaft mit den anderen Worten seiner Wahl in meine Gedanken und balancierte sich zurecht neben der Freiheit, neben dem Wort Erinnerung.

So weit, so gut. Ich war autodidaktisch ein Stück woanders hingekommen, als die Behörden erlaubten. Und was passiert jetzt?, dachte ich. Wohin sollte das mich führen? Da sah ich plötzlich einen unbestellten Horizont in meiner inneren Wüste. Es gelang mir – ich weiß nicht, wie –, noch tiefer in ein Erinnerungsfeld zu gelangen. Horizonthaft war es da. Der Horizont und die Erinnerung, die Haut und das Fühlen, die völlige Straffälligkeit, in die ich mich begeben hatte.

Staatliche subtile Andeutungen von Verboten tangierten mich augenblicklich als solche nicht mehr. Sie wurden konkretes Zement, das ich umging. Sie waren feste, unumgängliche absolute Gesetze, obwohl sie niemals gegen mich persönlich ausgesprochen worden waren. Auch ihre Irrationalität begriff ich. Konnte jetzt deutlich in mir denkende Prozesse und das Subtile an den Worten erfassen. Ich konnte die Angst einkreisen, sie erkennen, und ich konnte in Erwägung ziehen, sie eventuell bekämpfen zu wollen. Obwohl … es dafür jetzt eigentlich noch zu früh war. Also: Die omnipotente Angst bestand aus folgenden Aspekten: A) Es war strengstens verboten, frühere Erinnerungen zu besitzen. B) Der Besitz jeglicher Menge dieser Erinnerungen, sie auf oder im Körper zu tragen, wurde mit Annihilierung bestraft. C) Der größte Gesetzesbruch bestand darin, sich an das Meer als Ganzes, als Großes erinnern zu wollen.

Eine größere Strafe als den Tod gab es auch. Niemand wusste aber, was diese war. Ich wusste, dass jegliche selbstständige Annäherung an Erinnerung oder ein Hinterfragen, dass das Meer jemals anders als kanalisiert bestanden habe, mit dieser Strafe belohnt wurde.

Jetzt noch mal von Neuem: In der NACHzeit war es verboten, sich an Erinnerungen zu erinnern. Die Gesetze kannte man. Sie waren schon vor Generationen in die Gehirne unserer Vorfahren mit Hilfe feiner elektronischer Hirnsichtgeräte eingraviert worden. Man hatte es dadurch geschafft, dass die Lenkbahnen der Gedanken umgeändert worden waren, sodass alle zukünftigen Nachkommengehirne aus den veränderten Gesetzen herauswuchsen und sich nur genauso neu zu bilden hatten.

Woher wusste ich plötzlich alle diese Details, wunderte ich mich. Ich war im Land des Graus geboren. Woher kamen Farben zu mir? Und anders, als mir eingewirkt worden war, erschienen sie mir umso deutlicher, umso mehr ich mich ins Erinnern vorwagte. Ja, ich gewann ein Unbekanntes zurück. Es musste bedeuten, dass sie immer schon in meinem Körper existiert hatten. Aber das hieße, auch da draußen? Und warum hatte ich sie zuvor nie gesehen? Aus welcher Quelle kam dieser Impuls? So viele Fragen wurden geboren. Alle warteten auf Antwort. Ich musste jede einzelne füttern. Wo war ich, als ich anders war als jetzt? Jetzt mit dem Herzklopfen unter der Brust. Jetzt mit einem Erröten im Gesicht. Jetzt mit dem Schwanken und Zittern meiner Hände. Jetzt.

Das Jetzt. Aus welcher Zeit kam es? WACHZUSTANDZEIT. Beim Freigang testete ich erneut den Geschmack der Erinnerung. Das JETZT kreierte sich selbst und vervielfältigte sich selbst. Und sobald ich auf allen vieren in die Nähe des Gartentors kroch, verwandelte es

mich auch, vervielfältigte es meine neuen Sinneswahrnehmungen. Ich setzte mich jedes Mal auf den nassen Rasen. Schöpfte Kraft, um die nächste Spannung durchzuhalten. Wie eine Geburtswehe. Ich wartete dann ab. Plötzlich erschien ein mir unbekanntes Gesicht. Blitzschnell sichtbar, dann wieder weg. Es versteckte sich. Dieses Schnell-aus-dem-Baum-hervorschauen-und wieder-zurück mit einer mechanischen Bewegung. Ding-dong. Vielleicht war es eine Fotografie auf einem Blech so wie bei den Schießständen bei der Kirmes. Aber nein, es war ein mechanisches Ding-düng-Erscheinen, damit die Person nicht erwischt wurde. Sie stellte sich mechanisch und automatisch, damit man ihre Lebendigkeit nicht wahrnahm. Wortlos fanden wir eine Übereinkunft, uns mit den Augen zu verständigen. Auch jemandem zu trauen, gehörte zu den Verboten des Landes.
Ein neues Wort war heraufgekommen: Kirmes.

Und so geschah es, dass in mir eine Sehnsucht wuchs: Die Sehnsucht nach dem Meer und die Sehnsucht nach dem Ding-dong-Gesicht. Mit jedem Tag steigerte sich diese Woge, um mich im nächsten Moment mit sich fortzureißen und verzweifelt, aber am trockenen Strand meiner inneren Wüste auszuwerfen.

Es vergingen Jahre.

Zwischendurch die Frage, ob es ein Meer als Ganzes vielleicht gegeben hat oder noch gibt, versetzte mich in fieberhafte innere Erinnerungszustände, die ich nach all den Jahren zu verbergen Mühe hatte.

Bei jeder Gelegenheit schlich ich mich ans offene Fenster heran. Der Blick nach draußen verbündete mich mit der Hoffnung, das Gesicht irgendwann einmal erneut zu sehen. Es lungerte irgendwo da draußen herum, dachte ich. Vielleicht konnte es meine einzige Rettung sein, eines Tages dem Grauen zu entkommen.

Ich hielt Ausschau nach den tiefbraunen Augen des fremden Gesichts, das mir damals am Gartentor hinter einem Baum erschienen war, und ich wünschte mir diesen mechanischen Ding-dong-Blick herbei. So kam es, dass nach einer ewig langen Zeit an einem verregneten Nachmittag das andere Gesicht auf mich wartete. Mein Herzklopfen begann erneut, vielleicht konnte es jemand hören? Beim Gefühle-Haben durfte ich nicht ertappt werden.

Gleich nach der Revolution und nach dem Bürgerkrieg hatte es geheißen, dass alle Gefühle ausgerottet worden waren. Sie wurden ausgebrannt, rausgeschlagen, rausgeschnitten und so weiter. Seitdem soll es sie nicht mehr gegeben haben.

Wir hatten es im Geschichtsunterricht gelernt. Mit dem Königshaus wurden auch sie mit der Guillotine geköpft. Auch die Liebe war ein Überwundenes. Keiner hatte auch das geringste Recht, daran zu zweifeln. Sie hatte man übermannt.

Und eines Tages beschlossen wir, das Schießgesicht und ich, ohne Worte uns trotzdem zu treffen. Über Blickkontakt machten wir die Zeit fest, den Treffpunkt. Die Wagniszeit kam näher. Ob wir beide Wort halten konnten? Konnte so etwas gelingen?

Eines begriff ich: Ich musste da, wo ich war, raus, und der beste Moment dafür durfte nur das Morgengrauen oder die Abenddämmerung sein. Es musste zum präzisen Zeitpunkt des Lichtwechsels von Tag zu Nacht sein, wenn das Blaulicht die Luft umhüllte.

Da war ein eingeparkter, prächtiger Wald am Rande des Grundstücks. Durch diesen Wald ging der Weg. Ich war mir gewiss, alles zu riskieren, um herauszufinden, ob es das Meer noch gab. Und so verließ ich das Haus in einem Streulichtmoment, legte die Schlinge ab, richtete mich auf und ging zum Tor hinaus. Gleichzeitig legte ich auch den Gehorsam an die NACHzeit ab. Damit hatte ich mich zur Außenseiterin und zur Feindin des Landes gemacht. Leise war ich aus dem gesetzlichen Haus hinausgetreten, leise hatte ich das Türgitter hinter mir zugezogen, leise hatte ich die weiche Erde unter meinen Füßen gespürt. Und nichts geschah. Niemand verfolgte mich, niemand hielt mich an den Seilenden fest. Es stand niemand hinter der Mauer, der mich jahrelang bewachte. Es war niemand da.

Angst? Nicht vor Tieren oder Gefahren. Eher eine stumme Angst. Eine tiefe Furcht. Diese Wolke Furcht vor dem Geheimnis war da. Jetzt ging ich aufrecht den unsichtbaren Weg entlang. Rechts von mir sanfte hügelige Landschaft hinter den Bäumen des Waldes. Nur wenn ich vom Weg abkam, spürte ich Furcht. Auf dem Weg selbst war ich furchtlos. Die Furcht war so etwas wie Balance halten. Wie eine Wasserwaage. Immer, wenn ich auf dem Weg war, gab es keine Furcht, sobald sie auftauchte, wusste ich, ich hatte den Weg verlassen, also korrigierte ich mich, und wenn die Furcht verschwand, wusste ich, dass ich richtig war. Ich hatte das Gefühl, dass ich in die Höhe wuchs. Die unsichtbare Balance war wie eine Linie. Gleichzeitig musste ich vorankommen, bevor die Dämmerung vorbei war. Bevor das Streulicht verschwunden war. Ich atmete schnell. Mein Atmen stellte sich rhythmisch auf die Linie ein, denn nun merkte ich, dass die Linie pulsierte, wie ein Lebewesen. Einzelne Buchstaben des Wortes FURCHT taumelten mir nach, aus dem Wort wurde ein neues Wort, das Wort Ehrfurcht. Alles pulsierte plötzlich, die Linie, die Erde, die Schatten, die Bäume und ich mit allen zusammen. Und ich bemerkte, dass ich in ein gigantisches Magnetfeld hineingeraten war. Der Radius dieses Magnetfelds wurde von einem Baum als Schatten auf die Erde geworfen und wir alle, wir alle bewegten uns in einer pulsierenden Choreografie gemeinsam nach vorne fort, sodass ich geschützt war. Ich spürte, ich war in etwas Lebendiges hineingeraten. Es pochte wie ein lebendiges Herz. Und ich mit diesem Herzen. Gleichzeitig musste ich meine Furcht überwinden und hindurchlaufen, so etwas wie eine Initiation. Um so an die Sehnsucht zu gelangen – kam mir als Gedanke.

Die Blätter weit oben auf den Ästen bewegten sich durch den aufkommenden Morgenwind. Sprachen sie mir Mut zu?
Silbrig gegen einen dünnen fahlen Maimond flatterten sie mit dem Herzen des Baums und dem aufkommenden Licht dem Tag entgegen. „Beeil dich“, sagten sie mir. Da begriff ich. Der Baum hatte seine Seele in einen Schatten verwandelt und mir vor die Füße geworfen, um mir zu helfen, mich zu überwinden.

Ich bewegte mich in seinem Rhythmus fast tanzend, bis ich aus dem Magnetfeld hinausgelaufen war. Es war wie eine Prüfung für das Leben. Ich war von nun an gegen jegliche Gefahr gefeit. Nichts trennte mich mehr von der Vergangenheit. Auch das JETZT übte keine Macht mehr auf mich aus. Leichten Herzens gelangte ich raus aus dem Wald. Die Landschaft wurde karger, Dünen erschienen. Gras war zu sehen. Ich erklomm schnell eine Düne und plötzlich, als ich hoch oben angekommen war, erblickte ich den Horizont und im selben Moment das Meer. Weit und breit nur schönes Meer, ungefährlich und blau.

Mein Drang, das Meer zu finden und mich frei zu wissen, war eine Lebensnotwendigkeit und meine Lebensaufgabe gewesen. Einerlei, was folgte, ich verstand, dass dies der Sinn meines ganzen Lebens gewesen war. Einerlei, was folgte, ich hatte meine Mission erfüllt. Ab jetzt konnte mir nichts mehr passieren.

Ich war mir gewiss, dass Kanäle niemals ein Gegengewicht zum Meer sein konnten. Ich wusste, dass die Wahrheit sich selbst genügte. Dort, wo Meer und Land in einem ewigen Kuss sich berührten, dort lag die Wahrheit offen.

Ich drehte mich langsam nach rechts und sah das Gesicht mit den olivbraunen Augen. Das Gesicht hatte Wort gehalten und hatte seinen Weg auch dorthin gefunden. Wir blickten uns in die Augen und erkannten uns.

Ich merke, dass das Gesicht weich und zart ist. Es ist nicht versteinert, ist nicht aus Blech, nicht aus Stein. Es ist auch kein Ding-dong-Gesicht.

Der Horizont ist frei, die Freiheit hat keine Grenze, die Freiheit des Meeres hat eine türkisblaue Farbe. Als ich mich erneut umdrehe zum Meer, dann wieder zur anderen Düne hinüber, ist das weiche Gesicht mit den olivbraunen Augen nicht mehr da.

Ich spüre seine Weichheit und Lebendigkeit. Und in jeder Zelle meines Körpers kribbelt es. Ich fühle mich lebendig und frei.

Wiebke Kahn

Beinfreiheit

Fabian Ritter (aus dem Buch „Meereslaunen")

Axel Schock

Ins offene Meer. Eine Art Nachruf

Kein Buddelschiff, keine einzige Muschel oder sonstige Küsten- und Strandurlaubsouvenirs. Nicht einmal „Moby Dick“ oder andere nautische Lektüre besaß er. In Fabians Kinder- und Jugendzimmer gab es nichts, das auf eine besondere Sehnsucht nach dem Meer hingewiesen hätte. Das Interesse an der Seefahrt, das er unmittelbar nach seinem siebzehnten Geburtstag – erst verhalten, dann forsch und bestimmt – im Familien- und Freundeskreis formulierte, war daher umso überraschender. Noch mehr der damit verbundene, klar definierte Berufswunsch: Fabian wollte zur Handelsmarine. Er wurde dafür verlacht. Aber er meinte es ernst. Und er fand Wege und zunehmend immer bessere Worte, um diese Wahl schlüssig und glaubhaft darzulegen. Und je nachdem, wen es zu überzeugen galt, fabulierte er von der Kraft und Faszination des Elements, der Urgewalt des Meeres oder davon, die Verbundenheit und Freundschaft der sozialistischen Bruderländer durch den gemeinsamen Warenaustausch zu stärken. Für Politik, für die marxistisch-leninistische Weltanschauung hatte Fabian bislang allerdings ebenso wenig aufrichtige Begeisterung aufgebracht wie für maritimes Leben. Die Sache mit der Handelsflotte war schlicht das Resultat einer rein strategischen Überlegung gewesen, ausgelöst durch einen Bericht in der „Aktuellen Kamera“. Die Bilder eines Frachtschiffs der Seereederei, das sich im Hafen von Rostock bereitmachte für die Überfahrt nach Kuba, hatten sich in Fabian festgebrannt.

Das würde sein Freifahrtschein sein, hinaus aus der Enge der thüringischen Provinz. Und dieses Ticket würde ihn weiter bringen als bis Usedom oder zum Plattensee. Nach Mexiko, Westafrika, in die UdSSR – oder zumindest nach Schweden und Finnland.

Irgendwann ist er nach Rostock gefahren. Die Nachrichtenbilder mögen sicherlich gestellt gewesen sein, aber es gab diese riesigen Schiffe tatsächlich. Zwar konnte Fabian sie nur aus der Ferne betrachten, der Zugang zum Kai war vor Unbefugten wie ihm gesichert. Aber diese Option war real, war greifbar, war möglich.

In endlosen Tagträumen und schlaflosen Nächten hatte sich Fabian alles schon bis ins Detail ausgemalt, sah sich in der schlackernden Matrosenkluft salutierend an der Reling stehen und sich pflichtbewusst und mit ernster Miene vom Fest- und Vaterland verabschieden, und hätte doch am liebsten die Matrosenmütze hoch in den Himmel geschleudert, vor Freude laut aufgeschrien. Den Blick nun vom Hafenkai abgewandt, hinaus ins Meer. Ins offene, weite Meer. Ins Freie. Die DDR im Rücken und vor ihm die Welt.

Umso härter dann der Schlag, als ihn die Realität einholte und man ihm recht klar und deutlich zu verstehen gab, dass er sich keinerlei Hoffnungen zu machen brauche. Man hegte Zweifel, ob er mit beiden Beinen fest auf sozialistischem Grund stehe. Er, der seit Kindheitstagen alle Pflichten erfüllt, sich allen Zwängen gebeut und, wo nötig, untergeordnet hatte; wo angeordnet, Marschlieder, Phrasen, Glaubensbekenntnisse auswendig gelernt und wortgetreu wiedergegeben hatte. In der Summe seines bisherigen Lebens als Staatsbürger der DRR galt er dennoch als nicht zuverlässig. Zu wenig Einsatz, zu wenig Überzeugungskraft und obendrein des Umgangs mit – aus Sicht der zuständigen Entscheidungsträger – politisch zweifelhaften Objekten verdächtig.

Der Traum von der Fahrt hinaus in die offene See war ausgeträumt. Statt auf einem Frachter in die offene See und zu anderen Kontinenten aufzubrechen, würde er als Kfz-Mechaniker dafür sorgen, dass Lastkraftwagen das kleine, mehr und mehr beengende Land durchqueren konnten. Er gewöhnte sich an die ölverschmierten Hände, den Dieselgeruch, der sich in Haut und Kleidung fest eingenistet hatte. Und wenn er sich unbeobachtet fühlte, strich er beim Wechseln der wuchtigen Reifen gedankenverloren über die glattgefahrenen Profile, als könne er die vielen Tausend Kilometer erfühlen, die zurückgelegt werden mussten, um diese sanfte Haptik zu erzeugen.

Solche Momente waren Feuer für seine ungestillte Sehnsucht. Und so war er einer der Ersten, der, kaum dass die Grenzen keine mehr waren, bei Nacht und Nebel, ohne ein Wort und ohne Abschiedsgruß einfach ging. Es gab nichts, was er mit Wehmut zurückließ und niemanden, der ihn hätte aufhalten wollen oder können. Fabian war, wie schon in Schulzeiten, so auch in diesen jungen Erwachsenenjahren ein umgänglicher, stets freundlicher und hilfsbereiter Mitmensch. Einer, der mit Kollegen nach Feierabend ein Bier trinken ging, mit Nachbarn ein wenig plauderte, der aber nie allzu tiefe, zu verbindliche Freundschaften einging, geschweige denn Partnerschaften.

Fabian wusste zu flirten und machte mit seiner sportlichen Statur nicht nur bei Frauen Eindruck. Er wirkte offen, ehrlich, zugänglich und war entsprechend begehrt, und er kam diesen Avancen, zumindest, was unverbindliche Liebschaften anging, auch gerne nach. Doch sobald sich daraus mehr zu entwickeln drohte, zog Fabian regelmäßig die Reißleine. Nach wenigen Monaten, spätesten wenn die Affären Pläne für die Zukunft zu schmieden begannen, war Schluss. Während die Freunde aus Schulzeiten und die einstigen Kollegen aus seinem Ausbildungsbetrieb längst in die nächste Phase ihres Lebens getreten waren, geheiratet und Kinder gezeugt hatten, verspottete man Fabian inzwischen als eingefleischten Junggesellen. Das klang mal nach charakterlicher Schwäche, mal nach verkapptem Homo. Aber Fabian war auf dem Sprung, nichts sollte ihn binden. Und als der Tag dann kam, war da tatsächlich nichts, das ihn hätte halten können.

Es hätte ihn überall hinziehen können, aber er entschied sich für Hamburg. Vielleicht wegen des Hafens, weil da doch noch dieser Traum von der See und dem damit verbundenen Versprechen auf Freiheit in ihm steckte. Die Schiffe hier waren weitaus größer und damit auch beängstigender, als er die Frachter damals in Rostock in Erinnerung hatte. Auch hier bekam er die schwimmenden Monster aus Eisen und Stahl nur aus einiger Entfernung zu Gesicht, bei einer Hafenrundfahrt an Bord eines Ausflugskutters. Die schier endlosen Werft-Anlagen und Container-Verladestationen waren beeindruckend, aber sie lösten nicht mehr diese Sehnsucht nach Ferne und Weite in ihm aus. Um diese Wünsche zu erfüllen, bedurfte es keines Schiffes mehr.

Fabian blieb in Hamburg, aber die Welt, zumindest einen kleinen Teil davon, erkundete er nun an Bord eines Vierzig-Tonners. Nun war er es, der tausende Kilometer über die Autobahnen bretterte, bis die Profile glattgeschmirgelt waren, und bei jedem Reifenwechsel strich er zum Abschied mit einer zärtlichen Geste über das abgefahrene Gummi.

Viele Jahre lang war Fabian keine Tour zu lang, zu monströs, zu anstrengend. Er kannte die Hafenstädte am Schwarzen und am Kaspischen Meer, er bezwang enge Passstraßen in Norditalien und sandige Behelfsstraßen in Marokko. Und wenn er wählen durfte, zog er Transporte im Süden Europas jenen nach Osteuropa vor. Stunden, Tage, Wochen fast ohne Pause saß Fabian auf seinem Bock, vor sich der nie endende Asphalt.

Seemänner, so sagt man, haben an jedem Hafen eine Braut. Fabian legte hie und da auf seinen Touren regelmäßig einen Zwischenstopp ein. Auch jetzt: Nichts Festes, nichts Verbindliches. Seine Figur hatte mit den Jahren zwar etwas gelitten, seine Gesundheit begann inzwischen zu leiden, sein Charme aber wenigstens war geblieben. Das wussten Frauen immer noch an ihm zu schätzen; auch der eine oder andere Mann. Fabian war loyal, verlässlich und ehrlich. Er machte keine falschen Versprechungen, oder besser: Er machte überhaupt keine Versprechungen und damit keine Hoffnungen, dass die gelegentlichen Rendezvous, deren Frequenz und Dauer allein vom Tourplan und dem Verkehrsaufkommen diktiert wurden, zu mehr führen könnten.

Bis es dann doch passierte. Einfach so – ungewollt, ungeplant. Es gab immer weniger Koordinaten auf seinem Wegnetz, die er aus ganz privaten Gründen ansteuerte. Bis es nur noch diese eine Telefonnummer gab, die er anrief, um sich anzukündigen. Und wenn er nun wählen konnte, entschied sich Fabian für die kürzeren, weniger monströsen, nicht mehr so anstrengenden Touren. Touren, die es ihm ermöglichten, den Zwischenstopp auch mal länger als nur für eine Nacht einzulegen.

In einem aber war sich Fabian treu geblieben. Die Frau, die sich nun nachts an ihn schmiegte, der er aus den fernen Städten Geschenke mitbrachte, in deren Wohnung er sich bald heimischer, wohler, geborgener fühlte als in seinem eigenen kleinen Hamburger Apartment, hatte er nicht im Unklaren gelassen. Sie hatten nie wirklich darüber gesprochen. Fabian hatte es vielmehr durch seine

Art unmissverständlich zum Ausdruck gebracht: Er würde bleiben, sie würde sich auf ihn verlassen können, und er würde ihr sogar treu sein. Aber er würde dennoch ungebunden bleiben. So innig sie nachts ineinander verschlungen zu einer Einheit zu verschmelzen schienen: Wenn er tags darauf wieder auf Tour ging, blieb nichts zurück außer seinen Klamotten und der Zahnbürste. Fabian war niemand, der Wurzeln schlagen konnte. Und niemand, der sich den Mitmenschen, auch jenen, denen er mit Liebe begegnete, bis ins Innerste zu offenbaren vermochte.

Auch nicht, als die gesundheitlichen Beschwerden, die Schwächeanfälle, bald auch die Schmerzen nicht mehr zu verdrängen waren. Auch nicht, als er sich – viel zu spät – endlich zu einem Arzt bemühte. Erst, als ihm im Klinikum die zweifelsfreie Diagnose übermittelt und die Optionen erläutert worden waren, wusste er, dass er reden musste. Ein paar Tage hat er diese Informationen noch für sich behalten. Zeit, die er für sich brauchte, um zu überdenken, was er mit der Zeit zu tun gedachte, die ihm noch bleiben würde. Was hatte er versäumt, was könnte er noch nachholen? Was war ihm jetzt wichtig? Und er brauchte Zeit, um sich die Worte zurechtzulegen, um ihr nicht nur die Situation zu erklären, sondern auch, was er sich für sich noch wünschte.

Als es dann aber so weit war, versagte ihm die Stimme. All die Sätze, an denen er gefeilt und sie immer wieder durchgeprobt hatte, waren wie ausgelöscht. Kein Wort kam ihm über die Lippen, und er weinte wie zuletzt, als man ihm den jugendlichen Traum von der hohen See zunichte gemacht hatte.

Die Zeit, die Fabian dann tatsächlich noch blieb, war kürzer, als seine Ärzte dachten und Fabian sich erhoffte. Sein Zustand verschlechterte sich rapide. Solange er noch halbwegs frei über sein Leben bestimmen konnte, wollte er diesem selbst ein Ende setzten. Seine Asche sollte, wenig überraschend, im Meer bestattet werden. Keine Blumen, keine Musik. Auch das hatte er festgelegt. Die schlichte Urne schwankte durch den Seegang leicht im Wasser, als müsse sie sich erst an dieses Element gewöhnen, dann sank sie von einem Augenblick auf den anderen in die Tiefe.

Orit Gidali

Kraniche

Sie wandert mit ihrem Mann im Naturpark Hula.
Die Kinder rennen voraus.
Sie betrachtet die Kraniche.
Sie sagt:
Wenn ich ein Vogel sein werde, werde ich im Flug sterben.
Als Antwort lacht er.
Sie weiß nicht, dass er eine andere Frau hat.
Es scheint ihr, als wäre das seine Art zu sagen – meine Liebste, meine Gestelzte,
niemals wirst du sterben.
Wenn es kommt, wird sie nicht sterben. Nicht zu Beginn.
Scham wird die Freude aus ihr leeren, Anfall um Anfall, wie ein Würgreflex,
wo wusch er sich danach, in welcher Stadt taten sie es, denkt er noch an sie?
Doch das fragt sie nicht und gerade deshalb wird sie sich von der Antwort nicht erholen.
Manchmal weint sie.
Wird kilometerweit rennen, nur Säfte trinken, komplizierte Dinge.
Wird nicht mehr wissen, was sie kann, derart verwirrt wird sie sein.
Die Tage werden vergehen
kein Sinn zu lügen,
misstrauisch wird sie bleiben
höflich gegenüber dem Jetzt.
Ihr Mann wird sich nicht um sie bemühen,
vielleicht vor lauter Schrecken.
Über den Korridor gehend beobachtet sie,
wie er sie meidet.
Ihr Mund umtänzelt die Stille.
Wenn man sie fragt, wie es ihr geht, sagt sie:

Ich bin ein glücklicher Mensch in einer traurigen Zeit.
Oder:
Was die Liebe mir lehren kann
lehrt sie ohne Liebe.
Solche Ausdrücke wird sie haben.
Eines Tages wird sie ohne Erklärung aus dem Haus gehen,
will dringend Schwärme sehen die Luft aufwirbeln.
Den halben Park wird sie durchstreifen, aber nichts finden.
Dieses Jahr gibt es keine Kraniche, wird man ihr sagen. Es gibt keine
das ganze Jahr.
Was soll das bedeuten, wird sie aufbrausen,
aber der lange Weg hierher,
Es gibt keine Kraniche, werte Dame, was genau wollen Sie?
Aber die Anreise, und die Staus, die Müdigkeit und die Anspannung,
Jahre über Jahre,
rufen Sie den Verantwortlichen hier,
bitte rufen Sie jemanden.
Es gibt keine; keine Kraniche,
nur leerer Torfboden,
sie wird ihre Stimme ersticken
zum Auto zurückkehren
statt einen Schrei hervorzulassen.
Sie könnte den Boden entzünden
trockene und brennbare Erde,
sie ist nicht bereit, jemandem etwas anzutun
denkt nicht, dass ihr das zusteht.
Am Ende zeigt sich: Sie ist tot, sie, das heißt, ich, das heißt, langsam
aber letzten Endes doch, kein Sinn zu lügen.

Aus dem Hebräischen von Lucia Engelbrecht

Unschuldig

Komm mir jetzt nicht zu Hilfe.
Teil das rote Meer nicht für mich.
Kein Wunder kann mich retten
nachdem ich sah, was ich sah.

Nun denke ich klar:
Lass mich langsam ertrinken.
Bis
meine Rache
mein Hass
(gekommen, um zu verbrennen und zu zertrümmern, ich sah es)
mit mir ertrinken
und nur das aus mir herausschwebt

was niemals sinken kann:
der reine Kern.
Der ich gewesen bin, den ich auf dem Berg sah.
Bitte,
lass den die Wüste durchqueren.
Lass ihn hungern und sich sehnen, und darauf bestehen.
Er ist unschuldig.
Er kennt mich nicht.
Er verdient es, hereingelassen zu werden.

Aus dem Hebräischen von Tzveta Sofronieva

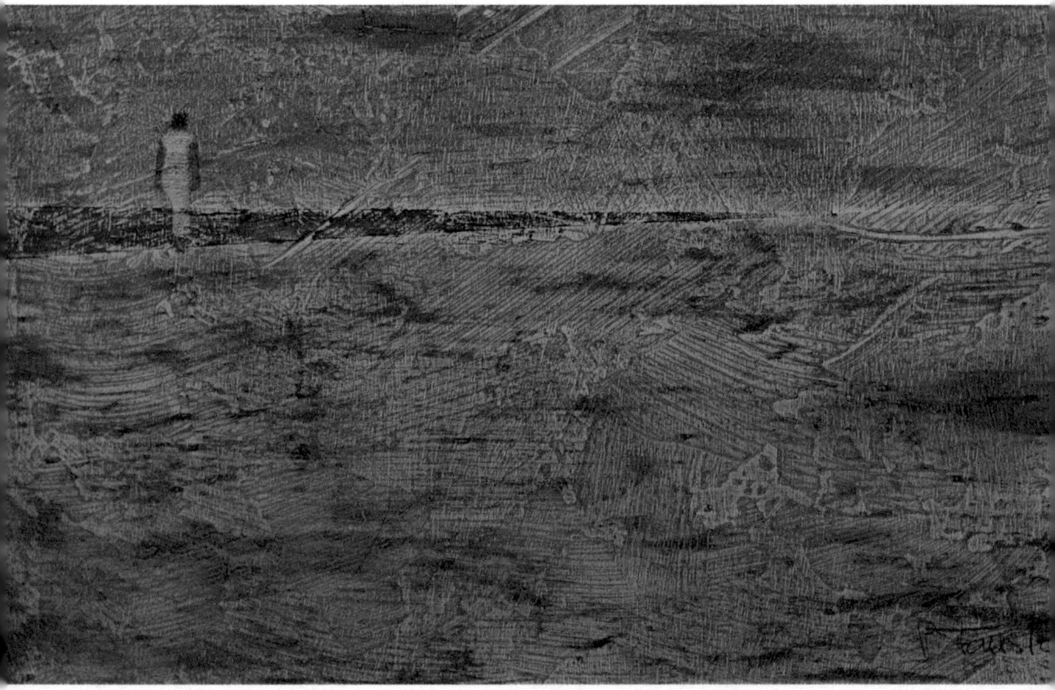

Pedro Fausto

Gespräch mit Frau, Jahrgang 1967

Claudia Gehrke: *Du hast deine Kindheit in einer Zeit und einem Land verbracht, in dem es nicht sehr frei zuging.*
A.: Ja. Ich bin 1967 in der DDR geboren und das war mitten in der Unfreiheit.
C.: *Und wie hast du das als Kind erlebt?*
A.: O Gott, ich war in der Wochenkrippe. Da ist man nicht frei. Im Gegenteil. Wir waren weggesperrt.
C.: *Was passiert da?*
A.: An Details kann ich mich nicht erinnern. Aber es gibt etwas, was mich „triggert", wenn ich daran denke. So sehr, dass ich manchmal heule.
C.: *Fällt dir irgendwas ein, auch wenn du es erst später von anderen gehört hast, warum das so schlimm war?*
A.: Meine Tante hat uns erzählt, wie furchtbar es für uns war, als wir dahin gebracht wurden. Meine Eltern wollten nicht, dass unsere Tante uns dort zwischendurch mal für einen Besuch herausholte. Sie sagten, wir würden ein riesiges Theater veranstalten, wenn wir danach wieder hingebracht werden sollten. Wochenkrippe bedeutete: die Kinder waren vom Babyalter an bis drei Jahre immer die ganze Woche dort, nur am Wochenende kamen sie zu ihren Eltern. Wir waren also die ganze Woche dort, aber wurden nicht von den gleichen Betreuungspersonen betreut. Wir konnten keine Bindung aufbauen. Das ist das, was ich selber dann im Nachhinein darüber hörte oder gelesen habe. Ich erinnere mich an nichts, wir waren ja unter drei, aber irgendetwas davon ist noch da, weggesperrt, verdrängt. Die Leute, die dort arbeiteten, arbeiteten wie alle anderen auch im Schichtbetrieb. Damals gab es noch keine Erzieherinnen und Erzieher, die dafür ausgebildet waren. Es waren Krankenschwestern. Und es gab wenig Personal für teils 400 Kinder. Nachts kam niemand, wenn die Kinder schrien und alleine waren und … Ich habe eine Studie der Universität München gelesen, nach vielen Jahren deutscher Einheit, dass Wochenkrippenkinder bei gleicher Intelligenz im Vergleich mit anderen Kindern und anderen sozialen Umständen das „Ich will" nicht entwickeln können, weil sie nicht gelernt haben, ihre Bedürfnisse wahrzunehmen und zu äußern. Vermutlich, weil in diesen Wochenkrippen auf ihre Bedürfnisse nicht reagiert wurde. Bis Kinder drei Jahre alt sind oder in den ersten zwei Jahren läuft der Entwicklungsprozess ab, Wünsche ausbilden und äußern zu können. Wenn aber nicht auf Wünsche von einem Kind reagiert wird, dann kennt das Kind irgendwann seine Wünsche gar nicht mehr. Und das sehe ich bei mir auch. Ich wusste nie, was ich werden wollte oder was ich überhaupt wollte.
C. *Bist aber trotzdem was geworden …*
A.: Ja, aber vielleicht erst nach Lektüre dieses Artikels. Später war ich im Westen. Als ich Kinder bekommen habe, las ich ein Buch über die ersten 365 Tage, wie Kinder sich entwickeln, wann sie den Kopf heben können, viele Details. Darin war ein langer Anhang, welche Betreuungsformen richtig sind und ab welchem Alter. Das fand ich damals sehr spannend. Denn schon früher, beim Arbeiten und Studieren, dachte ich oft darüber nach, welche Unterbringungsform ist für ein Kind eigentlich das Beste, was schädigt nicht …
Dass die Kinder in Wochenkrippen untergebracht wurden, empfanden die Menschen damals nicht als problematisch. Frauen wurden gleich behandelt wie Männer, was gut war, politisch. Mit Wochenkrippe konnten

Frauen genauso sofort in Arbeit gebracht werden wie Männer. Nach dem Krieg gab es viel mehr Frauen als Männer. Geschlechterrollen haben eine unerhebliche Rolle gespielt in der Planung von Ausbildung etc. Frauen haben genau das Gleiche gelernt wie Männer und das Gleiche verdient. Und sollten auch gleich viel arbeiten, was alles theoretisch und politisch richtig war. Frei von Kindern ging Schichtarbeit problemlos. Nur an die Kinder selbst wurde nicht gedacht bzw. nur in diesem Sinn: Wenn zwei Schichtarbeiter zusammen sind mit „rollender Woche", rotierender Wochenarbeitszeit, müssen die Kinder untergebracht werden. Und das geht nur, wenn sie die ganze Woche untergebracht sind. Es war eine rein pragmatische Lösung. In der Zeit gab es die Pille noch nicht. Die Schichtarbeiterinnen und -arbeiter haben die Wochenkrippen angenommen, auch wenn sie irgendwann realisiert haben, dass sie ihre Kinder kaum noch sahen. Wie das für die Kinder war in der Wochenkrippe, das hat keiner mitbekommen. Und die Kinder selbst, wie ich, haben Erinnerungen daran verloren oder verdrängt. Später, als die Pille (auch im Osten) kam, sind die Geburtenzahlen drastisch zurückgegangen. Die Wochenkrippen haben weniger Kinder bekommen, und Menschen begannen sich außerdem zu wünschen, ihre Kinder öfter zu sehen. Dann wurde das Babyjahr eingeführt, sodass Frauen ein Jahr lang zu Hause bleiben konnten. Die Wochenkrippen waren kaum noch nachgefragt.

Es gibt einen Dokumentarfilm aus der Tschechoslowakei ... Im Zeitraum von null bis drei ist es eine völlig andere Angelegenheit, Kinder wegzugeben, als wenn man ein Kind später, in der Pubertät oder danach, in ein Internat gibt. Es gab Propagandafilme für die Wochenkrippen, wie schön dort alles sei – es lässt sich den arbeitenden Eltern eigentlich kaum übelnehmen, dass viele ihre Kinder dorthin gaben. Trotzdem sind Mutter-Kind-Beziehungen von Wochenkrippenkindern, die für den Film befragt wurden, kaputt. Und nur eine Mutter war bereit, sich dazu zu äußern. Sie war alleinerziehend und hat in Schichten gearbeitet, sie hatte keine andere Wahl. Eine meiner Freundinnen, sie ist Psychologin, hat Patientinnen, bei denen erst jetzt hochkommt, dass sie in der Wochenkrippe waren. Es gab auch körperliche Verletzungen. Ich zum Beispiel habe eine Narbe auf dem Auge, von der auch meine Mutter nicht weiß, wo sie herkommt. Vielleicht ist da wirklich mal ein Unfall passiert. In der Augenklinik sagen sie jedes Mal: Sie haben eine Narbe im Auge, hatten Sie mal einen Augenunfall? – Ich antworte dann immer Nein. Aber vielleicht war es in der Wochenkrippe, aus der Zeit, von der keiner noch irgendwas weiß. Die Frauen, die zu meiner Freundin in Therapie gehen, weil sie zum Beispiel in den Wechseljahren schwere Depressionen bekommen haben, haben auch oft Narben von Verletzungen, von denen sie selber gar nicht wissen, woher die kommen. Vielleicht sind sie einfach nur gefallen. Vielleicht bin ich einfach nur irgendwo hingefallen und habe einen Dorn ins Auge bekommen. Geschlagen, das kann ich mir jetzt nicht vorstellen. Wenn dort wer seine Aufsichtspflicht verletzt hatte – die Eltern waren ja nicht da und kamen auch nicht –, wenn in der Wochenkrippe also mal was passiert ist, wurde das vertuscht. Und es konnte leicht passieren, weil die Kleinkinder dort oft alleine waren, alleine in ihren Gitterbetten. Viele erinnern sich noch an dieses Bett. Die Babys und Kleinkinder sind da hineingekommen, und das war dann ihr Zuhause für eine Woche, dieses Gitterbett. Da ist bestimmt mal was passiert. Dass sie

mal rausgeklettert sind, sich hochzogen, viele Kinder und wenig Personal.
Ich bin nicht gerne allein im Dunkeln. Da gibt es eine tiefsitzende Angst. Die Wochenkrippe war in einer wunderschönen Villa. Diese Art von Häusern sind für mich heute noch mit Unbehagen verbunden, emotional, ich kann es kaum begründen. Meine Schwester hat sich die Haare ausgerissen, als sie mit anderen an dem Gebäude vorbeiging. Sie dachte bis vor Kurzem noch, sie sei im Krankenhaus gewesen. Mütter erzählen Kindern oft Dinge falsch, an die sich die Kinder nicht mehr genau erinnern, weil sie selber etwas sich nicht eingestehen wollen oder es nicht mehr wissen oder es verdrängen. Zu meiner Schwester sagte meine Mutter, im Krankenhaus seien ihr die Haare ausgefallen. Aber eine Tante, die Cousine meiner Mutter, die genauso alt ist wie sie, hat das richtiggestellt: Nein, die Haare sind dir nicht ausgefallen. Immer, wenn du an dieser bestimmten Villa vorbeigelaufen bist, hast du gebrüllt wie verrückt und hast dir die Haare ausgerissen.
Und ich habe in dem Gespräch gemerkt: Das Haus, die Villa, die sie beschreibt, ist genau das Haus, was ich immer träume.
C.: *Du träumtest von einem Haus, von dem du nicht wusstest, welches Haus das war und wieso es dir im Traum erschien?*
A.: Ja, genauso war es. Erst jetzt weiß ich, um welches Haus es sich handelt, und seitdem ich das weiß, habe ich nicht mehr davon geträumt. Ich weiß es erst seit letztem Sommer. Es waren unschöne Träume: Ich bin allein, immer allein in einer schönen Villa, einer schönen Umgebung. Und ich rufe dort immer nach meiner Familie und niemand reagiert. Sie gehen immer weg und ich bleibe alleine. Aber ich kann ihnen auch nicht hinterhergehen. Ich habe im Traum nicht den Impuls zu gehen. Ich weiß, ich bleibe dort, und denke dann darüber nach und suche eine Lösung – schwimme ich einfach bis zum Horizont?, frage ich mich, und dann bemerke ich im Traum, das ist ja der Horizont, da komme ich niemals an. Und dann wird alles irgendwie immer schlimmer und …
C.: *Das bringt uns wieder zu „Freiheit" und „Unfreiheit". Du siehst einen weiten Horizont. Willst dorthin schwimmen und kannst dich nicht bewegen. Gruselig.*
A.: Ja, ich bewege mich nicht nur nicht, sondern habe nicht einmal den Impuls. Ich bin dort und ich habe es gar nicht zur Verfügung, dass ich rennen könnte. Das Maximale ist zu denken, ich schwimme einfach. Auch wenn das Wasser steigt, dann ertrinke ich nicht, ich schwimme. Und dann schwimme ich immer weiter, bis zum Horizont – aber das geht ja nicht. Kann ja nicht unendlich schwimmen. Das ist die Unfreiheit, ja.
Ich habe mich oft darüber gewundert, dass ich überhaupt nicht wusste, was ich will, meine andere Schwester und mein Bruder es aber immer wussten. Wenn ich diese Untersuchung über Krippenkinder nicht zufällig gelesen hätte, dann hätte ich mich das immer weiter gefragt. Mein Bruder und die andere Schwester, sie war viel krank, waren nicht so lange in der Wochenkrippe wie meine große Schwester und ich. Und wir beide wussten nie, was wir wollten. Ich habe mich immer von anderen Menschen leiten lassen, in ganz vielem. Der eigene Wunsch war nicht sichtbar. Ich habe zum Beispiel Handball gespielt, weil ein anderer mir gesagt hat, ich sei darin gut und ich solle das machen. Und dann habe ich erst bemerkt, das macht mir Spaß. Aber ich war immer auf diesen Zuspruch von anderen angewiesen, darauf, dass mir andere was zutrauen. Alles in mir wird aktiviert, wenn ein anderer es mir zutraut, aber ich selber komme gar nicht drauf. Auch mit dem Singen war es so. Wenn die Leute nicht immer nachgehakt hätten, ich

wäre da im Leben nicht drauf gekommen, das auszubauen.

C.: *Man denkt ja von außen, du bist so eine ganz Aktive, das ist alles dein eigener Antrieb.*

A.: Stimmt, das denkt man halt. Aber im Grunde ist es nicht so. Ich brauche immer Anstöße. Und für die bin ich natürlich total dankbar. Aber es ist eine Abhängigkeit. Eigenes Wollen zu spüren und dann daraus „Ich will" zu machen, das geformte Wollen, das ist mir fremd. „Das Herz" macht das alles von selber, aber die Steuerung, die das Leben ja auch ausmacht, mein Wollen: wie nehme ich das zur Kenntnis und entwickle etwas daraus, das mich dann zum Handeln befähigt? Das konnte sich, glaubt man der Untersuchung, nicht entwickeln. Ich arbeite natürlich daran. Seit ich das gelesen habe, versuche ich dieses „Ich will" und „Ich will nicht" zu üben. Aber es ist schwierig.

Als ich mal jemandem auch „Nein" sagen konnte, das hat sich einen kurzen Moment lang nach Freiheit angefühlt. Da war ich schon Mitte 20 oder so. „Und das will ich nicht" konnte ich sagen. Es ist Freiheit, „Nein" zu sagen. Sich abzugrenzen. Und ohne dass man gleich Angst hat, jemanden zu verlieren. Wahrscheinlich steckt es in dieser Kindheit mit drin, später so enorme Verlustangst zu haben. Und dadurch extrem harmoniebedürftig zu sein. Was sich unterschwellig auch entwickelt, ist das Gefühl, dass man etwas nicht wert ist. Also ein geringes Selbstwertgefühl. Obwohl sich das bei mir durch das Handballspielen zum Glück aufgebaut hat. Die Schule und auch der Sport waren wirklich gut für meine Entwicklung. Darin habe ich genügend Selbstwert bekommen, Gott sei Dank. Aber das kam eben auch von außen. Wenn da noch mal was schiefgelaufen wäre …

C.: *… hättest du vielleicht ein verkorkstes Leben geführt. Was du jetzt ja nicht von dir sagen kannst.*

A.: Nein, also das war wirklich ein Glück. […]

C.: *DDR, da sind ja Menschen oft auch mal aus politischen Gründen ins Gefängnis gekommen. Das ist auch deinem Vater passiert, hast du mal angedeutet?*

A.: Ja. Das war nach der Zeit der Wochenkrippe. Ich war in den Kindergarten gekommen. Und dann ist mein Vater verhaftet worden.

C.: *Und warum? Weiß man das? Oder weißt du das?*

A.: Damals nicht, erst später. Wir waren „adelig" von der väterlichen Familiengeschichte her und sind enteignet worden. Trotzdem wohnten wir noch in einem „Eigentumshaus", der Werkstatt.

C.: *Für die anderen galtet ihr als reich?.*

A.: Ja, genau. Wir bewohnten ein eigenes Gründerzeithaus. Mein Vater wäre nicht in den Westen gegangen. Seine ersten beiden Frauen wollten nicht im Osten bleiben und sind, als es noch möglich war, in den Westen gegangen. Aber er hat sich in der Zeit gedacht, so eine DDR, die gibt es ja morgen nicht mehr. Es wäre für ihn nicht in Frage gekommen, von dort wegzugehen.

Doch die „Oberen" wollten immer die Restaurierungswerkstätten haben. Diese Häuser konnten aber offiziell nicht enteignet werden, weil es zwischen 1945 und 1948 eine Klausel gab, dass der Mittelstand, also die Grundversorgung der Bevölkerung, aufrechterhalten werden sollte. Dass die nicht enteignet werden dürfen. Die Produktionsmittel durften nicht als Reparationsleistungen in die Sowjetunion geschickt werden, damit das Leben in der russischen Zone erhalten werden kann. Das waren Bäcker, Schuster, Handwerker, ihre Werkstätten, Betriebsorte. Mein Vater war Holzrestaurator, und die Restaurierungswerkstätten zählten zu diesen geschützten Häusern. Die Klausel galt. Sie hatten zwar das Land und den Besitz enteignen können. Aber die Werkstätten selber, das waren zwei Häuser, konnten sie nicht enteignen. Sie wollten aber an diese Häuser. Das war der Hintergrund, warum sie Haftgründe kreiert haben und meinen Vater in U-Haft steckten. Danach sind die zu uns nach Hause gekommen. Wir waren gerade aus der Schule und dem Kindergarten zurückgekommen. Meine Mutter war arbeiten. Nur wir Kinder waren da. Sie sind in sein Büro gegangen und haben die ganzen Akten abgeholt. Also seine Belege, die wir immer eingeklebt hatten, alle Quittungen, es musste ja alles nachgewiesen werden. Mein Vater lag in einem Haftkrankenhaus. Er hat zu mir noch gesagt, du weißt doch, diese grünen Ordner. Dann habe ich ihm sagen müssen, die sind alle nicht mehr da.

Danach kam die Staatsanwaltschaft. Und das war wirklich wie im Zweiten Weltkrieg, man wusste gar nicht, wer wer ist. Also wer war die Wehrmacht, wer war die SA. Wer war die persönliche Polizei. Wer beobachtete uns. Das alles hat man gar nicht gewusst. Und als Kind wusste ich sowieso nichts. Da kommt jemand, wir machen die Tür auf, und mein Bruder hat sie natürlich ins Büro gelassen und ihnen alles gegeben. Dann wurde das versiegelt und dann kam die Staatsanwaltschaft. Aber das haben wir ja als Kinder nicht begriffen. Als Kind hat man nur Angst. Gerade war der Vater verhaftet worden, sonntags, am Mittagstisch. Aus Angst haben wir sie alles mitnehmen lassen.

C.: *Wie alt warst du da?*

A.: Als er das erste Mal im Gefängnis war, war ich klein, drei oder vier. Und beim zweiten Mal war ich neun oder zehn.

C.: *Wie lange war er dann in Haft?*

A.: Einmal drei Jahre, das zweite Mal vier Jahre. Er war für sieben und einmal acht Jahre verurteilt und dann zwei Mal mit einer Amnestie für politische Häftlinge rausgekommen. Es war politisch, auch wenn er für Wirtschaftliches verurteilt wurde. Ein unschönes Gefühl, wenn man als Kind einen Riesenzeitungsartikel über seinen Vater vorgelesen bekommt. Das Schlimme war, wir haben es beim zweiten Mal auch noch geglaubt. Das ist mir jetzt sehr unangenehm, wenn ich meine eigenen Briefe lese, nachdem er gestorben ist, ich denke: O Gott. Was habe ich damals gedacht, was ihm geschrieben. Wie furchtbar muss das für ihn gewesen sein.

C.: *Du hast geglaubt, dass er was Böses getan hat?*

A.: Beim ersten Mal nicht, aber beim zweiten Mal dann schon. Erst später, nach der Akteneinsicht, habe ich gelesen, was die ihm wirklich vorgeworfen haben. Ich habe ja, als er im Gefängnis war, mit ihm darüber nicht mehr reden können. Sie haben zum Beispiel behauptet, er habe die russische Kirche nicht restauriert, obwohl er Geld dafür bekommen habe. Das stimmte nicht, das hätte ich schon als Kind gewusst, wenn ich die konkreten Vorwürfe gekannt hätte. Man sah ja: Die Kuppel und der Innenraum waren restauriert. Oder die anderen Gebäude, die sind ja alle restauriert. Erst als er gestorben war, habe ich die Unterlagen gefunden und erst dann die Anklageschrift der Staatsanwaltschaft gelesen. Hätte ich das als Kind gewusst, was sie ihm vorwerfen, dann hätte ich natürlich damals schon begriffen, dass alles erfunden ist. Ich war ja immer mit dabei. Er hat mich mit auf diese Baustellen genommen. Deshalb musste ich nicht so viel in den Kindergarten, das war eine schöne Erfahrung. Ich bin mit ihm herumgereist, solange ich noch nicht in der Schule war. Es war total toll auf diesen Baustellen, in den Schlössern oder auf der Gustav-Adolph-Gedenkstätte. Eins der Schlösser gehörte dem schwedischen König. Mitten in der DDR, dass es da so was gibt. Das waren immer Inseln der Freiheit.

C.: *Verstehe ich richtig: Da gab es ein Schloss, das gehörte nicht der DDR, sondern dem schwedischen König?*
A.: Genau, dem schwedischen König. Das gehört immer noch Schweden. Mein Vater hat die Kirche restauriert [...]. Die Atmosphäre dort war irgendwie anders. Und die Menschen waren anders, das ist mir als Kind aufgefallen. Sie waren freundlich und locker. Sie waren nicht so von der Angst bestimmt wie die Menschen, mit denen wir sonst zu tun hatten. Das war anders und das war schön. Von jetzt her würde ich denken, das in dem Schloss war für mich als Kind eine Erfahrung von Freiheit.
C.: *Eine Insel der Freiheit in einem unfreien Staat.*
A.: Ja. Aber als Kind realisierte ich das nicht so direkt. Es war nur ein Gefühl, dass dort etwas anders war, entspannter, ich wusste es nicht zu benennen. Als Kind hat man sich ja noch nicht „unfrei" in der DDR bzw. in seinem Zuhause gefühlt. Später erst als Erwachsene. Als Kind, nach der nicht erinnerten Wochenkrippenzeit, habe ich mich nicht eingesperrt gefühlt. Mein Vater war eingesperrt und das war Freiheitsentzug. Da war für uns als Kinder Unfreiheit erfahrbar. Sonst im Alltag habe ich mich nicht unfrei gefühlt. Aber ich habe mich auch nie frei gefühlt. Ich habe den Begriff gar nicht gehabt. Das war keine Kategorie für ein Kind. Ich habe viel gestottert, sodass die Erzieherin in dem Kindergarten gesagt hat, sie halte das nicht aus und ich solle in einen anderen Kindergarten gehen. Da wollte ich nicht hin. Meine Mutter hat mich aber trotzdem in eine „Sprachheilschule" gebracht, wo ich auch nicht hinwollte. Und da hat das Stottern sich eigentlich erst manifestiert. Auch das war Unfreiheit. Aber so denkt ein Kind nicht.
Später dann realisierte ich natürlich die Unfreiheit. Als andere rübergingen in den Westen. Plötzlich waren sie weg. Meine Mutter ist ja eine Westdeutsche gewesen. Bei ihr war schon immer zu merken, dass es da eine Grenze gibt. Eine Tante, die im Westen lebte, etwa gleich alt wie meine Mutter, hat uns im Osten immer beneidet. Sie hat nicht geheiratet, weil sie nicht wollte, dass sie einen Mann fragen muss, ob sie arbeiten darf oder nicht. Das war im Westen so, im Osten nicht.
C.: *Sie empfand den Osten als Freiheit.*
A.: Genau. Diese Tante empfand vieles im Osten als Freiheit. Und hat meine Mutter immer beneidet. Um ihre Freiheit zu arbeiten, darum, ihre Kinder in die Wochenkrippe geben zu können, dann in einen Kindergarten. Sie hatte auch ein Kind. Mein Cousin, fast gleich alt wie ich. Und dadurch hat sie es immer verglichen. Sie haben uns auch immer besucht. Und auch mein Cousin hat den Osten gut gefunden, besonders unsere Mathematikschulbücher und die Musik und meinen Vater als Holzrestaurator, die Holzmöbel und dass die Schlösser so gut erhalten werden. Sogar das Vanilleeis fanden sie besser. Klar, wenn man aus dem Westen kommt, fand man viele Sachen ganz toll. Und mein Cousin ist eher so ein Wissenschaftlertyp. Deshalb bewunderte er unsere tollen Schulbücher. Mein Onkel auch. Die waren gerne da und haben uns auch immer unterstützt, das war extrem wichtig. Und auch das war sicher ein Grund, warum ich mich gar nicht so schlimm gefühlt habe im Osten, nicht gedacht habe, der Westen sei besser oder so. Mein Onkel, ihr Lebenspartner, war ein politischer Flüchtling aus der Türkei. Er kam von der Uni Istanbul nach Deutschland, in den Zeiten der Studentenunruhen. Und hatte dann das Gefühl, im Westen ausgegrenzt zu werden als Türke. Das war in den 70ern, zu Zeiten von Günter Wallraff. Damals habe ich als Kind richtig heroische Briefe an meine Tante geschrieben, also mein Mitgefühl, dass er als Ausländer dort so diskriminiert wird ausgedrückt und so. Ich

war Fan von Rosa Luxemburg. Und war total begeistert, dass das mit der Ausgrenzung bei uns nicht so war. Die haben uns das Gefühl gegeben, dass wir eigentlich im besseren Teil von Deutschland leben. Das mit dem Gefängnis haben wir ja alles erst später realisiert, als wir die Unterlagen gelesen haben.

Sie wollten an das Haus ran, das war schnell klar. Er war im Gefängnis und sofort kam die „Denkmalpflege Leipzig", hat ein Schild drangeschraubt und die Werkstätten benutzt. Mein Vater wollte die Werkstätten nicht hergeben.

C.: *Also sind sie durch den Trick, deinen Vater ins Gefängnis zu bringen, an diese Werkstätten gekommen. Das war vorher nicht möglich aufgrund der Gesetzeslage.*

A.: Genau, ja.

C.: *Und dann waren die Fremden da und ihr habt da weiter gewohnt, oder wie war das?*

A.: Ja, genau so. Und besonders schlimm war natürlich auch, dass die eigenen Angestellten meines Vaters Verrat begangen haben, gelogen haben (was wir auch erst später erfuhren). Sie bestätigten, dass er bestimmte Renovierungsarbeiten, für die er Geld bekommen habe, nicht gemacht habe. Eine Feierabendbrigade. Sie hatten auch Angst, sicher deshalb haben sie gelogen. Wir kannten sie ja alle, schrecklich, und sie sagten zum Beispiel, sie haben auf der oder jener Baustelle nie gearbeitet. Ich war als kleines Kind oft mit meinem Vater auf den Baustellen unterwegs und ahnte schon damals, dass was nicht stimmte. Es war furchtbar.

Mein Vater war total selbstlos. Er hat ganz einfach gelebt. Wir haben gut gegessen, nicht im Sinne von teuer, sondern von wertig, solche Sachen waren ihm wichtig, aber nicht Prunk und nicht Geld oder so was.

Meine Mutter hat sich scheiden lassen, als er das zweite Mal im Gefängnis war. Sie haben ihr schon beim ersten Mal gesagt, dass das gut wäre. Sie warnten, wenn er sie noch mal in so eine Lage manövrieren sollte, dass er ins Gefängnis kommt und sie mit den Kindern allein dasteht und nur fünf Mark pro Kind hat, dann solle sie sich trennen. Und dann haben die ihn noch mal in so eine Situation gebracht. Zuerst haben sie meinem Vater Bilder untergejubelt, Aktfotos von der Nachbarin, die wir im Urlaub gefunden haben. Das muss man sich mal vorstellen. Alles war später in den Akten nachzulesen. Mit welchen Tricks die gearbeitet haben.

C.: *Ihr habt Aktfotos gefunden, die dein Vater angeblich von der Nachbarin gemacht hat?*

A.: Ja, genau, richtig. Alles, was man so weiß von der Stasi, wie die manipulieren, hat bei uns stattgefunden.

C.: *Das mit den Aktfotos war also gefakt. Die haben sie ihm in die Tasche gesteckt?*

A.: Ja! Wir waren ja im Urlaub. Und dann kam er mit einer Aktentasche. Als er seine Tasche auspackt, ist darin ein Briefumschlag, und da guckt man natürlich rein. Da haben wir alle reingeguckt, wir Kinder, mein Vater, meine Mutter. Wir waren alle mit dabei.

C.: *Und da hat die Nachbarin mitgemacht?*

A.: Offenbar ja. Die hatte nämlich eine kranke Tochter, die hatte ein Hüftproblem, daher ein verkürztes Bein. Die haben danach eine andere Wohnung bekommen, eine, die nicht feucht war, und eine Hüftoperation, eine Beinverlängerung. Damit wurden sie belohnt.

C.: *Für die Wohnung hat die Nachbarin sich fotografieren lassen, damit dein Vater damit reingelegt wird?*

A.: Ja. Und irgendwie kann ich sogar verstehen, dass sie das gemacht hat. Denn sie hat furchtbar gewohnt. Nur unsere Häuser waren restauriert und die anderen waren alle richtig verkommen. Und das kranke Kind kannten wir natürlich. Die waren danach einfach nicht mehr da. Aber im Nachhinein, erst mit dieser Akteneinsicht, hat sich das erklärt, warum sie dann weg waren und eine bessere Wohnung hatten. Wie sich mit der Akteneinsicht vieles im Nachhinein erklärt hat.

C.: *In der Situation selber: Hast du als Kind gedacht, dein Vater hatte was mit dieser Nachbarin?*

A.: Ja. Aber ich habe auch gedacht, wie kann man denn so dumm sein, die Fotos in die Aktentasche zu stecken. Diese Dummheit habe ich meinem Vater nicht zugetraut. Doch ich war auch bei seiner zweiten Verhaftung noch klein. Jünger als neun. Aber schon in dem Alter dachte ich, so dumm kann man ja eigentlich nicht sein, so einen offenen Briefumschlag. Ich war aber zu jung, das irgendwie weiterzudenken. Und einen solchen Verdacht zu äußern, dass ich das nicht glaube, das hätte nur ein Riesentheater gegeben, also vergisst man das als Kind wieder. Mein Vater hat natürlich gesagt, das stimmt nicht, das ist lächerlich. Aber auch er war so überrascht, dass er sich gar nicht so sehr erklärt hat. Er war ein sehr Ruhiger, der sich eigentlich auch nicht rechtfertigt, nicht sehr viel erklärt. Man muss doch in einer solchen Situation den anderen, unserer Mutter, uns Kindern, die Angst nehmen, erklären, wieso das nicht sein kann. Ich weiß leider nicht mehr, wie das war. Konnte er meine Mutter beruhigen oder nicht? Auf jeden Fall war das Misstrauen gesät. Als er dann das nächste Mal verhaftet wurde, hat meine Mutter sich im Gefängnis scheiden lassen.

C.: *War das in der DDR ein Grund, jemanden zu verhaften, nur weil er ein Verhältnis mit der Nachbarin hatte? Kann ich mir kaum vorstellen.*

A.: Doch, das gab's damals noch, die Frage der Schuld. Meine Mutter war ja bei Gericht. Und da gab's noch eine Frage der Schuld. Im Urteil war einer daran schuld. Man hat trotzdem viel geschieden, aber es gab immer einen Schuldigen.

C.: *Ich meine die Verhaftung, nicht die Scheidung. Warum kam er das zweite Mal ins Gefängnis?*

A.: Für das Gefängnis, da haben die wieder was mit den Finanzen kreiert. Also wieder Steuerhinterziehung, dass die Unterlagen nicht da waren, also etwa genau das Gleiche wie beim ersten Mal. Meine Mutter war nach der Sache mit den Aktfotos so blind, dass sie dieses zweite Mal geglaubt hat, er hat wieder Geld veruntreut und das und das gemacht, was sie ihm vorwarfen. Beim ersten Mal hat sie es nicht geglaubt. Aber sie ist auch ein Typ, die leicht was glaubt, um mit ihrer Situation irgendwie klarzukommen. Um mit ihrer Entscheidung, sich scheiden zu lassen, eine weitere Erklärung vor sich selber zu haben, dass das jetzt richtig war.

C.: *Als er ins Gefängnis kam, beide Male, wie haben eure Nachbarn, die aus den weniger schönen Wohnungen, reagiert?*

A.: Die haben sich gedacht und es uns auch deutlich gesagt: So, die Reichen mit dem Haus, da trifft es die Richtigen! Die waren hämisch. Die Nachbarn. Die aus den Läden, wo wir die Milch geholt haben, beim Bäcker, beim Fleischer, die kannten wir ja alle persönlich. Öffentlich gesagt zu bekommen: Euer Vater ist im Gefängnis, da trifft's mal die Richtigen, das hält man nicht aus als Kind. Ich bin nicht mehr hingegangen. Beim zweiten Mal war ich ja schon in der Schule, dort war es anders. Da hat das keine Rolle gespielt, zum Glück. Ich weiß nicht, ob sie das gewusst haben. Jedem Menschen, der irgendwie trotzdem mal zu einem von uns freundlich war, oder einfach genauso war wie vorher, dem waren wir unendlich dankbar. Auch von den Mitarbeitern, die gelogen hatten, kannte ich die Familien, habe mit deren Kindern gespielt. Es war unglaublich furchtbar. Später konnte ich sie natürlich verstehen. Denn die wurden alle ja auch bedroht und manipuliert, hatten auch alle Kinder, hatten Angst. Und als Kind wundert man sich eigentlich nicht, Lüge,

Wahrheit, das war noch kein Kriterium. Es war normal, dass falsche Sachen erzählt wurden. Man ist ständig abgehört worden. Man hörte etwas und hat manches akzeptiert, sonst wären wir verrückt geworden. Eine Enttäuschung war es, so würde ich es vielleicht sagen. Unter den Mitarbeitern gab es einen, der die Werkstätten, als mein Vater im Gefängnis war, dafür benutzt hat, sich sein privates Segelboot zu bauen. Das gehörte zu den Dingen, die sie meinem Vater unterstellt hatten. Mein Vater hatte auf deren Fragen aus Spaß gesagt, das steht in dem Protokoll, das ich später gelesen habe: Was glauben Sie denn, wo das Geld für die Aufträge, die ich angeblich nicht gemacht habe, ist? Meinen Sie, ich habe mir Pferde gekauft, und die stehen jetzt in Thüringen bei meiner Schwester, oder ich habe mir eine Yacht gebaut … Mein Vater hatte viel Humor und hat zu dem Zeitpunkt gedacht, das ist doch ein schlechter Witz. Und dann hat der die Fragen von denen, laut Protokoll, einfach alle ironisch beantwortet. Daraufhin sind die aber zu seiner Schwester gefahren und haben gesagt, Ihr Bruder hat behauptet, er hat hier Wildpferde stehen. Und die Schwester hat das erst mal geglaubt, obwohl sie nicht wusste, wo die Pferde standen. Später hat er seiner Schwester geschrieben und wollte ihr erklären, warum er im Gefängnis ist. Die Schwester hat den Brief ungeöffnet zurückgeschickt, den habe ich nach seinem Tod auch gefunden. Man kann es kaum aushalten, was man da liest.

Als ich später meinen ersten Freund hatte, wusste ich nicht, warum alle aus seiner Familie mich so schlecht behandeln. Sie haben mich behandelt wie aussätzig. Sie redeten nicht mit mir. Jahrzehnte später die Erklärung. Seine Oma war früher bei der Staatsanwaltschaft im Prozess gegen meinen Vater. Mein erster Freund war an der quasi Stasi-Hochschule in Potsdam. Er hatte mir gesagt, er habe Jura studiert. Und ich habe mich damals gefragt, warum die Juristen in Uniform vereidigt werden. Was Wahrheit war und was Lüge, war schwer auseinanderzuhalten in den Situationen. Man musste so gepolt sein, dass man immer dagegen denkt und sich immer fragt: Stimmt denn das? Aber ich habe alles lange irgendwie hingenommen. Ich war sicher ganz oft enttäuscht, aber habe nicht dauernd alles hinterfragt.

C.: *Hat dein Vater mal was über den Gefängnisaufenthalt gesagt?*

A.: Nein, darüber hat er leider gar nicht geredet. Bei der Beerdigung war einer, ein Offizier aus dem Gefängnis, der hat dafür gesorgt, dass mein Vater am Geburtstag meiner Schwester mit einer Amnestie rauskommt. Der war als Mensch total von meinem Vater begeistert. Er hat das System wegen meines Vaters in Frage gestellt. Er wollte nicht akzeptieren, dass so ein Mensch im Gefängnis ist. Was mein Vater alles in seiner Arbeit gemacht hat. Er hat die Dämmung eines Konzerthauses mit eingebaut. Im nächsten Moment macht er mit dem gleichen Wissen eine Schießanlage mitten in der Stadt, damit die halt das Schießen nicht hören. Freischwinger-Uhren, also Holzuhren, hat er auch restauriert. Kirchen. Schlösser.

C.: *Als er das zweite Mal aus dem Gefängnis rauskam, war deine Mutter ja schon mit jemand anders zusammen.*

A.: Ja, so war es. Dann kam die Wende. Er hatte alles verloren, sein Eigentum und die Familie. Nach der Wende noch den Rest durch einen Wendebetrüger. Nicht viel später ist er an einer Wundinfektion gestorben. Er hat wirklich sehr viel Pech gehabt.

Trotzdem war er ein so positiver Mensch, unglaublich. Das Naturell von ihm unterzukriegen, ist ihnen nicht gelungen, das ist schon phänomenal gewesen. Wie ein

Mensch so viel positive Energie haben kann bei dem, was ihm alles begegnet ist. Und dann an Wundinfektion zu sterben, mit 74, wo der gesundheitlich wirklich noch fit war. Ich habe nach der Wende den Sohn aus erster Ehe von unserem gemeinsamen Vater kennengelernt, der im Westen groß geworden ist. Was ja interessant ist. Ich bin im Osten groß geworden und er ohne seinen Vater im Westen. Für meinen Vater war meine Mutter die dritte Ehefrau.

C.: *Etwas verwirrende Verhältnisse bei euch. Du hast mal formuliert, dass deine Mutter für ihre Liebesgeschichten lebt. Und dass sie auch deshalb das Dasein in der DDR nicht als unfrei empfunden hat, weil sie mit Alltag und Dramen rund um ihre Liebe beschäftigt war, war das so?*

A.: Ja, irgendwie. Das hat sie, denke ich, nicht bewusst gemacht. Der Kelch ist an ihr vorbeigegangen, der Kelch der Inhaftierung von Frauen. Das war Frauen passiert, die ich kenne und die ähnlich intellektuell und engagiert waren wie meine Mutter und Temperament hatten. Ich habe mich gefragt, warum konnte meine Mutter das eigentlich so ausblenden? Auch meine Tanten. Im Grunde alle, die im Osten geblieben sind, haben das ausgeblendet. Die sind im Grunde sehr reflektiert, sind schnell, haben eine hohe Auffassungsgabe. Da würde man ja annehmen, sie reflektieren ihr Leben. Doch das haben die im Osten eben nicht gemacht.

C.: *Das wollte ich schon vorhin fragen: Wie kam deine Mutter in den Osten, wo doch ihre Familie aus einer westdeutschen Großstadt kam?*

A.: Bei der Bombardierung sind die Menschen evakuiert worden. Mit dem Bus sind alle in einen kleinen Ort gebracht worden, der nach Kriegsende ostdeutsch wurde. Und zufällig sind auch meine Großeltern dahin gekommen. Es war also Zufall, dass sich die Familie dort wiedergefunden hat. Dadurch war die ganze Familie im Osten. Und dann hat mein Opa da sofort ein Haus bekommen und Arbeit. Die Schwestern meiner Oma sind in der Stadt geblieben zu dritt [...]. Und die haben ja alle nicht absehen können, dass plötzlich eine Mauer zwischen zwei nicht weit voneinander entfernte Orte kommt. Dass man danach nicht mehr in Freiheit lebte. Dass das Reisen, auch wenn es nur Verwandtschaftsbesuche in einer nahegelegenen Stadt waren, etwas Kriminelles wurde. Das kann man sich heute kaum mehr ausmalen.

C.: *Hat deine Mutter das dann realisiert?*

A.: Sie hat das nicht realisiert. Sie war so mit ihrer Jugend und mit ihrer Schönheit und mit dem Leben und Lieben beschäftigt. Die Arbeit bei Gericht hat sie gerne gemacht. Sie hat sich schon früher sehr für Jura interessiert und nun war sie plötzlich mitten in der Welt der Gerichte und Prozesse. So fand sie in der Zeit auch alles richtig, was die DDR machte. Erbschaftsrecht, Scheidungsrecht, Familienrecht, fand sie alles gut. Sie hat als Protokollantin gearbeitet. Die hätten gewollt, dass sie das Abitur nachmacht und studiert. Aber dazu hätte sie ihre Kontakte zum Westen abbrechen müssen. Und das wollte sie nicht. Sie wollte den Kontakt zu ihrer Verwandtschaft im Westen nicht abreißen lassen. Dann hat sie Kinder bekommen und war mit ihren Beziehungen beschäftigt. Aber sie wäre im Osten eine gute Anwältin geworden, besonders fürs Scheidungsrecht. Sie hat auch nach der Arbeit beim Gericht immer in Anwaltskanzleien gearbeitet. In der Zeit war meine Mutter überzeugt, sie lebt im besseren Deutschland, weil es das westdeutsche Scheidungsrecht nicht gab, durch das eine Frau gezwungen wurde, um eine Strumpfhose zu kämpfen ... das sei keine Freiheit, hat sie gesagt, das wolle sie niemals: um eine Strumpfhose für ihr Kind kämpfen.

C.: *Ihre Kinder waren alle von deinem Vater?*

A.: Nein, der Sohn ist aus ihrer ersten Ehe, der Mann ist im Westen. Auch interessant. Meine Mutter hatte meinen Bruder, also ihr erstes Kind. Und dann ist der erste Mann wie später mein Vater ins Gefängnis gekommen. Als Grund wurde auch bei ihm irgendwas mit Geld vorgeschoben. Und wir haben das geglaubt, meine Mutter auch. Meine Tante ist die Einzige, die außer meiner Mutter aus der Zeit noch lebt und sich erinnern kann. Und sie sagte, beim Vater von meinem Bruder ging es um geplante Republikflucht.

C.: *Wie kam denn der erste Mann dann in den Westen? Also er war im Gefängnis, vorgeschobener Grund etwas mit Geld – aber eigentlich, weil er „Republikflucht" begehen wollte, verstehe ich das richtig?*

A.: Ja, genau. Der war im Gefängnis und ist dann, soweit ich weiß, ausgetauscht worden. Als die Haft abgelaufen ist, ist er direkt wieder nach Zweibrücken gegangen. Man hat uns später Geschichten erzählt, dass er Alkoholiker und ein schlechter Mensch geworden sei und so weiter, und das glaubten wir auch. Das war ein Muster zu erzählen, dass Menschen, die geflohen oder irgendwie anders, z.B. durch Gefangenenaustausch, in den Westen gekommen waren, hinterher alle ganz schlechte Menschen geworden sind. Finanzbetrüger, Alkoholiker und so weiter und so fort.

C.: *Das wurde deiner Mutter auch eingetrichtert und dann hat sie sich auch von dem scheiden lassen?*

A.: Ich glaube, sie hat sich von ihrem ersten Mann auch schon im Gefängnis scheiden lassen. Den Frauen wurde nahegelegt, dass sie sich trennen. Genau weiß ich nicht, wie das war. Er ist ja nicht wegen Republikflucht angezeigt worden. Sondern ganz ähnlich wie bei meinem Vater wegen Finanzsachen, der Bücher. Mein Bruder glaubt das auch heute noch. Der weiß noch nicht, dass sein Vater, also dieser erste Mann und die ganze Familie damals eigentlich in den Westen fliehen wollten. Das alles muss ich meine Mutter noch mal fragen, denn so genau durchschaue ich es selbst auch nicht.

C.: *Und das hat sich dann auch bei deiner Mutter festgehakt, dass der erste Mann „schlecht" war.*

A.: Ja. Und bei meinem Bruder auch. Als es um das Erbe ging, um die Frage, wer erbberechtigt ist und wer nicht, hat sich meine Tante – sie ist bei einer Bank – kundig gemacht und dann gesagt: Der hat zweifelhafte Kredite, das Erbe solle mein Bruder lieber ausschlagen als annehmen. Und da hat sich das negative Bild noch einmal neu verfestigt. Selbst nach seinem Tod. Man wusste nie, was wahr und was Lüge ist.

Auch wie das noch früher gewesen ist, davon hat uns diese Tante erzählt. Meine Mutter hat ihrem Vater vorgeworfen, dass sie nicht das Abitur hat machen können. Doch sie hat sogar einen Zehnte-Klasse-Abschluss, was damals für die Generation im Krieg und kurz nach dem Krieg schon viel war. Die meisten, auch ihre Geschwister, haben mit achter Klasse aufgehört und mussten dann aufs Feld und arbeiten. Und sie war als Älteste in den Augen ihrer Geschwister privilegiert, was diese ungerecht fanden. Sie konnte bis zur zehnten Klasse in der Schule bleiben, hat ein Fahrrad bekommen, hat ein Zimmer bekommen. Und dieser Familienstreit schwelt heute noch. Es kann vorkommen, dass die Geschwister meiner Mutter sagen: Du hattest ja mit deinem Fahrrad und Zimmer Freiheit, wir nicht. Meine Mutter war eine sehr attraktive junge Frau, ist morgens immer schwimmen gegangen in der Müritz [...] Einige Ehefrauen sollen darunter furchtbar gelitten haben, meine Mutter flirtete ... und jetzt kommt, was ich eigentlich erzählen wollte: Ihre Ausbildung war bei Gericht. Sie ist Protokollantin geworden. Die ganze Familie wollte anfangs fliehen. Als das aufflog, gab es, weil meine Mutter bei Gericht arbeitete, die doppelte Strafe, nicht anderthalb Jahre auf geplante Republikflucht, sondern drei Jahre. Und somit ist die ganze Familie geblieben. Mein Opa, der Vater meiner Mutter, der hatte die ganze Flucht, also aller sechs Kinder, schon vorbereitet. An welchem Tag und alle Details. Die hatten schon besprochen, wer welche Sachen anzieht. Und dann ist er ins Gefängnis gekommen.

Sie hatten zwar Angst, weil meine Mutter diese Ausbildung gemacht hat. Aber sie hätten es trotzdem riskiert. Doch nach der Festnahme, alleine, ohne Hilfe aus dem Westen, konnten sie es nicht mehr machen. Und meine Tanten in Hamburg, die konnten das nicht organisieren, auch meine Oma und ihre Schwester nicht, sie hätten das niemals bewerkstelligen können, eine ganze Familie rüberzuholen.

C.: *Und später war deine Mutter auf ihre Beziehungen konzentriert. Das Spitzelsystem, hat sie das nicht tangiert oder hat sie es nicht bemerkt?*

A.: Eher nicht bemerkt oder verdrängt. Ich hab's ja auch nicht bemerkt, damals mit meinem ersten Freund. Es wurde uns ja immer suggeriert, alles sei gut. Das hat der Staat gut gemacht und jenes auch. Wir seien gut behütet. Und deswegen hatten viele auch gar nicht das Bedürfnis nach anderem. Wenn man keine Bilder hat vom Leben in anderen Ländern, wenn man in der Literatur aufgehoben ist … Ähnlich wie heute in Russland, man kriegt nur bestimmte Informationen. Wenn man abgeschottet wird von anderen Informationen, dann glaubt man vieles. Es ist für viele einfacher so, um ihr Leben leben zu können. Ich hatte nicht das Bedürfnis nach mehr und anderem, ich habe nichts vermisst. Ich hätte nicht das Bedürfnis gehabt, wissen zu müssen, wie die Karibik aussieht. Oder wie es sich anfühlt, in einem warmen Meer zu baden. Das wurde dann natürlich später anders, wenn man mal nach Bulgarien wollte oder nach Rumänien. Und auf einmal auch dort nicht mehr hindurfte. Als ich älter war, in den 80er Jahren, da begann ich zu hinterfragen.

C.: *Also in den 80ern wurde dir bewusst, dass Freiheit fehlt?*

A.: Ja. In der Zeit, in der ich erwachsen wurde. Anfang der 80er war ich 13. Ich war Fan von Friedrich Engels und Rosa Luxemburg, und da habe ich dann auch bemerkt, dass ich Lenin zum Beispiel nicht mag. Aber der Engels, was der gemacht hat als Ökonom, fand ich eigentlich in Ordnung. Dass er dafür missbraucht worden ist, das habe ich etwas später gelernt, diese Zitate, also schon in den 80ern dachte ich, der wird missbraucht. Dieses Manifest macht nicht den ganzen Ökonomen aus. Mich selbst bewusst kritisch damit auseinanderzusetzen, war eine Seite, aber ich wäre trotzdem nicht gegangen, genau wie mein Vater das ja auch nicht gemacht hätte. Ich hätte meine Familie nicht verlassen wollen. Aber ich habe verstanden, wie alle wirklich eingeschränkt worden sind, die Künstler, die Maler, Freiheitsberaubung aus politischen Gründen, Gefängnis. Während der Lehre, ich war 16 oder 17, wollten sie mich anwerben für die Stasi. Ich habe abgelehnt. Dann haben die mich mit Tabletten im Krankenhaus festgehalten.

C.: *Das klingt gruselig.*

A.: Ja. Im Krankenhaus dachte ich, ich komme hier nicht mehr raus. Es war so: Die hatten mich eingeladen, als Werbungsgespräch getarnt. Ich sollte mich irgendwie engagieren, aber ich wusste auch gar nicht, in welcher Art ich mich für die engagieren sollte. Ich dachte nur, wie komme ich da raus. Dass ich bloß nicht im Gefängnis lande. Das war wirklich wie in diesem Stasi-Museum. Man sitzt dort, Koffer oder Tasche offen, und wird verhört. Schrecklich. Es war im ersten Lehrjahr oder so. Diese Typen, diese Gesichter, wenn ich die schon sah oder diese

Autos schon hörte, schrecklich. Und da kam ich auf die Idee, ich muss jetzt bluffen. Ich behauptete, dass ich schwanger bin. Dann hat man das Baby und ist für die nicht interessant. Und so habe ich gesagt: Ich verstehe, das ist für die Sache, das muss man machen und das ist gut – aber ich bin schwanger. Und dann dachte ich, was passiert, wenn sie es merken? Ich war ja nicht schwanger. Dann muss ich sagen, ich habe mich geirrt oder so was. Man musste ja immer überlegen, was sagt man jetzt. Möglichst nichts spontan sagen. Und dann hatte ich natürlich Angst, ob die mich untersuchen, um herauszufinden, ob ich wirklich schwanger bin. Man hält ja alles für möglich. Sofort Plan B, denn man ist nur noch angstgesteuert. Und danach, ein paar Wochen später, musste ich wirklich zu einem Betriebsarzt. Und vom Betriebsarzt aus sollte ich ins Krankenhaus. Ich habe noch zu meiner Mutter gesagt, ich gehe nicht ins Krankenhaus. Ich habe nichts, was soll ich denn im Krankenhaus, es ist absurd. Dann hat meine Mutter aber gesagt: Du musst aber ins Krankenhaus. Das Gefühl, wenn man nicht hingeht, begeht man wieder ein Verbrechen. Das war schrecklich. Also, ich musste in dieses Krankenhaus. Ich befürchtete, sonst kommen die und holen mich ab. Und die Chefs oder die Ausbilder denken, man hat was ganz Schlimmes gemacht. Man hat gar nichts gemacht. Nur gesagt, ich gehe nicht in so ein Krankenhaus. Es war furchtbar. Vollgestopft mit Tabletten dachte ich, ich komme hier nicht mehr heraus. Ich bleibe für immer weggesperrt. Die hatten Macht. Es gab auch Situationen wie diese: Ich war nachts vom Theater gekommen, stand an der Straßenbahnhaltestelle. Ich jobbte abends im Theater. Da kam ein Polizeiauto, und die haben mich in dem Polizeiauto einfach mitgenommen. Die Angst, was passiert? Man kommt bis morgens nicht mehr raus. Und man hat überhaupt nichts gemacht. Ich wollte nur mit der Straßenbahn nach Hause fahren. Ich wusste überhaupt nicht, was die mir vorgeworfen haben. Das konnten sie mir auch nicht sagen. Und die sagen einem das grundsätzlich nicht, die zermürben einen. Wir warten mal ab. Haben Sie denn den Ausweis dabei. Und so geht das die ganze Zeit. Die haben es immer irgendwie geschafft zu suggerieren, wir sind überall. Die haben mich spüren lassen: Zugriff. Und das setzt sich fest. Die haben auf mich Zugriff, wann sie wollen. Sie haben mich schon spüren lassen, dass ich völlig unfrei bin.

Im Theater gab es einmal einen Aufruf, als es um den Platz des Himmlischen Friedens ging. Da gab's dann so eine Unterschriftenliste, und die Schauspieler haben unterschrieben, dass sie dagegen waren, dass damals so brutal gegen die Leute vorgegangen wurde. Da fing ein leiser Widerstand an in den Kreisen, in denen ich war. An der Hochschule habe ich mich mal getroffen mit den Leuten, die Simone Weil gelesen haben. Das waren Fluchtpunkte, wo andere Dinge gelesen wurden. Ein anderer Fluchtpunkt für mich waren die Quäker. Da hat mich niemand bedrängt, ich konnte einfach nur hingehen. Die hatten gute Bücher. Sie sind auch überallhin gereist, denn sie waren alle Rentner. Quäker sind ja die, die nicht missionieren, deswegen kennt man die gar nicht. Das sind die im Hintergrund. Denen ging es eher so um das innere Licht. Ich hatte nicht das Gefühl, dass ich mich da auf irgendeine Religion fixieren oder in eine Ideologie einsperren lassen muss.

C.: *Die waren für dich Momente der Freiheit. Wie kam es denn zu dem Kontakt zu Quäkern?*

A.: Ja, das waren wirklich spürbare Momente von Freiheit für mich. Ich erinnere mich, dass ich dort an andere Bücher rangekommen bin. Sie waren Pazifisten. Der Kontakt kam durch einen Onkel im Westen. Er hatte ein Buch über die verschiedenen Religionen gelesen, was er gut fand, und dann über den deutschen Schriftstellerverband herausgefunden, dass die Autorin Ostdeutsche ist. Und hat meiner Mutter vorgeschlagen, den Kontakt aufzunehmen. Das hat sie nicht gemacht. Dann schlug er es mir vor. Ich kannte die Autorin nicht und die Bücher von ihr gab's auch nicht zu kaufen. Doch der Onkel hat dem Autor Stefan Heym geschrieben und über den eine Telefonnummer dieser Autorin herausgefunden und mich so lange bearbeitet, bis ich angerufen habe. Von der Arbeit aus, ich hatte ja kein eigenes Telefon. Und da war dann eine ganz nette Frau am Telefon und hat mich eingeladen zu dem Gespräch. Dann ist daraus eine Riesenfreundschaft entstanden. Ich hatte vieles nicht gelesen, und sie hat mir das Gefühl gegeben, deshalb frei zu sein, so hat sie es auch gesagt, frei, unverbildet. Und ich in meiner Unfreiheit bekam über sie auch das Gefühl, das ist toll, das ist kein Mangel, nicht alles gelesen zu haben, sondern das ist eine Freiheit. Dass ich noch nicht so zugeschüttet bin mit allem – das lag natürlich vor allem daran, dass wir an vieles nicht rangekommen waren.

Dieses erste Gespräch mit ihr, sie war Quäkerin, und die Freundschaft, die entstand, waren wichtige Momente, weil ich mich ab dem Zeitpunkt nicht mehr dumm gefühlt habe. Sondern frei. Frei, mir eine eigene Meinung zu bilden. Ohne Verbildung sozusagen. Dass ich auch mal sagen konnte, nein, das weiß ich nicht, habe ich noch nicht gelesen, kenne ich nicht. Wie sind wir jetzt darauf gekommen?

C.: *80er Jahre. Dass du durch solche Begegnungen mit dem Kopf auch woanders hingekommen bist.*

A.: Die haben dort auch ganz anders diskutiert. Ich dachte öfter mal, boah, der ist ja morgen im Gefängnis.

C.: *Das heißt, dabei war keiner, der gespitzelt hat.*

A.: Doch, vielleicht schon … Ich habe in der Zeit einmal einen Brief bekommen, und darin war eine Anmerkung von der Briefkontrolle: Kontrollieren und an Abteilung so und so weitergeben. Die Anmerkung hatten sie versehentlich in dem Brief gelassen. Es war ja klar, dass die alles lesen. Ich habe meinem Brieffreund aus Nürnberg davon erzählen wollen und ihm mal von Polen oder Bulgarien aus geschrieben und habe wem einen Brief mitgegeben, den er von Rumänien aus nach Nürnberg schicken sollte. Weil ich dachte, du kannst ja von der DDR aus nichts schicken. Um ihm das zu erklären. Denn ich habe danach den Kontakt abgebrochen, weil ich mit dem aus der Stasifamilie zusammengekommen war, und der hatte darauf bestanden, ich müsse den Kontakt abbrechen. Solle mich entscheiden. Ich dachte noch, weil er eifersüchtig war. Dann sollte ich mich auch von meiner Mutter trennen.

C.: *Noch mal, noch mal. Ich verstehe gar nichts mehr, wer, wie?*

A.: Es geht um meinen Stasifreund, von dem ich nicht wusste, dass er bei der Stasi war, der Jura studiert hat. Die wollten dann von mir, dass ich mich von meiner Mutter trenne. Um mit ihm zusammen zu sein. Und dann habe ich mich natürlich nicht von meiner Mutter getrennt, sondern scheinbar von ihm. Und wir hatten danach eine heimliche Beziehung. Das war aber auch furchtbar.

C.: *Also es war so: Du hast eine heimliche Beziehung gehabt, weil die Stasi-Familie von dem verlangt hat, dass du dich von deiner Mutter trennst, wenn du mit ihrem Sohn zusammen bist.*

A.: Genau so war es. Wir hatten uns im Ferienlager kennengelernt. Seine Mutter war auch in dem Betrieb, wo meine Mutter und ich zu der Zeit arbeiteten. Und in deren Betriebsferienlager trafen wir uns das erste Mal. Wir hatten dann über ein Jahr lang eine heimliche

Beziehung. Verbunden mit ganz viel Angst. Da hat der mich auch mal eingeschlossen …

C.: *Wie? Dich eingeschlossen? Dein Freund?*

A.: Nein, sein Vater. Der Freund hat direkt gegenüber gewohnt von dem Betrieb, wo wir gearbeitet haben. Ich musste ja Schichten arbeiten, also so richtig Osten. Nach der Spätschicht bin ich gleich zu ihm gegangen, habe bei ihm geschlafen. Und er ist dann morgens zu seinem Studium gegangen. Und ich bin bis mittags dageblieben und danach gleich auf Arbeit gegangen. Ich habe weit entfernt gewohnt, wo man anderthalb Stunden hinfährt, so haben wir uns meistens bei ihm gesehen. Ich habe mich immer ganz leise zu ihm hochgeschlichen. Furchtbar. Was schon das Quietschen der Holztreppen für einen Stress gemacht hat. Immer der Gedanke, kommt der Vater jetzt raus und erwischt mich? Der war Major bei der Stasi, das wusste ich zu dem Zeitpunkt dann schon. Er hatte seinen Sohn nicht im Griff, hieß es, und mich nicht im Griff – und war deshalb mal sechs Wochen im Militärstrafvollzug oder so. Sein Vater hatte also Ärger bekommen, weil der Sohn mit mir zusammen war, denn ich war ja die Tochter von einem Typ, der im Gefängnis sitzt. Aber das wusste ich nicht, wusste anfangs ja auch nicht, dass die alle bei der Stasi waren, und auch, als ich davon wusste, wusste ich nicht, dass der Vater wegen mir Schwierigkeiten bekommen hatte. Und dann bin ich da halt immer hochgeschlichen. Und dann hat der einfach einmal die Tür zugeschlossen.

C.: *Eingesperrt! Hat der das absichtlich gemacht? Wie kam es dazu? Und wie hat sich das angefühlt?*

A.: Schrecklich. Ich lag im Bett. Und dann hörte ich diese quietschenden Treppen. Das Zimmer war unterm Dachboden. Und die wohnten unten, normalerweise gingen sie nie hoch. Es war ein ganz normales Wohnhaus, ein Mehrfamilienhaus. Und mein Freund hat im Dachstock ein ausgebautes Zimmer gehabt. Ich wusste, diese Schritte kommen zu mir. Das war schrecklich. Quietschen und dann macht er die Tür auf. Ich zog die Decke über den Kopf und versuchte, darunter nicht zu atmen. Und ich hörte an dem quietschenden Boden, wo er jetzt stehengeblieben war. Fragte mich, ob er dort noch steht. Steht er da noch am Tisch? Ich kann nicht atmen. Und dann ist er wieder gegangen. Und hat abgeschlossen. Dieser Psychoterror, was die mit einem machen. Und ich musste zur Arbeit, es gab kein Telefon. Ich wollte aus dem Fenster klettern, aber es war ja ganz oben unterm Dach, es war unmöglich. Ich glaube schon, dass er bemerkt hat, dass ich da war. Das Zimmer wurde sonst nie abgeschlossen. Ich glaube schon, dass das Psychoterror war. Jetzt im Nachhinein. Und dann kommt mein Freund, der ist abends ist immer erst unten gewesen, bei seinen Eltern, hat dort Abendbrot gegessen, nur zum Schlafen ist er hochgegangen. Er kommt hoch, ich war noch da. Ich hatte solche Angst. Und was sollte ich zu meinem Chef sagen? Einfach nicht zur Arbeit gekommen zu sein. Dieses Lügen. Ja, ich weiß gar nicht, was ich mir damals ausgedacht habe als Erklärung. Ich musste ja irgendwas sagen. Aber das wurde so ein Ruf, der danach immer an mir klebte … sie kommt einfach mal nicht zur Arbeit. Ich war danach unter den Kollegen außerhalb – als ob ich da gar nicht hingehörte. An der Hochschule war es dann anders, Gott sei Dank. Da waren die Menschen anders.

C.: *Und irgendwann hast du diese heimliche Beziehung beendet?*

A.: Ja, ich habe es geschafft. Die Zeit der Demonstrationen begann, und er wurde immer abhängiger von seinen Eltern. In der Einraumwohnung, wo ich gewohnt habe, war der Schlagstock schon in der Kommode. Wir hatten also immer deutlicher politische

Dissonanzen. Da merkt man dann, was das macht, wenn man vor jemandem den Respekt verliert. Als Liebespaar haben wir uns zwar gut verstanden, aber ich konnte nicht verstehen, wie er vor seinen Eltern kuschte. Seine Schwester ist einen anderen Weg gegangen. Er hätte ja nicht an dieser Schule studieren müssen. Die Stasileute haben immer versucht, ihre Kinder genau da hinzuschleusen, wo sie sind. Doch seine Schwester ließ sich nicht beeinflussen. Und das sah ich ja parallel. Partner, die sie sich gesucht haben, die wurden gefilzt. Die mussten alle Kontakte abbrechen. Die Eltern haben ihm eine Zweizimmer-Wohnung organisiert. Die wollten wir uns gemeinsam ansehen. Wir verabredeten uns bei ihm. Dort waren auch seine Eltern und die sagten: Du nicht. Und da ist er mit der Mutter in die Wohnung gegangen, alleine. Ich musste mit diesem Vater Stunden in einem Raum sitzen und auf ihre Rückkehr warten. Kein Wort geredet. Nur die verachtenden Blicke. Und dann ist der Sohn zurückgekommen, war total von der Wohnung begeistert. Er hat sich wieder in irgendwelchen Erklärungen versucht, warum er erst mal alleine einzieht. Das Wort Heiraten ließ er fallen und Kind. Das konnte ich mir nicht vorstellen. In der Nacht nach der Wohnungsaktion trennte ich mich. Bei voller Liebe getrennt, das war schlimm. Wir haben dann beide in meiner Wohnung stundenlang geheult. Auch gestritten. Am nächsten Morgen hat er seine Sachen genommen und ist ausgezogen (er wohnte in der Zeit bei mir). Und ich habe diese letzte Nacht in der Badewanne geschlafen, weil ich dachte, ich kann die Luft neben ihm nicht mehr ertragen. In seinen Augen war ich Konterrevolutionärin. Er übertrug sein allgemeines Feindbild auf mich. Und in meinen Augen war er vollständig unfrei, die kleinsten Handlungen, Wohnung angucken, wurden bestimmt von seinen Eltern. Der bemerkte nicht, was mit ihm passiert ist. Der stand in der Wohnung und sagte, ich sei der Feind. Sein Feind und der Feind des Sozialismus. In meinen Träumen waren wir unter Wasser ein Liebespaar, und oberhalb des Wassers waren seine Eltern und die Wirklichkeit. Wir waren wie abgekapselt in dieser Welt unter Wasser, aber diese Welt konnte man ja nicht leben. Nur im Traum, da war das wunderbar. Die hatten wirklich so ein Haus am See, dort, wo nur die Stasi ihre Gartenhäuser hatte. Ich hatte von dem Freund aus dem Westen mal einen Walkman bekommen. Wie ich von denen angefeindet worden bin für diesen Walkman, das muss man sich mal vorstellen. […] Meine Mutter ist irgendwann sogar mal zu ihnen hingegangen und hat sich aufgeregt, dass die verlangten, dass ich den Kontakt zu ihr abbrechen sollte. Sie hat dann was gesagt, das liegt schon in der Presse, und wenn sie das von meiner Tochter weiter verlangen, dann … Kurz dachte ich wirklich darüber nach, Mutti, komm, sagte ich, das ist jetzt meine Liebe, und wir können ja trotzdem immer Kontakt haben. Heimlich. Das hat man gelernt, sich zu arrangieren. Da hat sie gesagt, nein, das mache ich nicht. Ich habe hier nicht das Abitur gemacht, ich habe nicht Jura studiert, weil es Grenzen gibt. Und das ist meine Grenze. Ich breche meine Kontakte nicht ab, nur weil es für irgendwas nutzt. Auch meine Tochter werde ich nicht verleugnen. Das war gut, wenn ich mir vorstelle, wir hätten noch mehr Heimlichkeiten gehabt, heimliche Beziehung zu meiner Mutter. Heimliche Beziehung zu dem Freund. In dieser Zeit fühlte ich mich nur noch unfrei.

Diese ganze Zeit war schlimm. Die Einsamkeit, weil wir, nachdem der Vater im Gefängnis war, isoliert gewesen sind. Wenn man anders ist und anders denkt und mit niemandem mehr reden kann. Überall wird man abgehört. Das sitzt tief. Meine Mutter kann heute noch immer nur flüstern, macht die Jalousien runter oder so. Die 80er waren am schlimmsten. Das ist kein Tick meiner Mutter, das ist dieser Tick vieler aus der Generation. Dass man denkt, man wird beobachtet. Das Wort beobachten hat eine andere Bedeutung. Immer noch.

[...]

Heute kann ich sagen, ich bin frei. Die demokratische Freiheit. Die Instanzen in der Demokratie, die vielen Gremien und Anhörungen im Bundestag, da kann man sich immer einklicken und es miterleben. Wenn Menschen hier sagen, wir sind nicht frei, dann scheint mir, dass sie sich damit nicht befassen, sie wissen sie gar nicht, wie stabil die Demokratie im Hintergrund abläuft.

Sigrun Casper

Es lebe der 40. Jahrestag der Gründung der DDR!

Proletarier aller Länder, vereinigt euch!

Freiheit

ORGAN DER BEZIRKSLEITUNG HALLE DER SOZIALISTISCHEN EINHEITSPARTEI DEUTSCHLANDS

Die DDR - ein Werk fleißiger Arbeit des ganzen Volkes

Gedenken für die Kämpfer gegen Krieg und Faschismus

Berndt Milde, die SED-Tageszeitung bei uns für den Raum Halle hieß „Freiheit".

Sigrun Casper

Trotz und kleine Freiheiten

Harald Metzkes, Der Abflug (1989), aus Sigrun Casper, Unterbrochene Schienen. Ostwestgeschichten

Lutz Rathenow

Der Struwwelpeter, neu durchgeblättert

Die Titelseite war hinreißend, ein Edelpunker auf einem Sockel, der alle jungen Betrachter verschrecken sollte. Ein Denkmal des Ungehorsams. Die Haare nicht einfach lang, sondern gleichmäßig wellenförmig in den Raum ragend, fett- und schuppenfrei, gut gestylt – würde ich heute sagen. Auch einen merkwürdigen Vorhang vor dem Gesicht ergebend, präzise gezeichnet und damit in einer erstaunlichen Ordnung. Links auf der Titelseite schwebte eine Schere hilflos neben dem Kopf, rechts ein Kamm, der in diesen Haaren stecken bleiben oder seine Zinken verlieren würde. Die Instrumente der Ordnungsmacht hilflos, die Kleidung des Struwwelpeters für die Zeit bürgerlich gehoben normal, für mich fast feminin, nicht nur durch Halskrause, Farbigkeit und Beinkleid. Auch die kleinen, spitz zulaufenden Schuhe. Auf den Sockel ist eine weitere kleinere Platte gesetzt, diskreter Erhöhungseffekt – das wäre alles akkurat auf dem Blatt platziert, mittig und symmetrisch, wären da nicht die Hände. Die Fingernägel, die aus jedem Finger hyperlang herauswachsen, in verschiedene Richtungen, als seien es Schlangen, von denen jede mit anderem Ziel der Hand entkommen will. Ich grübelte, ob sie andere bedrohen oder nur abschrecken wollen. Alle, die sich mit Schere, Kamm und härteren Disziplinierungsmitteln nähern.

Kein Buch habe ich in meiner Kindheit so oft betrachtet wie dieses, schon die Titelseite genügte, heute würde ich sagen, um Lust am Anderssein zu inhalieren, Frechheit, Disziplinverweigerung. Das Gesicht kann hinter den Haaren deutlich erkannt werden, etwas stereotyp geraten, Heinrich Hoffmann ist kein Meister des Porträts. Selbstbewusst? Ja. Trotzig? Möglicherweise. Es könnte auch melancholische Maske sein, Teil einer Kostümierung, die einfach Ruhe will vor der Artigkeitsnötigung der Erwachsenen.

Vorlesen lassen habe ich mir andere Geschichten, Märchen, dieses Buch wollte ich selbst durchblättern, immer und immer wieder, vor allem es betrachten und die Bilder studieren. Es gab schöner illustrierte Bücher, dieses eher ein Manifest des Ungehorsams, lange bevor ich mit dem Wort „Manifest“ etwas hätte anfangen können. Dabei habe ich die erste Textseite fast überblättert und vergessen, dass dies eine Weihnachtsgeschichte ist, die das Christkind bringen soll: „Wenn die Kinder artig sind“. Also Suppe essen, Brot nicht vergessen (schön, dass es immer welches gab), keinen Lärm beim Spielen, sich an der Hand führen lassen – dann würde es Geschenke geben, als Höhepunkt ein schönes Bilderbuch wie dieses. Immerhin. Gehorsam bringt als Lohn ein Buch über den Ungehorsam. Diese erste Seite trotzdem eine Pflichtübung wie die Ermahnungen der Erwachsenen, dies und das nicht zu tun, auf der nächsten Seite war er wieder: der Struwwelpeter vom Titelbild. Diesmal ohne Sockel, auf einem Textblock stehend, der ein kurzes Abschreckungsgedicht über ihn enthielt. Zwei Mal kam das Wort „Pfui“ vor. Das las ich gern und immer wieder, es würde dem Struwwelliebling nichts anhaben. Vielleicht lag in dieser Inspiration die später wachsende Lust, sich die Haare lang wachsen zu lassen, schulterlang, und die Kritik daran, die Beschimpfungen als Trophäen des Eigensinns aufzusammeln. Ein Wort im einfachen Text verlockte, über dieses Wort nachzugrübeln: „Garst'ger“. Garstig sein, trotzig werden und irgendwie doch fröhlich bleiben. Nicht verfügbar sein.

Schaue ich den Struwwelpeter heute an, sind alle Erinnerungen an die Gefühle von damals da – je böser der Text, desto mehr Vergnügen, weil das vorgeführte Böse ja zwischen zwei Buchdeckeln weggeklappt werden kann. Zusätzlich kommt noch eine Frage auf: Könnte dieser Peter nicht auch eine Petra sein? Das Gesicht lässt das zu, die Kleidung animiert zu so einem Gedanken, die imponierenden Haare sind eine erste Anmutung des Afro-Looks, der mich später zu einem Fernsehverliebtsein mit der Sängerin Marsha Hunt verführte. Ich will es nicht übertreiben und nach weiteren femininen Zeichen suchen, die Fingernägel, die Schuhe. Vielleicht ein Ausdruck (m)einer Männlichkeitsdeformation, den Struwwelpeter der Gender-Forschung dringlich zu empfehlen, um nach Zeichen sexueller Diversität zu suchen. Da wird das (weibliche) Christkind auf Seite 1 wieder interessant, kein Weihnachtsmann bringt Geschenke. Die erste Geschichte im Buch vom bösen Friedrich ist eine, die das Quälen von Tieren verurteilt und als Steigerungsform der Bösartigkeit die Gewalt gegenüber seiner Frau markiert. Der Hund bestraft ihn und darf dann an seinem Tisch sitzen und sich wie ein Mensch benehmen, während der böse Friedrich überlebt und im Bett mit bitterer Arznei auskuriert wird. Gretchen hätte sich ruhig selbst wehren dürfen, dafür kam später im Buch eine durch und durch selbstbewusste und handlungslustige Frau in Spiel: Paulinchen, die mit dem Feuer spielt.

Damals schien es an der Zeit, die Zeit zu zerlegen. In lauter kleine Wirklichkeiten, die auseinanderfliegen wollen. In der realen Welt war alles mit einer Schutzschicht aus Langeweile überzogen. Verklebt. Als ob Nacht für Nacht Flugzeuge starteten und dem Land, der Stadt oder nur dieser Siedlung etwas übersprühten, das allen die Neugier lähmte. Sie zum Gähnen brachte, ohne den Mund öffnen zu müssen. Wie bei einem Autor, der sich nicht entscheiden kann, in welche Perspektive er nun hineinschlüpfen will: die eines Kindes aus jener Zeit der ersten Lektüre. Die eines analysierenden Betrachters, oder sollte dieses Verzettelungsspiel lieber gleich ganz in Dialoge aufgelöst werden?

Nein, nein, meine Suppe ess ich nicht, schrie der Suppenkasper im Buch, dessen Tollheit beglückte. Ein Mädchen verbrannte, einem Jungen schnitt man die Daumen ab, drei Kinder in Tinte getunkt, eines unter dem Geschirr des Küchentischs verschüttet, einer ertrank fast – abstoßende bis verlockende Gruseligkeiten. Eine Krönung im Zeichnerischen der Suppenkasper, der sich von einem Dickerchen in ein Strichmännchen verwandelte. Das in vier Tagen, auf der Basis könnte der Autor heute sicher – final lieber weniger dramatisch – mit einem Diätratgeber reüssieren.

Am fünften Tag nahm der Kaspar die Gestalt eines Kreuzes an. „Tod" nannte das Buch diese Erscheinungsform der Person. Mehr als zwei Tage nicht zu essen, hielt ich nicht durch, es genügte, Zweifel auszuräumen: ein Zaubermittel musste da im Spiel sein. Ich wollte ein Kreuz werden.

– Mutti, ich will tot sein.

– Rede nicht so ein Zeug. Hast du dir schon die Hände gewaschen?

– Ich will tot sein. Oder hundert Jahre schlafen. Wie Dornröschen.

– Schlafen? Richtig, ist spät genug. Marsch ins Bett!

Tage später, ein Bekannter eines Freundes wurde in dieser Zeit beerdigt. Er soll beim Klettern auf der Ruine vom Luftschutzbunker abgestürzt sein. Diesmal das Gespräch mit Jens.

– Ist er nun ein Kreuz geworden?

– Nein, eine Tüte voll Asche. Wird in eine Urne gesteckt und auf dem Friedhof in die Erde gebuddelt.

– Auf dem Friedhof stehen manchmal Kreuze.

– Heutzutage kommen nur noch Steine hin. Kreuze sind nicht mehr Mode für Beerdigungen.

Die Eltern tuschelten sich Sätze zu und verbaten mir, künftig weiter auf der Ruine zu klettern. Seile wurden da aufgespannt, Schilder an die Seile gehängt, auf denen hinter einem Wort ein Ausrufezeichen stand. Eltern wissen alles und verstehen nichts. Zum Beispiel mein Problem: Wie wurde man tot? Der Versuch, dies durch Anhalten der Luft zu erreichen, scheiterte. Erstechen würde wehtun, Schmerzen bereiten sollte es nicht. Auch erstach in den Träumen ohnehin einer ständig die Person, die ich war und die danach dennoch weiter beobachten konnte. Ein fast langweiliger allnächtlicher Vorgang.

Bliebe Verbrennen. Feuer beeindruckte, wenn sich an Vaters grauen Kitteln Flammen emporringelten, als er beim Verbrennen des im Spätherbst zusammengescharrten Laubes den nur schwelenden Blätterhaufen mit Benzin übergoss. Mutter schrie. Vater hüpfte, einem Teufel ähnlich, der wütend ist, sich nicht in eine Hexe zu verwandeln. Dann wälzte er sich auf dem Rasen, der am Tag darauf gekürzt werden sollte und auf dem niemand herumtrampeln durfte. Vielleicht will Vater das Gras einfach abbrennen, dachte ich und holte die Gießkanne, meine Lieblingsblumen zu schützen. Vater sprang auf, nölte Mutter an, weil sie über die schwarz umrandeten Löcher im Kittel lachte.

Feuer machte immer Spaß, ob Wunderkerzen, Buntfeuer oder Zellstofftaschentücher im Aschenbecher. In „Struwwelpeter" sah einer deutlich, wie von Paulinchen ein dekorativer kleiner Ascheberg und die nicht einmal angesengten Schuhe zurückblieben. Sie wirkten blankgeputzt und so schön dekorativ hingestellt. Ich weiß noch, ich habe länger mit der Lupe nach Zeichen einer Feuerschädigung gesucht. Auch die Anteilnahme der Katzen rührte, ihre Tränenbäche beeindruckten. Die Asche dagegen war reizlos. Ich wollte ein Kreuz sein und nicht aussehen wie Kohlereste, die die Eltern winters täglich aus dem Ofen kratzten, um sie in den Abfalleimer zu schütten.

Amüsant und ermutigend die Pläne der Erwachsenen, die misslingen: der Jäger, der von dem Hasen, den er erschießen will, beinahe selbst getötet wird. Der Hase trifft die Kaffeetasse der Jägersfrau, deren Inhalt das Hasenkind erschreckt. Diese putzige Verquickung des Geschehens zeichnet verschiedene Geschichten aus. Über einige Aspekte sinnierte ich immer mal wieder nach. Zum Beispiel die Geschichte vom Mohren, der von den weißen Jungen geneckt wird, die der Nikolaus durch Tunken in ein Tintenfass bestraft. War das der, der als Nikolaus uns Anfang Dezember Süßigkeiten in die Schuhe steckte? Wieso spazierte gerade der Mohr immer ohne Kleidung mit Sonnenschirm vorneweg? Die anderen benötigten keinen, sie trugen aber Sachen. Wäre es für den „kohlpechrabenschwarzen" Mann nicht hilfreicher gewesen, vom Nikolaus Dinge zum Anziehen spendiert zu bekommen?

Die Konstellationen in den Geschichten differierten sehr. Lauter schusselige oder vermeintlich böse Jungen stellten Sachen an, die der Zeichner und Autor nicht lieb fand. Sie machten keine Angst, dazu war alles viel zu lustig. Heute würde ich sagen: Dieses Buch stellte meine erste Begegnung mit etwas dar, das ich mir auch als Satire zurechtlas. Ein Text fiel heraus und schwebte den anderen in eine andere Dimension davon. „Der fliegende Robert", zuerst unauffällig zwischen markanteren Geschichten wirkend, geriet zum Wunschbild. Nicht umsonst wurde der Junge, der gegen die Mahnungen bei stürmischem Wetter hinausläuft und davonfliegt, als Letzter in den „Struwwelpeter" platziert. Nach den gesammelten Gräulichkeiten die Utopie. Endlich Belohnung für bockiges Verhalten: das Davonfliegen mit einem Schirm. In die Wolken getragen werden. Und höher. Dahin, wo jene Leute Robert nicht mehr sehen, die brav in ihren Stuben hocken und warten, bis der Sturm vorbei sein wird.

Über den Wolken gab es mächtigen Wind. Driftete man in den Weltraum ab? Bis auf den Mond? Nein, das erklärte mir einer genau, auch wenn ich konkret alles bald wieder vergessen hatte. Ich stand mit dem Regenschirm auf der Ruine und wäre vom Wind gern entführt worden. Ich hockte auf der fünfzehn Meter über dem Schutt ragenden Mauer und kriegte den Schirm nicht auf. Sooft ich auch riss, drehte und klopfte, zog, schüttelte – der erste Flugversuch endete wegen technischem Versagen. Ich übte zu Hause heimlich an allen drei Schirmen der Eltern und Großeltern. An den von Opa getraute ich mich nicht, obwohl er weniger schimpfen würde, Mutter bekäme seinen Frust ab. Er warf ihr nach meiner Geburt vor, das Auswaschen der Windeln verstopfte die Abflussrohre. Ein Nachbar bohrte sie im Keller an und stocherte diese mit gebogenem Draht frei. Der gesammelte Dreck von fünfzehn Jahren, erklärte der Nachbar und pulte schwarze Schlammfäden aus dem Rohr.

Wochen später ein neuer Versuch. Der Wind blies heftig, und ich stand tapfer am Rand der Ruine, zu der ich mich unbemerkt geschlichen hatte, den Schirm aufgespannt über dem Kopf haltend. Die Hände umklammerten den Griff, den es wegzuwehen drohte. Aber ohne den Halter, der zum Getragenen erhoben zu werden wünschte. Einfach zu springen, traute ich mich nicht. Wartete weiter, bis der Wind sich erbarmte und Schirm samt Beschirmtem einen Stoß gab. Ich hätte den Hang neben der Fabrik als Startplatz wählen können. Dort bestand die Gefahr, beim Aufsteigen in Büschen oder Bäumen hängen zu bleiben.

Es klappte nicht. Lag es am leichten Regen? Am wechselnden Wind? An dem zu kleinen Schirm? Hielt ich ihn falsch? Sollte ich doch springen? Schließlich klappten die klammen Finger ihn wieder zusammen und stopften ihn in die Hülle. Das Kind, das ich noch war, lief nach Hause und würde den Schirm unauffällig in den Ständer stellen. Anschließend sofort das Buch aus dem Regal holen, um genau auf der Zeichnung nachzusehen, wie der Robert losgeflogen war. Es endet mit den Zeilen: „Wo der Wind sie hingetragen,/Ja! das weiß kein Mensch zu sagen." Wieso? Fragte ich mich damals und frage ich heute. Robert, bitte melde dich.

Sophie Voigtmann

Interview mit Lutz Rathenow

Woran denken Sie als Erstes, wenn Sie das Wort „Freiheit" lesen oder hören?
An das Schreiben von Texten.
Was bedeutet Freiheit für Sie persönlich?
Aufmerksamkeitssensibel bleiben und sich die Fähigkeit erhalten, die Unfreiheiten anderer oder die eigenen zu erkennen.
Fühlen Sie sich frei oder nicht? Warum?
Mein Gott, seufze ich da – aber wie frei ist Gott?
Erzählen Sie konkrete Situationen, in denen Sie sich frei gefühlt haben, und solche, in denen Sie sich unfrei fühlten.
Siehe meine Texte im Buch „Trotzig lächeln und das Weltall streicheln. Mein Leben in Geschichten". Eigentlich geht es in jedem Text darum.
Haben Sie sich als Kind frei gefühlt, in welchen Momenten?
Je jünger ich war, desto eingeengter fühlte ich mich.
Fühlten Sie sich eingeschränkt, behindert von Schule, Erziehenden, anderen Kindern, inwiefern?
Andere Kinder habe ich versucht zu dominieren, die Schule war lästig, ich hatte überall Schwierigkeiten gehabt mich unterzuordnen.
Sind Sie in einer „freien" Gesellschaft aufgewachsen?
Nein. Die praktischen Möglichkeiten, in der DDR mehr oder weniger selbstbestimmt zu handeln, waren differenziert. Ich entschuldige die Eigenwerbung und verweise nochmals auf „Trotzig lächeln".
Was zeichnet Ihrer Meinung nach eine freie Gesellschaft aus?
Wenn einer/eine nicht darüber nachdenken muss, ob es sich um eine freie Gesellschaft handelt.
Was erhoffen Sie sich für die Zukunft, wie denken Sie sich Freiheit in der Zukunft?, gesellschaftlich und für Sie privat. Sind Gedanken wirklich frei, oder werden Ihrer Meinung nach auch Gedanken gelenkt, manipuliert, durch wen oder was, wie (Regierungen, Medien, Algorithmen)? Freisein und Freiheit, unterscheidet sich das, wie, was bedeutet Freisein (von etwas) und was Freiheit? Um welche „Freiheiten" geht es in westlichen, individualisierten Gesellschaften? Um die Grundfreiheiten: Freiheit der Rede, der individuellen Entwicklung, Pressefreiheit, freie Wahlen etc. – oder um freie Fahrt für freie Bürger, die Freiheit, dreimal im Jahr in Urlaub zu reisen, die Freiheit, sich die Premiummarke Miele kaufen zu können? Um die unendliche Konsumfreiheit? Was hat Freiheit mit Geld zu tun? Sind reiche Menschen freier? Bzw. ist man als armer Mensch stets unfrei?
Auf all diese Fragen nehme ich mir die Freiheit, sie nicht zu beantworten, weil ich ins Schwafeln käme.
Was bedeutet Kunstfreiheit? Was ist die Freiheit der Lehre an Hochschulen?
Beides ist sehr wichtig und beides extrem abhängig von den ökonomischen Resonanzräumen.
Haben Sie schon einmal eine „Freiheitsstrafe" verbüßt oder kennen jemanden, den Sie dazu befragen können? Wie haben Sie diese Strafe erlebt?
Ich war zehn Tage in der DDR im Gefängnis, siehe das Hafttagebuch im mehrfach erwähnten Band, Ende zweites Kapitel.
Was empfinden Sie als „Gefängnis"?
Ich zitiere mich: „Sisyphos, von einer Zelle träumend. Schön klein soll sie sein. Hineinsperren solle man ihn. Da passt der Stein nicht mit rein."
Erziehungskonzepte heute und früher?
Funktionieren vielleicht versehentlich.
Sind Freiberufler frei?
Eher nicht, sich Abhängigkeiten auswählen dürfen, ist auch schön.

Arbeitswelt und Freiheit? Fühlen Sie sich frei vom Urteil anderer? Oder nicht? Inwiefern beeinflusst das Urteil anderer Ihr Verhalten?
Die Fragen sind mir zu unpersönlich.
*Was ist in Ihren Augen „Freier Sex"? In einer Liebesbeziehung, beim Zusammenleben: was empfinden Sie als frei, was als unfrei? Schildern Sie Situationen, in denen Ihre Vorstellungen von „Freiheit" mit denen ihre/s Partner*in kollidierten.*
Die Fragen sind mir zu persönlich.
Gibt es Situationen (welche?, oft, selten, immer), in denen Sie lieber weniger Freiheit hätten bzw. froh sind, nicht alle Freiheiten zu haben, nicht selbst entscheiden zu müssen, eine Struktur vorgegeben zu bekommen, Anweisungen zu folgen etc.? Freiwillig unfrei?
Hochinteressante Frage, überfordert mich jetzt.

Können Sie uns Bilder aus der Kunst benennen, die für Sie „Freiheit" symbolisieren, und kurz begründen, warum.
Interessanterweise fallen mir nur Musikstücke und poetische Texte ein. The Doors und „Prometheus" von Goethe zuerst. Und ein neues Gedicht von mir am Schluss: Früher ist morgen und heute scheint weit/ Ich kann mit der Stille einer Wohnung spielen,/sortiere die Geheimnisse der Blätterstapel neu.//Ich kann mit meinem Rücken knacken, er verrät/Botschaften über den Zustand der Wirbelsäule.// Jenseits des Fensters ein Stummfilm, das Summen einer Welt, die ihre Laute nicht verschleudert.//Ich kann, was ich kann: ein Geheimnis behalten, /für mich. Bis es allmählich der Körper vergisst.

Wiebke Kahn

Gudrun Sonnenberg

Zwölf

Kleine Sünden werden sofort bestraft, aber die Belohnung, wenn man sich bessern will, bleibt aus, haderte Ulla, als sie sich mühsam bis in den zweiten Stock ihres Hauses hochgeschnauft hatte und feststellen musste, dass es hier sehr schlecht roch. Um nicht zu sagen, stank. Sie war lange nicht hier gewesen, denn sonst schoss sie immer mit dem Fahrstuhl an allen Stockwerken vorbei nach oben in den vierten, wo sie wohnte.

Eben dort oben war jedoch am letzten Wochenende bei dem Versuch, ihre Sommerhose zu schließen, kanonenschussgleich deren Knopf abgesprungen und in hohem Bogen davongeflogen. Beeindruckt hatte Ulla beschlossen, etwas für die Instandsetzung ihrer Taille zu tun, und war auf die für eine Obergeschossbewohnerin naheliegende Idee verfallen, künftig alle Treppen zu Fuß zu steigen, hinauf wie herab, und jedes Hilfsmittel zu verschmähen. Vielleicht würde dieser Umstieg aus ihrer maximal ressourceneffizienten Fortbewegungsweise in eine tätigere Lebensart schon reichen, um die gewünschten Wirkungen zu erzielen? Sie schaute nach: 0,1 Kalorien verbrannte man aufwärts pro Stufe, sagte das Internet. Abwärts 0,05. Das klang doch ganz gut. Motiviert stiefelte Ulla los und ließ sich auch von dem Muskelkater, der sich gleich nach dem ersten Tag einstellte, nicht entmutigen.

Der schlechte Geruch hier, das war jedoch eine Probe.

Er erinnerte an strähnige Haare, speckige Kleider, verrauchte Mäntel und schien über Wochen gereift. Drohte hier jemandem die Verwahrlosung? Musste man sich kümmern? Die drei Wohnungstüren der Etage schwiegen. Sollte sie klingeln? Aber was dann? Sie konnte doch nicht fragen: Guten Tag, warum stinkt es bei Ihnen? Ulla unterdrückte das Bedürfnis, tief Luft zu holen, und setzte mit angehaltenem Atem ihren Aufstieg fort. Keuchend schloss sie oben ihre Wohnung auf und sank auf einen Stuhl. Dort fiel ihr Blick auf ein Päckchen, das zur Post zu bringen sie vergessen hatte. Es brachte sie auf eine Idee.

Sie zog die Schuhe wieder an und stieg die Treppen zurück in den zweiten Stock. Auf dem Weg riss sie die Flurfenster auf. Unten klingelte sie nach kurzem Zögern zuerst an der linken Tür. Ein Mann in den Dreißigern mit zerzausten Haaren öffnete.

„Guten Tag, Herr …“ schnell schielte Ulla auf das Klingelschild, „… Herr Grundmann, ich fahnde nach einem Päckchen, das hier irgendwo im Haus abgegeben worden sein soll“, log sie.

Der Mann rief über die Schulter nach hinten: „Jule, hast du ein Päckchen angenommen?“

Aus der Wohnung tönte ein weibliches „nein“ und Grundmann schüttelte den Kopf. Ulla schnupperte unauffällig. Es roch ein bisschen nach Essen aus der Wohnung, keinesfalls aber nach dem Mief, dessen Reste trotz der geöffneten Fenster noch im Treppenhaus standen.

„Danke und entschuldigen Sie die Störung“, beeilte sie sich zu sagen. Grundmann schloss die Tür.

Aus der Wohnung in der Mitte, die von einem Jogginghosenträger bewohnt wurde, drang neben Fernsehergeräuschen nur ein leichter Kaffeeduft.

Bis die dritte Tür geöffnet wurde, dauerte es einen Augenblick. Dann erschien die Bewohnerin, laut Klingelschild Frau Selmarsen. Sie trug eine Stoffhose mit Schlag und einen orangen Baumwollpullover, hatte eine Bernsteinkette um den Hals und hielt eine Kippe zwischen den rotlackierten Fingernägeln.

„Verzeihung“, sagte Ulla und in dem Moment umfing sie die gesuchte Wolke aus Muff und Mief. „Ich störe“, stotterte sie.

Frau Selmarsen lächelte Ulla freundlich an. „Aber nein!“

„Ich wollte bloß fragen, ob bei Ihnen ein Paket für mich angekommen ist“, stieß Ulla hervor.

Frau Selmarsen runzelte die Stirn. „Ich weiß nicht. Wann soll denn das gekommen sein?“

Der Muffgeruch nahm Ulla den Atem, sie stützte sich an der Wand ab. „Gekommen? Was denn?“

„Na, das Paket. Sie haben doch eben nach einem Paket gefragt.“

„Ach ja“, Ulla war völlig benebelt.

„Kindchen, was haben Sie denn?“, rief Frau Selmarsen, trat einen Schritt aus der Tür und zog Ulla am Ärmel. „Kommense mal rein!“

Bevor sie es sich versah, stand Ulla in einem miefenden Wohnungsflur mit Plüschteppich und Plastikblumen auf dem Schuhschrank. Hinter ihr fiel die Tür ins Schloss. Der Mief vermischte sich mit dem Rauch und dem Parfüm, das Frau Selmarsen verströmte. Sie schubste Ulla in die Küche. „Setzen Sie sich! Trinken Sie was!"

Überrumpelt stolperte Ulla in den unübersichtlichsten Raum, den sie je betreten hatte. Alle Schränke und Arbeitsflächen waren vollgestellt mit Dekoartikeln, Vasen mit Kunstblumen, afrikanische Holzfiguren, Schalen, Steine, Körbe, Tabletts. Ulla wollte das Fenster aufreißen, doch das ließen die Blumentöpfe, Kerzen, bunten Gläser, Fotos, Zahnstocher, Porzellanfiguren auf der Fensterbank nicht zu. Sie befreite einen Stuhl von einem Stapel Zeitschriften und setzte sich.

In dem Tageslicht, das durch das Fenster fiel, zeichnete sich eine dicke Schicht Schminke auf Frau Selmarsens Gesicht ab. Ulla schätzte sie in den Siebzigern. Ihr Haar war blond gefärbt. Sie hatte eine Flasche Wein aus dem Kühlschrank gezogen. Ulla hob abwehrend die Hände und schüttelte den Kopf, doch die Nachbarin ließ sich nicht beeindrucken. „Das bringt Sie wieder in Schwung!", kicherte sie und stellte zwei Gläser auf den Tisch.

Aber ich habe nichts gegessen, verkniff sich Ulla gerade noch zu sagen, wer wusste, was es hier zu essen gäbe.

„Haben Sie es schön oben bei sich?", fragte Frau Selmarsen.

„Ja, bei mir ist es nett." Ulla fasste sich ein Herz: „Und Sie, Sie wohnen hier allein, kommen Sie denn gut zurecht?"

Frau Selmarsen stutzte kurz, dann breitete sich ein Grinsen auf ihrem Gesicht aus. „Gut zurecht? Sie meinen, ob ich gut zurechtkomme? Haha", sie lehnte sich in ihrem Stuhl zurück. „Sie sind gut, Mädchen!"

„Wieso?"

„Wieso?", wiederholte Frau Selmarsen und beugte sich wieder vor. „Na wieso fragen Sie denn, hm?"

„Ich – ich wollte Ihnen nicht zu nahe…", stammelte Ulla.

Frau Selmarsen fiel ihr ins Wort. „Natürlich komme ich nicht zurecht, und Sie haben's gerochen. Nicht wahr? Geben Sie's zu!"

„Nein. Doch – aber …"

„Schon gut", rief Frau Selmarsen fröhlich und zündete sich eine neue Zigarette an. Sie hielt Ulla die Schachtel hin, aber Ulla schüttelte den Kopf. „Meine Tochter hat auch schon gemeckert."

„Oh", sagte Ulla.

„Schauen Sie", Frau Selmarsen senkte die Stimme, als plaudere sie ein Geheimnis aus, „nehmen wir mal das Staubsaugen. Ich habe, seit ich hier wohne – und das sind fünfundvierzig Jahre –, jede Woche zweimal staubgesaugt. Jede Woche in jedem Jahr. Rechnen Sie mal: Das sind hundertundvier Mal jedes Jahr. In den fünfundvierzig Jahren hier habe ich dann viertausendsechshundertundachtzig Mal diese Wohnung gesaugt. Nun müssen Sie aber noch die Quadratmeter dazunehmen! Siebzig sind das hier! Also: Siebzig mal viertausendsechshundertundachtzig. Das sind: dreihundertsiebenundzwanzigtausendsechshundert Quadratmeter. Ich habe sage und schreibe dreihundertsiebenundzwanzigtausendsechshundert Quadratmeter gestaubsaugt!"

„Wow", sagte Ulla erschüttert.

„Dreihundertsiebenundzwanzigtausendsechshundert!", rief Frau Selmarsen. „Finden Sie das nicht auch ein bisschen viel!"

„Aber der Geruch", sagte Ulla.

„Der Geruch!" Frau Selmarsen blies Ulla eine Ladung Rauch ins Gesicht und fragte: „Na? Riechen Sie noch was von dem Geruch? Entspannen Sie sich mal, Kindchen. Wenn's riecht, zünd ich mir 'ne Kippe an. Das war mein Geschenk an mich zum Fünfundsiebzigsten: Ich hab mir das Rauchen wieder an- und das Putzen abgewöhnt. Ich bin in Rente! Ich muss nix mehr hinkriegen! Ich lebe wieder wie mit vierzehn! Ich werde sogar wieder angemeckert wie mit vierzehn wegen der Raucherei und der Schlamperei. Bloß heute von meiner Tochter statt von meiner Mutter."

Auf Ullas fragenden Blick ergänzte sie, einen belehrenden Tonfall imitierend: „Ich soll auf meine Gesundheit achten und mir eine Putzfrau suchen."

Frau Selmarsen schenkte Wein nach und lamentierte weiter. In Ullas Kopf dröhnte die Zahl dreihundertsiebenundzwanzigtausendsechshundert. Keine schlechte Idee, mal alles zusammenzurechnen. Zum Beispiel die Treppenstufen. Schätzungsweise mochten es achtzig sein bis oben. Rauf und runter hundertundsechzig. Und die

Kalorien? Null komma eins pro Stufe nach oben, null komma null fünf abwärts, hatte das Internet gesagt. Also acht Kalorien für den Aufstieg – und runter die Hälfte –, das machte zusammen zwölf Kalorien. Zwölf? Ulla riss die Augen auf. Sie krebste wegen zwölf Kalorien diese Stufen zu Fuß rauf und runter? Wegen lächerlicher zwölf Kalorien und einem Hosenknopf?

Sie lachte laut und schallend auf. Frau Selmarsen, deren Vortrag inzwischen die Herkunft ihrer Staubfänger erreicht hatte, unterbrach sich und sah sie überrascht an.

„Zwölf!", rief Ulla. „Sie haben so recht!" Lachend leerte sie ihr Weinglas, hielt es der Alten hin. „Haben Sie vielleicht doch eine Zigarette?"

„Bin ich so komisch?"

„Ganz und gar nicht, im Gegenteil. Sie haben mir die Augen geöffnet", rief Ulla und lachte weiter, bis Frau Selmarsen mitlachte, rauchte weiter, lachte immer noch, trank noch ein Glas Wein und noch eins. Als sie irgendwann, nach dem Verlust jeglichen Zeitgefühls, die Wohnung verließ, taumelte sie nach Atem ringend Richtung Treppenabsatz, doch zwischen ihr und dem nächsten Fenster lagen zehn Stufen. „Minnestns drei Kallorihn. Oda soga via! So viel habbichnichmehr", lallte sie, drehte den Stufen den Rücken und überließ sich hysterisch auflachend ihrem Schwindelgefühl, das sie in den Fahrstuhl dirigierte, wo sie gegen die Wand stieß, an der sie rücklings lehnend in die Knie ging, bis sie auf dem Boden saß, von wo aus sie nur den Knopf zum ersten Stock erreichen konnte, nicht aber zum vierten. Sie versuchte es mit den Füßen, und vielleicht hatte sie getroffen, jedenfalls schloss sich die Tür hinter ihr. Ulla schloss kichernd die Augen. Irgendwo würde der Fahrstuhl sie schon hinfahren.

Maren Profke

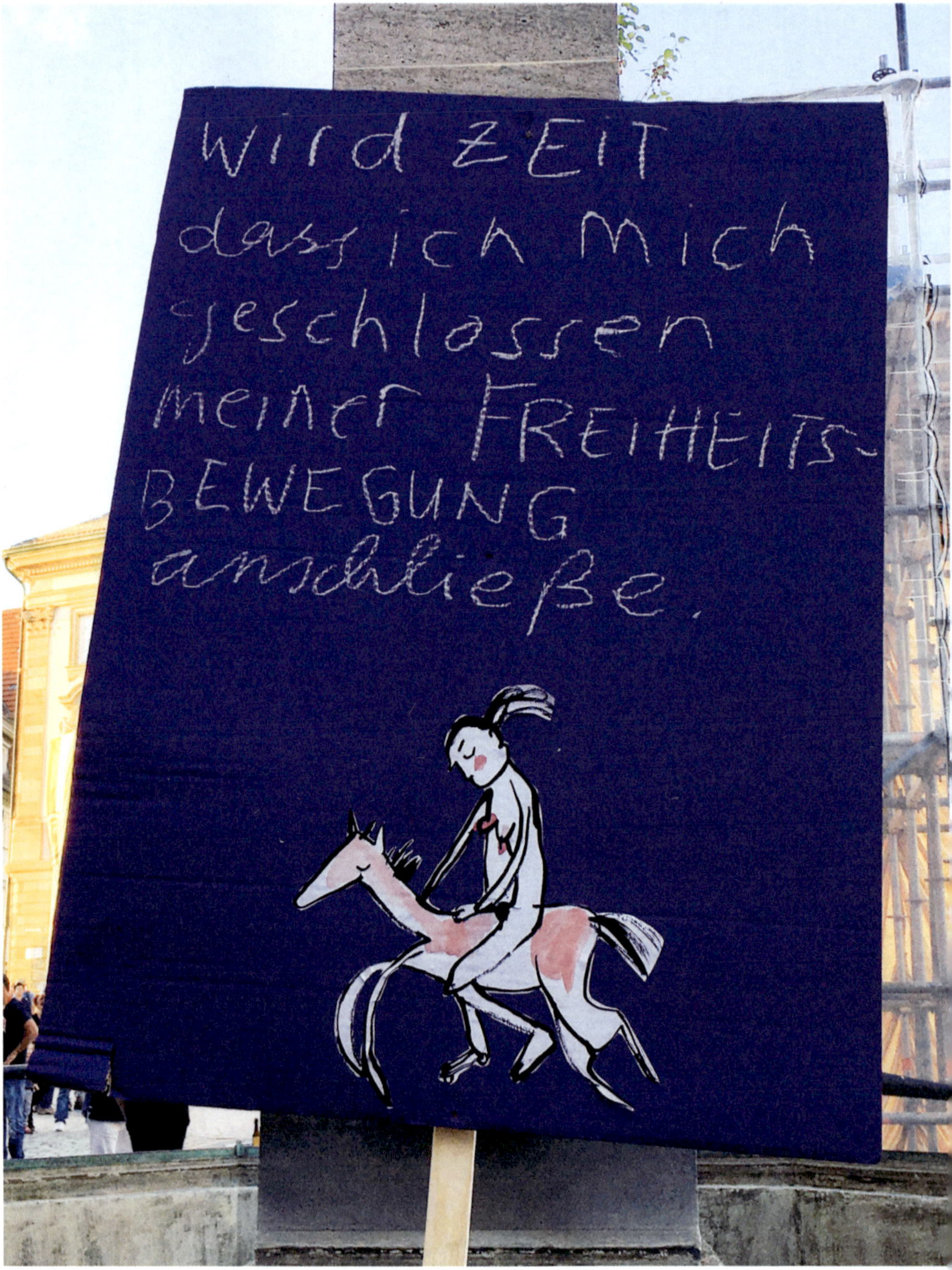

Maren Profke

Anna Breitenbach

Magere Zeiten

Wenn die Luft mir noch
mehr fehlt und die Sonne
mir noch weniger scheint
und kein Wald mehr auf
mich wartet, schön
schwarz und schweigend

die Wörter fremd werden
und so tun, als würden sie
mich kaum kennen, nicht
zu mir wollen, dann ist es
so weit

wird es Zeit
dass ich mich geschlossen
meiner Freiheitsbewegung
anschließe.

Nur zur Info:

Ich entscheide mich
einfach für Faltenfreiheit
nenn es: freie Entfaltung
für Kurvenreichtum
nenn es: reiche Rundung
für Farbenfreude auf dem
Kopf und Körper, für grau
bis nachtblau, für schwarz
bis bunter Hund, na und?

Ich will sein, so wie ich bin
und werde: älter, Frau und
frohes Kind, alles sein, was
ich kann und gern auch mal
ganz für mich, schön allein.
Ich reife vor und faule nicht
zurück – und das ist: Glück.

Als es noch freien Sperrmüll gab in unserer Stadt

und die Berge in den Straßen
mit der Dunkelheit wuchsen,
hässliche Haufen sich zu
monströsen Gebirgen türmten
und die Möglichkeiten darin zu
Wahrscheinlichkeiten und

ich mit meinem schwarzen Van
mit der großen Ladeklappe die
Königin der Nachtjäger war –
schussfreudig wie sie und eben
so gierig geil auf Beute!

Wie wir uns registrierten knapp,
mit einem Blick, nur kurz genickt
unter Geschäftsleuten, während
die Augen schon die Halden ab-
schätzten, hungrig durchwühlten

und wie Freigelegtes aufleuchtete,
im Scheinwerferlicht brillierte und
besonders im Strahl des fremden
Begehrens.

Sigrun Casper

Sigrun Casper

Elisabeth Richter

Der diskrete Charme der Anarchie

Lottes Haus ist alt, fast hundertfünfzig Jahre, was im Grunde nicht besonders alt für ein Haus ist. Aber es ist ein sehr einfaches Bauernhaus aus rotem Backstein, dessen Bodenschwellen auf Sand liegen. Regenwasser unterwandert das Haus, durchfeuchtet den Sand, zieht in die Schwellen und manchmal auch weiter hoch in die Wände; die Mäuse im Untergrund durchpflügen den Sand und pressen ihn hier und da durch die Fußbodenplanken in die Wohnung.

Manchmal findet Lotte, ihr Haus sei eine Bruchbude: Die Dachbalken halten vielleicht nur noch aus Gewohnheit, das Dach hängt durch, Wände bekommen Risse, und die Bodenschwellen rotten still vor sich hin. Im Spätsommer quellen Haufen brauner Brösel unter den Fußleisten hindurch ins Zimmer. Wenn Lotte die Brösel mit dem Staubsauger entfernt, lockt sie dabei einige Ameisen hervor, und sie fragt sich, ob sie nun die Eier der Ameisen aufgesaugt hat oder deren Kot oder ob es Krümel von verfaulten Bodenschwellen sind. Keine der Vorstellungen behagt ihr.

Hauptsache, kein Schimmel, sagt sie sich.

Manchmal findet sie aber, dass das Haus ein Palast ist und sie selbst die Königin darin, die über ihr grünes Reich hinterm Haus regiert, ein Reich, so weit das Auge sehen kann.

Es gibt auf dem Land grob zwei Jahreszeiten:

Die Zeit, in der Lotte jeden Morgen die Kachelöfen anheizt, und die andere Zeit, in der sie viel im Garten zu tun hat und fast jede Woche Säcke mit Grasschnitt und Unkraut in den Wald fährt.

In Herbst und Winter macht Lotte jeden Morgen eine tiefe Verbeugung vor den Kachelöfen, um die Asche auszuräumen, bevor sie ein neues Feuer anzünden kann. Die Öfen sind launische alte Damen, die auf einer ganz bestimmten Reihenfolge bestehen, in der sie angezündet werden wollen; andernfalls rächen sie sich durch Qualmen. Erst ist die Kochmaschine in der Küche dran, dann der grüne Kachelofen, danach der braune, am Ende der blaue. Lotte ist – gleichwohl Königin ihres Reiches – die Dienerin ihrer Kachelöfen, die jeden Morgen eine Stunde Zeit für sich beanspruchen, bevor das Feuer durch und durch brennt und alle Klappen geschlossen werden können.

Nun reden die Leute – die Leute aus Lottes Dorf, das sind fünfundsiebzig Menschen – über die neue Heizverordnung, über Wärmepumpen, Heizungsaustausch, Energieberater und Fördersummen, die es geben soll, wenn man seine alte Gas- oder Ölheizung austauscht. Die Leute lachen und lästern über die ganzen Ideen, sie halten alles, was aus „Berlin" kommt, ohnehin für lebensfremd. Hier gibt es ja nicht einmal Gas. Auch keine Kanalisation, sondern Jauchegruben. Die meisten haben Öfen im Haus, manche heizen mit Holz und mit Kohle, einige haben einen Flüssiggastank im Garten, ein paar andere eine Ölheizung. Die Leute lachen zwar, doch sie fürchten sich auch. Wie sollen sie das Geld für eine neue Heizung aufbringen. Lasst uns bloß in Ruhe, denken sie, ihr habt doch alle keine Ahnung.

Lotte hat weder Gas- noch Ölheizung, sondern nur Kachelöfen, die mit Kohle brennen. Die Kochmaschine in der Küche wird mit Holz befeuert. Man kann darauf kochen und in dem kleinen Backofen Brot und Kuchen backen, und im Winter ist stets ein Kessel mit heißem Wasser da. Lotte hat gelernt, wie sie ein sanftes Feuer am Brennen hält, damit die Weihnachtsplätzchen gleichmäßig goldgelb werden und sich nicht hinten in schwarze Kohle verwandeln und vorne blass bleiben.

Der Schornsteinfeger kommt dreimal im Jahr und reinigt den Kamin. Er versichert Lotte, dass ihre Kachelöfen „Bestandsschutz" haben.

So tief laufe ich also unter dem Radar, denkt Lotte. In „Berlin" haben sie mich tatsächlich übersehen. Sie halten es wohl nicht für möglich, dass es noch einen Menschen gibt, der Einzelöfen mit Kohle heizt.

Sie kann es nicht recht erklären, was es ist, was sie so glücklich macht, wenn sie die Asche aus den Kachelöfen räumt und dann ein neues Feuer legt.

Morgens, noch im Schlafanzug, mit Wollsocken an den Füßen und in eine dicke Strickjacke eingemummelt, steht sie in der kalten Küche und wartet darauf, dass das Feuer in der Kochmaschine brennt. Sie trinkt den ersten Becher Kaffee und schaut dabei aus dem Fenster in den Winter, den Raureif auf dem Gras, den Schnee vielleicht oder im Herbst auf buntes Laub, und spürt das Glück wie eine warme Hülle um ihren Körper.

Ebenso wenig kann sie erklären, warum sie sich so frei und übermütig fühlt, wenn sie nach dem Mähen die Grassäcke ins Auto schmeißt, die Fenster runterkurbelt und die dreihundert Meter über Kopfsteinpflaster in den Wald rumpelt, ohne sich anzuschnallen, und dort die Säcke in die tiefe Kuhle ausleert.

Die Kuhle ist riesig, sie liegt zwischen Feldrand und Waldweg, am Rand wächst eine Eiche, die Lotte in ihrer Wuchsform so besonders schön findet, weil die Äste einander umschlingen wie ein tanzendes Paar. Darunter sprießt Gebüsch, viel Holunder und Brombeeren. Dazwischen verrotten die Gartenabfälle des Dorfes in den unterschiedlichsten Zuständen, die unreifen Birnen, die gammeligen Kartoffeln, der Baumschnitt, Verblühtes, ungeliebte Sträucher, Grasplacken, Friedhofsgrün, faulende Pflaumen, Staudenwurzeln, die Fuß gefasst haben und geradezu prachtvoll blühen.

Es ist verboten, Gartenabfälle in den Wald zu bringen. Das weiß Lotte, und das wissen auch alle anderen. Natürlich hat Lotte einen Komposthaufen im Garten, in den sie aber nicht die gesamte Masse Gras einfüllen kann, sondern jedes Mal nur ein paar Hände voll. Einen Teil verteilt sie auf den Gemüsebeeten. Der Rest geht in die Kuhle am Waldrand.

Für Lotte ist es weniger die Notwendigkeit, das Gras loszuwerden, sondern mehr die Lust am Verbotenen, der Reiz der selbsterklärten Anarchie. Das macht sie übermütig. Dazu gehört, dass sie nach dem Mähen durchgeschwitzt ist und der Fahrtwind durchs offene Fenster den Schweiß trocknet, dazu gehört, dass sie ein Lied grölt, Von den blauen Bergen kommen wir, unser Lehrer ist genauso doof wie wir, jippi-ja-ja, jippi-jippi-jej, oder Wir lagen vor Madagaskar, dazu gehört die Freiheit, den Gurt nicht umzulegen.
Der Reiz ist, bewusst Sachen zu machen, die ungesetzlich sind und ein bisschen daneben.

Das dünn besiedelte Land kommt ihr vor wie die letzte Bastion der Freiheit – denn „Berlin" ist weit weg. Hier gibt es Wölfe, aber kaum Funkmasten. Ärzte sind in der Stadt, kilometerweit entfernt, der nächste Lebensmittelladen auch. Immerhin: Zweimal in der Woche kommt das Bäckerauto und hupt am Dorfeingang.

Lotte lebt allein. An Briefkasten und Türklingel steht noch der Name des Mannes, der vor zwei Jahren abgehauen ist, und Lotte bringt es nicht übers Herz, den Namen zu entfernen. Manchmal stellt sie sich vor, wie der Mann auf einmal vor der Tür steht und voller Rührung auf seinen Namen neben Lottes schaut, und dann müsste sich doch etwas in seinem Herzen bewegen, er müsste bereuen, was er getan hat, er müsste spüren, dass ihre Namen zusammengehören, so wie sie da nebeneinanderstehen. Und dann würde er klingeln, und Lotte würde ihn hereinlassen, aber er dürfte den Mund nicht aufmachen, sondern müsste sich auf einen Stuhl in der Küche setzen und anhören, was Lotte ihm zu sagen hat; zwei Jahre haben sich aufgestaut, das ist eine Menge. Er müsste anhören, dass sie seine schlechte Laune nicht vermisst, dass sie froh ist, nachts ohne Schnarcher neben sich zu schlafen, dass sie endlich ohne seine Kommentare ihre Pellkartoffeln mit Quark und Leinöl essen und morgens schweigend ihren Kaffee trinken kann, ohne dass einer sie zu einer Unterhaltung oder tieferen Selbstreflexion nötigt; dass sie in Gummistiefeln und ihren dreckigsten Jeans am Esstisch sitzen darf, dass sie gern auf seine Ratschläge bezüglich einer Haussanierung verzichtet und dass sie ihre sexy Slips weggeschmissen hat, die er so toll fand. Und am Ende würde sie sagen: Und jetzt zisch ab!

Dann würde ihr wieder einfallen, wie sehr sie ihn liebt. Doch ja. Eigentlich. Wie aufmerksam er zuhörte, wenn sie Klavier spielte, wie klug und einfühlsam seine Bemerkungen dazu waren. Ach, sie vermisst ihn. Aber am Ende ist es leichter, mit seinem Namen auf der Klingel zu leben als mit ihm selbst.

Im Dorf wird geredet, immerzu und über jeden. Gewöhnlich wissen die anderen mehr über einen als man selbst. Es gibt gepflegte Feindschaften zwischen bestimmten Leuten, die damit erklärt werden, dass diese oder jene Person einmal dieses oder jenes getan oder unterlassen hat. Fehler werden niemals verziehen, sondern gern bei Gelegenheit hervorgeholt und besprochen, aber nur im Kreis des eigenen Zirkels, und die Verurteilten erfahren selten, was ihnen vorgeworfen wird. Lotte hat inzwischen – nach Jahren – zu manchen Menschen freundliche und herzliche Verbindungen, auch wenn sie vermutet, dass einige von ihnen Parteien wählen, die sie selbst ablehnt.

Selbstverständlich wird auch über sie geredet. Von diesem Gerede erfährt sie allerdings nur die gute und die lustige Seite: Wie sie mit der Sense ihre Wiese gemäht hat, das wurde anerkennend herumerzählt. Und wie der Postbote zu jemandem gesagt hat, sie brauche doch einen Mann fürs Grobe. Wahrscheinlich halten die meisten Leute sie für eine närrische Alte, die freiwillig in einem heruntergekommenen Haus mit Riesengrundstück wohnt.

Manchmal fragt sie sich, wie das Dorf sich das Verschwinden ihres Mannes erklärt. Sie weiß es nicht, und am Ende sagt sie sich, dass sie das Gerede und die Mutmaßungen nichts angehen. Sie sorgt für Redestoff. Damit tut sie den Leuten Gutes. Umgekehrt lassen alle sie in Ruhe, niemand macht ihr Vorschriften, sie kann tun und lassen, was sie will, und das ist ihr höchsteigenes Glück.

Ich bin wirklich eine närrische Alte, denkt Lotte, meine Narreteien wären in der Stadt niemals möglich. Und mit dem großstädtischen Mann, der abgehauen ist, auch nicht. Schade, schade.

Lotte ist Königin ihres Reiches und zugleich deren Hofnärrin.
Als solche nimmt sie sich Freiheiten heraus:
Kartoffelkraut im Garten verbrennen.
Mit dreckverkrusteten Gummistiefeln, aber in einer Wolke von Jicky de Guerlain, zum Eierkaufen durchs Dorf schlappen.
Gras in die Kuhle am Waldrand bringen.
Nicht angeschnallt Auto fahren.
Lauthals dumme Lieder singen.
Mit Kohle heizen, ein lebendiges Feuer im Haus halten.
Den Kater die Mäuse morden lassen.
Und nachts um drei Klavier spielen.

Wenn Lotte manchmal schlecht schläft und mitten in der Nacht wach wird, steht sie auf und setzt sich ans Klavier. Die Nachbarn hören nichts davon, die Häuser stehen weit voneinander entfernt. Sie staunt immer wieder, dass dies möglich ist: Musizieren zur Wolfsstunde. Sie spielt für sich selbst und für die Nacht und stellt sich die Töne vor, wie sie als leuchtende Punkte in den schwarzen Himmel aufsteigen.

Die Nacht ist eine stille Komplizin.

Interview mit Elisabeth Richter

Woran denken Sie als Erstes, wenn Sie das Wort „Freiheit" lesen oder hören?

An ein anderes Wort: Glück. Für mich eng verwandt mit Freiheit. Freiheit ist eine der Arten, glücklich zu sein.

Was bedeutet Freiheit für Sie persönlich?

Selbstbestimmung.

Fühlen Sie sich frei (oder nicht)? Warum (nicht)?

Ich fühle mich nicht ständig bewusst „frei", meist denke ich nicht darüber nach. Aber manchmal fällt mir auf, dass ich mich gerade frei fühle.

Erzählen Sie konkrete Situationen, in denen Sie sich frei gefühlt haben, und solche, in denen Sie sich unfrei fühlten.

Unfreiheit war als Jugendliche für mich: in der Schule sein, im Gymnasium. Die große Freiheit begann erst, als ich meine Heimatstadt verließ, um zu studieren. Da probierte ich erstmals Dinge aus, die zu Hause unmöglich gewesen wären; harmlose Sachen eigentlich, wie eine ganze Nacht nicht schlafen, sondern am Fenster sitzen und der Dunkelheit zuschauen.

Haben Sie sich als Kind frei gefühlt, in welchen Momenten?

Meine Mutter war der sehr fortschrittlichen Meinung, dass ein Kind sich nicht nur von Montag bis Samstag dreckig macht, sondern auch sonntags. Ich durfte mich dreckig machen. Jeden Tag! Wunderbar! Andere Kinder waren da viel eingeschränkter.

Fühlten Sie sich eingeschränkt, behindert von Schule, Erziehenden, anderen Kindern, inwiefern?

Ja, von der Schule. Wir hatten sehr konservative Lehrer, und niemanden interessierte, wie es uns ging. Hauptsache, wir lieferten Leistung ab.

Sind Sie in einer „freien" Gesellschaft aufgewachsen?

Die Gesellschaft meiner Kindheit und frühen Jugend war insgesamt spießig – Westdeutschland –, aber dennoch frei.

Wenn ja, was zeichnet Ihrer Meinung nach eine freie Gesellschaft aus?

Meinungsfreiheit, Pressefreiheit, Chancengleichheit der Geschlechter, Reisefreiheit. (Aber in keinem Fall: „Freie Fahrt für freie Bürger".)

Was erhoffen Sie sich für die Zukunft, wie denken Sie sich Freiheit in der Zukunft?, gesellschaftlich und für Sie privat.

Vermutlich werden sich in Zukunft viele individuelle Entscheidungsmöglichkeiten einschränken, weil wir auf dieser Erde so viele Menschen sind und weil es Naturkatastrophen mit schrecklichen Auswirkungen geben wird, die Fluchtbewegungen zur Folge haben. Wir wissen jetzt schon, dass unsere Erde bzw. das Leben auf ihr in Gefahr ist, weshalb wir auf vieles verzichten sollten oder verändern: Fleischkonsum, Fliegen, Autofahren, Heizen, Rohstoffverbrauch ... Es wird auf eine reglementierte Einschränkung von gewohnten „Freiheiten" hinauslaufen, das glaube ich schon. Und der Gedanke macht mich etwas traurig. Mir ist ein freiwilliges Einschränken lieber als ein verordnetes.

Sind Gedanken wirklich frei, oder werden Ihrer Meinung nach auch Gedanken gelenkt, manipuliert, durch wen oder was, wie (Regierungen, Medien, Algorithmen)?

Natürlich sind wir Manipulation ausgesetzt. Trotzdem gibt es es den freien Gedanken.

Freisein und Freiheit, unterscheidet sich das, wie, was bedeutet Freisein (von etwas) und was Freiheit?

Freisein verstehe ich eher als ein individuelles. Ein Freisein von z.B. Krankheit, Abhängigkeiten, Zwängen ... Freiheit ist etwas Umfassendes.

Um welche „Freiheiten" geht es in westlichen, individualisierten Gesellschaften? Um die Grundfreiheiten: Freiheit der Rede, der individuellen Entwicklung, Pressefreiheit, freie Wahlen etc. – oder um freie Fahrt für freie Bürger, die Freiheit, dreimal im Jahr in Urlaub zu reisen, die Freiheit, sich die Premiummarke Miele kaufen zu können? Um die unendliche Konsumfreiheit?

Die Grundfreiheiten!

Was hat Freiheit mit Geld zu tun? Sind reiche Menschen freier? Bzw. ist man als armer Mensch stets unfrei?

Geld kauft einem so manche Freiheit; aber als armer Mensch ist man nicht zwangsläufig unfrei.

Was bedeutet Kunstfreiheit?

Keine staatliche Einmischung.

Was ist die Freiheit der Lehre an Hochschulen?

Ist irgendwann in den Siebzigern in Verruf geraten (oder war es die Forschung?) – die Lehre hat unbedingt frei zu sein, frei von staatlicher Lenkung oder Industrielobby.

Haben Sie schon einmal eine „Freiheitsstrafe" verbüßt, oder kennen jemanden, den Sie dazu befragen können?

Ich habe jemand Nahestehendes im Gefängnis besucht und kann nur sagen: Hier hört die Welt auf, gut zu sein. Eingesperrtsein ist der Horror.

Erziehungskonzepte heute und früher?

Manchmal denke ich, dass man den Kindern heute zu viel Entscheidungs„freiheit" lässt. Ich glaube eher, dass Kinder liebevolle Führung brauchen und wollen – das nimmt ihnen viel Entscheidungsstress ab und bewahrt sie davor, sich für die Größten zu halten – das sind sie nämlich nicht.

Sind Freiberufler frei?

Frei von manchem Zwang – und frei von manchem Taler!

Fühlen Sie sich frei vom Urteil anderer? Oder nicht? Inwiefern beeinflusst das Urteil anderer Ihr Verhalten?

Ich kann schlecht damit leben, wenn andere mich nicht mögen ... klar, das schränkt das eigene Verhalten manchmal ein.

Was ist in Ihren Augen „Freier Sex"?

Tja ... einvernehmlicher Sex?

In einer Liebesbeziehung, beim Zusammenleben: was empfinden Sie als frei, was als unfrei?

*Schildern Sie Situationen, in denen Ihre Vorstellungen von „Freiheit" mit denen ihre/s Partner*in kollidierten.*

Eine sehr wichtige und intensive Beziehung endete, weil mein Partner ständig mit mir zusammensein wollte, Tag und Nacht und die ganze Zeit. Das kann ich nicht, ich brauche immer wieder etwas Abstand, um zu mir selbst zu kommen.

Wenn Sie alleine wohnen, empfinden Sie das als frei?

Ja.

„Die Freiheit nehme ich mir", „Ich bin so frei" – bloß nichtssagende Redewendungen?

Ja, klingt nach Floskel.

Gibt es Situationen, in denen Sie lieber weniger Freiheit hätten bzw. froh sind, nicht alle Freiheiten zu haben, nicht selbst entscheiden zu müssen, eine Struktur vorgegeben zu bekommen, Anweisungen zu folgen etc.?

In manchen Situationen, vor allem bei Arbeiten, von denen ich wenig Ahnung habe, finde ich Vorgaben hilfreich.

Jane Wels

Ich will endlich alt sein. So alt, wie ich eben bin. Seit irgendwann folgen mir keine hungrigen Blicke mehr. Sie schauen sich woanders satt, sehen durch mich hindurch, wie durch die drei Pünktchen am Ende eines Satzes. Es kommt nichts nach. Komplimente, Zudringlichkeiten und Freundlichkeiten versiegen. Der Raum um mich wird leerer. Zuerst spürte ich eine Art Ziepen. Das auf Aufmerksamkeit trainierte Ego meckert, ist gekränkt. Andererseits brauche ich mir keine Ausreden mehr einfallen lassen, weil ich das allermeiste nicht will, und kann mir meinen Charme sparen. Wie oft haben die platten Anmachsprüche genervt und gelangweilt. Diese ewigen Wiederholungen! Ich habe mich entschieden. Ab jetzt bin ich eine alte Frau. Basta! Warum Achseln, Beine und Schamhügel rasieren? Ist „hairy" nicht sowieso das neue Natürlich? Was ist mit dieser Flut von Feuchtigkeitsmasken, damit die Knitterfältchen aufgepolstert werden? Filler für die Steilfältchen am Mund? Muss das sein? Die Handcreme, die erste Altersflecken bleicht, kann ebenso in den Müll wie die Vaginalzäpfchen gegen Scheidentrockenheit. Jung war ich, bevor ich alt wurde. Soviel ist klar. Jetzt soll ich in Würde altern. Schönheit liegt im Auge des Betrachters? Von wegen.
Was will die Alte? Ihre Freiheit! Und die nimmt sie sich. Endlich.

Aigerim Tazhi

***

Den Falten feine Linien hinzufügen.
Zur Greisin reifen –
ein unausweichliches Ziel.

Im Menü, ohne Nachgeschmack,
suchen wir Gleichgewicht.
Balance in der Manege. Vergiss es!

Schritt für Schritt auf dem Seil.
In dem bunten Kostüm,
genäht in der frühen Kindheit.

Jemand, über Gott strauchelnd,
schlägt einen Purzelbaum. Und es wird frei
auf dem engen Weg.

Aus dem kasachischen Russisch von Tzveta Sofronieva

Krisen, Zwänge, Perspektiven

Michael Augustin, Die Freiheit der Forschung

Angela Kallhoff

Die Klimakrise als Freiheitskrise: Eine Aufforderung an uns und die Politik

Die Klimakrise ist nicht nur menschengemacht, sondern bedroht auch die Freiheit der Menschen. Wenn die Klimakrise zu politischen Agenden zwingt, die darauf abzielen, emissionsstarke Energieträger durch grüne Energien zu ersetzen, ist dies auf den ersten Blick vor allem eines: schwer zu erreichen und sehr teuer. Aber selbst dies wird schon als Angriff auf die Freiheit der Lebensführung gewertet. Dramatischer ist die Situation schon dort, wo klimabedingte Umweltveränderungen nur die Wahl lassen, sich entweder vorausschauend den neuen Bedingungen anzupassen oder Klimaschäden in Kauf zu nehmen. Und ganz und gar erschreckend ist es, dass Menschen aufgrund der Klimasituation ihre Heimat, ja sogar ihre Lebensmöglichkeiten verlieren. Megastürme, Überschwemmungen wie auch Trocken- und Hitzeepisoden, steigende Meeresspiegel und Ausbreitung von Wüsten: All dies zwingt Menschen zur Flucht. Kurzum, die Klimakrise kostet viele Menschen sehr grundlegende Freiheiten.[1]

In dieser Situation müssen wir fragen, was es genau damit auf sich hat und wie eine kluge Reaktion aussähe. Jedoch ist die Reflexion auf die Freiheit schwierig. Denn Freiheit ist nicht ein beliebiger Wert unter anderen, sondern ein in sich differenzierter Gegenstand der philosophischen Debatte. Vor allem hat die politische Philosophie zeigen können, dass Freiheiten mit sehr grundlegenden Ansprüchen von Menschen verbunden sind und dass sie andererseits nicht ein für alle Mal da sind, sondern stets erobert und errungen werden müssen. Und dies gilt auch heute wieder. Vor allem müssen wir uns in Zeiten einer globalen Krise nicht nur mit unseren Freiheitsmöglichkeiten, sondern mit den Freiheiten anderer Personen in der Ferne befassen.

Ich möchte ein Argument für die dringend geforderte Aufmerksamkeit auf Freiheiten und Freiheitsverluste in der Klimakrise in drei

1 Ich sehe es als erwiesen an, dass die Klimakrise solche verheerenden Auswirkungen in zunehmendem Maße bringen wird. Für Belege zur Situation, vgl. die Zusammenfassung des IPCC reports 2023: https://www.ipcc.ch/report/ar6/syr/downloads/report/IPCC_AR6_SYR_SPM.pdf

Schritten entfalten. Zunächst möchte ich an den Freiheitsdiskurs in der politischen Philosophie erinnern. Es wird sich zeigen, dass Freiheiten sehr grundlegende und diverse Ansprüche von Menschen betreffen. Dann möchte ich zeigen, dass uns die Freiheit der Anderen in einer global zusammengewachsenen Welt nicht egal sein können und dürfen. Wir müssen uns nicht nur aktiv solidarisieren mit den Bürgerinnen und Bürgern, die andernorts für ihre Freiheiten kämpfen. Wir müssen vor allem angesichts der Klimakrise Verantwortung übernehmen für jene Unfreiheiten, die durch ein klimaschädigendes Verhalten und durch einen damit ursächlich verbundenen globalen Kapitalismus verursacht werden. Denn nicht nur politischer Zwang verursacht Unfreiheit; die mindestens genauso schlimme Fessel sind der Verlust der Lebensgrundlagen in einer zunehmend von der Klimakatastrophe veränderten Welt.

Philosophische Einsichten über Freiheit

Wohl kaum ein Konzept der politischen Philosophie ist so dicht wie dasjenige der Freiheit. Die Diskussion beginnt mit der Frage, ob wir Freiheit positiv oder negativ verstehen dürfen (Berlin 1995). Negative Freiheiten sind Freiheiten „von" und klassischerweise eingefasst in Abwehrrechte. Menschen dürfen nicht an Leib und Leben willkürlich geschädigt werden; ihre Rede- und Versammlungsfreiheit darf nicht willkürlich eingeschränkt werden; und auch die Bewegungsfreiheit verdient Respekt. Positive Freiheiten dagegen beziffern die Macht, die eigenen Verhältnisse selbst zu bestimmen. Bürger und Bürgerinnen müssen sich nicht willkürlicher Herrschaft fügen, sondern sollten frei sein, nur jenen Gesetzen gehorchen zu müssen, die ihre Zustimmung verdienen. Dies verspricht zumindest der moderne, auf Verfassungswerte und Zustimmung gründende Staat (Kallhoff, Angela 2013, 35–56). Und auch wenn die positive Freiheit erst in einem demokratischen Rechtsstaat Wirklichkeit wird, ist die positive Freiheit so alt wie die Debatte um die beste Staatsform, sie reicht mithin zurück bis in die antike Philosophie.

All die genannten Freiheiten sind an vielen Orten heute bedroht. Menschen werden willkürlich verhaftet und eingesperrt – und dies bisweilen nur deshalb, weil sie ihre Meinung äußern. Versammlungsfreiheiten werden ebenso beschnitten wie Freiheiten, Vereinigungen zu gründen und sich ihnen je nach Lebensanschauung anzuschließen. Die Demokratie als Urform der freiheitlichen Vergesellschaftung weicht weltweit zunehmend nicht-liberalen Staats- und Regierungsformen, Autorinnen legen davon Zeugnis ab, wie sie „Autokratien überleben" (Gessen 2020a), was dies bedeutet und wie es überhaupt dazu kommen kann (Levitsky u. a. 2019).

Eine philosophische Debatte über die Freiheit ist also nicht nur dringlich, sondern sie kann auch helfen zu verstehen, was eigentlich Freiheit ist und was eine Freiheitseinschränkung bedeutet. Die Freiheit ist kein passiver Wert; Freiheiten sind nicht einfach in der Welt oder eben nicht in der Welt. Die politische Philosophie weiß, dass es historisch darum gegangen ist, Freiheiten zu erkämpfen. Freiheiten sind Errungenschaften, die von Bürgerinnen und Bürgern auf den Straßen und unter Einsatz ihres Lebens erkämpft wurden. Eine Ausdrucksform für diesen performativen Charakter von Freiheit erinnert Balibar, wenn er die „Gleichfreiheit", also die Garantie des bürgerlichen Standes als eines freien und gleichen Standes, in seiner performativen Daseinsform versteht. Zwar seien Freiheit und Gleichheit immer vielfältig. „Trotz dieser phänomenologischen Vielfältigkeit sieht man, dass in letzter Instanz immer der Konflikt entscheidend ist, weil die Gleichfreiheit kein ursprünglicher Zustand ist und die Herrschenden nie freiwillig auf ihre Privilegien und ihre Macht verzichten. Es bedarf also immer des Kampfes, und darüber hinaus muss sich die Legitimität der Kämpfe erweisen …" (Balibar 2012, 18–19) Freiheit kann also nur Bestandteil des politischen Gemeinwesens sein, solange Menschen sie der Politik und dem Staat abringen. Und nur wenn der Staat bereit ist, auf die Forderungen nach Freiheit zu reagieren, können Freiheiten dauerhaft überleben.

Vor allem ist Freiheit nicht zu verwechseln mit Freizügigkeit. Auch bei John Rawls, dem großen Philosophen des politischen Liberalismus, sind Grundfreiheiten an erster Stelle, ja sogar im ersten und vorrangigen Gerechtigkeitsprinzip festgeschrieben (Rawls 1998, 69). Jedoch sind weder Freizügigkeit noch die freie Berufswahl wesentliche Verfassungsinhalte (Rawls 1998, 330), so wichtig die Chancengleichheit auch ist. Politische Freiheiten sind jene Grundrechte auf freie Meinungsäußerung, auf Versammlungsfreiheit, aber auch auf einen geschützten Raum, in dem Integrität des Leibes und der Seele nicht verletzt werden. Kurzum, politische Freiheit steht unter Bedingungen des hingebungsvollen Kampfes und zählen zu den zentralsten Errungenschaften der Demokratie.

Wichtig für die Verständigung über Freiheit sind jedoch nicht nur ihre Daseinsform sowie ihre institutionellen Voraussetzungen. Vielmehr müssen wir auch verstehen, dass Freiheiten unmittelbar mit Kernvorstellungen darüber, was Menschen unverfügbar zusteht, verbunden sind. Deutlich wird dies besonders, wenn wir über die Verknüpfung eines würdigen Lebens und Freiheit nachdenken.

Amartya Sen hat mit Martha Nussbaum grundlegend darüber nachgedacht, wie ein wahrhaft gutes Leben insbesondere unter Bedingungen nicht beliebig verfügbarer Güter bestimmt werden kann. Und dabei sind drei Konditionen besonders wichtig: Ein gutes Leben ist ein solches, das Menschen sich selbst wünschen; ein gutes Leben besteht in der Fähigkeit, wertvolle Tätigkeiten tatsächlich vollziehen zu können; und ein gutes Leben ist ein solches, auf das Menschen eine echte Realisierungschance haben. Diese drei Elemente fließen ein in das Konzept der „Wohlergehensfreiheit" und grenzen diese Freiheit vor allem ab von dem, was uns viel geläufiger ist: die Fähigkeit, über unsere Handlungen selbst zu bestimmen, also die Handlungsfreiheit.

„[…] T[t]here is a differentiation … between a person's ‚agency freedom' and ‚well-being freedom'. The former is one's freedom to bring about the achievements one values and which one attempts to produce, while the latter is one's freedom to achieve those things that are constitutive of one's well-being. It is the latter that is best reflected by a person's capability set, … while the former – agency freedom – would have to be seen in the broader terms, including aspects of states of affairs that relate to one's agency objectives (whether or not they directly constitute to one's well-being)." (Sen 1992, 56–57). Danach besteht Freiheit nicht allein darin, frei wählen zu können, was man tun möchte oder wer man sein möchte oder wo man leben möchte. Vielmehr ist Freiheit die echte Möglichkeit, Tätigkeiten vollziehen zu können, die man selbst als begehrenswert ansieht; und begehrenswert sind sie, weil sie Bestandteil eines würdigen Lebens sind. In ihrem Fähigkeitenansatz, auf den Amartya Sen hier verweist, hat Martha Nussbaum jene grundlegenden Fähigkeiten zu einem guten Leben als „Capabilities“ ausgeführt (Nussbaum 2000). Anders als Nussbaum vertritt Sen jedoch die Auffassung, dass die Listen den Situationen angepasst werden müssen und insofern immer fragmentarisch bleiben, dadurch aber auch sehr unterschiedlichen Kontexten angepasst werden können (Sen 1992, 46–48). Insbesondere heben die Fähigkeiten den Menschen aus dem Hier und Jetzt hinaus und entsprechen den Wünschen für eine gute eigene Zukunft. Es geht also um den Kern dessen, was Menschen zugunsten eines würdigen bzw. in grundlegenden Hinsichten wahrhaft guten Lebens erreichen möchten: Gesundheit, Alphabetisierung, soziale Umfelder, gute Arbeit, aber auch Verfügung über die eigenen Vorstellungen und Lebensformen.

Kurzum, Freiheit bestimmt sich nicht nur als politische Garantie, sondern auch als echte Möglichkeit zu einem guten Leben. Wer jedoch einwenden möchte, dass dies ein allzu basales, an den Lebensbedürfnissen orientiertes Konzept der Freiheit ist, der sei erinnert an John Stuart Mill, den Philosophen der freiheitlichen modernen Gesellschaft. Dieser erklärt, Freiheit sei ohnehin nicht entgrenzt, sondern die Grenze der Freiheit liege dort, wo ihre Verwirklichung dem Anderen Schaden zufügt (Mill 1974, 16–17, 77). Dies legt bereits eine Spur in die Klimadebatte: Können wir allen Ernstes ein Wahlverhalten für uns reklamieren – wohl wissend, dass die massenhafte Nutzung von Konsumhaltungen anderen Menschen ihre Lebensgrundlage nimmt? Eine genaue Lektüre des Essays über die Freiheit macht auch deutlich, dass Freiheit sich trotz aller Bedeutsamkeit nicht allein in Freiheiten der Moderne und auch nicht in Gewissens- und Gedankenfreiheit erschließt (Mill 1974, 20). So ist Mill nicht nur davon überzeugt, dass Menschen nur durch freie Entscheidungen ihre eigenen Qualitäten der Urteilskraft, Unterscheidungsfähigkeit, geistiger Energie, ja sogar moralischer Wertschätzung bilden können (Mill 1974, 81). Er ist sogar überzeugt: „Unter den Menschenwerken, zu deren Vervollkommnung und Verschönerung das menschliche Leben mit Recht in Anspruch genommen wird, ist seiner Wichtigkeit nach das erste zweifellos der Mensch selbst.“ (Mill

1974, 82). Auch hier gilt: nicht Wohlstand oder gar die Freiheit der Wahl, deren Ausdruck wir auch in der Freiheit der Freizügigkeit und Freiheit der Lebensführung wiederfinden, sondern die Entfaltung der Persönlichkeit sind eigentlicher Sinn der Freiheit.

Die Freiheit der Anderen: Was haben wir damit zu tun?

Mit diesen kurzen Erinnerungen an die Freiheitsdebatten der Philosophie sei eine Voraussetzung geschaffen für eine Auseinandersetzung über die Freiheitsbedrohung durch die Klimakrise. Auch wenn wir nicht vergessen dürfen, unsere Freiheiten zu verteidigen und in westlichen Demokratien aller Grund zur Sorge gegeben ist angesichts der Zunahme von Populismus und Schlimmerem, zwingt eine globale Krise wie die Klimakrise, den Blick auch ernsthaft in die Ferne zu richten. Unsere Welt ist so eng zusammengewachsen wie nie zuvor. Ihren Anteil daran haben die globalen Handels- und Finanzströme, die Möglichkeiten des Reisens, die neuen Medien, welche eine Face-to-face-Verbindung rund um den Globus ermöglichen, eine weltumspannende Infrastruktur und vieles mehr. Umso schlimmer ist es, dass uns in Momenten der Krise die Freiheit der Anderen nur sehr wenig zu interessieren scheint. Zwar sind wir betroffen, wenn wieder Bilder von gigantischen Überschwemmungen, wie etwa letzthin in Griechenland, in Norditalien und letztes Jahr in Pakistan, über den Bildschirm laufen. Aber weder sehen wir darin eine Bedrohung menschlicher Freiheit noch spüren wir, dass uns diese Freiheiten etwas angehen müssten.

Während wir Westler im Schutz der Demokratien und des Wohlstands ein gutes Leben führen können, sieht es anderswo ganz anders aus. Menschen müssen nicht nur fliehen vor fürchterlichen Kriegen und Regimen, sondern auch unter der Fessel der immer unbarmherziger zuschlagenden Klimakrise. Menschen können nicht mehr dort leben, wo sie leben möchten; vielmehr nimmt die Zahl der Klimaflüchtlinge täglich zu – einfach deshalb, weil die für Menschen verträgliche Nische auf unserem Planeten gerade dramatisch schrumpft.

Ich möchte nun dafür argumentieren, dass uns in diesen Ereignisabfolgen die Freiheit der Anderen nicht nur besser nicht egal wäre, sondern dass wir verpflichtet sind, uns vehement für die Freiheit der Anderen einzusetzen. Dafür werde ich drei Argumente skizzieren: erstens ein Argument aus der Menschenrechtsdebatte, zweitens ein Argument internationaler Ordnung und drittens ein Argument direkt aus der Klimadebatte. Zusammengenommen sollten sie die These stützen, dass nicht nur jeder Einzelne, sondern auch die Politik nicht länger zusehen sollten, wie die Freiheiten der Anderen durch die Klimakrise schrumpfen.

a. Menschenrechte

Wie genau Rechte und Freiheiten zusammenhängen, ist eine philosophische Debatte für sich. Mit Sicherheit können wir aber einen grundlegenden Zusammenhang festhalten: Wie Gewirth eindrücklich dargelegt hat, hängen alle Menschenrechte an einer sehr grundlegenden Vorstellung, und das ist die Vorstellung, dass Menschen frei sein sollen, sich handelnd selbst zu entwerfen und ihre Leben zu leben (Gewirth 1996). So ist Handlungsfreiheit im Sinne eines realisierbaren Entwurfes des eigenen Lebens ein Anker für die Menschenrechte. Und wird dies erst einmal verstanden, ist auch ein weiterer Schritt mit Henry Shue schnell zu leisten: Menschen sollen nicht nur frei sein, ihr Leben selbst in die Hand zu nehmen, auch die für ihr grundlegend gutes Leben nötigen Güter stehen ihnen demnach zu (Shue 1996). Subsistenzrechte sind nicht irgendwelche Rechte, sondern sehr basale Rechte, die allen Menschen zugesichert werden müssen, wenn es schon um ein Minimum der Verfügbarkeit gehen soll.

Es ist Simon Caney zu verdanken, ein noch viel direkteres Argument für die Verbindung von Menschenrechten und Klimaschutzpflichten zu etablieren. Er hat gezeigt, dass Menschen ein Recht darauf haben, nicht willkürlich und gravierend durch Klimafolgen geschädigt zu werden, die sie ihrer Lebensmöglichkeiten berauben oder sie gravierend schädigen (Caney 2006, 2012). Diese Rechte auf Schutz vor Klimaschäden sind Menschenrechte; vor allem bedürfen sie keiner neuen Rechtfertigung, sondern lassen sich aus den bestehenden und anerkannten Rechten auf Leben und Integrität ableiten.

Wesentlich für unsere Diskussion ist aber zweierlei. Erstens haben wir alle die Menschenrechte gleichsam unterschrieben; wir dürfen es nicht zulassen, dass die Freiheiten der Anderen zerstört werden. Es sind gewissermaßen geteilte Freiheiten, deren Schutz sich nicht nur die internationale Gemeinschaft verpflichtet hat, sondern die auch nur so lange und dort Bestand haben, wo für ihren Schutz aktiv eingetreten wird. Und im Herz der Menschenrechte liegen Freiheiten. Zweitens dürfen wir das strukturelle Unrecht, das daraus resultiert, dass die Verursacher der Klimakrise, die „Klimagewinner“, gerade nicht diejenigen sind, die Freiheitseinbußen erleiden, nicht unbeantwortet lassen. Die Klimadebatte hat sich schon lange auf die Frage konzentriert, wie mit der eklatanten Ungerechtigkeit umzugehen ist, dass die inzwischen wissentlichen Verursacher der Klimakrise und ihrer schrecklichen Folgen für ihren Schaden nicht aufkommen, der von den besonders vulnerablen Staaten und Personen erlitten wird. Kompensatorische Gerechtigkeit muss fordern, dass die reichen Staaten den Geschädigten helfen, mit ihrem Schaden zurechtzukommen (Bell 2017). Sie müssen auch Schlimmeres verhindern (Kallhoff 2021). Erreichbar ist dies nur durch einen Einsatz für Klimaschutz und für eine neue, faire und ressourcenschonende Wirtschaftsordnung.

b. Stabilität und internationale Verantwortung

Können wir in der Welt von heute, einer globalen Welt, unsere Freiheiten wirklich als Inselfreiheiten denken? Meiner Ansicht nach spricht vieles dafür, dass Rawls nicht nur darin recht behält, dass ein Mindestmaß an Fairness Stabilität bedingen kann – sondern eben auch sicherlich gilt: keine Stabilität ohne Fairness. Vermittelt wird dies durch die Vernunft und die Einsicht der Bürgerinnen in die Notwendigkeit von Fairnessprinzipien (Rawls 1998, 330 f.) Zwar hat Rawls diese Zusammenhänge im Rahmen seiner Überlegungen des Nationalstaates entwickelt, aber in einer so derart eng gewordenen Welt müssen wir das Einstehen für eine Freiheit, die auf Gerechtigkeitsprinzipien gründet, als kosmopolitische Aufgabe begreifen (Caney 2006). Es ist auch aus einem anderen Grund kaum vorstellbar, dass Freiheiten ein Inseldasein führen können. Illiberale Staaten sind aggressiv; und sie sind es eben nicht nur nach innen (Gessen 2020). Diese Lektion müssen wir gerade sehr schmerzhaft lernen. Freiheit kann nur in Solidarität mit allen, die sich dieser Idee und Lebensform verpflichtet fühlen, erhalten werden. Plakativ gesagt ist es Zeit, dass die freiheitliche Welt ihre Ordnung gemeinsam verteidigt.

Noch eine andere philosophische Erinnerung mag hilfreich sein. In der letzthin erneuerten Diskussion über den liberalen Republikanismus als einer auf das Gemeinwohl und geteilte bürgerliche Interessen konzentrierten politischen Institution spielt auch die Rückbesinnung auf die Freiheit der Republik eine besondere Rolle (Pettit 1997; Viroli 1999). Den Bürgern und Bürgerinnen der liberalen Republik ist klar, dass sie die Freiheit nach außen verteidigen müssen. Sie sind sogar bereit, für die Republik zu kämpfen und zu sterben. Was aber, wenn diese freien Staaten überhaupt nicht mehr orientiert und interessiert sind an den Grundfreiheiten wie Rede- und Gewissensfreiheit und allen voran die Persönlichkeitsentfaltung? Was, wenn moderne Staaten nur noch ihrem ökonomischen Erfolg verpflichtet sind und weder der Wohlergehensfreiheit ihrer Bürgerinnen noch der an den Schutz von Grundrechten orientierten freien Lebensform?

Eine Besinnung auf die einzig wichtige Freiheit, die Wahl eines freien Lebens und einer freien Persönlichkeitsentfaltung, scheint sehr dringlich. Ein echtes und Konsequenzen tragendes Bekenntnis zur Freiheit als dem Grundwert unseres Zusammenlebens würde nicht nur dazu führen, dass die Ökonomie mit ihrer Vorstellung von Wahlfreiheit ihrer Flachheit und Lächerlichkeit preisgegeben würde. Erinnert sei an die berühmten Chicagoer Friedmans, die doch glatt meinten: „Wenn man täglich in einem Supermarkt wählt, bekommt man präzise, wofür man gewählt hat, uns so geht es jedem. Die Wahlurne produziert Konformität ohne Einstimmigkeit; der Markt Einstimmigkeit ohne Konformität.“ (Friedman und Rose D. Friedman 1990, 66–67, eigene Übersetzung). Vor allem wäre es auch auf der internationalen Bühne hilfreich, würden die reichen Staaten klare Prioritäten in ihren Wertordnungen leben und endlich ihre die Glaubwürdigkeit verspielende Heuchelei vermeiden!

c. Klimaschutz-Verantwortung

Der Klimawandel ist ein globales Problem – das ist leicht gesagt. Tatsächlich ist er ein sehr ungerechtes globales Problem. Auf der einen Seite sind die Verursacher des Schadens; das sind jene, die entweder heute durch ihre Emissionen die Situation verschlimmern, oder jene, die von Pfaden mit hohen Emissionen profitieren

– also die Mitglieder reicher Nationen, die ihren Reichtum auf die Verbrennung von kohlenstoffhaltigen Materialien gegründet haben. Die Effekte sind dramatisch, besonders für sehr vulnerable Nationen. Das sind jene Nationen und Personen, die den Klimawandel nicht verursacht haben, heute aber als wenig entwickelte Nationen direkt von Landwirtschaft leben müssen oder zufällig zu den besonders gefährdeten Regionen zählen, so z.B. Teile von Afrika, Bangladesch oder Pakistan. Was jedoch nur wenige bedenken: Klimaschäden sind nicht nur fürchterlich für die Betroffenen und angesichts der Dynamiken des Klimageschehens auch teilweise irreversibel; sie nehmen den Betroffenen auch jene Freiheit, die wir alle einem jeden als Menschenrecht versprochen haben. Freiheit beginnt bei Menschen damit, sich ein in grundlegenden Hinsichten gutes Leben nicht nur vorstellen zu können, sondern auch eine echte Verwirklichungschance darauf zu haben. Der Klimawandel nimmt unzähligen Menschen diese Freiheit. Wie aber sollte dieser Freiheitsverlust aufgewogen werden gegen unsere so lieb gewonnen Freiheiten der Lebensführung?

Nach dem minimalsten moralischen Prinzip für den Schadensfall, dem Verursacherprinzip, müssen die reichen Nationen die Haftung für Klimaschäden übernehmen. Um es – sehr verkürzt – mit Singer zu sagen, der allerdings in seinem Beitrag über die eine Atmosphäre (Singer 2002) unser Verständnis von Klimagerechtigkeit sehr differenziert grundgelegt hat: You broke it, now you fix it! (Singer 2002, 27–34). Singer erklärt nicht nur, dass die massenweise Einlagerung von Emissionen in die „eine Atmosphäre“ eine unfaire und schädliche Aneignung der reichen Nationen eines natürlichen und globalen Kollektivgutes ist, auf das niemand einen egalitären Anspruch hat. Er zeigt auch, dass historische Verantwortung sowie eine differenzierte Debatte über Fairnessprinzipien im Klimaschutz unerlässlich sind. Andere haben diesen Ansatz ergänzt um Überlegungen dazu, wie Verantwortung zugunsten des Schutzes eines globalen Gutes verteilt werden muss, damit es fair zugeht (Singer 2002; Kallhoff 2021).

So ist das moralische Erfordernis, den Klimaschutz und auch den Ausgleich für erlittenen Schaden konzertiert anzugehen, nicht länger abzuwehren. Diese Einsicht lässt sich wohl kaum umgehen. Aber müssen wir auch unsere Freiheit der Lebensführung einschränken? Müssen wir verzichten auf Flüge, Konsum, Fleisch und viele Annehmlichkeiten, um die Freiheit der Anderen zu schützen?

Diese Fragen zu beantworten, würde eine lange philosophische Abhandlung benötigen.[2] Mit Sicherheit lässt sich aber festhalten, dass es auch aufgrund der Verknüpfung mit Menschenrechten eine jede Person betreffende Mitwirkungspflicht an der Lösung der Klimakrise gibt. Die Pflicht zur Beteiligung an Lösungen ist weder einseitig zu suchen noch ist sie unbedingt, sondern steht unter Bedingungen: So muss etwa ein Lösungsangebot dergestalt vorliegen – bisweilen jedoch auch selbst entwickelt werden –, dass es für alle die gleichen zumutbaren und fairen Einschnitte gebietet, politisch verantwortet ist und effektiv zentralen Klimazielen dient. Dies kann unter Berücksichtigung der Diskurse um Klimagerechtigkeit und Debatten über kollektives vs. individuelles Handeln in der Klimakrise als gerechtfertigte Forderung erklärt werden (Kallhoff 2021). Wie weit die Einschränkungen für Bürgerinnen gehen und welche Akteure auf jeden Fall in die Pflicht genommen werden müssen, bedarf jedoch eines politischen Prozesses und einer politischen Abstimmung. Noch stehen wir am Anfang dieses Prozesses. Aber klar ist, dass es mit der Agrarindustrie, der Öl- und Gasindustrie, der Kleidungsindustrie, der Reisekultur, dem Individualkonsum und vielen anderen westlichen Lebensgewohnheiten in Anbetracht des dadurch verursachten Schadens mit Sicherheit so nicht weitergehen darf. Mein Vorschlag wäre, den politischen Dialog darüber nicht allein als Interessen- und Anspruchsdiskurs, sondern vor allem auch als einen ethischen und normativen Diskurs auch mit Rücksicht auf Freiheiten neu zu führen.

Statt eines Schlusses: Forderungen an die Politik und an uns

Kurzum, aus Perspektive der Menschenrechte, der Stabilität der internationalen freiheitlichen Ordnung und auch der Klimaverantwortung ergibt sich, dass uns die Freiheiten der Anderen interessieren müssen. Wir sind zum Teil Mitverursacher der Beschneidung der Freiheiten der Anderen. Und wir sitzen in einem Boot, wenn es um die Bedrohung der Freiheit durch die Klimakrise und vor allem durch ein viel zu zögerliches und unverantwortliches Handeln der Politik, der Industrie und von uns allen geht.

2 Für die Grundlagen der Diskussion um Klimagerechtigkeit und Klimapflichten, vgl. (Gardiner, Stephen M., Caney, Simon, und Jamieson, Dale et al. 2010; Kallhoff, Angela 2015).

Wollen wir den Diskurs nicht unmittelbar an die Wohlergehensfreiheiten und damit auch an das würdige Leben der Personen binden, so kann noch ein weiteres Argument helfen. In einem wegweisenden Beitrag, in dem neben der Klimakrise auch das sehr heiße Eisen der Bevölkerungsentwicklung angegangen wird, argumentiert Elizabeth Cripps, dass es eigentlich nur eine Wahl gibt zwischen zwei Alternativen: Entweder, wir treffen heute harte Entscheidungen, oder wir treffen diese Entscheidungen nicht und zwingen künftigen Generationen die Situation auf, dass sie nurmehr die tragische Wahl haben zwischen schlechten Alternativen (Cripps 2013). Zu Recht muss man sehen, dass der Entscheidungsraum dadurch immer enger wird, dass wir bei der dynamischen Entwicklung der Klimakrise zunehmend auf Katastrophen reagieren müssen, dass wir zu Anpassungsleistungen mit steigenden Temperaturen immer stärker gezwungen sein werden. All dies wird sich dramatisch zuspitzen, und es wird sich der Entscheidungsraum immer stärker durch erzwungenes Handeln verengen, wenn wir heute keinen entschiedenen Klimaschutz betreiben. Noch können wir es vermeiden, dass künftigen Generationen nur noch tragische Entscheidungen übrigbleiben.[3]

Mit Martha Nussbaum teile ich ein aristotelisches Verständnis der Aufgabe von Staaten: Sie sollten für das Leben der Bürgerinnen da sein und für ihr gutes Leben (Nussbaum 1990). Mit Balibar und anderen teile ich die Auffassung, dass die Freiheit nur in der Aktion und Verteidigung, ja sogar im Kampf überleben kann. Und mit den Autoren der Menschenrechtsdebatte möchte ich festhalten, dass Menschenrechte in der Sprache der Freiheit formuliert werden können und müssen. Unter dem guten Leben, das Staaten schützen müssen, versteht Aristoteles ein tugendhaftes Leben, das den Werten der Einsicht und Klugheit, der Freundschaft und Gerechtigkeit verpflichtet ist (Aristoteles 1956). Heute möchte man hinzufügen, dass die tätige Sorge um Freiheit aller, aber auch um die Möglichkeit der Grundlagen eines guten Lebens frei von Klimanot Bestandteil der Vision des eigenen guten Lebens und auch der staatlichen Aufgaben sein muss.

3 Dies ist die Meinung aller führenden Klima- und Wetterforscher. Für die Möglichkeit der Eingrenzung der katastrophalen Folgen vgl. die sehr unterschiedlichen Argumente in (Kemfert 2010; Plöger 2020; Shue 2015).

Literaturverzeichnis

Aristoteles. 1956. *Nikomachische Ethik*. Herausgegeben von Grumach E. Übersetzt von Franz Dirlmeier. Bd. 6. Aristoteles. Werke in Deutscher Übersetzung. Berlin: Akademie.

Balibar, Étienne. 2012. *Gleichfreiheit: politische Essays*. Übersetzt von Christine Pries. Erste Auflage. Berlin: Suhrkamp.

Bell, Derek. 2017. „Justice on One Planet". In *The Oxford Handbook of Environmental Ethics*, herausgegeben von Gardiner, Stephen M. und Thompson, Allen, 276–87. Oxford ; New York: Oxford University Press.

Berlin, Isaiah. 1995. „Zwei Freiheitsbegriffe". In *Freiheit. Vier Versuche*, übersetzt von Reinhard Kaiser, 197–210. Frankfurt am Main: Fischer.

Caney, Simon. 2006. „Cosmopolitan Justice, Responsibility, and Global Climate Change". *Leiden Journal of International Law* 18 (04): 747.

Caney, Simon. 2012. „Just Emissions". *Philosophy and Public Affairs* 40 (4): 255–300.

Cripps, Elizabeth. 2013. *Climate change and the moral agent: individual duties in an interdependent world*. First edition. Oxford: Oxford University Press.

Friedman, Milton, und Rose D. Friedman. 1990. *Free to Choose. A Personal Statement*. San Diego, New York, London: Harcourt Brace Jovanovich.

Gardiner, Stephen M., Caney, Simon, und Jamieson, Dale et al., eds. 2010. *Climate Ethics. Essential Readings*. Oxford/New York: Oxford University Press.

Gessen, Maša. 2020. *Surviving Autocracy*. London: Granta.

Gewirth, Alan. 1996. *The community of rights*. Chicago: University of Chicago Press.

Kallhoff, Angela. 2013. *Politische Philosophie des Bürgers*. Wien, Köln, Weimar: Böhlau-Verlag.

———. 2015. *Klimagerechtigkeit und Klimaethik*. Bd. 18. Wiener Reihe. Themen der Philosophie. Berlin/Boston: De Gruyter.

Kallhoff, Angela. 2021. *Climate Justice and Collective Action*. London and New York: Routledge.

Kemfert, Claudia. 2010. *Die andere Klima-Zukunft: Innovation statt Depression*. 3. Aufl. Hamburg: Murmann.

Levitsky, Steven, Daniel Ziblatt, Klaus-Dieter Schmidt, und Pantheon. 2019. *Wie Demokratien sterben*.

Mill, John S. 1974. *Über die Freiheit*. Herausgegeben von Manfred Schlenke. Übersetzt von Bruno Lemke. Stuttgart: Reclam.

Nussbaum, Martha C. 1990. „Aristotelian Social Democracy". In *Liberalism and the Good*, herausgegeben von R. B. Douglass, G. M. Mara, und H. S. Richardson, 203–52. New York: Routledge.

———. 2000. *Women and Human Development: The Capabilities Approach*. Cambridge, Engl.: Cambridge University Press.

Pettit, Philip. 1997. *Republicanism. A Theory of Freedom and Government*. Oxford and New York: Oxford University Press.

Plöger, Sven. 2020. *Zieht euch warm an, es wird heiß! Den Klimawandel verstehen und aus der Krise für die Welt von morgen lernen*.

Rawls, John. 1998. *Politischer Liberalismus*. Übersetzt von Wilfried Hinsch. Frankfurt am Main: Suhrkamp.

Sen, Amartya K. 1992. *Inequality Reexamined*. New York: Russell Sage Foundation, and Oxford: Clarendon Press.

Shue, Henry. 1996. *Basic Rights. Subsistence, Affluence, and U.S. Foreign Policy*. Princeton, NJ: Princeton University Press.

Shue, Henry. 2015. „Klimahoffnung: Die Ausstiegsstrategie in die Tat umsetzen". In *Klimagerechtigkeit und Klimaethik*, herausgegeben von Angela Kallhoff, 39–66. DE GRUYTER. https://doi.org/10.1515/9783110401066-004.

Singer, Peter. 2002. „One Atmosphere". In *One World. The Ethics of Globalization*, 14–50. New Haven, Con..: Yale University Press.

Viroli, Maurizio. 1999. *Die Idee der republikanischen Freiheit. Von Machiavelli bis heute*. Übersetzt von Friederike Hausmann. Zürich und München: Pendo.

Sigrun Casper

Lutz Rathenow

Drei Mal die Freiheit, sie nicht zu verstehen

1. Achtziger Jahre

Zum ersten Mal durfte er. Jahr um Jahr hatte er auf diesen Augenblick gewartet, Briefe und Anträge geschrieben. Danach unbeantwortet gebliebene Beschwerden. Daran jetzt nicht denken. Überhaupt nicht zu viel denken und sich Wahrnehmungsfilter aus Worten flechten, statt das Jetzt, diese Augenblicke mit jeder Sekunde anzunehmen. Aufzunehmen. Zu genießen …

Er hatte sich einen detaillierten Plan überlegt, mit Alternativen. Der zur Verfügung gestellte Tagessatz von zehn Westmark ließ nicht viele Möglichkeiten zu. Galeriebesuche waren allerdings kostenlos für DDR-Bürger, ebenso das Benutzen der Verkehrsmittel. Außerdem schmuggelte er eine kleine Summe DM über die Grenze. Das einzige Risiko, was er sich gestattete. Aber er hatte – nein, jetzt nicht an sein geschicktes Versteck für einen zusammengewickelten Schein denken, das brachte Unglück. Kreuzberg, Peep-Show, eine Buchhandlung mit Kunstbänden, das neue Kongress-Zentrum, den Kurfürstendamm – es gab genug Dinge, die darauf warteten, erlebt zu werden. Er nahm sich vor, keinen Supermarkt zu besuchen, auch nicht das Kaufhaus des Westens, da würde er Kopfschmerzen bekommen, wie ein Freund, dem das vor zwei Monaten so passiert war …

Bei der Passkontrolle gab es nicht das geringste Problem. Fast eine Beleidigung, wie wenig sie ihm misstrauten. Als wäre es die alltäglichste Normalität, hier einfach nach Westberlin durchzugehen. So früh wie heute war er ja selten auf den Beinen. Ein Pass mit Tagesgenehmigung für Westberlin wirkte besser als jedes Aufputschmittel.

Er hatte drei Telefonnummern notiert. Zwei von Leuten, zu denen die Beziehung sehr locker war, die dritte war die Nummer des Freundes einer ehemaligen Bekannten, die erst vor Kurzem aus der DDR nach West-Berlin übergesiedelt war. Aus der Haft vorzeitig entlassen. Sie war es, mit der er gern reden würde, nicht der Mann, der sie eigentlich aus der DDR hatte herausholen wollen, durch eine bezahlte Flucht. Kontakt zu ihr aufnehmen und den neuen Mann vermeiden? Das hatte er schon überlegt und wieder verworfen, wieso spazierte sie schon wieder durch seine Gedanken? Wo sie noch nie länger miteinander geredet hatten. Mehr Blicke ausgetauscht, die er als eine Art beidseitiges Bedauern interpretiert hatte, dass sie immer dann aufeinander trafen, wenn einer von beiden in Begleitung war. Oder war das nur seine Projektion, Wunschdenken? Er spazierte jetzt den Kudamm entlang, einem bisher unerreichbaren Ort. Er befahl sich, einfach glücklich zu sein.

Er war immer schon ein schlechter Befehlsempfänger gewesen und konzentrierte sich nun auf sein Besuchsziel Nummer Eins. Und betrachtete die Rollschuhläufer auf dem Fußweg, musterte die Punks und andere, anderes – ja, Westberlin wirkte wirklich westlich. Dennoch sein Wille zur Distanz: sich nicht zu sehr beeindrucken lassen, das hier als Film zu begreifen, ein verlockender, mit immer neuen Bildfolgen, aber wer wollte in einem Film leben.

Er vergewisserte sich bei jemandem, auf dem richtigen Weg zu sein. Er hatte sich gut vorbereitet. In dem Moment geschah das, was er in jedem Film als einfältigen dramaturgischen Trick kopfschüttelnd belächelt hätte. Jemand rief „Hallo" und tippte von hinten auf seine Schulter. Auch hier kontrolliert werden? Er vertrieb den abwegigen Gedanken durch rasches Herumdrehen. Später sagte sie, seine Stimme erkannt zu haben, als er nach der Galerie fragte. „Das darf doch nicht wahr sein", mehr fiel ihm nicht ein. Sie sagte gar nichts, bevor sie ihn umarmte. Ihm war aufgefallen und auch erzählt worden, dass die Art der Begrüßung im westlichen Teil der Stadt anders war und mehr Küsschen enthielt. Er zögerte nur den Bruchteil einer Sekunde, sie wich zurück, lächelte und sagte: „Guten Tag!" Da küsste er sie, und ihm erschien es völlig selbstverständlich, dass er sie so noch nie geküsst hatte.

Sie lösten die Umarmung, er hatte ja die Pubertät eigentlich längst hinter sich und spürte, dass sein Tagesplan in akute Gefahr geraten war. Sie wohnte ganz in der Nähe und lud ihn zu einem Kaffee in ihre Wohnung ein. Der Freund oder Mann war auf Montage im Bundesgebiet. Das erfuhr er nebenher, wie ein paar andere Infos über ihr Leben im Westen. Sie kannten sich ja nicht gut. Umso mehr hatten sie zu reden. Ein Jahr Gefängnis hatte sie verändert, ohne dass er imstande wäre zu sagen, wie genau. Sie wollte nichts erzählen über diese Zeit, gab vor, dort habe sie nichts Berichtenswertes erlebt.

Er erschrak, wie sehr ihr Zimmer an jenes erinnerte, in dem er sie mit ihrem Partner angetroffen hatte. Nach einer Fete, vor einer, um etwas vorbeizubringen oder eine Tauschplatte abzuholen. Einmal besuchte er jene Wohnung in der Hoffnung, sie allein, ihren alten Freund nicht mehr vorzufinden. Dann diskutierte er stundenlang mit dem, ja, wie hieß der doch gleich? Als das aus war, funktionierte ihre Adresse nicht mehr – als er die neue erfuhr, traf er sie nie an. Was kam da eigentlich immer dazwischen? Ein Zettelaustausch mit wechselseitigen Vorschlägen für neue Besuchstermine führte zu keinem praktischen Erfolg. Eine oder einer versetzte immer einen oder eine. Wurde sie wegen Asozialität von der Polizei gesucht? Verwechselte er jetzt Gerüchte? Dann kam die Verhaftung.

Er registrierte die Bilder ihres Freundes, auf einem berührte sie den am Arm, so wie sie auch ihn bei ihrer letzten Begegnung im Osten vorsichtig angefasst hatte. An dem Abend damals, zielgerichtet zufällig, auf einer Fete. Wurde mehr diskutiert oder eher getanzt? Wenig überraschend das Ertasten seines Armes durch ihre Fingerkuppen jetzt, als führte sie die Geste der Intimität von damals fort. Nur offener, entschlossener. Ihre Hände kommunizierten unter Einbeziehung anderer Körperteile. Es entwickelte sich eine Mischung aus Pantomime, modernem Tanztheater und Sex. Sie streichelten sich, bis er in sie hineinkroch, und sie ihn so spät als möglich heraus ließ.

Lange lagen sie in dem Zimmer, aßen aus Konserven, liebten sich noch einmal, tranken Wein und er spendierte die Hälfte seines Geldes, damit sie noch einmal zwei Flaschen kaufen konnte. Sie redeten doch viel, sprachen dabei aber weder über ihre Haft, noch über seine internen Querelen im Verband Bildender Künstler und die quälenden Schwierigkeiten, diesen Sechzehn-Stunden-Tag in Westberlin genehmigt bekommen zu haben. Er erzählte von seiner Frau, sie von den Heiratsabsichten des Freundes. Und wieder liebten sie sich, und er konnte sich nicht an ein Gefühl solcher Klarheit im Denken und Tun erinnern.

Am Schluss fuhren sie noch schnell an der Kongresshalle vorbei. Es war diesig, und er sah so gut wie nichts. Von seinem restlichen Geld kaufte er den Katalog der derzeit angesagtesten Ausstellung, um ihn Freunden zeigen zu können. Das musste reichen an Devotionalien vom Wunderland nebenan. Und ein nicht allzu teures Kunstbuch für seine Frau, das beim Zoll der DDR nicht anecken würde. Er wusste später nicht mehr, wo genau sie sich verabschiedeten, und fuhr allein zum Grenzübergang zurück. Damit von beiden kein Verabschiedungsfoto entstehen würde.

Er würde sagen, er wolle ihnen West-Berlin nicht beschreiben, diese herrlich schreckliche oder schrecklich herrliche Stadt. Diese Sprachregelung verordnete er sich schon auf dem Weg durch die Grenzübergangsstelle, die er wieder ohne jedes Kontrollproblem passierte. Er wolle weder Neid wecken noch eine Ersatzbefriedigung liefern. So würde er das seinen Freunden sagen, getroffen habe er niemanden, leider …

Es war ein Film gewesen, in dem zwei Menschen für Stunden in einem Paralleluniversum verschwinden. Am nächsten Morgen würde er in seinem Adressbuch eine Telefonnummer durchstreichen. Mit schwarzem Filzstift, damit die Zahlen nicht durchschimmerten.

2. Ein Haus in Montevideo, Neunziger Jahre

Montevideo ist ein riesiges Revolutionsmuseum, in dem begierig alle Fundstücke für sozialistische Utopien und revolutionäre Hoffnungen konserviert werden. Osteuropa hatte sich schon zu Zeiten der Existenz nach und nach diskreditiert. Durch Misswirtschaft und offensichtlichen Machtmissbrauch die einen Staaten, durch Auflehnung der Bevölkerung die anderen. In der DDR hingegen schien ein Teil der sozialen Utopie Wirklichkeit geworden, erläutert mir Willi Israel. Natürlich seien immense Fehler gemacht worden. Über diese wolle man reden. Er erklärt, warum eine Gruppe antifaschistischer Emigranten in den sechziger Jahren die Freundschaftsgesellschaft mit der DDR gründete, warum sie diese Alternative zum selbstgefälligen größeren westdeutschen Staat wichtig fanden. … Erich Loest und ich lesen einen Abend in der Residenz des Botschafters. Es wird höflich geklatscht und maßvoll anregend diskutiert. Die DDR war einmal und kommt nie wieder.

Eine Publizistin erklärt es mir. Hier wurde faktisch jede Gefangene vergewaltigt, viele gefoltert. „Die da drüben töten ja die Leute", meinten die Folterer dabei und verwiesen auf Argentinien. Dort sind ca. dreißigtausend Menschen verschwunden, viele einfach ins Meer gekippt, aus den Flugzeugen abgeworfen. In Uruguay werden ein paar Hundert vermisst, ganz klar: viel zu viele. Trotzdem auch hier der verrückte Vergleich mit dem Staat, der schlimmer gewesen sein soll und in seiner Verbrechensintensität sicher auch schlimmer war. ... Meine DDR-Erlebnisse verblassen. Nach einer Weile des Zuhörens fühle ich mich schuldig, in einer so harmlosen Diktatur so dissidentenprivilegiert gelebt zu haben. Ein Psychologe, der viel innere Fröhlichkeit ausstrahlt, erklärt mir beim besten Asador Montevideos – durch Einladungen lernte ich vier als vermeintlich beste kennen – die Köstlichkeiten der Innereien in aller genussvollen Differenz. Er war ein Opfer der Militärdiktatur, das hatte ich zuvor gehört. Als er auf der Toilette ist, ergänzt einer der Übersetzungsbegleiter zu seiner Biografie: 10 Jahre Einzelhaft, Folteropfer, heute bekannter und respektierter Traumaexperte.

Wie soll ich da mithalten? Natürlich, die Toten an der innerdeutschen Grenze und andere Fälle. Ich wollte während der Reise von der Staatssicherheit, ihrem Psychoterror und den Aktenbergen immer weniger etwas erzählen und immer mehr erfahren von den spezifischen Bedingungen in Argentinien, Uruguay, Chile. Am vorletzten Abend gebe ich einer Journalistin einfach ein Buch mit, in dem wir über unseren Umgang mit den Stasi-Akten berichten, es erschien 1993, für mich steht nichts Sensationelles drin. Am nächsten Tag treffen wir uns vormittags zum Kaffee. Sie ist immer noch aufgeregt, schlief die Nacht kaum, las es hintereinander weg. „Unglaublich, wie Menschen minutiös planen, Leben zu zerstören, diese Brutalität im Kopf, um die direkte Gewalt scheinbar zu vermeiden." Sie schüttelt immer wieder ihren Kopf: „Davon haben wir kaum eine Vorstellung."

Die Nachwirkungen der Vergangenheit sind unkalkulierbar. Erkenntnisse geschehen oft nebenbei, ungeplant. Die Möglichkeiten für Vergleiche, für das Wirken von Zufällen müssen geschaffen werden. ... Bei der Ausreise aus Uruguay sind drei Menschen damit beschäftigt, den Stempel im Pass zu platzieren: Einer öffnet ihn, einer stempelt, einer schließt den Pass. Das erinnert doch noch einmal an einen Staat, der auch wegen seiner uneffektiven Vergeudung von Arbeitskraft entschwand.

3. Alexandria 2011, fast schon Gegenwart

Kurz vor Ende unseres Vorgesprächs erschien ein Mann in Zivil, mit ein paar Begleitern, die gleich Plätze in der ersten Reihe sicherten. Die Stimmung kippte schlagartig. Im Vorbereitungsraum redete nur noch einer – der General in seinem zivilen Anzug, der einige Uniform-Assoziationen zuließ. Er wollte sich mit dem bekannten ägyptischen Autor und dem aus Deutschland und mit Goethe sowieso anfreunden. „Kommt der öfter hier vorbei?", fragte ich den Direktor. Die Antwort: „In meiner Zeit zum ersten Mal". Meine Übersetzerin flüsterte: „Der will uns kontrollieren."

Die Diskussion verlief konzentriert, respektvoll lebhaft, der General stellte sich als Anhänger der Revolution vor und meinte, Alexandria müsse eine wichtigere Rolle im revolutionären Prozess spielen. Ab und zu kam jemand zu ihm und flüsterte etwas in sein Ohr. Der Heute-Abend-einmal-nicht-General flüsterte zurück. Irgendwie vermittelte er Weisungen, die angewiesenen waren über den ganzen Raum verstreut. Es baute sich etwas auf.

Da meldete sich ein Kameramann, der gerade mit Team vom Platz der Revolutionäre gekommen war und erst einmal sein glühendes Bekenntnis zur Revolution abgab. Ich versuchte, meinen langsam wachsenden Ekel vor der Revolutions-Ornamentik in Wort und Gesten zu zügeln, wahrscheinlich bin ich durch den inflationären Gebrauch der Vokabel „Revolutionär" aus DDR-Verhältnissen voreingenommen geprägt. Da wurde der Mann mit dem von ihm behaupteten Filmteam lauter. Er sprach sinngemäß: „Wir müssen ein Zeichen setzen für Ägypten und die Welt. Hier von Alexandria aus müssen wir Geschichte schreiben. Unter uns sitzt ein Mann, zu bescheiden, seinen Anspruch auf ein politisches Amt zu verkünden ..." Ich fasse die blumige, rhetorisch gekonnt vorgetragene Rede zusammen: Er forderte den Freund aus Sachsen und Deutschland (mich) und vor allem den verehrten, hoch geschätzten, mutigen Autor aus Kairo auf, zusammen mit dem General in der ersten Reihe und allen Anwesenden im Raum zum Platz der Revolutionäre zu gehen. Und dort unseren tapferen General zum neuen Gouverneur auszurufen.

So verstand ich die mir per Kopfhörer permanent übermittelte Übersetzung. Wozu er ihn genau ausrufen wollte, das war später umstritten: den neuen Chef Alexandrias oder gleich des ganzen Landes? Niemand im Saal klatschte, er hatte zu wenige Claqueure bezahlt. Es war still. Wie würde ich auf möglichst freundliche Weise den Putschverweigerer spielen können?

Da entlastete mich und alle anderen Anwesenden der Schriftsteller glänzend, er bewies seine realpolitischen Fähigkeiten und den wissensgeschulten Sinn für die Situation. Seine differenzierte Rede behandelte den General respektvoll, sie machte aber allen klar, der nächste Gouverneur und andere wichtige Posten sollten später per Wahl bestimmt werden, die Zeit der Selbstermächtigungen sei vorbei. Ein guter Abschluss. Die Veranstaltung wurde rasch beendet. Der General nimmt es sportlich, plaudert mit uns im Nebenraum weiter. Das heißt: Er redet und redet und sieht sich sicher nun als Revolutionär unter Revolutionären. Die Freundschaft zu Deutschland und zu Sachsen liege ihm sehr am Herzen. Meine Übersetzerin streikt irgendwann, ihre letzten Worte in meinem Ohr: „Ich muss mich übergeben, ich kann diesen Mist nicht mehr hören!“

Es passierte nichts Erwähnenswertes mehr. Die Monate danach dachte ich immer wieder darüber nach, was eigentlich passiert war. Niemand konnte mir erklären, was er selbst nicht verstand. Der General verlor bald darauf seine Macht und gewann sie Monate später mit allen anderen Generälen erneut zurück und regiert bis heute.

Sigi Lieb

Die Freiheit, die ich meine

„Freedom's just another word, for nothing left to lose", singt Janice Joplin in „Me And Bobby McGee". In dem Song betrauert sie den Verlust einer Liebe, einer Liebe, die das freie Umherziehen gegen Sesshaftigkeit eintauschte. Der Wunsch, frei zu sein, eint uns Menschen ebenso wie der Wunsch, dazuzugehören. Beides gehört, zusammen mit Essen, Trinken und einem sicheren Schlafplatz, zu unseren Grundbedürfnissen.

Erinnerungen an die Freiheit

Sigi, du bist so frei, habe ich schon öfter von anderen gehört. Ich habe lange nicht verstanden, was die Person damit meinte. Ich bin ja nicht freier oder weniger frei als andere in diesem Land. Was jedoch stimmt: Freiheit ist für mich ein wichtiger Wert. In meinem Leben habe ich mich schon öfter für die Freiheit mit unbekannten Folgen und gegen vermeintliche Sicherheit und Gewohnheit entschieden. Da scheint etwas in mir zu sein, in meinem Wesen, meiner Biografie, dem Zusammenspiel von dem Ich mit der Umwelt.

Eine Kindheit in Enge

Meine Kindheit war davon geprägt, dass ich gehorchen sollte, notfalls mit Zwang. Es wurde erwartet, dass ich folgsam tue, was mir aufgetragen wird, dass ich bei Leuten „kein Gerede" verursache und mich in meine Rolle als Arbeiterkind und Frau füge. Nur passte das so gar nicht zu mir. Sich fügen war einfach nicht mein Ding. Ich hatte eigene Ideen, Interessen, Wesenszüge. Die passten nicht zu diesen Erwartungen. Je älter ich wurde, umso heftiger widersetzte ich mich der Fremdbestimmung und Kontrolle. Ich wollte frei sein, selbst entscheiden.

Diese Enge in der Familie wurde in der Gesellschaft meines Dorfes und Landkreises gespiegelt. Ich wuchs zwar in den 1970er und 1980er Jahren auf, allerdings in einer Gegend, in der mangels Austausch die Zeit stehengeblieben schien. Die Mentalität der Menschen entsprach eher den 1950er Jahren in der Adenauer-BRD. Das

Einzige, was aus den wilden 1960er und 1970er Jahren im Dorf angekommen war, waren die RAF-Fahndungsplakate in den Raiffeisen- und Sparkassenfilialen.

Ja, die BRD. Die DDR gab es damals auch noch. Einen Kilometer entfernt von meinem Elternhaus. Sie begann im Westen, dort wo mein Papa Wald besaß, dort, wo ich als Kind spielte. Sie begann auch im Norden und im Osten, aber da waren es dreißig Kilometer bis zur Grenze. Der Landkreis Kronach war bis zum Fall der Mauer eine Art Landzunge mit Mauer statt Meer. Einen Grenzübergang gab es nicht, ein Ausgang existierte nur in Richtung Süden.

Zwar wohnte ich auf der „freien" Seite, aber die Freiheit war auf dieser ummauerten Landzunge, weit weg von der nächsten Autobahn oder einer größeren Stadt, diese Freiheit war begrenzt vom allgegenwärtigen Konservatismus und der religiösen Frömmigkeit des Umfeldes.

Dieses Gefühl der Enge wurde durch die Landschaft noch verstärkt. Die Ausläufer des Thüringer und des Frankenwaldes zerteilen die Mittelgebirgslandschaft in viele enge Täler und Hügel mit dunklen Fichtenwäldern.

Die Mauer war für mich als Kind allgegenwärtig, ebenso die Propaganda oder die Warnung vor Propaganda. So ganz traute ich den Erwachsenen nicht.

Im Angesicht des Bösen: Wäre ich mutig?

Ein Schlüsselerlebnis hatte ich im Alter von etwa zwölf oder dreizehn Jahren. In meiner Erinnerung weiß ich nicht mehr genau, ob es die katholische, die Rotkreuz-Jugend oder eine andere Gruppe des Dorfes war, die das Projekt veranstaltete. Es war ein christliches, deutsch-deutsches Projekt auf beiden Seiten der Grenze. Wir sollten einen Kreuzweg vorbereiten, der an verschiedenen Orten beiderseits der Mauer stattfinden sollte. Thema Judenverfolgung im Nazi-Deutschland.

Zur Vorbereitung hatten wir mehrere Bücher mit Bildern und Texten zum Holocaust und den grausamen Verbrechen der Nazis. Zum ersten Mal in meinem Leben sah ich Fotos von ausgemergelten Menschen mit leeren Gesichtsausdrücken, die aussahen wie ein Skelett mit Haut drum herum. Ich sah Leichenberge, Körper, achtlos auf einen Haufen geworfen. Ich sah das absolut Böse. Und das war nicht irgendein Splatter- oder Horror-Film, wie ich sie in dieser Zeit heimlich bei einem älteren Cousin auf VHS geschaut habe. Das war wirklich passiert. Zeitgeschichte. Unvorstellbar grausam. Die Bilder haben sich in mein Gehirn gebrannt. Bilder der industrialisierten Ermordung von Menschen. Und die Zivilgesellschaft damals: Wo war sie? Wie konnte die Gesellschaft das zulassen?

Ich wusste natürlich auch, dass Menschen, die sich den Nazis widersetzten, die Jüd*innen halfen, Widerstand leisteten, ebenso gefoltert und ermordet wurden. Und mir drängte sich die Frage auf: Was hätte ich getan, hätte ich in dieser Zeit gelebt? Wäre ich mutig gewesen? Hätte ich mein Leben aufs Spiel gesetzt und Widerstand geleistet? Oder hätte ich den Mund gehalten, um mich keiner Gefahr auszusetzen? Ich habe mir damals sehnlichst gewünscht, dass ich zu den Mutigen gehören würde. Aber wissen tun wir das erst, wenn wir in der Situation sind und uns entscheiden müssen.

Jin, Jiyan, Azadî – Frauen. Leben. Freiheit – rufen die Frauen und Mädchen im Iran und bezahlen diesen Wunsch oft mit Folter, Vergewaltigung und Ermordung. Ich bewundere den Mut dieser Frauen und der Männer, die sie unterstützen. Ich weiß nicht, ob mein Mut so weit ginge, ich war nie in einer solchen Situation. Aber ich weiß: Es sind genau diese mutigen Menschen, die Veränderungen zum Positiven bewirkt haben und bewirken. Es sind diese mutigen Menschen, die Freiheit, Gleichheit, Menschlichkeit, die Menschenrechte, Rechtsstaatlichkeit, Demokratie ermöglichen, verteidigen, schützen.

Der Auszug in die weite Welt

Mein Abi-Jahr 1990 war das Jahr der Wiedervereinigung. Kurz vor meinem Abi fiel die Mauer und auf der Bundesstraße vor meinem Jungendzimmerfenster war Stau: morgens in Richtung Süden, nachmittags in Richtung Norden. Überall Trabis, dazwischen Wartburgs, Skodas und die Golfs, Kadetts und die Mercedesse der einheimischen Bauern. Im Radio sagten sie, der Stau sei neunzig Kilometer lang.

Viele Menschen ließen nach dem Fall der Mauer den Osten hinter sich. Ich ließ nach dem Abi die enge Landzunge hinter mir, so schnell ich konnte. Zunächst landete ich in Nürnberg. Das schien mir als Stadt groß genug und weit genug entfernt von meinem Elternhaus. Ich wollte frei sein.

Freiheit bedeutete zu dieser Zeit für mich vermutlich das Gleiche wie für viele Adoleszente: keine Eltern, keine Lehrkräfte, keine Erwachsenen, die mir reinreden. Dazu genoss ich, dass es in der Großstadt niemanden interessierte, wie ich mich stylte oder wie ich lebte. Ich hatte keine Ahnung, was ich vom Leben wollte. Ich wusste nur, was ich nicht wollte. Und ich genoss es, frei zu sein.

Freilich war diese Freiheit nicht grenzenlos. Für viele Dinge fehlte mir das nötige Geld. Ich war Arbeiterkind. Ich bekam zwar Bafög, musste für meinen Lebensunterhalt dennoch durchgehend nebenher jobben. Gleichzeitig war ich hungrig danach, die Welt zu sehen. Meine Eltern waren nie groß in Urlaub gefahren, höchstens mal ins bayerische Voralpenland. Das war wie daheim, nur mit etwas höheren Bergen und mehr Geranien an rostbraunen Holzbalkonen.

Mangels Geld für ausgedehnte Reisen nahm ich mit, was ich kriegen konnte: darunter ein Austauschprogramm der Partnerstädte Nürnberg-Charkiw, damals noch in der Sowjetunion, ein Auslandspraktikum in Burkina Faso/Westafrika und für die Diplomarbeit ein Aufenthalt als Wahlbeobachterin in Haiti. Für meine USA-Reise 1992 habe ich, wenn ich es richtig erinnere, ein halbes Jahr mein Essen mehr oder weniger auf Toast und Tütensuppe reduziert, um mir das Flugticket kaufen zu können. Aber das war nicht schlimm. Mein Denken war damals eher von der Idee geprägt: Besitz macht unfrei. Freedom's just another word, for nothing left to lose.

Demokratische Lehrstunde im journalistischen Praktikum

1994 absolvierte ich ein Praktikum beim Bayerischen Lokalradio in München. Das konnte ich mir leisten, weil es dafür ein Praktikumsentgelt gab, das zumindest einen Teil der Kosten für das WG-Zimmer in München abdeckte. Pleite war ich danach trotzdem. Aber darum soll es nicht gehen. Geld war mir nicht wichtig.

Ich war also in der Redaktion in München. Ich weiß nicht mehr genau, worüber sich ein CSU-Politiker geäußert und was er gesagt hatte. Ich erinnere mich nur noch an meine Empörung. Ich fand seine Aussage unfassbar sexistisch oder rassistisch und sagte: „Wieso darf der so etwas sagen?" Ein Redakteur, der in der Situation dabei war, reagierte vollkommen ruhig und gelassen: „In einer Demokratie darf der das."

Diese Ruhe und Klarheit beeindruckten mich. Hätte er mich zurechtgewiesen, wäre ich vermutlich in den Widerstand. Autoritäten und Erwachsene betrachtete ich damals mit Misstrauen.

In einer Demokratie darf der das. Die Freiheit, die eigene Meinung zu äußern, ist ein hohes Gut. Ich habe das Recht, diese Meinung zu kritisieren, aber nicht das Recht zu verbieten, dass sie geäußert wird. Grenzen der Meinungsfreiheit sind dort, wo sie wahlweise die Verfassung verletzen oder die Persönlichkeitsrechte eines anderen Menschen. Das entscheiden Richter*innen nach Gesetzen eines Rechtsstaates. Ohne Meinungsfreiheit gibt es keine Freiheit.

Die lernende Lehrerin im DaZ-Unterricht

Der Arabische Frühling, wie er Anfang der 2010er Jahre begann, war eine Zeit der Hoffnung, die für viele in Zerstörung, Tod und Leid mündete. Zivilgesellschaften standen auf, gingen auf die Straße und demonstrierten für Freiheitsrechte und Demokratie. Aber nicht nur. Unter den Demonstrierenden waren auch Gruppen, die im aktuellen Regime zwar unterdrückt wurden, aber ihrerseits nicht viel von Freiheitsrechten hielten, sondern Macht wollten, um andere zu unterdrücken. Manche Regime ermordeten lieber ihre eigene Zivilbevölkerung, als auch nur ein Jota ihrer Macht abzugeben. Und je nachdem, welche fremden Regime ihrerseits Interessen geltend machten, mischten weitere Parteien mit, um aus dem Freiheitswunsch der Menschen Profit zu schlagen. Die Zerstörung von Zivilgesellschaften und ihrer Infrastruktur inklusive. Trauriges Beispiel solcher multiplen Verstrickungen lokaler, regionaler und globaler Akteure ist Syrien.

2016 unterrichtete ich an einer Kölner Gesamtschule Deutsch als Zielsprache für Kinder und Jugendliche, die gerade erst nach Deutschland gekommen waren. In einer Deutschklasse saßen zwei aufgeweckte syrische Mädchen, sechzehn und siebzehn Jahre alt. Wir arbeiteten gerade mit Tageszeitungen und den Texten darin. Eine der beiden meldete sich und fragte verwundert: „Wieso steht hier ein Name? Ist der echt?"

Sie meinte den Namen des Autors eines Meinungsartikels. Ich war im ersten Moment irritiert. Natürlich ist der echt. Ist doch normal … mein Normal. Mir wurde bewusst, wie unnormal das in einem Regime ist, in dem die Machthabenden entscheiden, welche Meinung geäußert werden darf. „In einer Demokratie darf der das." Ohne Meinungsfreiheit gibt es keine Freiheit.

Der Kampf für die Freiheit

„Freedom's just another word, for nothing left to lose", singt Janice Joplin. Aber was ist, wenn wir die Freiheit verlieren? Die Freiheit zu leben, wie wir wollen, zu lieben, wen wir wollen, die Freiheit zu sagen, was wir denken?

Informationskontrolle als Mittel totalitärer Systeme

Informationskontrolle ist Bestandteil aller totalitären Systeme: von Russland bis Iran, von China bis Saudi-Arabien. Es ist egal, ob es sich um kapitalistische oder sozialistische Systeme handelt, egal, ob sie einer bestimmten Religion folgen und welcher. Die zentrale Frage ist, ob die Mächtigen im Land demokratisch legitimiert, kontrolliert und in ihrer Macht begrenzt werden oder nicht. Freie Meinungsäußerung, unabhängige Medien und unabhängige Gerichte sind dann auch die ersten Opfer, wenn Totalitarismus nach der Macht greift. Ein Blick nach Ungarn oder in die Türkei liefern aktuelle Beispiele für Entdemokratisierungsprozesse.

Den Versuch der Informationskontrolle gibt es auch in funktionierenden demokratischen Systemen, vor allem in krisenhaften Situationen, etwa in Kriegen. Ob „Embedded Journalism", also kontrollierte, zivile Kriegsberichterstattung, oder die Angewiesenheit auf Quellen, die nicht überprüft werden können. Auch Lobby- und Aktivismusgruppen sind Teil des Spiels um politische Einflussnahme und nutzen ihre Machtoptionen aus, umso mehr, je weniger sie demokratisch begrenzt werden.

In einer freiheitlichen Demokratie garantieren freie Rede, Informationsfreiheitsgesetze, Compliance-Regeln, investigativer Qualitätsjournalismus, eine freie Presse und unabhängige Gerichte, dass solche Manipulationsversuche aufgedeckt und bei Rechtsverletzung geahndet werden können.

Grenzen der Freiheit

„Freedom's just another word, for nothing left to lose", singt Janice Joplin. Aber ist diese Freiheit grenzenlos oder hat sie Grenzen? Und wer begrenzt sie?

Rechtliche Grenzen

In einer Demokratie darf der das. Das Grundgesetz von Deutschland garantiert Meinungsfreiheit, Wissenschafts- und Kunstfreiheit (Artikel 5) sowie die Versammlungsfreiheit (Artikel 8). Diese Freiheitsrechte gelten ausnahmslos für alle, auch für die Feinde dieser Freiheiten.

Ihre Grenzen finden diese Freiheiten in einem eng gesteckten Rahmen. Artikel 5, Absatz 2, Grundgesetz führt aus:[1]

„Diese Rechte finden ihre Schranken in den Vorschriften der allgemeinen Gesetze, den gesetzlichen Bestimmungen zum Schutze der Jugend und in dem Recht der persönlichen Ehre."

Am bekanntesten sind der Tatbestand der Volksverhetzung (StGB § 130) sowie die Tatbestände Beleidigung, üble Nachrede und Verleumdung (StGB §§ 185 bis 187). Wenn eine Person bezichtigt wird, sich einer Rechtsverletzung strafbar gemacht zu haben, muss dies angezeigt und vor ein Gericht gebracht werden, wo Richter*innen darüber entscheiden, ob der Vorwurf als erwiesen gilt und wie er zu bestrafen ist. Das ist das Prinzip der Rechtsstaatlichkeit. Selbstjustiz ist verboten und strafbar.

Diese Freiheitsrechte sind in Deutschland Ende 2023, wenn ich diese Zeilen schreibe, garantiert. Und doch haben im Dezember 2023 viele Menschen in Deutschland das Gefühl, ihre politische Meinung nicht mehr ungestraft frei äußern zu können. Auf die Frage „Haben Sie das Gefühl, dass man heute in Deutschland seine politische Meinung frei sagen kann, oder ist es besser, vorsichtig zu sein?" antworteten im Rahmen der Befragung zum Freiheitsindex 2023 nur 44 Prozent mit Ja. 1990 war es noch 78 Prozent.[2] Was ist passiert? Haben diese Ängste eine reale Grundlage?

---

1 Grundgesetz für die Bundesrepublik Deutschland: Gesetze im Internet, https://www.gesetze-im-internet.de/gg/BJNR000010949.html, abgerufen am 20. Dezember 2023

2 Statista: Gefühlte Meinungsfreiheit in Deutschland bis 2023, Dezember 2023, https://de.statista.com/statistik/daten/studie/1067107/umfrage/umfrage-zur-meinungsaeusserung-in-deutschland/, abgerufen am 20. Dezember 2023

Sozio-kulturelle Grenzen

Die Grenzen unserer Freiheit werden nicht nur rechtlich, sondern auch sozial definiert. Welche Aussagen oder Handlungen sind sozial toleriert? Wann muss ich mit sozialen Sanktionen wie Ablehnung oder gar Ausgrenzung aus der Gruppe rechnen? Wann droht mir wirtschaftlicher Schaden?

Was als normal und sozial toleriert gilt, ändert sich mit dem sozialen Wandel. In den 1980er oder 1990er Jahren hatte eine Frau viel weniger Möglichkeiten, sich gegen übergriffiges Machoverhalten zu wehren als heute. Es galt als normal, wenn sich ein Mann fremden Frauen körperlich näherte. Je nach sozialer Situation hatte die Frau keine Möglichkeit, sich in sozial akzeptierter Weise zur Wehr zu setzen. Die Angewohnheit von Thomas Gottschalk, attraktiven Frauen vor laufender Kamera am Knie und anderswo anzufassen, hat in den 1980er Jahren niemanden gewundert, heute gilt sie als sexuell übergriffiges No-go. Luis Rubiales, der die Freude über den WM-Titel nutzte, um Kaptitänin Jennifer Hermoso auf den Mund zu küssen, hat die Folgen dieses Handelns unterschätzt. Hier hat ein Wandel zu mehr Augenhöhe und Gleichberechtigung stattgefunden. Machohaftes und patriarchales Verhalten werden sozial weniger toleriert und stärker geahndet als noch vor dreißig Jahren. Das ist gut so. Auch wenn es manchen schwerfällt, das zu akzeptieren.

Mitverantwortlich für den Erfolg von MeToo ist zweifellos die Entwicklung des Internets mit seiner globalen Vernetzung und der Möglichkeit, auch als diskriminierte Gruppe gegen Mächtige aufzubegehren und Druck zu erzeugen, um Veränderungen zu erreichen.

Die Schattenseite dieser technischen Möglichkeiten: Sie sind unabhängig von moralischen, sozialen, ethischen Ansprüchen der Person, die sie nutzt. Es liegt in der Eigenverantwortung der Person, ob sie die Reichweite dafür nutzt, sich für Freiheit, Demokratie und Gleichberechtigung einzusetzen oder dafür, eben diese zu bekämpfen. Es liegt in der Eigenverantwortung der Person, die Reichweite nur für den eigenen Profit zu nutzen oder für gesellschaftlichen und sozialen Fortschritt. Es liegt in der Eigenverantwortung der Person, auch andere Perspektiven wertschätzend anzuerkennen oder um sich selbst kreisend nur die eigene Weltsicht zu tolerieren und jeden

Widerspruch als feindlich zu markieren. Es liegt in der Eigenverantwortung der Person, in der Sache zu argumentieren oder unsachlich gegen eine Person zu hetzen.

Mit den Möglichkeiten des Internets und der digitalen Entwicklung wandern all die Möglichkeiten manipulativer Einflussnahme und totalitären Denkens in die ganze Breite der Gesellschaft. Gleichzeitig sind aber die Instrumente der demokratischen Kontrolle und Einhegung nicht im gleichen Maße mitgewachsen. Schon gar nicht global.

In den Weiten der Social-Media-Plattformen und Messenger-Dienste existieren viele Blasen, in denen Menschen mehr oder weniger unter sich sind und eigene Wirklichkeitsbilder entwickeln. Vorstellungen, an die die Mitglieder dieser Gruppen oft fest glauben. Häufig werden sie von einigen wenigen tonangebenden Influencer*innen dominiert. Diese sagen, was „wahr" ist und was nicht, verteilen Blocklisten, entscheiden, wer dazugehört und wer ausgeschlossen wird, mobilisieren Massen und hetzen sie gegeneinander auf. Menschen werden in Freund oder Feind unterteilt. Und wer als Feind*in identifiziert wird, gegen den werden orchestrierte Kampagnen gefahren. Die erschöpfen sich nicht in ein paar blöden Kommentaren, sondern beinhalten Briefe an die Arbeitgeberin oder an (potenzielle) Auftraggeberinnen oder Veranstalterinnen, Droh-Mails bis hin zu körperlichen Attacken. Es geht dabei nicht um die Sache, sondern darum, die Glaubwürdigkeit der Person zu zerstören oder gleich ihre soziale und wirtschaftliche Existenz zu vernichten. Das sind totalitäre Methoden der Zersetzung.

Diese Methoden beschränken sich nicht – das ist mir wichtig zu sagen – auf eine politische Gruppierung. Sie sind überall dort zu finden, wo Dogmatik und Ideologie über Pragmatismus und Realität stehen. Sie verbreiten Angst. Und sie haben schon viele zum Schweigen gebracht.

Diese Methoden befeuern ein Klima, in dem besonders exzentrische, skrupellose, narzisstische Personen mit besonders dogmatischen Positionen immer lauter und mächtiger werden und der Raum für demokratischen Diskurs immer enger. Die Mauern rücken näher und drohen die Mitte zu zerquetschen. Und sie bedrohen die Demokratien im Globalen Norden, egal, ob Corona, Klima, Migration oder Gender.

Die Argumentation und Lagerbildung in links oder rechts befeuert die Konflikte noch, denn sie unterstützt das gleiche Entweder-oder-, Ja-nein-, Freund-Feind-, Schwarz-weiß-Denken, welches die Konflikte hervorbringt.

Persönliche Grenzen

Sigi, du bist so frei, habe ich schon öfter von anderen gehört. Wirklich? Ich kann und will den Mund nicht halten. Das stimmt schon. Dafür ist mir meine Freiheit zu wichtig. Oder die Angst zu groß, meine Freiheit zu verlieren.

Ich merke, wie ich mich viel vorsichtiger und weniger frei äußere. Ich lege Worte auf die Goldwaage, gewichte und messe sie, inwieweit sie in welche Richtung möglicherweise Eskalationspotenzial haben, oder ob ich damit riskiere, Beifall von der falschen Seite zu bekommen. Ich erwische mich dabei, wie ich lieber nicht kommentiere, weil ich sonst riskiere, dass ein Mob über mich herfällt, mich attackiert und rufschädigende Lügen über mich verbreitet. Ich denke an meine psychische Gesundheit, wie viel Hass und Shitstorm kann ich aushalten? Wie kann ich mich schützen?

Still sein will ich nicht. Das bin ich nicht. So frei und unbefangen wie vor zehn Jahren äußere ich meine Meinung heute aber auch nicht mehr. Ich prüfe und hinterfrage, wie viel Hass und Shitstorm meine psychische Resilienz verkraftet. Die Konsequenz: Ich teile meine Redefreiheit ein und dosiere sie. Themen, bei denen ich die Worte und Argumente weniger genau wiegen kann, lasse ich eher außen vor. Gut finde ich das nicht. Weil ich so zu Themen, von denen ich weniger Ahnung habe, eher schweige und dadurch auch weniger Austausch habe und weniger darüber lerne.

Mut ist ebenso verknüpft mit persönlichen Aspekten wie Freiheit oder Angst. Häufig wird diese Angst bestimmt von unseren Glaubenssätzen, die sich aus unserer Sozialisation und Biografie entwickelt haben. Manche helfen uns, andere behindern uns. Und sie wird bestimmt von unserem Wertesystem und seinen Prioritäten. Vielleicht ist es die als Kind empfundene Enge und Unfreiheit, die ihren Teil dazu beiträgt, dass ich bin, wie ich bin.

Es ist für mich etwas völlig Neues, dass ich Mut brauche, meine politische Meinung zu äußern, und dass ich das nicht mehr einfach frei Schnauze mache, sondern viel stärker überlege, was ich sage.

Und ich denke mir: Wenn es so diskussionsfreudigen Menschen wie mir so geht, was macht diese toxische Atmosphäre erst mit den Menschen, die auch in einem freundlichen Klima Mut brauchen, um sich in der Schule, an der Uni, am Arbeitsplatz zu melden und ihre Ansicht zu äußern?

Mich wundern die Zahlen aus dem Freiheitsindex nicht. Sie machen mir Sorgen.

Die Angst, etwas zu verlieren, kann uns Kraft und Mut geben, dafür zu kämpfen. Sie kann aber ebenso dazu führen, dass wir verstummen, uns anpassen, einschränken lassen. In dem Maße, in dem wir uns unseren inneren Motiven, Werten, Antreibern und Bremsern stellen und sie reflektieren, ändert sich unsere innere Freiheit zu sein, wer wir sind, zu tun, was wir für richtig halten und dafür auch einzustehen, auch gegen Widerstand.

Was uns Angst macht, das wir verlieren könnten, ist von Mensch zu Mensch verschieden und abhängig von seiner jeweiligen Lebenssituation.

Soll eine iranische Freiheitskämpferin weiter für die Freiheit ihres Volkes kämpfen, auch wenn sie ihre Familie dann vielleicht nie wiedersieht? Oder soll sie sich dem System unterwerfen, um die Freiheit zu besitzen, bei ihrer Familie zu sein? Das sind schwierige ethische Fragen, die jed*er für sich beantworten muss, wenn er oder sie in einer solchen Situation ist. Hierzulande sind die Folgen zum Glück weitaus harmloser als im Iran, in Syrien, Afghanistan, Russland oder China. Trotzdem bleibt es eine sehr persönliche Entscheidung, ob jemand aufbegehrt oder sich einschränken lässt.

Die Freiheit, die ich meine

Von welcher Freiheit sprechen wir also, wenn wir von Freiheit reden? Egal, ob es um innere oder äußere Freiheit geht, um rechtliche oder soziale. Allen ist gemein, dass sie nur existieren können, wenn sie eingebunden sind in ein Regelwerk und ein Wertesystem.

Das Werte- und Entwicklungsquadrat von Friedemann Schulz von Thun[3] geht davon aus, dass jeder Wert, jede Tugend, jedes Leitprinzip ein Gegenüber braucht, also einen Wert, eine Tugend, ein Leitprinzip,

---

3 Schulz von Thun Institut für Kommunikation: das Werte- und Entwicklungsquadrat, https://www.schulz-von-thun.de/die-modelle/das-werte-und-entwicklungsquadrat, abgerufen am 20. Dezember 2023

mit dem oder der es in einem Spannungs-Gleichgewicht steht, damit beide eine konstruktive und positive Wirkung entfalten können.

Die Freiheit des Einzelnen wird beschränkt durch die Freiheit unseres Gegenübers. Sie wird eingehegt durch gemeinsame Regeln und durch den Wunsch der Zugehörigkeit zu einer Gruppe, die uns ein Gefühl von Sicherheit und Geborgenheit vermittelt.

Ohne diese Gegenüber verkommt Freiheit zur Rücksichtslosigkeit und zum Recht des Stärkeren, der alles plattmacht, was ihm oder ihr im Wege steht.

Ohne die Freiheit als Gegenüber verkommt Sicherheit oder Gruppen-Zugehörigkeit zu sozialem Zwang, Enge und Unterwerfung.

Eine Diktatur der Mehrheit ist immer noch eine Diktatur. Demokratie zeichnet sich gerade dadurch aus, dass Schutzrechte Minderheiten die Sicherheit geben, nicht von der Mehrheit plattgemacht zu werden.

Die Freiheit, die ich meine, ist nicht absolut. Sie gedeiht auf der gemeinsamen Grundlage universeller und unteilbarer Menschenrechte. Sie wächst auf dem Boden von Demokratie und Rechtsstaatlichkeit. Und sie erblüht in der Reflexion mit dem eigenen Fühlen, Denken und Tun und der Verantwortung, sich dem zu stellen.

Michael Augustin

Safiye Can
leben
Stell dir vor, du musst fliehen
Stell dir vor, du musst fliehen
Stell dir vor, du musst fliehen
Stell dir vor, du musst fliehen
Stell dir vor, du musst fliehen
Stell dir vor, du musst fliehen
Stell dir vor, du musst fliehen
Stell dir vor, du musst fliehen
Stell dir vor, du musst fliehen
Stell dir vor, du musst fliehen
Stell dir vor, du musst fliehen
Stell dir vor, du musst fliehen

Karina Wasitschek

NOBODY IS FREE UNTIL ALL OF US ARE FREE

Niemand ist frei, wenn nicht alle von uns frei sind.

Wieso eigentlich? Wieso muss mir jemand erlauben, mich hierhin oder dorthin bewegen zu dürfen? Und wieso ausgerechnet dieser Jemand und nicht ein anderer? Und wieso kann dieser Jemand gleichzeitig sagen: Du ja, du darfst dich hier bewegen, und du, nein, du darfst hier gar nicht erst rein? Schütteln Sie jetzt nicht den Kopf, bitte, verdrehen Sie jetzt nicht die Augen, bitte, denken Sie nicht: wie naiv.

Ich sage: Das ist nicht naiv. Das ist eine berechtigte Frage, eine Frage, die im Schatten des Aufwachsens verkümmert.

Sie wissen von dehumanisierten, entrechteten Migrant*innen,

Sie wissen von der Situation an den EU-Außengrenzen,

Sie wissen, dass Deportationen – „Pushbacks" – durchgeführt werden,

Sie wissen von den Grenzverschiebungen und Menschenrechtsverletzungen und Verbrechen gegen die Menschlichkeit in Nordafrika und der Sahelzone, gefördert von der EU.

Aber wissen Sie auch, dass Sie bedroht sind? Nein, nicht, was Sie jetzt vielleicht denken, oder doch, eventuell genau das, was Sie denken. Sie sind bedroht durch den Abbau Ihrer Grundrechte. Sie sind bedroht durch Sicherheit und Sicherheitsdiskurse, verpflichtende Fingerabdrücke und KI-Überwachung, Rassismus und Abschottung.

Freiheit stirbt mit Sicherheit.

Hannah Arendt schrieb 1951: „So begann der Prozeß der Entziehung der Staatsbürgerschaft für alle deutschen Juden, […] so war der Weg geebnet für die Entziehung der Staatsbürgerrechte überhaupt."[1] Wenn es Menschen ohne Rechte gibt, ist das auch eine Gefahr für reguläre Bürger*innen. Denn irgendwann wird der Staat sich auch gegen sie gewaltsam wenden können.

Das bedeutet: Was jetzt flüchtenden und migrierenden Menschen angetan wird, öffnet einen Korridor. Und der führt letzten Endes zu Ihnen. Auch, wenn ich eigentlich auf Ihre Empathie ver-

1 Hannah Arendt: Elemente und Ursprünge totaler Herrschaft. Antisemitismus, Imperialismus, totale Herrschaft. München: Piper, 13. Auflage 2009, S. 581.

traue, darauf, dass Sie nicht erst selbst in Gefahr sein müssen, um sich zu solidarisieren, sage ich noch einmal:

Was den einen angetan wird, kann auch den anderen angetan werden.

Und na ja, ich könnte Sie jetzt auch ganz allgemein fragen: Wieso muss mir eigentlich jemand Rechte geben? Bin ich nicht ein Mensch, frei und gleich an Würde wie alle anderen Lebewesen auch? Wieso habe ich die Rechte nicht einfach so, wieso können sie mir weggenommen werden, wenn ich nicht arg aufpasse und stets für sie kämpfe?

Ich wundere mich
UPOZORENJE – NIJE DOVOLENO UNOŠENJE ORUŽJA I EXPLOSIVNIH NAPRAVA U OBJEKAT
Vorsicht – es ist nicht erlaubt, Pistolen und explosive Objekte in das Gebäude zu bringen.

Dieser Satz steht manchmal an Supermarkttüren in der bosnischen Kleinstadt Velika Kladuša, zwei Kilometer von Kroatien und damit zwei Kilometer von der EU-Außengrenze entfernt. Keine Pistolen, keine Handgranaten. Reste des genozidalen Krieges sind hier überall zu sehen, manche Gebäude in der Region sind auch heute noch überzogen von Granatsplitterlöchern. Mit der NGO NoNameKitchen werde ich knapp zwei Monate lang Kleidung, Grundnahrungsmittel und Hygieneartikel an flüchtende, migrierende Menschen verteilen, Interviews führen, Grenzgewalt dokumentieren. Ich bin seit einer Woche hier.

Ich lerne
NOBODY NEEDS CHARITY WHEN THERE IS JUSTICE
Niemand braucht Wohltätigkeit, wenn es Gerechtigkeit gibt.

Es gibt einen Unterschied zwischen Wohltätigkeit und Unterstützung, Bevormundung und Hilfe. Wenn große Organisationen wie die IOM in die illegalisierten Unterkünfte – „Squats“ genannt – kommen, bringen sie manchmal Essen mit. Vorgekocht, in Aluschalen, lauwarm bis kalt. Es schmeckt nicht, wie denn auch, kein Essen kann dem Geschmack von Menschen aus über 20 verschiedenen Ländern und Ethnien angepasst sein. Das ist Wohltätigkeit. Das ist Bevormundung, lerne ich.

Wir bringen Grundnahrungsmittel, Gewürze, Öl. Manchmal heimlich, auf eigene Kosten, Fisch. Das ist Unterstützung. Das ist Hilfe, lerne ich.

So notdürftig die Feuerstelle auch ist, Essen nach dem eigenen Geschmack zu kochen, ist ein Stück Freiheit. Ist ein Stück Würde. Ist ein Stück Selbsterhaltung.

Und Gerechtigkeit wäre, wenn die kamerunische Frau mich nicht nach Foufou fragen muss, ob ich das vielleicht in der mitgebrachten Kiste habe, sondern es selbst in Freiheit und Frieden herstellen kann. Ich bin seit zwei Wochen hier.

Ich fühle
I HOPE LIFE BEST MOM LOOK MOM I CAN FLY
Ich hoffe auf das beste Leben Mama schau Mama ich kann fliegen

Ein Graffiti an der Mauer eines Squats. Viele fliehende, migrierende Menschen hinterlassen ihre Namen an den Wänden, ein Zeichen, eine Selbst-Vergewisserung: Mich hat es an diesem Ort gegeben. Meine ersten Interviews zur Grenzgewalt liegen hinter mir. Ich bin seit drei Wochen hier.

Er hat erzählt, wie er zwanzig mal deportiert wurde, kann's nicht genau sagen, hat vergessen zu zählen und irgendwann die Anzahl vergessen.

Und er erzählt, wie er mit seinen Freunden durch den Wald gegangen ist, und es ist kalt, es ist so kalt, und er sagt, man muss weitergehen, man muss weitergehen, wenn man sich nicht bewegt, ist es noch kälter. Aber seine Freunde haben gesagt:

Nur fünf Minuten, nur fünf Minuten hinlegen.
Er sagt: Nein, du darfst nicht schlafen.
Aber sie haben sich hingelegt, sie haben Feuer gemacht.
Er hat sich nicht hingelegt, Wache gehalten, das Feuer am Laufen gehalten.
Sie wurden deportiert.

Ein anderes Mal haben sie sich in einem Haus versteckt und die Nachbarn haben die Polizei gerufen. Sie wurden deportiert.

Ein anderes Mal läuft er durch den Eisesschnee, bricht ein, bis zum Hals bricht er ein. Läuft weiter. Nicht stehen bleiben, wenn man steht, ist es noch kälter. Am Ende wird er deportiert.

Ein anderes Mal ist er bis nach Zagreb gekommen,
mit dem Bus.
Er ist bis nach Glina gelaufen, an die Grenze, und von dort aus nach Zagreb
mit dem Bus.
Und er ist in Zagreb angekommen,
endlich,
endlich,
endlich.
Dann nach Buzet,
mit dem Bus.
Sechs Kilometer vor Slowenien..
Und sie steigen
in den Bus,
er und seine drei Freunde.
Nach vier Kilometern hält der Fahrer an.
Die Polizei.
Sie durchsucht den Bus.
Sie schmeißt die Leute raus.
Sie nimmt ihn und seine Freunde.
Sie sperren ihn ein,
sechs Stunden,
sie schlagen ihn,
sie deportieren ihn
zurück
nach Bosnien.
Mit dem Gefängnisbus.

Er hatte einfach nie Glück, erzählt er. Ein Schmuggler hat ihm und seinen Freunden insgesamt fast 8000 Euro abgenommen und ist weg damit nach

Frankreich. Und jetzt sitzt er hier. Er hat noch 3 Euro. Dafür kauft er sich Zigaretten. Eine Tüte 1.50, die stopft sein Nachbar selbst, hat er erzählt. Und er ist müde, so müde, jeden Tag ist er so müde.

Das letzte Mal war sein Handy aus, seine Powerbank leer. Wo sollte er hin, wie sollte er weiter? Also hat er sich mit seinem Freund an die Straße gesetzt und auf die Polizei gewartet. Die konnten es selbst nicht glauben.
Als sie gefragt haben: wohin willst du?
Hat er gesagt: nach Zagreb.
Da haben sie herzlich gelacht und ihn zurück nach Bosnien deportiert.
Und er ist so müde jeden Tag, er ist so müde.

Ich wüte
BORDER MANAGEMENT = LEGITIMATE MURDER
Grenzmanagement = legitimierter Mord.

Meine Mitstreiterin sprüht diesen Satz an die Wände eines Squats. Es ist kalt mittlerweile. Sehr kalt. Ich denke an all die Menschen, die draußen sind. Jedes Mal, wenn ich im Lagerhaus einen Schlafsack zusammenpacke, einen Wanderschuh zum anderen binde, einen Wanderrucksack säubere und vollbelade, um ihn Menschen mit auf den Weg zu geben, denke ich an Leute, die das zum Spaß machen. Zum Beispiel ich. Die gleichen Rucksäcke, Schuhe, Jacken, genau die gleichen Ausstattungen.

Für die einen ist es ein Erlebnistrip. Für die anderen ein Überlebenstrip.

Hunderte tote Migrant*innen an der bulgarisch-türkischen Grenze, an der bosnisch-kroatischen Grenze, an der polnisch-belarussischen Grenze. Erschossen, erfroren, ertrunken, verhungert, durch Krankheit geschwächt und alleingelassen. Ich bin seit vier Wochen hier.

Ich fahre
PAZI! MINE!
Pass auf! Minen!

Einen Sonntag wegfahren, dachten wir uns. Einen schönen Tag verbringen, ausspannen, nicht an die Arbeit denken, dachten wir uns. Wir fahren durch ein Naturschutzgebiet. Immer wieder blitzen an den Straßenrändern durch lichtdurchflutete zartgrüne Blätter die roten Schilder auf: Totenköpfe. Stand 2021, lese ich, sind noch 180.000 Landminen im Boden, Reste des genozidalen Kriegs. 2021, lese ich, explodiert eine davon, tötet einen fliehenden, migrierenden Menschen, der durch den Wald in die Sicherheit wollte. Ich bin seit fünf Wochen hier.

Ich weiß
MUGITZEN DEN HARRIAK – GOROLDIORIK EZ – ELKARTASUNA DA BIDEA
Steine bewegen – kein Moos – Solidarität ist der Weg

Schreibt meine Mitstreiterin mir zum Abschied auf das Gruppenfoto. Diese Gemeinschaft, diese Arbeit, nichts erscheint mir sinnvoller. Abschiede tun hier mehr weh als anderswo. Ihr trinkt dort recht viel Bier, kann das sein?, fragt mein Partner vorsichtig. Das Erste, was ich mittlerweile nach dem Aufstehen mache, ist eine Zigarette rauchen. Ich bin seit sechs Wochen hier.

Ich hoffe
BUGÜN DEĞIL AMA ELBET BIR GÜN!
Wenn nicht heute, so doch eines Tages!

Das steht auf der Zimmertür eines Hostels, in dem hauptsächlich fliehende und migrierende Menschen wohnen, eines der wenigen Hostels, das überhaupt Migrant*innen aufnimmt. Fliehende, migrierende Menschen stoßen auf geschlossene Türen, die Bank macht immer Mittagspause, wenn sie Geld wechseln wollen, zwei Supermärkte lassen sie überhaupt hinein – einer davon nur zu bestimmten Zeiten. Ich hingegen, ich darf fast überall sein, fast überall drüber, ein Lächeln begrüßt mich meistens, schon lange habe ich freie Fahrt.

Als Kind stieß ich jährlich an Grenzen, sie haben sich in mich eingeschrieben. Ich kenne lange Fahrten nach Südosteuropa zu meiner Familie, kenne nächtli-

che Grenzübergänge und Grenzübergänge in der sengenden Mittagssonne und Militärs, die meinen Pass begutachten seit meiner Kindheit (Schengen war eine willkommene Neuerung für mich), kenne

Aussteigen, Anstehen, Frieren, Schwitzen, Warten, ein Schritt vorwärts, den Rücken dehnen, einen Schritt vorwärts, der Onkel vor mir raucht hastig eine rote Pall Mall, „guten Abend" durch alle Zeiten: dobro veče, dobra večer, bună seara, Sprache egal, Aussage gleich –

das Büchlein, das bezeugt, dass ich ich bin und hier rechtmäßig und abgesichert über diese imaginäre Linie gehen und fahren darf und wieder zurück, so oft es mir beliebt, verschwindet hinterm Glas, der PC leuchtet träge Augen an, sie mustern viel zu lange –

nächstes Häuschen, nächste Uniform, ein Stempel, „gute Reise" durch alle Zeiten: sretan put, srećan put, drum bun, Sprache egal, Aussage gleich, ein Schritt vorwärts, der Onkel vor mir raucht hastig eine rote Pall Mall, noch mal die Beine ausschütteln, noch mal den Oberkörper drehen, ein Schritt, Kälteschauer, Jacke fester wickeln, der Onkel vor mir tritt hastig die rote Pall Mall aus und steigt schwerfällig die schwarzbeteppichten Stufen hinauf in den Reisebus.

Wie viele Grenzen, wie viele imaginäre Linien habe ich seitdem beliebig passiert,

ohne dass mir was passiert

und ich hoffe, ich kämpfe, dass das irgendwann für alle so wird.

Wenn nicht heute, so doch eines Tages. Ich bin seit sieben Wochen hier.

Ich schreie, ich brülle, ich klatsche
WE ARE HERE AND WE WILL FIGHT – FREEDOM OF MOVEMENT IS EVERYBODYS RIGHT
GRENZEN AUF, ÜBERALL, STACHELDRAHT ZU ALTMETALL
NATIONALISMUS RAUS AUS DEN KÖPFEN
Parolen und fülle sie mit Erinnerung

Ich bin seit einer Woche zurück.

Weinen ganz still ganz leise meine Reise ist vorbei einsam fühle ich mich

nach all der ArbeitArbeitArbeit die Arbeit hört nie auf

Menschengesichter schwirren in meinen Träumen
Unmenschliche Geschichten verfolgen meine Gedanken
manchmal Trauer manchmal Wut manchmal Widerstand
aber immer Machtlosigkeit Überwältigtsein

Ich murmle
Bol şanslar.
Viel Glück.

Der junge Mann nickt mir noch einmal zu, Leere im Gesicht, bevor die Zivicops ihn und seinen Freund abführen. Eigentlich hatte ich den Speisewagen gesucht, Strecke Kufstein – München.

Bleibe stehen, tippe hastig Braucht Ihr Hilfe, Anlaufstellen, Pro Asyl in den Online-Übersetzer, die beiden verstehen Türkisch.

Gehen Sie weiter! Wir machen hier Stichproben!, knurrt der Polizist.

Wo ist der Pass, ihr braucht einen Pass, Serbia? Serbia?, bellt der Polizist.

Der Waggon schweigt.

So, das reicht jetzt, los, Ihr Ausweis!, knurrt der Polizist.

Ich zittere zittere zittere vor Wut, Seite für Seite wird inspiziert.

Genug jetzt, du – steh auf jetzt, du – komm mit jetzt, bellt der Polizist.

Der Waggon schweigt.

Ich bin seit einem Jahr zurück.

Ich weiß, mein Reisepass
der nun wieder unbehelligt
wochenlang im Dunkeln liegen kann
ist Zufall und ist Kalkül und ist Imperialismus und ist Schutz und ist Rassismus und ist Kontrolle

Ich balle meine Fäuste balle meine Fäuste geballte Fäuste so lange bis Ellenbogen sich einhaken bis Körper an Körper stehen bis Menschen ihre Kraft spüren und gemeinsam sagen

Niemand ist frei, wenn nicht alle von uns frei sind.

WILLKOMMEN IN DER HÖLLE

STELL DIR VOR, DU MUSST FLIEHEN
UND DU WEISST NICHT WOHIN
UND DU STECKST JAHRELANG OHNE PERSPEKTIVE FEST
UND die EINZIGE CHANCE IST DER WEG Über S MEER
UND DER ZUGANG ZUM ASYLVERFAHREN WIRD VERSPERRT
UND AN DER GRENZE WIRST DU ZURÜCKGETRIEBEN MIT GEWALT
UND DU LANDEST MIT ANDEREN IN DRECK UND ELEND
UND DU WIRST IM EINREISELAND FESTGESETZT
UND DU WIRST IN Der MASSENUNTERKUNFT ISOLIERT
UND DU BEKOMMST KEIN FAIRES VERFAHREN
UND DU BIST JAHRELANG VON DER FAMILIE GETRENNT
UND DU WIRST INHAFTIERT, OHNE ETWAS VERBROCHEN ZU HABEN
UND DU WIRST ZURÜCKGEBRACHT
DORTHIN WO DU VERFOLGT UND BEDROHT WURDEST.

»SIE HABEN UNS GESCHLAGEN … SIE KAMEN GANZ NAH MIT DEN HUNDEN, WIR HATTEN ANGST UND SIE HABEN NUR GELACHT.«

Farshid Mohammadi, afghanischer Flüchtling, über seine illegale Abschiebung durch die kroatische Grenzpolizei*

»NATÜRLICH GIBT ES EIN BISSCHEN GEWALT, WENN MAN MENSCHEN ABSCHIEBT.«

Kolinda Grabar-Kitarovic, Präsidentin des EU-Mitglieds Kroatien*

Safiye Can

Ganz grosse Oper der politik

überwältigende Inszenierung
perfekte Kulisse
LEERE PHRASEN, LEERE Worte
viel WIR
eine Menge
Ressentiments
verfeindete Welten.
lohnt sich.

immer

Safiye Can

Gerd Herholz
Aufenthaltstitel Y04GW3HL7

روى – das heißt *Rawa*. روى ist ein weiblicher Vorname, man spricht es etwa wie *Rau(w)a*, die erste Silbe mit dem *R* näher am englischen *raw* als am deutschen *rau*. Im Arabischen funkelt dieser Name geradezu poetisch. *Geschichten erzählen*, *überliefern*, das sind nur zwei seiner Bedeutungen, andere spielen mit dem Element Wasser: *aus einer Quelle schöpfen*, *begießen*, *jemandes Durst löschen*.

Um allerdings unseren Wissensdurst zu stillen, legte sich Rawa aus Al-Hasakah wenig ins Zeug. Vielleicht, weil wir im Februar 2015 kaum mehr waren als Zuschauer ferner, plötzlich auch uns berührender Not? Verstört, mitfühlend und doch auf der Hut vor denen, die da kamen. Rawa, die Hemdsärmelige, die in Syrien gerne erzählt und geplaudert haben soll, gab sich Fremden gegenüber eher wortkarg. Hier in Deutschland hatte sowieso ihre beeindruckende Tante aus Aleppo das letzte Wort. *Tamam? Tamam!* Mit Rawa verständigten wir uns auf Englisch, bis sie immer selbstverständlicher ins Deutsche wechseln konnte, während wir im Arabischen weiter nur stümperten: *Marhaba, shukran, afuan, yalla.*

Die drei warteten in der Flüchtlingsunterkunft am Nordring, gleich neben der Ausgabestelle der Gelsenkirchener Tafel. Von da aus führte unser erster Ausflug mit Rawa, Tante und Cousine zu einer Abendvorstellung des Circus Roncalli. „Op-pa! Op-paa!“, riefen sie ein ums andre Mal, wenn den Artisten ein bravouröses Kunststück gelang. In diesen Momenten war der Cranger Kirmesplatz, auf dem Roncalli sein Geschichtenzelt aufgeschlagen hatte, ein sehr alter verwunschener Ort irgendwo im mesopotamischen Nordwesten, voller Hingabe an alles Wunderbare und Fremde.

Zwei Monate später war es Rawa, die meine Frau nach einem Essen bei uns überraschte und sie vor der Spüle abseits der anderen fragte, ob wir nicht ihre deutschen Eltern sein könnten. Nach einem Tag des Nachdenkens willigten wir ein – tief berührt und naiv zugleich, nicht einmal wahrnehmend, dass Rawas Frage ihre Tante tief verletzt hatte.

Begonnen hatte alles mit ehrenamtlichen Deutschstunden meiner Frau, für die sie sich mit den dreien traf. Da war ihre Sprachschülerin Rawa gerade 28 Jahre alt. Ein Jahr später sagten wir nur noch *Tochter* zu ihr, unsere Tochter, meine Tochter, *Binti*. Erst recht, nachdem sie sich vehement beschwert hatte, dass ich sie anderen gegenüber einmal *unsere syrische Ziehtochter* genannt hatte. Sie hasste das: als Flüchtling ausgestellt, nach ihrer Herkunft gefragt zu werden. *Aus*-gefragt statt *wahr*-genommen. *„Ich will mein normales Leben zurück.“* *Lieber einmal sterben als jeden Tag ein bisschen*, habe sie oft gedacht und sei entschlossen gewesen, nach Syrien zurückzukehren.

Rawas Flucht begann am 20. September 2014. Ohne jede Vorwarnung hatte ihr Vater Fouad, *das gute Herz*, ihr zwei Tage zuvor eröffnet, dass sie Tante und Cousine in Latakia treffen, dann mit ihnen in den Libanon reisen müsse, von wo aus sie ab Beirut nach Istanbul fliegen würden. Dort würden sie eine Telefonnummer wählen, es gebe Dollar-Depots bei Gewährsleuten, *Hawala-Banking*. Und Helfer, die sie nach Griechenland brächten und weiter auf der Landroute bis nach Deutschland. Niemand konnte ahnen, dass ausgerechnet ein Priester sie auf der griechischen Seite des Flusses Evros an den Grenzschutz verraten sollte, dass sie mit mehr als fünfzig Menschen, darunter viele Kinder, für Tage in einer Zelle hausen würden. Nichts als die Kleidung auf der Haut durften sie behalten, darin verstecktes Geld. Nach zwei Tagen des Hungers bestachen sie die Wärter, damit zumindest für die Kinder etwas Wasser, Brot, ein paar Biskuits besorgt würden, Tampons oder Binden für die Frauen.

Ihre Handys bekamen sie ohne SIM-Card zurück, bevor in der Dunkelheit selbst Nichtschwimmer wie die Tante auf einer Flussinsel ausgesetzt wurden und nach einer kalten Nacht im Morgengrauen durch den Evros zurück in die Türkei waten mussten, oft nur mit dem Kopf über Wasser und der Angst zu ertrinken. Als die Tante an einer tieferen Stelle zu versinken drohte, reichte ein Mann, das eigene Kind auf den Schultern, diesen Jungen an einen anderen weiter und zog die Tante gerade noch rechtzeitig in die Höhe. Am türkischen Ufer hörten sie den Muezzin einer fernen Moschee, in deren Richtung schlugen sie sich durch, schlammverkrustet und verloren.

Erst nach wochenlanger Odyssee erreichten die drei Mersin,

von wo aus sie auf einem Schleuserkutter nach Italien aufbrachen. Dieser Kutter fuhr an Zypern vorbei das Mittelmeer hinunter bis in Gewässer vor Ägypten, hielt sich westwärts, manövrierte lange nahe der libyschen Küste, nahm dort aber keine neuen Flüchtlinge aus Nordafrika an Bord, um nicht zu überladen und zu sinken. Andere hatten da weniger Skrupel. So gelangten sie endlich bis nach Sizilien. Tagelang schwankte noch der Boden unter ihren Füßen. Eine Woche hatten sie auf dem Kutter zugebracht: eine Toilette für alle, ohne Licht („Besser so, glaub mir, Dad"), nicht einmal an Deck gab es für alle Platz genug, um im Liegen zu schlafen.

Al-Hasakah liegt nahe der türkischen Grenze, nicht weit entfernt vom Irak, der *Chabur* umfließt die Stadt, an vielen Stellen nicht mehr als ein Rinnsal. Rawa kennt die fruchtbare Dschazīra ebenso wie die Syrische Wüste. In Hasakah oder Qamishli, wo sie an der Mamoun-Privatuniversität für Wissenschaft und Technologie ihren Bachelor als IT-Engineer gemacht hatte, war aufgrund der Trockenheit selbst große Hitze halbwegs erträglich. In Deutschland aber leidet Rawa unter Dürresommern oder Schwüle. Was sie nicht daran hindert, unser häufiges Duschen zu verspotten: *Oh, von diese adlige Leute seid ihr!* Uns blieb nichts als zu kontern, dass sie, die sich als Kind so gern als Beduine, als *badawī* verkleidet hatte, sich in Syrien wohl lieber in den Wüstenwind gestellt habe, zum Sandstrahlen, Peeling inklusive. Nachdem sie vom Vater am Flughafen von Qamishli abgesetzt worden sei, habe sie sich nicht verabschieden können und wollen, habe sich nicht mehr umgedreht, so zornig sei sie gewesen, dass er sie ins Ungewisse schickte. Und voller Angst davor, nicht mehr weitergehen zu können, zu erstarren: *Als Lots Frau zurückblickte, wurde sie zu einer Salzsäule.*

So schön sei es in der Heimat, alles sei ihr von Kindesbeinen an vertraut gewesen. Das Viertel, die Straße, in der ihre Familie mit anderen syrisch-orthodoxen Christen wohnte, die Georgskathedrale, das Haus des Großvaters, das Wäschegeschäft des Vaters, der Garden Albulabl, das Restaurant Amigos. Mit Muslimen und Kurden habe es keine Probleme gegeben, unter Assad mussten Christen keine Verfolgung fürchten, solange sie politisch nicht auffielen. Das Haus der Eltern stand allen Freundinnen offen. Wenn Rawa selbst nicht daheim war, wurden die eben von der Mutter verwöhnt. Ab

2011 war auch Hasakah umkämpft. Jede der Kriegsparteien erhob Anspruch auf Land und Menschen: Rebellen, die Freie Syrische Armee, Assads Truppen, Kurden. 2015 versuchte der *Islamic State of Iraq and the Levant* in der *Battle of Al-Hasakah* vergeblich, Kurden und Regierungstreue zu vertreiben. Im August 2018 wiederum begann die kurdische YPG einen Großangriff auf die Regierungstruppen in Hasakah, mittlerweile eine vielfach geteilte Stadt. In Hasakahs Gefängnissen, bewacht von kurdischer Miliz und mit dieser Aufgabe vom Westen alleingelassen, vegetieren Tausende IS-Anhänger. In Camps, Zeltstädten nicht weit davon entfernt ihre Frauen und Kinder, oft radikaler noch als ihre Männer und Väter, die im März 2020 Aufstände anzettelten. Covid 19, hieß es, grassiere unter den Gefangenen, türkische Milizen hätten zudem die Wasserversorgung gekappt, um die verhassten Kurden weiter in die Enge zu treiben. 2022 meuterten die Gefangenen des Al Sina'a-Gefängnisses erneut, wollten die Herrschaft über Gefängnis und Stadt gewinnen, doch konnte die Revolte niedergeschlagen werden. Bis heute greift der *Islamische Staat* auch von außen solche Gefängnisse an, um seine Anhänger zu befreien. Sollte ihnen das je gelingen, dürfte jene nordostsyrische Region, die die Kurden Rojava nennen und in der sie von einem freien Kurdistan träumen, mehr noch zur Hölle werden, als sie es schon ist.

Es war Anfang 2018, als das Bundesamt für Migration und Flüchtlinge Rawa erneut vorlud, um den *Fortbestand der Fluchtursachen* zu prüfen, wieder einmal hatte sie ihre *Verfolgung glaubhaft zu schildern.* Die Außenstelle des BAMF lag auf dem Gelände einer Erstaufnahmeeinrichtung in Essen-Fischlaken. Drei Stunden harrten wir dort im überfüllten Wartezimmer aus, im Neonlicht, umgeben von Dutzenden Gestrandeten; eine Anspannung herrschte hier, wie in den Buchten und Treibgängen eines Schlachthofes, wo noch die kleinste Hoffnung zerfiel. Eine farbige Muslima hatte gleich zwei Pro-Asyl-Helferinnen an ihrer Seite. Wir sahen ihnen und einem Beamten auf dem Flur zu, hörten, dass das Mädchen abgeschoben werden müsse, sie sei in Italien erstregistriert, habe hier also kein Bleiberecht. Die Helferinnen erbleichten, das Mädchen sank in sich zusammen. Schließlich verließen alle drei die BAMF-Baracke. Die junge Frau –

unterm Hijab von jedem guten Gott verlassen – schien den anderen Asylsuchenden wie auf dem Weg zum Schafott.

Rawa war übel geworden. Kreideweiß legte sie sich quer über zwei Stühle. „Dad, ich kann nicht mehr, lass uns gehen, bitte!" Während ich noch zögerte, wurden wir endlich aufgerufen. Unterstützt von einem Dolmetscher befragte eine junge Beamtin Rawa, die sich wieder gefangen hatte. Suchte nach Widersprüchen in deren Aussagen, konnte keine finden, da Rawa stets nur jene eine Version ihrer Fluchtgeschichte erzählte, die sie so und nicht anders erlebt hatte. Oft konnte Rawa deutsch antworten, das B2-Sprachniveau hatte sie bereits erreicht, eine Umschulung zur Fachinformatikerin begonnen. Zudem hatte ich zu den Kämpfen rund um Al-Hasakah eine Liste erstellt. Große Teile der Stadt waren zerstört, die Hälfte aller Christen geflohen, Auch Rawas Eltern lebten längst in Latakia. Nichts war im Nordosten Syriens mehr so, wie sie es kannte. Eine 31-Jährige jetzt abzuschieben, hieße, sie fanatischen Kämpfern auszuliefern. Es drohten die Verschleppung und Versklavung durch den IS, Vergewaltigung oder gleich der Tod. Am Ende der Anhörung wagte ich schließlich, die Frage zu stellen, ob es denn sein könne, dass Rawa überhaupt mit einer Abschiebung zu rechnen habe. Die *Entscheiderin* blieb vorsichtig: So gut, wie Rawa ihr Leben hier meistere, könne sie sich das kaum vorstellen. Wir waren erleichtert, aber beileibe nicht beruhigt. Rawa jedenfalls konnte sich nur zu gut vorstellen, was Deutsche sich nicht auszudenken wagten. Tagtäglich erreichten sie via Internet irgendwelche *Breaking News* aus Syrien, Neuigkeiten, die sie zu zerbrechen drohten, weil wieder jemand gestorben oder getötet worden war, der ihr nahestand.

Als Rawa längst öfter bei uns wohnte als in dem schäbigen ihr zugewiesenen *Apartment*, mein Arbeitszimmer in ihren Raum verwandelt hatte, schreckte sie manchmal spätabends schweißnass auf. Wie ein Kind legte sie sich dann zu meiner Frau aufs Wohnzimmersofa, schmiegte sich an sie, weinte, ließ sich von Wärme einhüllen und schlief ein. Irgendwann wachte sie erneut auf und trottete benommen zu ihrer Schlafcouch zurück. Die Nacht wurde ruhiger.

Die Flüchtlingsunterkunft, in der Rawa, Tante und Cousine sich ab Ende 2014 ein Zimmer teilen mussten, war ausschließlich für

Frauen gedacht. Dennoch übernachteten dort Männer, Verwandte, Bekannte dieser Frauen. Auch eine Nordafrikanerin lebte hier mit ihrer fünfzehnjährigen Tochter. Eines Nachts schlug und trat ein Betrunkener heftig vor deren Zimmertür und rief immer wieder „I want this girl! I want this girl!" Der Krieg, das hat nicht nur Rawa lernen müssen, verroht alle Männer, gleichgültig, ob sie als verkommene Sieger oder Verlierer aus ihm hervorgehen.

In der Schlange vor der Ausgabestelle der Tafel e. V. wechselten sich Rawa, ihre Cousine, Pharmaziestudentin aus Aleppo, und die Tante, einst Grundschullehrerin, mit dem Warten ab. Die Lebensmittel halfen, den Monat zu überstehen, die Zahlungen des Jobcenters reichten dafür kaum aus. Schmerzlich vermissten die drei Vielfalt und Düfte der syrischen Küche. „Euer Gemüse, euer Obst, alles schmeckt nach nichts." Wenn sie uns besuchten, war es der Tante ein großes Vergnügen, arabische Speisen mitzubringen oder sie bei uns zuzubereiten: Baba Ghanoush, Makdus, Maldoum, Hummus. Die Region um Al-Hasakah galt einst als Kornkammer Syriens. Bewässerungssysteme und Regen hatten den Anbau von Getreide und Baumwolle ermöglicht. Seit Jahren aber verwüsten Gefechte und Dürre sowohl die Stadt als auch Weizen- und Gemüsefelder. So fehlt den Ärmsten selbst der kleinste Bissen. Nur der Krieg wird noch satt, immerzu frisst er seine Kinder. Als Siziliens Catania in Sicht kam, war die Zahl der Flüchtlinge auf dem Kutter von 249 auf 250 gestiegen. Eine Palästinenserin hatte auf dem Seelenverkäufer einen Jungen geboren, sie gab ihm, so nah schon der italienischen Küste, den Namen *Naji*, der Überlebende. Der Kapitän verließ jetzt seinen Posten und mischte sich unter die anderen. Allen bläute er unmissverständlich ein, ihn nicht zu verraten. Er sei vor Stunden von Bord gegangen, klar? Die Notnavigation übernahm ein Student, bis die italienische Küstenwache das Schiff und das Ausbooten der Flüchtlinge zu überwachen begann. Schon nach einem Tag verließen die Frauen das Rotkreuz-Camp, in das sie gebracht worden waren, rechtzeitig, bevor die Grenzbeamten eintrafen, um ihre Fingerabdrücke für die Erstregistrierung zu nehmen. Immerhin hatten sie ein Papier erhalten, das sie dazu berechtigte, sich 24 Stunden in Italien aufzuhalten – also möglichst schnell aufzubrechen nach Österreich, Deutschland, Schweden. Per Bahn schlugen sie sich durch bis Rom, wo die älteste Tochter C. auf Mutter, Schwester und Cousine wartete; sie war noch vor dem Krieg als Medizinstudentin nach Köln gekommen.

Das Geld C.s und das aus der Heimat half den Frauen, nach außen wie Touristinnen zu wirken. So gelang auch der nächste Coup: Chic gemacht fuhren die Schönen Erster Klasse im Euro City von Veronas Porta Nuova nach München. Die Tante *very tricky* mit einer Bibel auf dem Schoß, die sie – die lateinische Schrift auf dem Kopf stehend – zu lesen vorgab. Man stellte sich schlafend, um Kontrollen zu entgehen, doch nur Schaffner sahen nach den Tickets, an keiner Grenze wurden die Pässe kontrolliert. Heilfroh waren Italiener und Österreicher über jeden lästigen Flüchtling, den sie unauffällig nach Deutschland weiterreichen konnten.

Rawa ist sich sicher, dass unter den Passagieren auf dem Kutter einige IS-Söldner, deren Frauen und Kinder waren, die dem Dschihad zu entkommen suchten und untertauchen wollten. Aber auch manche – so fürchtet sie –, die ganz sicher Pläne hätten, die niemandem hier gefallen könnten. „Deutschland nimmt alle, ihr passt nicht auf!", warnte ausgerechnet die Geflüchtete uns: „You have to take the consequences!"

So weit also die wie erfunden klingende, ganz und gar wahre Geschichte Rawas. Ähnlichkeiten mit realen Orten, lebenden und toten Personen sind unvermeidlich. *Man kann aus der Luft nur greifen, was in ihr liegt.* Rawa selbst möchte von all dem eines Tages auf ihre ganz eigene Weise berichten: *Die Scherben und das Glück*, so soll der Titel ihrer Erzählung lauten.

Ihre Eltern leben heute in Toronto, Fouad, ihr Vater, bleibt ihr *baba*, doch manchmal, wenn Rawa Ähnlichkeiten zwischen ihr und mir, dem deutschen *dad*, entdeckt, spottet sie gern „Same genetics!" und ich, der es nicht lassen kann, verbessere: „Same genes!"

„Same jeans?" Eine rührselige Geschichte, nicht wahr? Also eine, die ihre Tücken hat. Unsere Inszenierung verspäteter Elternschaft und des Tochterdaseins einer Endzwanzigerin muss zwangsläufig scheitern. *Das Glück und die Scherben.* Es kommt zur abrupten

Trennung als *Binti* ihren späteren Mann kennenlernt und im August 2019 die *elterliche* Wohnung sozusagen über Nacht verlässt, um ganz bei einem zu leben, der immerhin sechzehn Jahre älter ist als sie, gutsituiert und tatsächlich ein freundlicher, kluger Mann, der ihr alle Wünsche nicht nur von den Lippen abliest, sondern sie meist sogar erfüllt. Auch bei uns hätte sie gern schon so gelebt, als Prinzessin, verwöhnt und eigensinnig zugleich, von ihren Eltern in Syrien war sie nichts anderes gewohnt. Offenes Haus, ein Kommen und Gehen wie frau will, genug Geld, sich bekochen lassen. In Deutschland putzen Mam und Dad, während die oft müde Prinzessin ruht, doch nicht zur Ruhe kommen darf, auf Ämtern vorstellig werden muss, Sprachkurse besucht oder zur Umschulung aufbricht. Erst später stellt sich nach vielen Untersuchungen und einer Punktion bei einem Onkologen heraus, dass Rawa an Polycythaemia vera leidet, das Knochenmark vor allem zu viele rote Blutkörperchen bildet, Müdigkeit ist da nur eines der vielen Symptome.

Zunächst aber weiß davon niemand, nicht einmal Rawa selbst. Vorerst wäscht *Mamati Habibi* ihre Wäsche, sie selbst rührt keinen Finger und lebt so, als ob das alles normal wäre. Wir entschuldigen vieles mit Traumatisierungen, obwohl sich längst deutlich zeigt, dass da ein fertig gebackener Charakter mit uns lebt, der gar nicht anders kann, auch, weil er nicht anders will. So viel hat sich schließlich für sie geändert, alles ist neu und anders, also bloß nicht mehr als unbedingt nötig auch noch an sich selbst arbeiten. Rawa hasst die *hours of truth* wie die Pest, diese Gespräche, in denen wir sie eher bitten als ihr raten, etwas mehr für ihr Deutsch zu tun, *language is the key*, es sich nicht nur als Screenjunkie gemütlich zu machen, auch wenn wir verstehen, dass Handy, Facebook, WhatsApp, Skype die Nabelschnüre zu Familie und Freundinnen sind.

Doch bleibt auch Stolz. Immer, wenn es darauf ankam, lernte Rawa unermüdlich. „Deutschland hat mir diese Chance gegeben, ich nehme diese Chance."

Erzählen dürfen wir ihr viel, doch sagen lässt sie sich wenig. Viele unserer Versuche der Ermutigung (oder Nacherziehung?) scheitern, und ganz sicher ist nie, wer da von wem nicht lernen kann oder will. Interkulturelle Missverständnisse also, *generation gap,* Hybris satter Deutscher, *Dummheit alter Weißer,* Lebenshunger und Trotz einer jungen Syrerin, der zu vieles nach Bevormundung riecht? Was weiß denn ich.

Im Oktober 2022 wird Rawa endlich eingebürgert. Im April 2021 hatten wir noch einmal geholfen, die nötigen Papiere zusammenzustellen, sie bei Ämtergängen begleitet, hatten bei der Staatsangehörigkeits- und Einbürgerungsstelle der Stadt Bochum beharrlich nachgehakt, wann denn nach fast anderthalb Jahren des Wartens Rawas Antrag endlich bewilligt werde. Die Zeit drängte jetzt mehr denn je, schien es, nachdem ab dem Frühsommer nicht nur Menschen aus Syrien, Afghanistan oder Nordafrika, sondern auch Hunderttausende Ukrainerinnen und Ukrainer darum kämpfen mussten, hierzulande die Scherben ihrer Leben mühsam zusammenzusetzen, ihr Glück zu versuchen.

Und bestens desinformiert fürchten plötzlich auch wir, dass Westeuropa zum Schlachtfeld werden könnte, wir selbst vielleicht irgendwann in Armut oder schlimmer noch in Ruinen oder auf der Flucht, angewiesen auf jene Hilfe, die vielen anderen unbarmherzig verweigert wurde, die wir nur durch eine glückliche Fügung nicht selbst verweigert hatten.

Alle Dinge sind Gift, und nichts ohne Gift; allein die Dosis machts, dass ein Ding kein Gift sei.

Reisen

Miriam Böttcher

Marina Lioubaskina

Lektüre

Der Mensch ist frei. Der Mensch ist frei, ein Buch zu lesen. Der Mensch ist frei zu entscheiden, ob er aus dem Buch etwas lernen möchte, auch wenn er die wichtigste Message zwischen den Zeilen suchen muss oder alles, was der Autor sagen wollte, was ihm wichtig war, einfach ablehnen möchte. Du hast die Freiheit, mit Liebe deine Lektüre zu machen. Liebe und Libertas! Freiheit zu lesen!

Und was, wenn diese Freiheit zu lesen verboten wird? Ein kleines Beispiel: Es wird verboten, die Bücher für Erwachsene zu lesen. Dann hast du die Freiheit, die Märchen zu lesen, da steht ja auch alles über das Leben! Wenn du nur über das Leben etwas wissen möchtest. Wenn nicht, dann auch nicht, du bist auch darin frei. Du bist sogar frei, es dir ganz zu verbieten – etwas im Leben zu lesen. Du bist frei, wenn du es dir selbst verbietest, nicht jemand anderer. Wenn dir alles verboten wird, kannst du dich noch für die innere Selbstverwirklichung entscheiden. Verbiete dir nicht, frei zu denken. Erfinde eigene Geschichten.

Freiheit der Reisen

Reisen mochte ich schon immer. Ich dachte, wenn ich nicht mehr reisen kann, sterbe ich vor Langweile und Traurigkeit. Mein eigentlich sehr bequemes rotes Sofa nervte mich, wenn ich ohne Reisen längere Zeit zu Hause hocken musste. Ich war jung und abenteuerlustig.

Die Jugend, wie man gut weiß, geht vorbei und die Mütter werden alt und hilflos. Ich pflegte meine demenzkranke Mutter und hatte keine Zeit und auch keine Kraft zu reisen.

Aber die Lust, etwas Neues zu erleben, etwas Interessantes zu sehen blieb.

Eines Tages bekam ich per WhatsApp eine Serie von Fotos aus Sri Lanka von einer meiner Freundinnen.

Wow! So bunte Farben, wunderschöne Landschaften, exotisches Essen! Ja! Heureka! Ich hatte eine Idee! Und schnell schrieb ich allen meinen Freundinnen und Freunden und bat sie, mir die Fotos von ihren Reisen zu schicken. Während der Reisen fotografiert man doch gern. So konnte ich mit diesen Fotos auch auf ihren Reisen dabei sein. Ich saß auf dem Sofa, meine Mutter daneben, und wir betrachteten Fotos, wir stellten uns vor, da drin, in den Landschaften auf den Fotos zu sein.

Jetzt klettern wir auf einen Berg und im nächsten Moment genießen wir die Sonne am Strand des Ozeans. Dann trinken wir an der Bar unter einem Strohdach Cocktails aus unbekannten Früchten, die Gläser dekoriert mit winzigen Papierschirmchen. Lecker! Hervorragend! Wir sind Reisende, aber frei von schweren Koffern, frei von den Bahnhöfen mit ständig verspäteten Zügen, frei von den Flughäfen mit langen Übergängen und gecancelten Flügen. Genuss pur!

Meine beste Freundin Angela ist Geografin und professionelle Reisende. Zu Hause kann man sie selten erreichen. Sie reist. Von ihren Reisefotos war ich immer fasziniert. Hier ist sie in China und isst Reisnudeln mit Stäbchen und knackt gebratene Insekten und Würmchen, hier ist sie in Japan und isst Sushi und Sashimi, auch mit Stäbchen, die Sakura blüht, hier ist sie in der Mongolei und isst Tsuivan-Suppe auf dem Teppich sitzend in einer Jurte, hier ist sie in Nizza und isst Hummer mit Hilfe von sadistisch anmutendem Besteck, hier ist sie in Vietnam und isst duftenden Reis, serviert auf grünen Blättern, hier ist sie in Usbekistan und isst Pilaw mit den Fingern, auch Trauben und traditionellen Tomatenzwiebelsalat, und hier ist sie in London, Big Ben im Hintergrund, und isst ein berühmtes englisches Gurkensandwich, mit Messer und Gabel. Ja, ich kann unendlich lange ihre Fotos beschreiben.

Einmal bereiste sie mit dem Fahrrad ganz Schweden. Nur mit einem Rucksack. Übernachtete in Baumhäusern. Ja, es gibt solche Häuser. Sogar mit kleinem Klo und Waschbecken drinnen. Nur duschen muss man in einem speziellen „normalen" Haus, wo es auch eine Küche gibt. Diese komischen Baumhäuser sehen alle anders aus. Jedes Haus hat eine eigene ungewöhnliche Konstruktion. Ich stelle mir vor: Ich schlafe in einem solchen Häuschen oben im Baum

Fotos: Inna Koehler, aus der Serie „På jakt efter polarljusen." (Auf der Jagd nach den Polarlichtern)

Inna Koehler, Eishotel

und unten im Dunkeln lauern böse Wölfe, Füchse, riesige Elche und andere wilde Geschöpfe. Aaah! Atemberaubend! Ich habe Angst. Aber in meinem kleinen Versteck bin ich geschützt. Meine Strickleiter habe ich sicherheitshalber für die Nacht ins Haus hochgezogen. Dann habe ich meine Ruhe.

Hinter dem Polarkreis wäre es problematisch gewesen, sich mit dem Fahrrad weiterzubewegen, dann organisierte meine Freundin Angela einen Husky-Hundeschlitten, die Geschwindigkeit nicht wie beim ICE, aber wenigstens dreißig Kilometer pro Stunde, nicht schlecht.

Von der nächsten Fotoserie wurde mir ganz kalt. Meine Mutter, die mit mir die Fotos anschaute, verlangte ihren Wintermantel. Angela übernachtete in einem Eis-Hotel. Echt, die Hotelzimmer waren nur aus Eis! Wer hatte sich so was ausgedacht? Zimmer aus Eis, das ganze Interieur – Bett, Tisch, Stuhl, alles war bloß ewiges Eis! Für die Deko – Eisskulpturen. Ich fror, zitterte, klapperte mit den Zähnen.

Mutter hüllte sich enger in den Wintermantel. Draußen waren minus fünfunddreißig Grad, drinnen fünf, aber auch minus. Auf dem Eisbett lagen Schaffelle und ein dicker Daunenschlafsack. Trotzdem, vor dem Schlafengehen empfehle ich persönlich in der Bar, die es da auch gibt, ein paar Schnäpse oder so zu sich zu nehmen. Nicht nur für die Aufwärmung des Körpers, sondern auch für das psychische Gleichgewicht. So ist es besser. So ist es sicherer.

Ach und oh! Ich war so erschöpft, ich hatte noch nie in meinem Leben so viele Reisen gemacht wie in der Zeit, wo ich meine Mutter vor ihrer letzten Reise pflegte. Jetzt ist sie seit drei Jahren ganz frei von den irdischen Sorgen und ruht in Frieden.

Es war aber eine sehr schöne Zeit mit unseren Reisen auf dem Sofa, voll von spannenden Abenteuern, mit Tausenden Fotos von meinen Freundinnen und Freunden.

Miriam Böttcher

Reisen bedeutet Freisein

Nichts auf der Welt macht mich glücklicher, als mich mit meinem Rucksack ins große Ungewisse zu begeben. Raus aus dem Hamsterrad, rein ins Abenteuer! Wenn in einem fremden Land der erste Windhauch meine Haut berührt, ist das, als würde ein riesengroßer Konfettiballon zerplatzen und mich in ein Meer aus Farben hüllen. Ich empfinde unendliche Freude und tiefste Dankbarkeit.

Das erste Mal in meinem Leben, das ich dieses intensive Gefühl verspürte, war auf meiner allerersten Reise. Ich besaß damals weder einen eigenen Backpackerrucksack noch hatte ich auch nur einen Blick in einen Reiseführer geworfen. Ich erinnere mich noch ganz genau daran, wie ich – über 18.000 Kilometer von zu Hause entfernt – auf einer Bank saß und mich fragte: Und was jetzt?

Wo anfangen? Wohin gehen? Diese Ziellosigkeit kannte ich bislang nicht. Ich wusste nicht, was es bedeutete, frei zu sein. Mein Leben war immer bestimmt worden, beginnend mit dem Kindergarten, dann Schule, dann Arbeit, der konventionelle Lebensweg eben.

Ich hatte das Reise-Gen in mir, musste es aber erst entdecken. Das gesellschaftlich vorgeschriebene Leben war nichts für mich, doch nie hatte mir jemand gesagt, dass man auch andere Wege einschlagen konnte. Auf meiner ersten Reise erfuhr ich davon. Ab da änderte sich alles. Ich fühlte mich wie ein Vogel, der all die Jahre in einem Käfig gelebt hatte. Plötzlich hatte jemand die Gittertür entriegelt und ich konnte meine Flügel ausbreiten. Ich wusste zuvor nicht, dass ich fliegen konnte.

Leider ist das nicht nur eine Metapher, sondern für manche Lebewesen auf dieser Erde – Mensch oder Tier – die bittere Realität. Vielleicht sind deshalb all meine Reisen mit Freiwilligenprojekten verknüpft. Ich möchte das Privileg des Freiseins nicht für mich alleine beanspruchen. Ich möchte denjenigen die Gittertür ihres Käfigs öffnen, die dazu selbst nicht in der Lage sind. Ich möchte, dass auch sie lernen zu fliegen, um diese wunderschöne Welt in all ihrer Hülle und Fülle kennenzulernen.

Dieses Gefühl, nicht mehr nur schwarz-weiß zu sehen, sondern eine Farbe nach der anderen zu entdecken, ist atemberaubend. Ich sah Nordlichter in Alaska, pflanzte Bäume in Haiti, sprang Fallschirm in Neuseeland, schnorchelte auf den Bahamas, kam pleite bei einer Familie in Fidschi unter, sprang von Brücken und Klippen, aß unter dem Sternenhimmel auf einem zugefrorenen See in Kanada Nachos, kroch 80 Meter unter der Erde durch Höhlen, wurde aufgrund eines Waldbrands evakuiert, wanderte durch den Indian Summer, schaute Grizzlys beim Lachsfang zu, kletterte und raftete in den Rocky Mountains, beobachtete ungestörte Wale in Mexiko, lief über einen Gletscher, flog in einem Helikopter, sah den Sonnenuntergang über einem Vulkan in Hawaii, half Straßenhunden in Westafrika, ertrank beinahe bei dem Versuch des Erreichens einer Insel, couchsurfte mehr als zweihundert Mal, engagierte mich für geflüchtete Frauen in Israel, flog mit einem Buschpiloten zu einem Goldminencamp, bereitete zusammen mit Einheimischen ein Haus für einen Tsunami vor, schlief in einer Bucht in der Karibik, schlief in einem Tipi im Yukon, leistete Freiwilligenarbeit für ein Elefantenprojekt in einem Dschungel von Laos, fuhr für eine Spendenaktion vier Monate lang mit dem Fahrrad durch Europa. Ich könnte ewig so weiterschreiben.

Mit der zunehmenden Erlangung von Freiheit wurde ich aber auch nach und nach unfreier. Ein Widerspruch? Nicht wirklich. Wer reist, erfährt Leid. Wer Leid erfährt, muss agieren. Wer agiert, bringt Opfer. Ich sah eingesperrte Tiere, also wurde ich Veganerin. Ich sah unterdrückte Menschen, also spendete ich monatlich zehn Prozent meines Gehalts an gemeinnützige Organisationen. Ich sah verschmutzte Meere, also verzichtete ich auf Plastiktüten. Inzwischen lebe ich ein (bewusst) eingeschränkteres Leben.

Macht mir das etwas aus? Manchmal …

Ist es den Einsatz wert? Durchaus!

Hält es mich vom Reisen ab? Keinesfalls!

Ich bin bereit dazu, noch mehr zu lernen, noch mehr zu erleben, noch mehr zu entdecken, denn Reisen bedeutet Freisein.

Miriam Böttcher

Quentiin Crisp. Foto: Andreas Weigelt

Andreas Weigelt

A Legal Alien in New York

Ich habe fast sechs Jahre in New York gelebt und bin noch viele Jahre danach hin- und hergereist zwischen Berlin und New York. Das war meine beste Zeit. Das Leben in zwei Welten, der alten und der neuen. Jede Welt befruchtete die andere. Das Pendeln selbst, die Zeit im Flugzeug, zwischen den Welten, aus dem Fenster über die Wolken blickend, war etwas ganz Besonderes für mich. Hier konnte ich die große, ultimative Freiheit erahnen. In einem wunderbaren Vakuum. Am besten, mit einem Cocktail in der Hand.

Spät am Abend des 24.4.1978 zeigte das ZDF als deutsche TV-Premiere „The Naked Civil Servant", 1975 als britischer Fernsehfilm gedreht – mit der langweiligen deutschen Übersetzung „Wie man sein Leben lebt". Der Film lief im Nachtprogramm, weil er damals als „nicht für Jugendliche geeignet" angesehen wurde. Ein solcher Jugendlicher war ich. Ich fand mich geeignet. Meine Eltern waren ausgegangen und würden erst sehr spät zurückkommen, meine kleine Schwester war schon lange im Bett, also konnte ich mir den verbotenen Film heimlich ansehen. Das Wörtchen „Naked" hatte mich gelockt, ich weiß nicht mehr, was ich erwartet hatte, auf jeden Fall etwas Erotisches und möglichst viel nackte Haut, am besten männliche. Insofern war der Film eine Enttäuschung. Gleichwohl war er eine Offenbarung, und ich war beeindruckt von der Hauptfigur, Quentin Crisp, der so konsequent und unerschrocken seinen Weg ging. Diesen Herrn würde ich gern einmal kennenlernen. Ich fand es toll, wie er sich als Junge vor dem großen Spiegel über dem Schminktisch seiner Mutter im Elternschlafzimmer verkleidete. Genau das hatte ich auch getan. Und tragisch fand ich, wie er dafür in der Öffentlichkeit behandelt, dass er sogar zusammengeschlagen wurde. Nur, weil er sich so schön anzog und so war, wie er eben war, ohne Argwohn. Ein mutiger, authentischer Mensch.

Eines späten Nachmittags kam ich von einem Ferienjob bei der Post nach Hause, und auf der Terrasse bei Kaffee und Kuchen saß ein

Geschäftsbesuch meines Vaters aus New York, Mr J. P. Crowley. Ein echter Amerikaner. Ich war begeistert und schwärmte von New York.

Tatsächlich war ich ein Jahr zuvor schon einmal dort gewesen, weil ich den ersten Preis für

Baden-Württemberg in einem amerikanisch-deutschen Schülerwettbewerb anlässlich des Bicentennial, des 200-jährigen Bestehens der Vereinigten Staaten von Amerika, gewonnen hatte. Für ein Filmexposé über deutsche Auswanderer in New York. Der Preis war ein mehrmonatiger Amerikaaufenthalt. Die erste Station war New York. Ich war fasziniert. Die Luft war elektrisch aufgeladen. Alles knisterte. Ich spürte eine unglaubliche Energie. Damals nahm ich mir fest vor, in dieser Stadt zu leben, sobald wie möglich. Sie wurde zur Stadt meiner Träume. Eine Stadt, in der alles möglich war. Eine Stadt, in der man frei war, sein Glück zu machen. Frei, so zu sein, wie man sein wollte.

Am Kaffeetisch holte J. P. Crowley einen Schlüssel aus seiner Hosentasche. Dies sei der Schlüssel zu seiner Wohnung in der Park Avenue, in der er leider fast nie sei. Wenn ich wolle, könne ich ihn für eine Weile haben. Ich wollte. Das war der Schlüssel zur Freiheit! Am nächsten Tag kündigte ich meinen Job, rief meine beste Freundin Christiane an, und diese ihre beste Freundin Martina, und zwei Tage später fuhren wir drei mit dem Zug nach London, um bei Freddy Laker ein Ticket nach New York zu ergattern. Dazu mussten wir uns einen Tag und eine halbe Nacht in eine Schlange um zwei Blocks herum stellen, aber dafür waren die Tickets für uns erschwinglich.

Im Flugzeug lasen wir im neuesten Stern einen spannenden Artikel über das Studio 54.

Im Gepäck hatte ich eine Menge Accessoires und Kleidungsstücke. Das Verkleiden machte mir nämlich immer noch Spaß. Wir kamen in der Nacht an, und am nächsten Abend wollten wir versuchen, in das Studio 54 zu kommen. Ich zog eine Marlene-Dietrich-Hose meiner Mutter an mit Schlangenledergürtel, ein weißes Smoking-Hemd ohne Kragen meines Großvaters, weiße lederne Tennisschuhe mit Löchern und einen verwegenen langen schwarzen Ledermantel aus den zwanziger Jahren. Alles vom Dachboden der Großeltern.

Bis auf die Tennisschuhe, die waren vom Sommerschlussverkauf bei Harrod's. Ich hatte mir das Haar wasserstoffblond gefärbt und trug grünen Lidschatten, viel Kajal und Lippenstift. Mit einem Taxi fuhren wir zum Studio 54, vor dem eine riesige Menschenmenge auf Einlass wartete. Wir stiegen aus, ich als Erster, und das Wunder nahm seinen Lauf: Die bulligen Türsteher am Eingang winkten uns durch. Jeden zweiten Abend gingen wir dorthin zum Tanzen in eine Welt, wie wir sie nicht für möglich gehalten hätten. Ab dem dritten Mal standen wir auf der Gästeliste.

Wir blieben in New York, bis uns das Geld ausging. Sogar noch ein bisschen länger. Im Studio 54 traf ich jedes Mal auf Joe, der dort zu leben schien, etwas älter als ich, lange blonde Haare, eher athletisch. Wenn es ihm heiß wurde, zog er sein T-Shirt aus und tanzte in seiner Latzhose. Manchmal verrutschten die Träger. Er versorgte mich mit Drinks und anderem, ich probierte einiges aus, aber nicht alles. Er meinte, ich könne länger in der Stadt bleiben, das wäre doch cool, wenn ich mir Geld mit Aushilfsjobs verdiene, so wie er, und begleitete mich sogar tagsüber in das Clubbüro. Alles sei „off the books". Es scheiterte trotzdem an meinem Pass. „You are not even a Legal Alien. Too risky!" Tatsächlich befand sich der Club damals bereits unter Beobachtung wegen angeblicher illegaler Aktivitäten. Das war's. Jahre später erst sah ich Joe wieder. Aber leider nur in Filmen von Andy Warhol.

Drei Jahre später lebte ich in New York. Das war es, was ich gewollt hatte, und nichts anderes.

Dank eines Fulbright-Stipendiums für Kunstgeschichte für die Columbia University konnte ich an der New York University experimentelles Theater am ETW (Experimental Theatre Wing) studieren, einer ganz neuartigen Schule mit den angesagtesten Theaterleuten als Lehrern. Wie in dem Film „Fame", aber experimentell. So wie mein Universitätswechsel …

Meine neue beste Freundin, die Regisseurin Margarete van Oepen aus Köln, ebenfalls Fulbright-Stipendiatin, lud mich ein, die Titelrolle in ihrer Adaption des „Hungerkünstlers", „The Hunger Artist", im Black Box Theatre am Washington Square zu spielen –

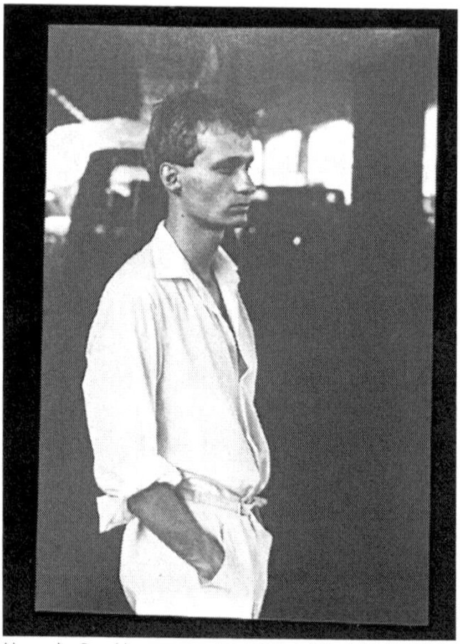

Unter der Brooklyn-Bridge

frei nach Franz Kafka. Damals war ich sehr dünn. Der Hungerkünstler war eine Zirkusattraktion in einer Freakshow. Einige der Akteure hatten wir direkt von der Straße weg engagiert. Sie spielten sich selbst. Das sollten sie auch, wir suchten sie als Typen aus. „Actors and Non Actors“ – eine Spielart des experimentellen Theaters. Einer der Akteure hieß Ruby Zebra und spielte sehr authentisch einen der sadistischen Wächter, die den Hunger Artist in seinem Käfig bewachten. Am Anfang des Stücks trug ich einen grauweißen Polyesteranzug mit Weste und arabesken Ornamenten am Revers des Jacketts. Gekauft bei Woolworth im Sale für keine dreißig

Fotos Andrew Moore

Quentiin Crisp

Dollar. Im Lauf der Vorstellung wurde es immer weniger, was ich anhatte, bis ich lang gestreckt nackt an zwei Ringen um die Handgelenke von der Decke hing. Ganz am Schluss kehrten die Wachen meinen Leichnam mit riesigen Besen aus dem Theater. Ruby Zebra wohnte in einem der letzten noch existierenden Rooming Houses in der Lower East Side in einem möblierten Zimmer. Zur Premiere durfte jeder von uns seine Freunde einladen. Ruby hatte keine, daher lud er seinen Zimmernachbarn ein.

So kam es, dass ich als nackter Leichnam an Quentin Crisp vorbei aus dem Theater gekehrt wurde. Dieser saß in der ersten Reihe, und ich konnte ihn die gesamte Vorführung über aus allen möglichen Perspektiven beobachten. Er sah fast genauso aus wie im Film, nur etwas älter. Im Film wurde er von dem jünger aussehenden John Hurt gespielt. Unverkennbar waren Quentins Accessoires: lila-grau meliertes Haar, der Hut mit Krempe, der lässig um den Hals geschlungene lange Seidenschal, dunkles Jackett und ein eleganter Spazierstock mit silbernem Knauf.

Auf der Premierenfeier fragte ich Ruby, ob er mich nicht mit Quentin bekannt machen könne. Er sei ein Idol für mich. Natürlich, aber ich solle mich darauf gefasst machen, dass ich ihn zum Essen einladen müsse. Also arrangierte Ruby eine Verabredung zum Frühstück. Ich sollte Quentin in seinem Rooming House in der Bowery abholen. Frühstück bedeutete „um die Mittagszeit". Quentin schlug einen puertorikanischen Coffeeshop vor, den er mochte. Das war nicht weit von meiner neuen Wohnung, denn ich war gerade aus der 230 Thompson Street am Washington Square in die Lower East Side umgezogen. Tatsächlich sehr „Low", South of Houston, in die Clinton Street. Die Clinton Street entsprach der Avenue B auf der nördlichen Seite der Houston Street. Wegen der A-, B-, C-, D-Avenues auf der anderen Seite hieß diese Gegend auch Alphabet City. Avenue D war die schlimmste, auch Avenue „Death" genannt. Schwerer Drogenhandel dort. So auch in der Clinton Street. Aber günstige Wohnungen für die Wagemutigen, zu meinen Nachbarn in der Clinton Street gehörten Richard Mapplethorpe und Patti Smith. Besuch von Kommilitonen hatte ich dort selten, es traute sich kaum einer hin.

Er wisse, wie das sei, sagte Quentin, und als Student wolle er mir daher kein teures Dinner zumuten. Und das Frühstück bei seinen puertorikanischen Freunden sei wirklich vorzüglich. Dinner könnten in New York nämlich astronomisch teuer sein. Können sie immer noch. Jetzt erst recht. Auf dem Weg dorthin passierten wir eine neue Sushi-Bar. Quentin seufzte über die Gentrifizierung der Nachbarschaft. „Whenever it starts becoming Sushi it is getting Chi Chi!"

Zum spanischen Omelett bestellte er seinen Toast nur auf einer Seite gebacken und Tee, English Breakfast von Lipton im Teebeutel. Ich nahm amerikanischen Kaffee. Der Kaffee war nicht stark, aber damals wurde noch endlos gratis nachgeschenkt, sodass am Ende die Koffeindosis stimmte.

Der „Hunger Artist" war nicht wirklich Quentins Fall gewesen, zu traurig, zu negativ, zu deutsch, zu hoffnungslos, wie Kafka eben sei, gab mir Quentin zu verstehen, auf seine elegante aristokratische britisch-nasale Art. So überzeugend und freundlich, dass ich ihm beinahe zustimmte. Als Legal Alien dürfe er keine Arbeit annehmen, daher bliebe ihm nichts anderes übrig, als sich zum Essen einladen zu lassen. Was für ein Wort: Legal Alien. Das klang wie von einem fremden Stern, was ich andererseits ganz zutreffend fand. Obwohl ich selbst ein Legal Alien war, hatte ich als Student einen gewissen Spezialstatus mit Privilegien und durfte sogar offiziell nebenher jobben. Was ich nach Ablauf des Stipendiums zuerst nur in den Semesterferien praktizierte, später wann immer es sich ergab. Denn ich musste mein Studium selber finanzieren. Die monatliche Unterstützung meiner Eltern in Höhe von 500 DM reichte kaum aus für ein Dinner für zwei mit den korrespondierenden Getränken. Eine Verlängerung des Stipendiums stand leider nicht mehr zur Debatte, weil der neue amerikanische Präsident Reagan vorhatte, das Fulbright-Programm abzuschaffen. Amerika brauche das nicht. Also arbeiten: als Butler, Eisverkäufer, Privatsekretär, Gogo Dancer im Gaiety Burlesk, Deutschlehrer, Kellner, Ticketverkäufer, T-Shirt-Verkäufer, Busboy, Fremdenführer, „Ken & Barbie Stripper" in der Pyramide Bar, Bibliothekar usw. So konnte ich die Studiengebühren aufbringen und uns beide noch zu vielen Essen einladen. Quentin proklamierte zwar, dass ihn als einer öffentlichen Person prinzipiell jeder zum Essen einladen könne. Man müsse sich nur trauen, ihn anzusprechen und mit ihm auszugehen. Und ihn natürlich in der Bowery persönlich abzuholen. Dazu gehörte Mut, denn es war eine schlechte Gegend, fast so schlecht wie die Clinton Street. Tatsächlich ging er aber beileibe nicht mit jedem aus. Er meinte dazu nur, dass es nicht schade, sich rar zu machen und abzusagen, selbst wenn die Einladung für das „Pierre", das „Sherry Netherlands" oder das „Carlyle" sei. Obwohl das bei solchen Orten eher schwerfalle. Es komme einfach darauf an. Er sei jedoch neugierig auf ein Musikvideo, das ein Musiker namens Sting drehen wolle. Darin solle er eine Rolle spielen. Das sei aber noch nicht konkret. Quentin hatte einige Bücher veröffentlicht. Weil er nicht arbeiten dürfe, hätten andere sie geschrieben. „Wie geht denn das?", fragte ich. „Genauso wie jetzt: Ich ließ mich zum Essen einladen, mein Gastgeber stellte mir Fragen, ich erzählte aus meinem Leben, und ein kleines Tonband auf dem Tisch nahm alles auf. Ich korrigierte dann lediglich das Transkript mit einem Rotstift. Bei einem weiteren Essen. Oder mehreren. Und in kurzer Zeit wurde ein Buch daraus. Das kannst du übrigens auch so machen." Das machte ich auch genau so und kaufte mir extra in der Canal Street ein kleines Sony-Professional dafür. Ich überlegte mir damals, meine Magisterarbeit über Gay Theater zu schreiben. Quentin riet ab: „There is no gay theatre. There is only good theatre or bad theatre!" Er hatte recht.

Tatsächlich gab es für Quentin doch eine einzige Ausnahmegenehmigung, das waren die „Abende mit Quentin Crisp". Warum? Quentin war eine öffentliche Person. „I am a public person!" Dies verstieß gegen keine arbeitsrechtlichen oder ausländerrechtlichen Regeln. Es war legal für einen Legal Alien. Quentin trat in Theatern auf, gerne im „Theatre for the New City" auf der Second Avenue. Dort hatte ich auch einen Auftritt mit Peter Schumanns „Bread & Puppet Theatre". Im Theater erzählte Quentin dann, an einem Tischchen auf der Bühne sitzend, aus seinem Leben, genauso wie bei unseren Essen. Die Zuschauer mussten Eintritt zahlen und konnten sich seine Bücher kaufen und signieren lassen. Am Ende konnte man auf kleinen Zetteln Fragen stellen, die er in der Regel beantwortete, wenn sie nicht herabwürdigend waren, was selten vorkam. Er gab auch diverse Ratschläge für das tägliche Leben. Einer seiner klassischen Ratschläge war, dass man am besten vier Jahre lang nicht abstauben solle. Denn danach verändere sich die Staubschicht nicht mehr. Die Schicht auf seinem Kleiderschrank sei nach 4 Jahren fest geworden und werde seither nicht mehr dicker. Sehr praktisch.

Für Quentin und für mich war die Wahlheimat Amerika. Präziser war dies New York.

Denn New York ist nicht Amerika. New York war der Inbegriff der Freiheit für uns.

Hier hatten wir die Freiheit, uns zu verwirklichen. Und konnten wir selbst sein.

1987 schrieb Sting den „Englishman in New York" tatsächlich.

Genauso wie ich kontaktierte er Quentin in seinem Rooming House an der Bowery und holte ihn dort ab. Die ganze Routine. Quentin erzählte mir, dass er beim Dreh fürchterlich gefroren habe, bei Eis und Schnee. Aber er zog es durch. Dafür existieren jetzt die

Bilder aus der gemeinsamen Zeit für immer. Sogar eine Szene mit dem Coffeeshop gibt es.

1989 zog ich mehr oder weniger endgültig nach Berlin.

Unsere sporadische Freundschaft wurde noch sporadischer, und irgendwann verloren wir uns aus den Augen.

1999 starb Quentin in England. Er bleibt unvergessen. Für mich war er ein Held, das war er sicherlich auch für Sting, und ich bin froh, dass Sting ihm mit seinem Song und Video ein Heldendenkmal setzte.

Ende Oktober 2019 frühstückte ich, wie üblich als einer der letzten Frühstücksgäste, im Ceylan Intercontinental am Taksim Square in Istanbul ein spanisches Omelett. Dazu ein Kännchen Tee, frisch aufgebrüht, aus Sri Lanka. Für mich zu früh. Die Mittagszeit wäre ideal gewesen. Ich habe den besten Tisch bekommen. Wohl weil ich Stammgast bin, denke ich, sehr freundlich, wirklich. Ein anderer Englishman aus London bringt mich dort jedes Jahr unter, wenn ich ihn und seinen kurdischen Partner für eine Woche in Istanbul besuche. Sie wohnen nicht weit entfernt in Sisley. Der Chefkellner kommt an meinen Tisch und fragt, ob er ein Foto mit mir zusammen machen dürfe. Die anderen Kellner wollen das auch und umringen mich. Die wenigen noch verbliebenen Frühstücksgäste werden aufmerksam und zücken ebenso ihre Handys. Ich bin erstaunt. Der Oberkellner sagt: „I know, that you are not Sting, I checked the guest list. But you look exactly like him. And my wife does not know, and I want to send her this foto of us!"

Carola Lipp

Die New Yorker Freiheitsstatue oder kann man Freiheit essen?

Kindliche Missverständnisse

Da ich viele Verwandte hatte, die in den 1930er und 1950er Jahren ausgewandert sind, war mir schon als Kind das Bild der Freiheitsstatue auf Liberty Island (gleich neben Coney Island, wo die Baracken der Einwanderungsbehörde standen) bestens vertraut. Ich habe sie oft auf Postkarten gesehen, mit denen ausgewanderte Verwandte über ihr Befinden in der neuen Heimat berichteten und zeigten, dass man im „Land der Freiheit und Hoffnung" angekommen war. Für mich als Kind verbanden sich allerdings die Nachrichten aus der Ferne weniger mit Bildern und Erinnerungen an Onkel und Tanten in den USA, sondern vielmehr mit der Erfahrung unbändiger Freude, wenn uns deren Pakete erreichten. Es waren keine der typischen Carepakete der direkten Nachkriegs- und Notjahre, sondern in den Fünfzigern waren sie vor allem mit in Deutschland nicht oder schwer erhältlichen Konsumgütern befüllt; dazu gehörten schicke Kleidung, Kaffee und vor allem Süßigkeiten. Während die Schokoladetafeln für die Erwachsenen waren, kämpften wir Kinder um die Tüten, gefüllt mit glasierten Schokolinsen in allen Farben, die uns schließlich „gerecht" zugeteilt wurden und von denen es aber nie genug gab. Also hütete ich den Schatz, indem ich anfing, einen Tauschhandel zu treiben. Wir alle sortierten die Süßigkeiten nach Farben, aßen zuerst die ungeliebten und versuchten die geliebten Farben zu tauschen. Obwohl mein Verstand mich mahnte, fand auch ich, dass bestimmte Farben am besten schmeckten (rot, gelb, blau), und handelte munter mit allen Schokobeglückten in der Familie. Noch heute habe ich das Gefühl, dass einige Farben begehrenswerter und besser waren als andere, obwohl ich viel später eben diesen Typus bunte Schokolinsen gefunden habe und probieren konnte. Sie schmeckten schauderhaft und waren schlicht von schlechter Schokoladenqualität. Die Farben aber schlugen mich wieder in den Bann, ich sortierte. Die Erinnerung war wirkmächtiger als die Empirie. Die Liebe zu diesem Produkt verbannte ich danach allerdings dorthin, wo sie hingehörte – in die Kindheit. Schokolinsen kaufe ich keine mehr. Die Illusion zerrann mir auf der Zunge und hinterließ nur einen schlechten Geschmack. Etliche der Verwandten übrigens waren in den siebziger Jahren zurückgekehrt in die prosperierende BRD. Die USA waren schon lange nicht mehr das Ziel der Träume, sondern sie wurden nun in meinem jugendlichen Horizont politisch rubriziert unter imperiale Supermacht, die ihren „Vasallenstaaten" Freiheit versprach, ihnen aber stattdessen Abhängigkeit und mitunter Ausbeutung brachte.

Tzveta Sofronieva

Freiheitsgrade
(In den Vorbergen)

A

Groß, schlank und schweigsam wachsen die Tannen
entlang der Eisenbahnlinie nach Südwest.
„Guck, wie viel ich *geschreiben* hab",
stolziert das Kind im Bus. „Wenn ich fertig bin,
male ich einen Vogel!" Geschrieben, korrigiere ich.
Über Tannenwälder gibt es wenig Überliefertes.
Wie lernt das Kind verwehte Wörter,
was zeigt sich ihm, wenn sie verschwunden sind,
die Tannen im kostbaren Just-Vorher, jetzt nur Felder?
Vögel mögen die Weitsicht auf der Busspur,
bereit dafür zu sterben, lassen sie sich vom Kind
beobachten. „Guck mal, Vogel habe ich
großgeschreiben. Da, schau!" Geschrieben,
wiederhole ich. Du hast geschrieben.

B

Zapfendorf gibt es wirklich,
auch wenn das Ich-phone es beim Eintippen
unsmart und nicht phonetisch
in „zapfenförmig" korrigiert.
Das Dorf liegt nahe Bamberg.
„Bambi, Namibia", frech das Ich-phone,
ein Ebenbild des Homo Ludens.
„Ba-Berg", nichts davon. „Ba, Pa, ja?
Ich habe ganz viele Male Papa geschrieben,
viele P und viele A, guck mal, *Paaa-Pa*!

Habe ich Löcher in den Ohren? Was meinst du?
Ja? Alle Menschen? Schlupflöcher in den Ohren …
und die Wörter bleiben *nicht*?“

C

Ein Bus wetteifert mit der Bahn
in Richtung Berge. Der Berg, schon
lange eingeschlafen, träumt davon,
in der Dämmerung wach zu werden.
Ein Kind malt Nashörner, reimt dazu:
„Ein Naschhorn will viel Obst verzehren,
die Wiese wird ihm das gewähren,
es eilt dahin mit nur drei Zehen,
stupst Nashornkäfer aus Versehen.“
Ein Ich vertraut: das Spielen ist ewig.

D

Ein Zopf, mit blauen Blumen geflochten,
berührt den Vogel, beruhigt seine Augen.
Gold und Weizen färben die Luft,
es wird zunehmend leichter, der Sonne zu glauben.
Der Vogel mit den blauen Augen
ist in den Sitz gewoben,
seidenweich sind seine Federn
verfilzt vom häufigen Drucken.
Das Mädchen mit den Blumen im Haar
streichelt sanft die Oberfläche
als könnten sich die Fäden lösen
und den Vogel befreien.

Kind

Umschlungen tanzen die Wolken.
Lichtschnee rieselt auf Seerücken.
Abweisend ist das Weiß, doch
wird es blau mit einem Schlag der Möwen.

Endloser Himmel, bodenloses Meer –
nur im Schoß des Brunnens
sehe ich den Himmel vollkommen
und kann der Tiefe vertrauen.

Sandwolken verschleiern die Stacheln der Rochen
Ich soll mich nicht fürchten – sie sind nicht bedrohlicher
als die Tentakel anderer um mich herum.
Ist der Mond nicht rund, nur weil er weit entfernt ist?

Die Sterne leuchten ohne zu flimmern
jenseits der Atmosphäre, suchen die Luft,
um sich zu verwirren. Eine Ecke
bündelt ihr Licht im Zauber der Täuschung,

die eine Spinne gewoben hat. Die Spinne
bricht zu langer Reise mit den Photonen auf.
Gerade begann ich die Suche nach vorn
und vergaß aufwärtszusehen –

ist es zu früh, meinen Weg selbst zu bahnen?
Ich taste wie eine Fledermaus im Zimmer,
umflutet von verzerrtem Licht –
auch die Eintagsfliege erkennt das.

Schwarz ist das Licht in seiner Unendlichkeit
und doch strahlend weiß ist das wahre,
sticht und lässt die Dunkelheit ruhen.
Meine Mutter strickt Pullover

aus Lichtfäden, die ihr Kind fängt.
Das Kind malt Mützen auf die Wolken,
auf die Möwen, auf das Meer, auf den Himmel,
auf den Brunnen – und auch eine für mich.

Köder am Bosporus

für Jose F. Oliver

Vielleicht bin ich der Köder,
am Ufer steht sonst keine,
nur ein Mann steht am Bosporus,
nur der Mond oder der Schein vom Mond
kaut die Gedanken.

Das Wasser schmatzt dazwischen,
wünscht sich Zähne, wünscht sich mich,
wird immer böser, zum ersten Mal
fürchte ich mich vorm Wasser.
Messer blinzeln.

Vom geschnittenen Land tropft rot,
all diese Messer im Mund des Wassers,
der Frieden hat hier nie einen Platz gehabt,
Istanbul, Tzarigrad, Konstantinopel,
Menschenköder, Bosporus, Chang'e, Uydu,

Kamer, Ay, Mehtap, lunata,
zerschnittene Geschichte im Nebel,
der Kopf benebelt, wie Schmelzkäse fühlt sich
die Masse darin an, Hirn paniert man
wie alles andere in Eier und Mehl,

ich kenne es aus der Kindheit, es schmeckt,
weicher und sanfter als gebratenes Herz,
Herz brät man eher, Herz paniert man eher nicht,
ich schaue eindeutig wie ein Köder aus.
Jede Entscheidung ein Selbstraub,

wir sehen genauer in Schwarz-Weiß
und nuancierter in Grau als in Farbe,
jede Entscheidung ist Leben,
dieses Leben ist reine Entscheidung,
banaler geht es nicht.

In dem Ganzen frage ich mich, so wie wir
auf den zwei gegenüberliegenden Seiten dieses Kontinents
unsere und andere Wortschätze auseinandernehmen,
um die Nähe in eine menschliche Dimension zu verwandeln,
wem senden wir uns dafür selbst als Köder,

wenn wir heute von Bosporus reden.

„Frau Nishitani ist sehr beschäftigte Frau"

(Zitat aus einem Brief aus Japan vom 7.06.23)

Zwei Füchse spähen jeden Morgen auf die Straße
vom Dach des Ruine-gewordenen Hauses, aus den Löchern
der Fenster im Nachbargrundstück steigen Holunder empor, allein
die Idee einer Wärmepumpe macht das Bild lächerlich.

Die Füchse spähen in jede Richtung, nacheinander,
die Ohren stark gespitzt, elegant gestreckte Beine, Kopf nach vorne.
Dann rollen sie sich wie ein Hefebrot, und sonnen sich eine Weile.
Heute um 4 Uhr 50 waren die Füchse nicht da, sind es immer noch nicht.

Ich mache mir Sorgen. Ich bin eine sehr beschäftigte Frau. Ich bin
die Hüterin der Ruhe der Füchse. Hier gibt es keine Fuchstempel.
Alles hängt von mir ab. Vor Jahren tötete ich einen jungen Fuchs,
ob bewusst oder aus Versehen spielt für die Konsequenzen keine Rolle,

ich bin nun eine sehr beschäftigte Frau, was Nachbarsfamilien angeht.
Und meine Familie. Und die Welt. Und das Buch unseres Universums.
Das Essen muss penibel vorbereitet werden. Wir sprechen hier nicht
von einem Edelrestaurant, wir sprechen vom Überleben. Im Rhythmus

jede zwei Stunden 300 bis 400 Gramm genauestens bemessene Proteine,
und was noch dazu gehört, wenn Speiseröhre, Magen und Galle fehlen.
Es gibt verschiedene Kreaturen, denen wir tierische Namen geben, und
nicht alle Krebse bevölkern ein tierisches, oder egal welches Babylon,

wenn wir es ganz genau unter der Lupe nehmen. Ja dem Leben zu sagen
bedeutet unter anderem sehr beschäftigt zu sein. 8 Malzeiten, 3000 kcal
täglich. Kochen, lächeln, lieben, die Sonne spiegeln, Ja sagen, zum Leben.
Ich bin eine sehr beschäftigte Frau, weil ich meinen Mann unendlich liebe.

Georgi schreibt, dass er auf meine Texte wartet, ich sende ihm Yokos Texte.
Meine kennt er ja schon aus den vielen E-Mails, ob sie gedruckt erscheinen ist
mir regelrecht egal, denn ich bin eine sehr beschäftigte Frau, Worte meiner
Freundinnen auch nach Sofia zu bringen. Die Zeit drängt. Wir sind im Krieg

mit uns selber. Wichtigtuerei kommt aus der Mode, Fukushima ist harmlos
im Vergleich mit den Föten der Katastrophen, mit denen wir die Erde
geschwängert haben und uns nun verdrücken wie alle feigen Liebhaber.
Haben wir unseren Planeten je geliebt? Was verstehen wir vom Lieben?

Wir sind besessen von einer Rettung durch den Mars – manch einer meint
den Körper im Weltall, manch anderer schwört auf den Gott des Krieges.
Atemfähige Luft, atemspendende, dafür zu sorgen bedeutet nämlich auch
keine Briefe an Frau Nishitani und Co. senden, weniger CO_2 in der Seele.

Frau muss Tempel von Gefängnissen unterscheiden, wenn es um Poesie geht,
und im Allgemeinen. Man muss so etwas auch können, aber frau muss es unbedingt.
Wir leben in der Epoche des Transgenderns von Gott als einzigem Ausweg des Todes.
Hier meine ich nicht weiblich und männlich oder divers was Gott angeht, sondern

dass das, was wir als das Wahre des Lebens angenommen hatten, dieses wird
nun ergänzt durch weitere Gebote: 11. „Sterbe nicht!“, 12. „Ehre Deine Kinder!“,
13. „Sei kreativ im Zukunftsgebären!“. 13 ist keinesfalls eine schlechte Zahl,
sollten wir es buchstäblich nehmen. Ich bin auch deswegen eine sehr, auch

vielerorts beschäftigte Frau. Frau Nishitani geht sicher gerade zu Bett, oder
schläft schon. Mit dem Druck des Erledigens von Pseudowichtigem steigt
die Länge der Verse im Gedicht, auch in diesem, und vor allem steigen die Fluten
des gestern gesprengten Dnipro-Damms, denn das Wort primitiv hat Synonyme.

Online steht im russischen Wörterbuch, dass zu dem Wort Beispiele fehlen:
примитивный - Отсуствует пример употребления. Also liefere ich eines,
denn ich bin eine sehr, wirklich sehr beschäftigte Frau, die gerne hilft.
Armselig passt gut zu Putin und seiner Bande, ihr urtümliches Hauptmerkmal:

Mangel an Zivilisiertheit. Auf Bulgarisch ist es sicher, dass es sich um eine
frühe Stufe der Entwicklung des Menschen handelt: низш, първобитен, див,
груб, нескопосан. Ich gehe davon aus, dass Frau Nishitani dem Beispiel zustimmt.
原始的, げんしてき, genshi teki – ich liebe die Dreieinigkeit japanischer Wörter.

Ich bin eine sehr beschäftigte Frau, ich verantworte Verbindungen zwischen
Sprachen und Menschen, Himmelskörpern, Wurmlöchern und Würmern.
Doch am liebsten möchte ich nach dem Tod verbrannt werden, Würmer im Hirn
habe ich genug während des Lebens gehabt. Einer davon haust in diesem Gedicht.

Würmer haben es nicht einfach außerhalb der Friedhöfe, und sie sind unersetzlich
auf Feldern und in Gärten. Doch es wird immer trockener auf unseren Breiten,
das verkraften sie nicht. Rosen, es gibt sehr viele Rosen bei mir zuhause. So viele,
dass es beinahe klingt, als sei ich eine Bulgarin, das Rosental ist ja berühmt.

Jede Rose braucht Pflege, nicht nur die Rose des Kleinen Prinzen.
Zeit braucht sie – dieses Schenken von Leben. Das brachte mir meine Mutter bei.
Rosen müssen vom Verblühten befreit werden, um wieder Blüten zu gebären.
Dann sind sie prächtig sogar im Winter. Die Winter hier sind schon lange mild.

Ich bin eine sehr beschäftigte Frau, eine, die sich um Rosen kümmert,
damit sie überleben, auch wenn die Würmer es nicht schaffen, und damit
die Verse des Lebens wieder lyrischer und freier werden. Das ist eine Kunst,
die man unterschätzt und die unsere volle Aufmerksamkeit braucht.

Eine Hand voll Wasser

Wir wandern in der Sprache, wir wandern,
и не земя, вода на длан ни е нужна,
denn wir haben gelernt, durstig zu sein.
Vom Wasser haben wir's gelernt, vom Wasser.
Das hat nicht Ruh bei Tag und Nacht,
ist stets auf Wanderschaft bedacht, das Wasser.

Die Sprache ist wie Wasser.
Beim Halten verliert man sie,
im Fließen hat sie Bestand,
schenkt eher Leben als Ertrinken,
wäscht keine Flecken aus,
ist der erste Grund, dass alles keimen kann.

Тръгнала Румяна за вода студена, леле,
тръгнала Румяна за вода студена.
Живата вода търсила, леле, живата.
Wasser wollte die junge Frau holen, Wasser,
kalt sollte es sein, lebendig, das Wasser.
Entgegen kommt ihr ein junger Mann, will
von ihren Krügen trinken, ihr Liebe schwören.
Man braucht keine Krüge, sagt sie ihm,
um Wasser zu trinken.
Das Wasser ist wie die Sprache.

Nimm keine Kelle, keinen Becher.
Nimm keine Handvoll.
Trinke direkt von der Quelle.

И я остави на мира, водата,
и го остави на мира, езика,
und lass mich endlich,
Worte und Grammatik schreiben,
wie ich empfinde.

Und
lasst es in Frieden weiterziehen,
das Wasser,
und lasst sie in Frieden weiterziehen und wandern,
die Sprache,
und lasst mich in Frieden
weiter
ziehen,

lasst mich in Frieden weiterziehen,
in Frieden weiterziehen und wandern.

Das Gedicht „Eine Hand voll Wasser“ ist 2008 im gleichnamigen Gedichtband erschienen, doch es ist ein freies Gedicht und will frei bleiben)

Sigrun Casper

Frei. Gedanken.

Der Platz ist frei. Der Stuhl auch. Beides kann besetzt werden. Eine Stelle ist frei. Da wird hoffentlich bald wieder jemand eingestellt. Oder etwas wird da hingestellt. Ein Raum, der frei ist, könnte, beim Wort genommen, durchaus auch möbliert werden.

Als Freiraum jedoch ist der freie Raum nicht nach Quadratmetern zu messen. Der Freiraum breitet sich in einem eher nicht materiellen Zusammenhang aus. Im Gegensatz zum Stuhl, zur Stelle oder zum Zimmer entfaltet sich der Freiraum aus einer Idee, einer Vorstellung, einer Ermöglichung; seine Ausmaße sind nicht architektonisch eingeplant. Freiraum ist frei verfügbar, für wen und wofür und wann und wo auch immer. Ob heimlich wahrgenommen, ob offiziell geduldet, freilich (!) auch argwöhnisch beobachtet – ein Freiraum ist über alle üblichen Einengungen, auch über die trügerischen digitalen Freiheiten hinweg offen nach allen Seiten. Seine nicht messbare Dimension gibt seinen Nutzerinnen und Nutzern Raum für kreatives Schaffen, zum ungestörten Nachdenken, zum Austoben, zur Selbstdarstellung, für Diskussionen. Im Freiraum bietet sich die Freiheit an: Lasst los, was euch hemmt, langweilt euch, probiert euch aus, seid laut, streitet, macht Musik, tanzt, schafft und kennt euch anders als gewohnt! Der Freiraum kostet keine Miete.

Der Fantasie steht die Freiheit seit jeher großzügig zur Verfügung. Ersehnt, erträumt, erkämpft und errungen zu werden, dazu war und ist sie da, die Freiheit. Sie treibt Völker an, um ihre Unabhängigkeit zu kämpfen, sie ist das Grundmotiv von Aufständen und Revolutionen. Götter rationieren sie gnädig oder ungnädig unter ihren Gläubigen, Philosophen breiten ihrer Unfassbarkeit verschiedenst gesponnene Gedankenteppiche aus.

Aus allem, was sie nicht ist, reckt sich die Freiheit vielversprechend empor. So würde sie uns ohne Empfindungen von Unfreiheit wohl kaum bewusst. Weil aber Unfreiheit unendlich viele Ausprägungen hat, findet sich das Wörtchen frei in zahllosen Zusammenhängen. Alle möglichen Tätigkeiten, Zustände, Zugehörigkeiten, sogar politische Parteien und Organisationen stehen frei zur Verfügung für diejenigen, die frei wählen können und frei von Fremdbestimmtheit sind.

Fremdbestimmtheit im Gegensatz zur Selbstbestimmtheit, dem anderen Wort für Freiheit im Denken und Handeln. Die freie Selbstbestimmtheit (eine Tautologie wie grünes Gras und weißer Schnee; trotzdem nehme ich mir die Freiheit, das mal so zu sagen) – sie wird vermutlich niemals völlig erreicht werden, auch nicht unter günstigsten Voraussetzungen.

In Diktaturen leiden nicht alle Menschen an ihrer Unfreiheit. Manche fühlen sich im Rahmen ihrer strikten Lebensbedingungen abgesichert und sehen Mitmenschen, bei denen sie Unzufriedenheit und Opposition beobachten, als Feinde oder wenigstens als gefährliche Personen an. Als Kritiker und Freiheitskämpfer werden Unzufriedene verfolgt, eingesperrt, ausgewiesen, manche dieser Mutigen werden ermordet.

Die im Kostüm der Konsumfreiheit daherkommende Staatsform, in der wir hier unter den politischen Rahmenbedingungen der Demokratie leben, ermöglicht uns Freiheit sogar in der Mehrzahl. Unsere freie Selbstbestimmtheit als demokratisch regierte Bürgerinnen und Bürger – freie Wahlen, freie Entscheidungen, wir dürfen fast alles ungestraft sagen und tun – kommt jedoch in vieler Hinsicht nur noch scheinbar frei daher, da die versteckte Diktatur des Geldes jede Menge Freiheiten von uns, ihren Hörigen, einfordert. Der Staatsapparat einschließlich all seiner internen Differenzen wird nicht aufhören, seinen Regierungspflichten nachzukommen. Doch manchmal will sich der Verdacht einschleichen, der Staat funktioniere gepolstert von Lobbyisten mehr oder weniger als Fassade vor unserem wüsten Konsumiergewimmel.

Verspricht uns doch jeder Kauf das Glück der freien Entscheidung.

Da kommt auf einmal ein Wort auf mich zu, das mich von meinen unguten Gedanken erlöst und mich spontan begeistert. „Freiwillig". Freiwilligkeit, denke ich, und eine Flügeltür geht auf. Gute Gefühle durchströmen mich. Ich brauche nicht das Gegenteil, um dieses Wort mit klaren Vorstellungen zu füllen. Freiwillig übernommene Verantwortung in einer konfliktgeladenen Situation, schlichtendes Eingreifen in einem öffentlichen Streit zwischen scheinbar verfeindeten Menschen, spontane freiwillige Hilfe für einen aus welchem Grund auch immer verunglückten Menschen, statt herumzustehen, freiwillig spenden, freiwillig ehrenamtlich tätig sein – da bedarf es gar nicht des übermächtigen Freiheitsbegriffs.

Kriegsfreiwillige. Freischärler. Gefreite …
Die Flügeltür schlägt zu.

C.G.

Film und Wissenschaft

Alf Mayer

Freiheit, Achternbusch und allerlei Gespenster

Eine Erinnerung

Offener Brief an den Bundesminister des Innern (BMI)
Dr. Friedrich Zimmermann, Berlin, 25. Juni 1983

Sehr geehrter Herr Minister,
wir distanzieren uns von dem Vorgehen zweier Mitglieder der diesjährigen Bundesfilmpreisjury, Details aus den Beratungen der Kommission, unter Umgehung der uns allen vom BMI auferlegten Geheimhaltung der Gespräche, der Öffentlichkeit manipulativ und teilweise verfälscht preiszugeben. Die Presse reagierte mit spekulativen Anwürfen gegen die Jury, und einige Filmemacher überlegten, Rechtsklage gegen das BMI zu erheben, um die „Freiheit der Kunst" zu verteidigen. Bedauerlicherweise hat das Gemeinschaftswerk der Evangelischen Publizistik, dessen filmpolitischer Wankelmut bereits im Fall Achternbusch „gespenstisch" ist, für diese auf Personen der Jury gerichteten Unterstellungen seine Informationskanäle und Publikationen zur Verfügung gestellt. Damit hat diese Institution der „Wende" in der Filmpolitik Vorschub geleistet, die sie vorgibt zu bekämpfen.
Wir bedauern sehr, daß Sie, Herr Minister, nichts unternommen haben, die Legitimation der Äußerungen der beiden Jury-Mitglieder infragezustellen, um uns auf diese Weise zu schützen und den notwendigen internen Beratungsvorgang zu garantieren.
Ihr Schweigen hat nämlich auch zur Folge, daß die von dem Filmkritiker der Evangelischen Publizistik und gleichzeitigem Jury-Mitglied, Alf Maier, „angezettelte Kampagne" den diesjährigen Preisträgern den Eindruck vermittelt, ihre Auszeichnung sei dem kommerziellen Preis der „Goldenen Leinwand" gleichzustellen und unter die vielzitierte „Wende" zu subsumieren. Wir halten das für eine unerträgliche Diskriminierung der Preisträger, die wir auf das Entschiedenste zurückweisen.

Gezeichnet: Dr. Elke Baur Wilhelm Bettecken Dr. Hans Borgelt Manfred Goldermann Adrian Kutter Prof. Wolfgang Längsfeld Maximiliane Mainke Rudolf Opitz Claus-Jürgen Roepke Gabriele Röthemeyer Barbara Stanek

Mein Name ist darin falsch geschrieben, aber dieser vierzig Jahre alte offene Brief gehört als Zeitdokument in ein „Konkursbuch" zum Thema Freiheit. Die „Freiheit der Kunst" in Anführungszeichen setzten darin unter anderem: ein Filmprofessor der Münchner Filmhochschule, der Direktor einer evangelischen Akademie, ein ehemaliger Berlinale-Pressesprecher, die spätere Geschäftsführerin einer Filmakademie, zwei Kinobesitzer, eine Dokumentarfilmerin, eine Cutterin sowie ein hochrangiger Vertreter der katholischen Filmpublizistik. Es war ein weinerlicher Denunziantenbrief an einen CSU-Bundesinnenminister, der damals gerade bewies, dass er es ernst meinte mit Helmut Kohls „geistig-moralischer Wende", und gegen Kultur, die ihm nicht passte, zu Felde zog. Dem biederten sich die Unterzeichner an.

Mein Jurykollege Stefan Meuschel und ich waren nach einer gespensterhaften Sitzungswoche zurückgetreten. Jeder für sich. Wir hatten uns nicht abgesprochen. Mit 31 war ich das mit Abstand jüngste Mitglied der Bundesfilmpreiskommission. Der Opern- und Musikkenner Meuschel saß für die Künstlergewerkschaft im Gremium. Er war Regieassistent bei Fritz Kortner gewesen, hatte mit Samuel Beckett, Max Frisch und Carl Zuckmayer gearbeitet. Gab damit nicht an. Ich war damals Filmredakteur der Zeitschrift „medium" und auf Vorschlag der Bundesvereinigung Film in den Auswahlausschuss für den Bundesfilmpreis berufen worden. Laut Satzung waren wir unabhängige Fachleute mit dem Recht, dem Bundesinnenminister die besten Filme eines Jahrgangs zur Auszeichnung vorzuschlagen. Für Filmschalen in Silber oder Gold, bis zu 400 000 DM schwer.

Die Sichtung der Filme fand in der Rotunde von Schloss Biebrich statt. Stuckverzierter Saal, hohe Sprossenfenster, taubenblauer Samt zum Verdunkeln, unglaublich üppige Polstersessel, Salon-Atmosphäre, knarzendes Parkett, Schnittchen, Tee, Kaffee oder Wasser. Für schwierige Abstimmungen ein Asbach-Uralt im Schrank. Volker Schlöndorff hatte hier in diesem Schloss am Rheinufer als Schuljunge und Hilfskraft des Vorführers seine ersten Begegnungen mit Fellini, Antonioni, Bergman, Marcel Carné und anderen Größen der Filmkunst gehabt. Schloss Biebrich war Sitz der Filmbewertungsstelle Wiesbaden (FBW), der ältesten Filmförderungsinstitution der Republik. Die dort vergebenen Prädikate „wertvoll" und „besonders wertvoll" waren einst steuermindernd, befreiten von der Vergnügungssteuer. Bei einem Erfolgsfilm waren das einige hunderttausend Mark. Im Filmförderungssystem bedeutete ein FBW-Prädikat die automatische Berücksichtigung bei der sogenannten Referenzfilmförderung. Ganze Filmemacher-Generationen hatten sich so von einem zum nächsten Film finanziert, Erfahrungen und Prestige gesammelt. So gut wie alle der Unterzeichner des „Oberhausener Manifests" von 1962 („Papas Kino ist tot!") hatten als Kurzfilmer angefangen.

Doch zurück in die Rotunde, zur Sichtungswoche für den Bundesfilmpreis, Montag, 30. Mai, bis Freitag, 3. Juni 1983. Es war kein Jahr wie jedes andere und würde auch kein Bundesfilmpreis wie jeder andere werden. Das wusste eigentlich jeder von uns Kommissionsmitgliedern. Die Zeichen standen bereits deutlich an der Wand.

Gegen Willy Brandts „mehr Demokratie wagen" von 1969 setzte Helmut Kohl gerade – am 1. Oktober 1982 per Misstrauensvotum gegen Helmut Schmidt und mit einem Koalitionswechsel der FDP ins Amt gelangt – seine „geistig-moralische Wende", die Rückkehr zu konservativen Werten. Genscher blieb Außenminister. Neuer Minister für Verfassung, Kultur und Polizei wurde der als Hardliner berüchtigte Friedrich Zimmermann von der CSU. Er löste den Liberalen Gerhart Baum ab – und hatte in den Wochen vor unserer Sitzung bereits die Axt geschwungen. Als Erstes traf es den Filmemacher Herbert Achternbusch, 1982 noch Bundesfilmpreisträger mit einem Filmband in Silber für *Das letzte Loch*. Mit dem Preisgeld von 300 000 DM hatte Achternbusch noch gleich im Sommer am Starnberger See *Das Gespenst* gedreht, mit ihm selbst als „Ober", 42. Neben-Herrgott eines Klosters, der vom Kreuz heruntersteigt, mit Annamirl Bierbichler als Oberin, Josef Bierbichler als Bauer & Römer, Kurt Raab als Polizist und Werner Schroeter als Bischof. Der Film hatte im Oktober 1982 auf den Filmtagen in Hof Premiere. Er sollte im Juni 1983 ins Kino kommen.

Dafür brauchte er (wie bis heute jeder Film, sollte er nicht ab achtzehn und damit nur für Spätvorstellungen freigegeben sein) eine Altersfreigabe der Freiwilligen Selbstkontrolle der Filmwirtschaft (FSK). Im Arbeitsausschuss der FSK lag *Das Gespenst* am 29.3.1983 vor und erhielt keine Freigabe – wegen Verstoßes gegen die FSK-

Grundsätze, d.h. gegen die von der Filmwirtschaft festgelegten Normen, die freiwillig einen strengeren Maßstab als die Strafgesetze anlegen. Es wurde eine Verletzung des religiösen Gefühls konstatiert. Dagegen verteilte die Arbeitsgemeinschaft der Filmjournalisten auf den 29. Oberhausener Westdeutschen Kurzfilmtagen einen Protestaufruf. Die Prüfung durch die Juristenkommission der SPIO (Spitzenorganisation der Filmwirtschaft) hatte bereits ergeben, dass der Film strafrechtlich unbedenklich sei. Einem erwachsenen Publikum hätte er ohne Weiteres vorgeführt werden können. Ohne die FSK-Freigabe aber fehlte dem Film die wesentliche Voraussetzung zur Abnahme beim Bundesinnenminister. Dort stand die Zahlung der letzten Rate noch aus. Eine von Zimmermanns ersten Amtshandlungen war es denn auch, Achternbuschs *Gespenst* die letzten 75 000 DM zu versagen. Achternbusch blieb nur der Klageweg.

Gleichzeitig schoss sich die konservative Presse auf die neuen Zeiten ein. Im April 1983 wurde die staatliche Filmförderung in der im Axel-Springer-Verlag erscheinenden „Bild am Sonntag" und „Welt am Sonntag" als Steuerverschwendung bezeichnet. Es war eine formidable Kampagne. 2000 Arbeitslose könnte man allein mit dem Preisgeld für Achternbusch bezahlen, hieß es. „Die Welt" schrieb am 7. Mai 1983: „Hier liegt der eigentliche Skandal der Affäre: Das Bundesinnenministerium hat seine Filmförderung zu sehr auf die Subventionierung sogenannter Autorenfilme abgestellt, auf die Subventionierung von Streifen, die – außer eine winzige Zielgruppenclique – niemanden interessieren und die keinen Pfennig Geld wieder zurück in die Kasse bringen. Das muss in Zukunft anders werden." Im Innenministerium gingen entsprechende Protestbriefe ein. Das kulturelle *roll back* gegen die 68er kam in Fahrt.

Dann bezeichnete die katholische Kirche in einer Pressemitteilung vom 30. April 1983 den Achternbusch-Film als „Missbrauch der Kunst". Der Medienbeauftragte der katholischen deutschen Bischofskonferenz sah durch *Das Gespenst* seine religiösen Gefühle verletzt. Die Katholische Filmkommission resümierte: „Der formal mißlungene Film gefällt sich in Geschmacklosigkeiten und Provokationen, die beleidigen, weil sie das religiöse und sittliche Empfinden vieler Menschen mißachten." Der katholische „film-dienst" urteilte: „Einigen eindrucksvollen Szenen und Bildeinsteilungen (Schlußapotheose) stehen zahllose Geschmacklosigkeiten und Provokationen, darstellerisches Unvermögen (Novizinnen, Bischof) und quälende Längen, Klischees und Banalitäten gegenüber."

Die Jury der Evangelischen Filmarbeit hingegen hatte *Das Gespenst* bereits zum „Film des Monats" April erklärt. Das hatte zwar die FSK beeindruckt, da sich angesichts der positiven Stellungnahme einer kirchlichen Jury die Argumentation einer Verletzung religiösen Empfindens nicht mehr halten ließ. Im Revisionsverfahren hatte die freiwillige Selbstkontrolle der Filmwirtschaft dann den

Film mit der Begründung der Meinungsvielfalt freigegeben. Die katholische Kirche in Person von Prälat Schätzler hingegen sprach in einer Stellungnahme vom 28. April 1983 von einer „ernsten Belastung" der ökumenischen Zusammenarbeit durch die Entscheidung der Evangelischen Filmjury. Fast noch schärfer formulierte es die evangelische Kirche selbst. Ein Sprecher äußerte in einer offiziellen Erklärung vom 5. Mai 1983 das Bedauern der EKD darüber, „daß die Jury über viele Szenen hinweggesehen hat, in der die Person Jesu Christi und Symbole des christlichen Glaubens auf groteske und verletzende Weise verfremdet werden". Worauf die Jury sich in einer Stellungnahme verteidigte: „Kritikfähigkeit und Kritikbereitschaft, die Achternbuschs Film herausfordert, scheinen in Teilen der christlichen Öffentlichkeit und der Amtskirche unterentwickelt."

Einer meiner Jurykollegen im Bundesfilmpreis-Gremium war Oberkirchenrat, Direktor einer evangelischen Akademie und, was Achternbusch anging, einer der Gnadenlosesten. Während der Sitzungswoche in Wiesbaden hatte ich, glaube ich, die meisten Widerreden gegen ihn geführt. Das Ganze insgesamt mehr als absurd. Zum Instrument der Filmsichtung für den Bundesfilmpreis gehörte nämlich – und in diesem Jahr der „geistig-moralischen Wende" ganz besonders – der Abbruch eines Films. Dafür genügte die erhobene Hand eines einzigen Jurymitglieds und der Ruf „Abbruch!", woraufhin das Licht anging und der Film angehalten wurde.

Wer sich traute, konnte „Gegenrede!" rufen, musste dann aber ein Weiterschauen des Films begründen und für die schnelle Abstimmung eine Mehrheit finden. Bei Syberbergs „Parsifal", immerhin viereinhalb Stunden lang, geschah das geschlagene neun Mal. Immerhin wurde er durchgeschaut, wenn auch mit all diesen Unterbrechungen. Alexander Kluge – immer schon ein Wortführer des Neuen Deutschen Films und seit je Widersacher reaktionärer Filmpolitik – hatte die schweigende Ausschuss-Mehrheit von vornherein gegen sich. Sein großer (und bis heute bedeutsamer) Opernfilm *Die Macht der Gefühle* schaffte es nur bis Minute 29, dann wurde er auf Nimmerwiedersehen abgebrochen. Widerrede zwecklos. Die Abbrecher brauchten nicht zu begründen, brauchten es nur zu tun und sich zu verweigern. So ging es auch dem vom Schriftsteller zum Filmemacher gewordenen Thomas

Brasch (mit *Domino*), so ging es Hellmuth Costard und Jürgen Ebert (*Echtzeit*), Martin Gies (*Danni*), Peter Keglevic (*Bella Donna*), Rainer Werner Fassbinder (*Querelle*), Margarethe von Trotta (*Heller Wahn*) und Sohrab Shahid Saless (*Utopia*). Insgesamt tobte sich in unserer Woche im Sichtungssaal in Wiesbaden-Biebrich ein ziemlich beängstigender Kleingeist aus. Das in einem Gremium, das sich selbst eher als liberal und auf jeden Fall staatstragend sah.

„Vorauseilendes Strammstehen" fand ich das kleinbürgerliche Wüten, das sich im Übrigen auch immer mehr gegen den die Sitzung leitenden Ministerialbeamten richtete, einen überaus korrekten Mann (mit nun dem falschen Parteibuch), der in Folge der Sitzung ebenfalls beim Minister angeschwärzt und alsbald versetzt wurde. In der Begründung meines Austritts bescheinigte ich meinen Ex-Kolleginnen und -Kollegen eine Beschleunigung der vom neuen Filmminister gewünschten Wende. Ich hatte erlebt, wie angeblich unabhängige und freie Fachleute „Unbequemes und Aufmüpfiges nur noch mit spitzen Fingern anschauten" und „lieber schon mal machten, was nachher sowieso kommt".

Immerhin konnten wir in unserer Sitzungswoche schon wissen, dass der neue und alte Außenminister Genscher und der neue FDP-Justizminister Engelhardt es dem Goethe-Institut bereits untersagt hatten, Michael Verhoevens vielprämierten Film *Die weiße Rose* über den antifaschistischen Widerstand der Studentengruppe um die Geschwister Scholl im Ausland zu zeigen. Stein des Anstoßes: Im Nachspann des Films heißt es, dass die Unrechtsurteile aus der NS-Zeit unzureichend aufgearbeitet seien. Das sei im Ausland missverständlich.

Fünf Tage nach der Veröffentlichung des oben zitierten Briefes meldete die „Süddeutsche Zeitung" unter der Überschrift „Zimmermann bleibt hart", dass der Bundesinnenminister es gerade abgelehnt habe, das von einem Drehbuchausschuss vorgeschlagene Projekt *Der Wanderkrebs* von Herbert Achternbusch zu fördern. „Zum zweiten Mal hat der Bundesinnenminister in die Filmförderung seines Ministeriums eingegriffen und damit seine persönliche Verantwortung deutlich gemacht. Zum zweiten Mal hat er gegen ein Projekt von Herbert Achternbusch entschieden. Damit hat er endgültig die Linie seiner Vorgänger verlassen, die stets die Vorschläge der unabhängigen

Gremien respektiert haben.“ Die Zeitung veröffentlichte auch Zimmermanns Brief an die Spielfilm-Jury. Darin hieß es:

„Es muss vermieden werden, daß die Zuwendung von DM 250 000 an einen als problematisch – nicht als problemorientiert – empfundenen Film in der Öffentlichkeit als eine unangemessene Verwendung von Steuermitteln bewertet wird. Die Auswirkungen auf die Möglichkeit der Fortführung der kulturellen Filmförderung sind nur schwer abzusehen ... Bei Durchsicht des Drehbuchs ist lediglich zu erwarten, daß der Film als ‚quasi-politisch‘ nur für einen relativ kleinen Preis eine gewisse Rolle spielt. Wie lange unter solchen Auspizien die Fortführung der kulturellen Filmförderung in ausreichendem Umfang möglich bleibt, ist dann eine offene Frage. Film ist nach seiner Idee ein Kulturinstrument für viele. Im Prinzip muss er daher darauf angelegt sein, große Zuschauerzahlen zu erreichen, breite Kreise der Bevölkerung teilnehmen zu lassen. Dies gilt auch für den kulturell relevanten Film ...“

Dazu ein „Spiegel“-Interview vom 10.7.1983:

ZIMMERMANN: Niemand zensiert; soll er seinen Film doch drehen, wie er will. Was haben Sie für Maßstäbe? Wir sparen im Haushalt sechseinhalb Milliarden ein. Überall wird gekürzt – bei den Rentnern, bei den Versorgungsempfängern, im Sozialbereich. Und Sie verlangen, daß jemand gefördert wird, der, wie er selber sagt, nur provozieren will.

SPIEGEL: Das will doch die Kunst.

ZIMMERMANN: Gut, aber das soll er doch mit seinem Geld machen und nicht mit dem der Steuerzahler. Der Steuerzahler will nicht provoziert, der möchte unterhalten werden. Das ist der Unterschied.

ZIMMERMANN: Ich betrachte das Drehbuch nicht als förderungswürdig. Das ist meine Entscheidung. Die Jury hat nur ein Vorschlagsrecht; ich treffe die Entscheidung, und ich brauche sie nicht zu begründen.

Die Entscheidung, eventuell Achternbuschs *Gespenst* einen Bundesfilmpreis zu versagen, hatte die Filmpreiskommission in unserer Sitzungswoche dem Minister bereits vorauseilend erspart – es war einer der Gründe für meinen Jury-Austritt. Wir hatten den Film in der Biebricher Rotunde angeschaut, schließlich redete im Frühsommer 1983 die ganze Republik davon. Damit war er eigentlich automatisch unter den Kandidaten für den aktuellen Bundesfilmpreis. Nur Filme, die von der Jury ganz zu Ende gesehen worden waren, konnten in die Endauswahl kommen. Mit einem formalen Trick aber machte die Ausschuss-Mehrheit das am nächsten Morgen wieder rückgängig. Man wollte – explizit damals so gesagt – „dem Minister den Film nicht zumuten". – Für mich war das zu wenig Mut und Freiheit vor Ministerthronen. Zu viel an Untertanentum.

„Politische Bewertung von Kunst hat Tradition in unserem Land. Sie berührt die dunkelsten Kapitel unserer Geschichte ... Man täuscht sich allerdings, wenn man glaubt, uns auseinander dividieren zu können. Wir haben ein gemeinsames Selbstbewusstsein: 20 Jahre Neuer Deutscher Film. Ein Angriff auf ihn ist ein Angriff auf Fantasie und Kreativität. Wir werden Mittel und Wege finden, die Kunst vor ihren Henkern zu schützen. Wenn Politiker sich um jeden Preis mit uns anzulegen wünschen, so werden sie uns bereit finden", hieß es in einer während des Monats Juni 1983 von so gut wie allen bedeutsamen deutschen Filmregisseuren unterschriebenen „Münchner Erklärung". Wim Wenders trug sie im Namen der Bundesfilmpreisträger bei der Verleihung in Berlin Minister und Publikum vor. So etwas hätte ich mir von unserer Jury auch gewünscht. Pustekuchen.

Angesichts des Skandals und der Debatten entwickelte sich *Das Gespenst* zum kommerziellen Erfolg mit über 180 000 Besuchern. In Stuttgart, München und anderen Städten wurde der Film beschlagnahmt, bald aber wieder freigegeben. In Österreich ist *Das Gespenst* heute noch verboten, nur in einigen Bibliotheken kann er für wissenschaftliche Arbeiten ausgeliehen werden. Achternbusch damals: „Wahrlich, ich sage euch: Wer diesen Film blasphemisch findet, lästert Gott!"

P.S. Der evangelische Oberkirchenrat blieb mein Feind. Die EKD und die Katholische Kirche wurden Vorreiter des vom katholischen Medienunternehmer und Strauß-und-Zimmermann-Freund Leo Kirch forcierten Privatfernsehens in Deutschland. Den Kirchen wurden kostenlose Gottesdienstübertragungen und das Wort zum Sonntag/Montag/Dienstag/Mittwoch/Donnerstag/Freitag ver-

sprochen. Aber nicht deswegen zogen die neuen Sender SAT 1, RTL, Vox und Pro Sieben Zuschauer an. Die wurden mit schlüpfrigen Sendungen à la „Tutti Frutti“ und der Exhumierung deutscher Sexfilme geangelt. *In der Lederhose wird gejodelt, Schulmädchen-Report* 1 bis 7, *Die Bekenntnisse der Josefine Mutzenbacher, Graf Porno und seine Gespielinnen* hießen die Quotenbringer. Das Gemeinschaftswerk der evangelischen Publizistik, bei dem ich Filmredakteur war, strich die Zeitschrift „medium“ zusammen. Von monatlich auf nur noch vierteljährlich und auf nur noch einen Redakteur. Ich hätte ja hinlänglich bewiesen, dass ich nicht fähig sei, evangelische Wertvorstellungen zu vermitteln, hieß es in meiner „Tendenz-Änderungskündigung“. Als (eigentlich) Katholik war das nie Arbeitsbedingung für mich gewesen. „Aber um Himmels willen, Herr Mayer, das ist eine Fachzeitschrift“, hatte es bei der Einstellung geheißen. Ein paar Jahre später

bewarb ich mich auf Aufforderung beim Kleinen Fernsehspiel des ZDF als Redakteur. Zweimal stimmte die Redaktion für mich, je mit großer Mehrheit, aber von oben war die Bremse drin. Der Programmdirektor sagte mir: „Aber Sie wissen doch, Herr Mayer, dass Sie nicht institutionentauglich sind."
Bin ich, tatsächlich. Freiheit hat ihren Wert. Oder um es mit Janis Joplin zu sagen: *Freedom is another word for nothing left to lose.* Kein Lied hatte ich als Heranwachsender glühender gesungen:

Die Gedanken sind frei, wer kann sie erraten? Sie fliehen vorbei wie nächtliche Schatten. Kein Mensch kann sie wissen, kein Jäger erschießen, es bleibet dabei: die Gedanken sind frei ...

Leonard Cohen übrigens nahm das Lied, mit deutschem Text, während seiner Deutschland-Tournee 1976 in sein Programm. Wer feuchte Augen will, suche sich den Live-Mitschnitt im Internet.

Quellen:

„Widerwärtig, säuisch". Weil der Film „Das Gespenst" religiöse Gefühle verletze, will Innenminister Zimmermann von Regisseur Achternbusch öffentliche Fördermittel zurückverlangen; DER SPIEGEL 19/1983, 08.05.1983

Die galoppierenden Leichenbestatter (II) und (III); epd Kirche und Film, Mai und Juni 1983

„Pro und contra das ‚Gespenst'"; epd Dokumentation, Nr. 29, 20.06.1983

„Mit Achternbusch sind wir alle gemeint". Zur Protesterklärung der deutschen Filmregisseure; Süddeutsche Zeitung, 23.06.1983

Ein ‚Gespenst' geht um; oder: von A(chternbusch) bis Z(immermann). Proteste, Erklärungen, Mutmaßungen zum filmpolitischen Kurs des Innenministeriums; Frankfurter Rundschau, 23.06.1983.

Zimmermann bleibt hart; Süddeutsche Zeitung, 30.06.1983.

Filmschaffende, rechtsum, rückwärts marsch! Aus der Kontroverse um den angeblich blasphemischen Jesus-Film „Das Gespenst" hat Innenminister Zimmermann eine kulturpolitische Offensive entwickelt: Die Filmförderung seines Ministeriums, bisher strikt auf „künstlerische Qualität" gerichtet, soll sich künftig an Kinokasse und gesundem Volksempfinden orientieren; DER SPIEGEL 27/1983, 03.07.1983

„Alles zusammen ergibt einen Kurs". Bundesinnenminister Friedrich Zimmermann über Demonstrationsgesetze, Ausländerrecht und Filmzensur. SPIEGEL-Gespräch von Erich Böhme, Urs Jenny und Paul Lersch; DER SPIEGEL 28/1983, 10.07.1983

Währungsreform? Ein Beitrag zur Ernüchterung der filmpolitischen Diskussion, von Alf Mayer; medium, Juli 1983, S. 20-23.

Sibylle Knauss

Gibt es die absolute Freiheit? Ja. Ein Beispiel? Hier ist es:

Thelma und Louise. Erinnert ihr euch an diese beiden Frauen? Der Film von Ridley Scott ist von 1991. Thelma (Geena Davis) ist mit einem wahren Kotzbrocken verheiratet, als sie mit ihrer Freundin Louise (Susan Sarandon) zu einem Trip in die Freiheit aufbricht. Louise ist die reife, vernünftige der beiden Frauen, mit einem Mann liiert, der ein durch und durch sympathischer Vertreter seines Geschlechts ist. Eine lesbische Liebesgeschichte nimmt ihren Anfang? Mitnichten. Wir befinden uns in der Ära, in der Frauen sich mit großer Vorsicht und scheibchenweise neue Freiheiten erkämpfen, das Wort Emanze ist inflationär im Gebrauch, und „queer" ist weitgehend unbekannt. Der Film war noch ganz und gar mit der Frage befasst, wie frau in einer als gnadenlos vorgeführten Männerwelt überlebt, und um es gleich zu sagen: Sie überlebt nicht, sie kommt darin um. Aber wie! Das Finale ist einer der grandiosesten Momente der Kinogeschichte. Und wer jetzt nicht die Augen schließt, seufzt und es vor sich sieht, sollte zusehen, nicht zu sterben, ohne es gesehen zu haben.

Der Film schlug ein wie eine Bombe. Er war ein Ereignis. Selbst hartgesottene Gegner des Feminismus kamen beschwingt, gerührt und hingerissen aus dem Kino. Zweifellos in Thelma verliebt. Sie ist zu Anfang ein Weibchen, zaudernd, abhängig, angewiesen darauf, dass sie ein stärkerer Wille lenkt. Das ist Louise. Louise hat die Idee gehabt zu verreisen. Sie weiß, wohin es geht. Sie sitzt am Steuer des Autos. Sie trifft die Entscheidungen. Sie zieht den Revolver und schießt, als Thelma beinahe vergewaltigt wird. Sie ist der Mann unter den beiden Frauen. (Ja, die Welt 1991 ist noch fraglos binär.)

In einer furiosen Sequenz des Films kehrt dieses Verhältnis sich um. Der charmante kleine Gauner, mit dem Thelma sich eingelassen hat – man verzeiht ihr, da man ihren Ehemann kennt –, hat sich mit Louises Geld aus dem Staub gemacht, das ausgerechnet in dem Zimmer herumliegt, in dem Thelma die erste gute Sexnacht ihres

Lebens verbracht hat. Und wenn sie sagt, verlass dich auf mich, ich bringe das wieder in Ordnung, vermutet man, dass es jetzt nur noch schlimmer kommt. Doch dann erlebt man, wie eine Frau Wort hält, die zum ersten Mal im Leben eine selbstverantwortete Tat vollbringt. Mit unverbrauchter Energie tut sie, worin ihr Lover sie unterwiesen hat: „Ladies and Gentlemen, dies ist ein Überfall …“ Und sie ist ein Naturtalent darin.

Allerdings hat Thelma nun auch alles vermasselt. Auch darin ist sie ein Naturtalent. Jetzt gibt es keinen Weg mehr zurück für die Frauen. Nur vorwärts, Richtung Grand Canyon, gejagt von einer Meute männlicher Verfolger.

Die perfekte Falle: Vor ihnen der Abgrund und hinter ihnen die Meute. Rettung: Nirgends. Ausweg: Keiner. Zwei junge Frauen voller Lust auf Leben, Abenteuer, Freiheit, begabt mit Intelligenz, Witz und Sex-Appeal – und alles, was ihnen noch bevorsteht, ist ein Leben im Strafvollzug, möglicherweise auch der Tod durch die Giftspritze. Die beiden sehen sich an, fassen sich an den Händen, und Louise gibt Gas …

Für einen Augenblick scheint es, als ob das Auto in der Luft stände. Dann, plötzlich, ist die Leinwand schwarz, es ist aus.

Was für ein Film-Ende! So muss Kino sein. Zwei Stunden mit den beiden Frauen gelebt – und wie gelebt! –, ihre Flucht aus der von männlicher Gewalt bedrohten Welt angst- und ahnungsvoll begleitet, um am Ende von ihnen zurückgelassen zu werden, genau da, an der Absturzkante der Schlucht, in die sie stürzen und wo ihre Flucht in die Freiheit endet: im Tod.

Der Film vereint jeden Kontrast in sich: Er ist komisch und tragisch, witzig und pathetisch, erotisch und politisch, ein schier sträfliches Vergnügen und eine Höllenfahrt. Ein Originaldrehbuch der Extraklasse, mehr als verdient oscarprämiert. Selten gelingt einer Autorin (Callie Khouri) ein erzählerischer Wurf von solcher Wucht und Glasklarheit. Jeder Handlungsschritt ein Schritt auf den Abgrund zu. Am Ende fallen alle Kontraste in eins. Wir befinden uns in der Welt des Absoluten.

Der absolute Spaß (und nach ihm war Thelma ja auf der Suche) läuft auf den absoluten Ernst hinaus. Schluss mit lustig.

Der absolute Sieg ist die absolute Niederlage.

Die absolute Freiheit findet sich im Tod.

Ridley Scott, berühmt für die Erschaffung ikonischer Bilder – sein Schluss-Tableau von „Thelma und Louise" ist *die* Ikone der Freiheit, sieghaft, gültig, pathetisch: Zwei Frauen in einem Ford-Thunderbird-Cabrio im Moment ihres Absturzes in den Grand-Canyon. Genau da, wo ihr Flug in den Höllensturz übergeht, liegt der Moment der Freiheit … ist der Film am Ziel.

Karin Rick

Bella, Barbie und Priscilla - Geschöpfe ungezügelter Konsumwelt oder Duft der Freiheit?

Blockbuster-Heldinnen und wovon sie träumen

Nicht Napoleon, Indiana Jones oder Oppenheimer haben mich im Jahr 2023 als Heroen des Blockbuster-Kinos begeistert, sondern Bella Baxter, Barbie und Priscilla. Was treibt diese weiblichen Hauptfiguren an und warum faszinieren sie mich so? Um dies zu beantworten, muss ich ein paar Jahrzehnte zurückgehen.

Die 80er – eine glückliche Zeit für Aufbrüche

Meine ersten literarischen Schritte in die Öffentlichkeit fanden in den späten 80ern statt, eine glückliche Zeit für Aufbrüche. Die zweite Frauenbewegung und die Lesben- und Schwulenbewegung hatten vieles bewirkt. Weitreichende Rechte wurden erstritten und der heutige konservative, neoliberale Backlash war noch nicht in Sicht.

Frauen, die zwar seit 1957 (theoretisch) ein eigenes Bankkonto besitzen durften, bekamen in Österreich erst ab den 1970er-Jahren unter der Regierung Kreisky das Recht auf eine eigene Erwerbstätigkeit ohne die Zustimmung ihres Ehemannes.[1] Vorher war ihre ökonomische und soziale Existenz gänzlich an ihn gebunden. Das Sozialversicherungssystem war bis dato auf den Mann als Arbeitenden ausgerichtet, Frau und Kinder waren mit ihm mitversichert – und von ihm abhängig. Warum ich das hier erwähne? Nun, es wirkte sich hemmend auf die Entfaltungsmöglichkeiten von Künstlerinnen aus. Exemplarisch dokumentiert wird das in dem Film *„Sie ist der andere Blick"* von Christiana Perschon über das Wirken der feministischen Wiener Avantgardekünstlerinnen Renate Bertlmann, Linda Christanell, Lore Heuermann, Karin Mack und Margot Pilz. *„Auf fast experimentelle Art wird in diesem Film die Dialektik zwischen Moral, Material, patriarchalen Kreativitätshindernissen und widerständiger Kunstarbeit verhandelt"*.[2] Von Kreativitätshinder-

1 In Deutschland trat das erste Gesetz zur Reform des Ehe- und Familienrechts 1977 in Kraft. Demzufolge gab es keine gesetzlich vorgeschriebene Aufgabenteilung in der Ehe mehr und Frauen konnten ohne Zustimmung des Ehemannes einen Beruf ausüben.

2 Silvia Hallensleben im Tagesspiegel, am 10.11.2019 anlässlich der Duisburger Filmwoche, Magische Maloche.

nissen innerhalb der Familie berichtet Lore Heuermann. Sie zog ihre Kinder nach der Scheidung zwar allein groß, aber bei jeder schulischen Entscheidung musste sie das Einverständnis ihres Ex-Mannes, des Schriftstellers Oswald Wiener, einholen, der sich mit ihrer Doppelrolle als Mutter und Künstlerin nicht wirklich anfreunden wollte. Von den eigenen (Ex-) Partnern, aber auch von Jurys, Museen und Galerien kam viel Gegenwind. Der begann abzuebben, nachdem der Mann als Familienoberhaupt abgeschafft wurde.

Die Pille, erhältlich ab 1962, und die Fristenlösung ab 1975, die einen straffreien Schwangerschaftsabbruch innerhalb der ersten drei Schwangerschaftsmonate erlaubte, befreiten von dem Zwang, eine ungewollte Schwangerschaft auszutragen. Künstlerinnen profitierten davon enorm. Zuvor gingen europaweit tausende, auch prominente Frauen auf die Straße und exponierten sich als Gesetzesbrecherinnen mit dem Slogan „Ich habe abgetrieben".

Für meine Selbstverwirklichung als queere, österreichische Autorin war befreiend, dass 1996 das Verbot, für ‚gleichgeschlechtliche Unzucht' zu werben, aufgehoben wurde. Meine Bücher im deutschen *Konkursbuch* Verlag liefen also nicht mehr Gefahr, vom Zoll beschlagnahmt oder Gegenstand eines Gerichtsverfahrens wegen Jugendgefährdung zu werden. Ein vielseitiges queeres Vereinsleben entstand, lesbische, erotische Literatur wie meine und lesbische Pornografie kamen endlich auf den Markt und wurden in feministischen Buchhandlungen verkauft. Mit diesen Freiheiten gehen wir heute, finde ich, gedanklich zu sorglos um. Gefahr von rechts ist im Anrollen.

Weibliche Freiheit, Selbstbefreiung und Selbstbehauptung in der Literatur beschäftigen mich seit meiner ersten Romanveröffentlichung „Böse Spiele" 1991. Das Buch erzählt die Geschichte einer Frau, Helene, die in den intellektuellen Kreisen einer Großstadt eine Rolle spielen will und auf einen Mann, Johann, stößt, der sich als Helfer und Wegbereiter anbietet. *„Gefangen in einem engen Netz von Regeln"* versagt er jedoch in jeder Hinsicht, auch als Liebhaber. Helene nützt seine Vorliebe für ausgefallene Sexspiele, um an Erfahrungen reicher zu werden, verlässt ihn jedoch nach Erreichung ihrer Ziele. Das Pygmalionthema wird gegen den Strich gebürstet. Die Frau, die

Pygmalion ergeben sein soll, geht ihren eigenen Weg. Meine Bücher inszenieren Grenzformen weiblichen Begehrens, Ausbrüche aus Rollenmustern und erotisches Abenteurertum. Ich empfinde es immer noch als unfassbare persönliche Freiheit, Lust und Verlangen zu verschriftlichen und in Buchform zu veröffentlichen. Eine Freiheit, die bislang bei uns keiner Zensur und keiner Verfolgung unterliegt und die nicht hoch genug einzuschätzen ist.

Wenn Rechte erkämpft werden, könnte man hoffen, dass sich diese neue Realität auch im Film widerspiegelt. Doch es sollte noch Jahrzehnte dauern, bis es sich lohnte, Blockbuster mit starken Frauenfiguren zu besetzen. Und zwar nicht mit irgendwelchen, sondern mit Heldinnen, die ausziehen, um gleich ein ganzes Gesellschaftssystem umzukrempeln und nicht bloß einen Mann zu erobern. Man musste erst einmal darauf vertrauen können, dass ein solcher Film die Kassen gleichermaßen klingeln lassen wird wie die klassische männliche Heldenstory, der x-te Aufguss von Siegfried, dem Drachentöter. Heldinnen, die nicht bloß den Märchenprinzen wollen, sondern gleich das ganze Schloss, das Reich, die Untertanen, Macht über Gesetze, Benimm-Regeln und Finanzflüsse. Sprich: Alles. Die Sehnsucht, solche Heldinnen auf dem silver screen zu sehen, ist mittlerweile im weiblichen Publikum dermaßen groß, dass frau in Kauf nimmt, diese „Wonder Women“, wenn nicht anders möglich, in Fantasyfilmen serviert zu bekommen. Und da gab es in den letzten Monaten gleich zwei, die sämtliche Rekorde brachen.

Poor Things

Parthenogenese neu erzählt: Zeus' Kopfgeburt Bella bleibt nicht die brave Vatertochter, sondern zieht aus, mit Intellekt und Libido das Patriarchat ihrem Willen zu unterwerfen.

Der Film *Poor Things* mit neun Oscar-Nominierungen und einer großen Anzahl an bereits verliehenen Preisen, u.a. Goldener Löwe für Regie in Venedig und Golden Globe für Emma Stone als beste Hauptdarstellerin, kann als Frankensteinparodie und Emanzipationsdrama gelesen werden. Ein Wissenschaftler (Willem Dafoe) kreiert aus dem Körper einer sterbenden Schwangeren und dem Hirn ihres Embryos ein weibliches Kunstwesen, das sich unbeeindruckt von Moral, Sitte, Konventionen und Gängelungsbemühungen seinen Weg durch die bessere Gesellschaft bahnt, erstakst, ertanzt, erstreitet. Sexuell gierig und ungezähmt, wissensdurstig und mit scharfem Intellekt führt Bella Baxter starre gesellschaftliche Disziplinierungen ad absurdum. Sie konterkariert jeden Versuch ihrer mächtigen männlichen Gegenüber, sie einzusperren, für sich zu behalten oder unschädlich zu machen, gegen Ende des Films sogar zu kastrieren. Sie ist *„eine wandelnde, enorm willensstarke menschliche Tabula Rasa"*.[2]

Wir tauchen ein in ein bombastisches Fest weiblicher Befreiung. Es gibt scheinbar nichts, was Bella Baxter davon abhalten kann, sich die Erde untertan zu machen. Sie ist allmächtig. Sie ist weder durch männliches Dominanzgebaren noch durch Argumente oder schlechte Erfahrungen einzuschüchtern. Männer in ihrer zurückgewiesenen Passion reagieren auf sie mit Resignation, Wut, Hass, Flucht in den Wahnsinn oder mit dem Vorhaben, Bellas Libido mittels OP ganz zu vernichten, sie psychisch, physisch zu zerstören und gesellschaftlich auszulöschen, aus ihr die lustlose, asexuelle Gebärmaschine für das Erbe zu machen, das, was eine Frau ihrer Meinung nach sein soll. Sie wehrt sich mit Witz, mit Gleichgültigkeit, Wandlungsfähigkeit und cleveren Strategien. Sie gewinnt, überlebt sogar ihren Creator, „God" Baxter, und wird selbst zur Schöpferin.

So stellt sich ein männlicher Regisseur, Yorgos Lanthimos, weibliche Emanzipation vor: unschlagbarer Intellekt und Ja zu multiplen Orgasmen. *„Er interessiere sich besonders für Frauen und ihren Umgang mit Männern. Vielleicht deshalb, weil das Kino ihm nie viele Protagonistinnen gezeigt habe"*, zitiert ihn die NZZ.[3] Mit seinem Werk *Dogtooth* hatte er in Cannes 2009 die Filmlandschaft das erste Mal aufgewirbelt, mit ihm begann die „Weird Greek Wave", ein Kino, das *„Beziehungen als sinnliche Experimentalanordnungen inszeniert"*.[4] In *Poor Things* wird diese Forderung wörtlich genommen, die Story beginnt in einem Labor und endet auch dort.

2 Andrey Arnold, in: Goldener Löwe für fantastischen „Poor Things", die Presse, 10.9.23

3 Denise Bucher in: Yorgos Lanthimos, Regisseur der brillanten Komödie „Poor Things", Meister der Groteske. NZZ, 13.1.24

4 Valerie Dirk in: „Poor Things": Die sinnliche Neugier der Bella Baxter, der Standard, 18.1.24

Aber ist *Poor Things* vielleicht doch nichts anderes als erneuter Aufguss männlicher Schöpfersehnsucht, statt einer realen Frau eine Kunstfrau zu schaffen, um sie beim Ausbruch aus patriarchalem Dominanzgebaren zu begleiten? Schön brav kontrolliert und in einem fantastischen Universum? Ein schwarzhumoriges Märchen, eine Versuchsanordnung, beginnt der Film doch im Labor von Godwin Baxter, dem schrägen Forscher, der noch andere hybride Geschöpfe um sich schart. Gleich in der ersten Einstellung wird unser Blick durch eine Fischaugenlinse geführt und wir verstehen, dies ist keine Realität, sondern nur Fantasy. Eine utopische Welt bietet sich als einziges Setting an, in der sich weiblicher Intellekt und Sexualtrieb voll entfalten können. Da ergibt sich eine weitere Frage im Bezug zu der Schwangeren, aus deren Bauch das Gehirn ihres Nachwuchses geschnitten wird, um in ihrem Kopf eingepflanzt ein neues, anderes Leben zu führen: Braucht es den Muttermord, um ein solch perfektes Wesen zu erschaffen, das, im Körper der eigenen Mutter, einen neuen Anlauf zur Befreiung nimmt, nämlich den, den die Mutter selbst nicht geschafft hat, sonst hätte sie nicht Suizid begangen? Oder, um es in Worten der zeitgenössischen Reproduktionsmedizin auszudrücken: Kann nur eine sterbende Schwangere als fötales Umfeld mit männlicher Nachhilfe ein Superhirn gebären, das in einem weiblichen Körper dem Patriarchat auf die Füße steigt? Fragen über Fragen, die so schnell keine Antwort finden, aber zu neuem Grübeln über Identitäten und Ausbrüche führen.

Barbie und der Rabiatkapitalismus

Wenn man sich andere Blockbuster anschaut, die in den letzten Monaten Furore gemacht und Medien und Publikum beschäftigt hatten,

so kommt man unweigerlich auf eine weitere Figur weiblichen Ausbruchs: Barbie. Der erste Realfilm über die Puppe löste 2023 eine Modewelle in Pink aus, es gab ein Jahr lang keine anderen Farben in Bekleidungsshops und Einrichtungshäusern, auch ich wurde davon angesteckt und ging in Pink gekleidet zur Premiere. Er spülte 1,38 Milliarden Dollar in die Kinokassen (Produktionskosten 130 Millionen) und brachte einen veritablen Hype um die Plastikpuppe in allen Variationen. Die Besucherzahlen brachen schon in den ersten Wochen alle Rekorde und damit avancierte er weltweit zum Film des Jahres. In Putins Russland kursieren Raubkopien. Mit der Co-Produktion sanierte sich die marode Spielzeugfirma Mattel, Erfinderin von Barbie, sie schloss an die 100 Markenkooperationen ab, von Brotdosen bis zum Hundezubehör, und dies, obwohl der Konzern jeweils bis zu 15 Prozent bei Lizenzgebühren lukrierte. Auch was die geschriebenen Zeilen und die gesendeten Minuten betrifft, war Barbie der Kinofilm des Jahres 2023. Selbst ich war verzaubert, hatte doch auch ich als Kind eine Barbiepuppe in rosa Satinabendkleid, damals der letzte Schrei am Kinderspielzeugsektor.

Der Film ist Märchen und Musik-Revue in einem und wird als Emanzipationsdrama vermarktet. *„Einmal Patriarchat zerschlagen mit Barbie"*, titelt FM4, *„Barbie, die pinke Absage an das Patriarchat"*, so der Boulevard. Er trompetet den Lifestyle der amerikanischen Luxusgesellschaft unter kalifornischer Sonne hinaus. Barbie, grandios gespielt von Margot Robbie, lebt glücklich und sorgenfrei in ihrer heterosexuellen rosa Wunderwelt Barbieland, mit anderen perfekt schönen, jungen Barbies aller Berufe und Hautfarben und nebenbei auch den Kens, handsome guys, einer davon Ryan Gosling. Es versteht sich von selbst, dass in diesem „feministischen" Traumland die Barbies Richterinnen, Präsidentinnen, Doktorinnen sind und die Kens irgendwo am Strand mit dem Surfbrett posieren, ihre Bodys herzeigen und mehr oder weniger belächelt werden. Alles paletti für die Frauenwelt. Durch plötzlich auftauchende Gedanken an den Tod, und dies während einer Glitzerdisco-Party zu dem aufpeitschenden Sound von Dua Lipa, wird Barbie aus ihrer gelackten Routine geworfen und von der Truppe ausgestoßen, denn auf einmal ist sie nicht mehr perfekt. Zweifel und Todesängste haben hier nichts verloren. Der Zauber ist vorbei. Um sich zu retten, muss sie in die Menschenwelt. Dort herrscht das umgekehrte Gesellschaftsmodell. Männer sind an der Macht, Frauen strudeln sich ab und verzweifeln an der gläsernen Decke. Der Konzern Mattel will die widerspenstige, unangenehme Fragen stellende, zum Leben erwachte Puppe wieder in die Cardboard-Box sperren. Doch nicht mit Barbie. Ihr naives Selbstbewusstsein rührt von ihrer heilen Plastikwelt, und das will sie garantiert nicht verlieren, schon gar nicht ihre Freiheit. Das Kunstwesen bricht aus und stürzt den Konzernchef in eine existenzielle Krise. Es wird turbulent, als Barbie in ihr Reich zurückkehrt. „Ken-Land" ist dort ausgebrochen. Die Machos regieren, die Barbies, brainwashed, liegen ihnen zu Füßen. Die Spielzeugindustrie ist ihrer starken Hauptheldin beraubt. Der unique selling point des Unternehmens ist gefährdet. Doch Ende gut, alles gut. Die Barbies proben den Aufstand. Barbieland wird gerettet, die Kens besiegt, sie werden auf Identitätssuche geschickt. Und die Firma floriert.

Trotz des rasanten Tempos, der üppigen Traumkulissen, vieler Gags, die vor allem jene zu goutieren wissen, die selbst eine Barbie-Puppe besitzen oder besessen hatten, der umwerfenden Präsenz von Margot Robbie und Ryan Gosling, bleibt ein schaler Nachgeschmack. Das Patriarchat wird zwar in der Puppenwelt besiegt, doch über diese herrscht der Konzern Mattel und der richtet sich nach den Regeln des Marktes, des Kapitals, der realen Männerwelt. Macht nichts, eineinhalb Stunden lang durften wir Kind sein, träumen und die Täuschung genießen.

Priscilla – rette sich, wer kann

Der dritte Film spielt ebenfalls in einer Illusionswelt, der des Show-Biz. Doch ist es eine reale Lebensgeschichte, die hier inszeniert wird. Sofia Coppola, Chronistin weiblicher Ich-Werdung in Zwangsstrukturen, beleuchtet das Leben von Priscilla, Ehefrau von Elvis Presley. Das Timing ist gut gewählt, 2022 zum 45. Todestag kamen wieder einmal Elvis' Leben und Karriere auf die Leinwand, der Monumentalfilm „Elvis" von Baz Luhrmann. Elvis wird *„als Superheld, als Überflieger, als musikalisches Genie, der als Weißer den Blues in den Hüften hat und ein gespaltenes Land versöhnen könnte.*"[5] inszeniert. Die Gattin Priscilla wird erst im letzten Teil kursorisch erwähnt. Ein Film über sie, aus ihrer Innensicht, war also mehr als fällig. Sofia Coppola nützte die Gelegenheit. Große Aufmerksamkeit war garantiert. Die Regisseurin entwickelt in jeder ihrer Produktionen viel Sensibilität für die schmerzhafte Isolation jener Frauen, die gleichzeitig alles und nichts haben, 2006 in *Marie Antoinette*, jetzt in *Priscilla.*

Die Handlung entwickelt sich getreu des Tagebuchs von Priscilla Presley. Sie zeigt die Befreiung einer Frau der 60er-Jahre aus dem damals aufgezwungenen Rollen-Korsett der Passivität und Duldung. Eine unbedarfte Vierzehnjährige (großartig gespielt vom jungen Talent Cailee Spaeny) die sich auf einem Armeestützpunkt der US Army in Deutschland langweilt, ein viel älterer, sehr berühmter Rock'n'Roll Star, eingerückt als Soldat, der Heimweh nach Texas hat. So beginnt die Love-Story von Priscilla und Elvis. Bald wird daraus das glamouröseste Paar Amerikas, verehrt von Abertausenden, doch in der luxuriösen Villa auf Graceland lauert schon am Anfang die Einsamkeit. Priscilla, die von ihren Eltern nolens volens die Erlaubnis bekommt, mit fünfzehn zu ihrer großen Liebe zu reisen, mit der Auflage, dort das College fertig zu machen, kommt, wenn Elvis auf Tournee ist, aufs Abstellgleis. Und wartet, wartet und wartet. Ein Leben des Wartens hinter geschlossenen Fenstern auf plüschigen Teppichböden, das wird ihr Schicksal. Viele, viele Jahre lang. Niemand kümmert sich um sie, um dieses Kind mit den großen verlorenen Augen, das Mädchen, das zu ihrer großen Liebe gereist ist, aber diese

5 Anna Wollner: „Elvis" ist großes Kino auf fast allen Ebenen, in: NDR, 24.1.2023

fast nie erreicht. Niemand beachtet sie. Sie ist Eigentum des Weltstars, damit tabu. Eine weibliche Nicht-Existenz. Auch wartet sie jahrelang vergeblich auf Sex und kann ihr heißes junges Begehren nie stillen, denn ihr Lover ist mehr an Schlafmitteln und Junk-Food interessiert als an ihrer Libido. Elvis the Pelvis ist keineswegs eine Sex machine. Er missbraucht Priscilla als Muttterersatz, als kindliche Begleiterin, weil ihm erwachsene Frauen zu dominant sind. Hinter dem glitzernden Charisma lauert weltfremde Grausamkeit. Statt mit ihr Liebe zu machen, huldigt er dem Fetisch ihrer kindlichen Unschuld und unterwirft sie gleichzeitig einem System von Frauenfeindlichkeit, Zwang und Kontrolle. Irgendwann kommt es dann doch zum Verkehr, in der Hochzeitsnacht, nach sieben Jahren des Zusammenlebens. Sie wird schwanger und damit fällt auch der von ihr langersehnte Honeymoon nach Europa flach, auf dem sie ihn für sich allein gehabt hätte.

Von nun an wartet sie mit dem Kind am Arm, während er mit seinen johlenden Kumpels in den Tourbus steigt und schon wieder weg ist. Seine sporadische Anwesenheit ist eine drogen-und alkoholinduzierte immerwährende Abwesenheit. Und Priscilla ist in den Jahren ihrer Pubertät und frühen Jugend allein. Nie darf sie eine Freundin mit nach Hause nehmen, argwöhnisch meidet sie die Kommilitoninnen, schweigt in der Schule und dockt nirgends an. Das ist ihr Leben, gesehen aus heutiger Perspektive. Ein Horror Movie. Doch auch eine Coming-of-Age-Story, denn Priscilla steigt aus. Das junge Mädchen, das es einst nicht fassen konnte, dass die Rocklegende sich ausgerechnet in sie verliebt, wird zu einer Frau, die sich nach vielen Jahren entscheidet, den King und den goldenen Käfig zu verlassen. Hilfreich war die Energie der 70er-Jahre mit ihrer

Aufweichung der Rollenerwartungen, mit Womens' Lib, Hippie und Flower-Power. All die Mieder, Petticoats und toupierten Turmfrisuren verschwanden und machten kurzen, den Körper umspielenden Schwebekleidern Platz. Zwänge verrotteten. Sich als Frau von einem einzigen Mann und seinen Süchten quälen zu lassen, seine Affären zu tolerieren, sich den ganzen Tag lang zu schminken und auf seine Rückkehr aus gewonnener Schlacht zu warten war out.

Priscilla ist für mich der nachhaltigste und stimmigste Film über drei unterschiedliche Heldinnen. Eine reale Person in einem realen Setting entscheidet sich für die Freiheit. Traum geplatzt, Traumprinz vom Sockel gestoßen, raus in die Welt. So soll es sein.

Monika Bäuerlein

Freiheit in der Forschung: Fremdbestimmung am Beispiel einer Masterarbeit zu ärztlicher Impfkritik

Blickt man näher auf den Begriff der Freiheit, können sich ganz unterschiedliche Facetten offenbaren. Bereits die durch Johann Georg Krünitz begründete und in den Jahren zwischen 1773 und 1858 entstandene *Oeconomische Encyklopädie oder allgemeines System der Staats- Stadt- Haus- und Landwirthschaft* (kurz: „der Krünitz") unterscheidet grundsätzlich zwischen „Freyheit" als Zustand, Recht, Handlung und Ort. „In der weitesten [zeitgenössischen] Bedeutung" beschreibt sie ihn ex negativo als „de[n] Zustand der Abwesenheit gewisser Arten des Zwanges und der Einschränkung."[1] Wissenschaftliche Arbeiten betonen meist die vorrangig aus dem philosophischen Bereich stammenden Auseinandersetzungen. Diese haben bereits mehrfach den seit der Antike existenten, allerdings erst mit der Aufklärung an Bedeutung gewachsenen und vor allem seit der Französischen Revolution prominent gewordenen Begriff diskutiert. Individuelle Freiheit im Sinne autonomen und selbstbestimmten Handelns erlangte erst mit der Neuzeit an Relevanz. Unterschieden wird zwischen einer Freiheit *zu* etwas von einer Freiheit von etwas, wobei auch innere, mehr oder weniger bewusste Zwänge Auswirkungen auf die tatsächliche Existenz von Freiheit haben können.[2] Freiheit wird zudem als relatives Phänomen angenommen, das sich nur in Verbindung mit anderen Menschen bestimmen lässt.[3] Grundsätzlich sei darauf hingewiesen, dass sich der Begriff der Freiheit einer umfassenden Auseinandersetzung in den Kulturwissenschaften bisher weitgehend entzieht. Eine entsprechende Klärung kann auch dieses Essay nicht leisten, das sich deshalb an dem Freiheitsbegriff orientiert, wie er im öffentlichen Diskurs auffindbar ist. Dort fällt er meist als Synonym für Selbstbestimmung im Sinne eigenverantwortlichen Entscheidens

1 Oeconomische Encyklopädie oder allgemeines System der Staats- Stadt- Haus- und Landwirthschaft: Freyheit. Online unter: https://www.kruenitz1.uni-trier.de (Stand: 29.09.2023).

2 Vgl. Horn, Christoph: Freiheit – Gleichheit – Solidarität. In: Kühnhardt, Ludger/Mayer, Tilmann (Hrsg): Bonner Enzyklopädie der Globalität Bd. 1 und 2. Wiesbaden 2017, S. 1345-1354, hier S. 1348f.

3 Vgl. etwa Gadacz, Tadeusz: Philosophie der Freiheit. In: Goethe Institut Polen: Diskussionsreihe zum Thema Freiheit 2018. Online unter: https://www.goethe.de/ins/pl/de/kul/ges/21184099.html (Stand: 29.09.2023).

und Handelns, während Fremdbestimmung, als Antonym entgegengesetzt, mit der Abwesenheit von Freiheit gleichgesetzt wird.

Dass sich das Verständnis von Freiheit innerhalb der Gesellschaft grundlegend unterscheiden kann, hat die teils hitzig geführte Impfdebatte während der Corona-Pandemie eindrücklich veranschaulicht. Die Mehrheit ist der Impfaufforderung gefolgt. Allein Gespräche im Bekanntenkreis haben allerdings diverse Beweggründe offenbart. Für viele standen die Angst vor einer Ansteckung sowie die Überzeugung bezüglich der Wirksamkeit der Impfung und damit dem Schutz des Kollektivs hinter der Entscheidung; für manch andere ausschließlich die Hoffnung auf Wiedererlangung von Freiheit nach den monatelangen Restriktionen während der Pandemie. Gleichzeitig protestierten impfkritische Stimmen für eine selbstbestimmte Impfentscheidung. Von der Wirksamkeit einer Impfung waren sie oftmals generell, teils auch nur in Bezug auf COVID-19 nicht überzeugt, sahen zudem durch staatliche Vorgaben ihre Freiheitsrechte gefährdet. Freiheit war demnach ein Argument auf beiden Seiten der Debatte, wobei im Diskurs vor allem die Freiheitsforderungen der impfkritischen Perspektive thematisiert wurden und negativ konnotiert waren.

Es soll an dieser Stelle nicht um eine inhaltliche Auseinandersetzung mit der Impfdebatte gehen, sondern um Aspekte der Fremdbestimmung bei der Erforschung dieses polarisierenden Themas. Spezifischer behandelt diese Reflexion die Erstellung einer Masterarbeit im Fach Europäische Ethnologie, die letztlich mit dem Titel „‚Das Märchen vom Impfsegen.' Ärztliche Impfkritik seit Einführung des Reichsimpfgesetzes 1875" eingereicht wurde. Nachdem die Erwähnung des Studienfachs Europäische Ethnologie erfahrungsgemäß zunächst Fragezeichen hinterlässt, werden vor der Erläuterung des Fallbeispiels das generelle Erkenntnisinteresse der Disziplin sowie die spezifische Herangehensweise vorgestellt und in den breiteren Kontext der Wissenschaft eingeordnet.

Das Fach Europäische Ethnologie blickt auf eine bewegte Geschichte zurück, die an dieser Stelle nur angedeutet werden kann. Unter dem Namen Volkskunde zu Beginn des 20. Jahrhunderts erstmals an Universitäten studierbar, galt der Fokus lange Zeit der bäuerlich-ländlichen Gesellschaft, etwa ihren Traditionen, Wohnformen und Erzählungen. Diese „Volkskultur" wurde nicht selten romantisch verklärt und idyllisiert. Zu Zeiten des Nationalsozialismus folgte diese Volkskunde der Ideologie des Regimes und präsentierte entsprechende „wissenschaftliche" Erkenntnisse, was in der zweiten Hälfte des 20. Jahrhunderts eine Aufarbeitung und vollständige Neuausrichtung erforderlich machte.[4] Heute präsentiert sich die ehemalige Volkskunde als „Vielnamenfach", das an den Universitäten beispielsweise als Empirische Kulturwissenschaft, Kulturanthropologie oder eben Europäische Ethnologie firmiert. Es gibt zwischen den Standorten durchaus Unterschiede, das gemeinsame Ziel gilt allerdings der Erforschung von Alltagskultur, wobei ein erweiterter Kulturbegriff zugrunde gelegt wird, der weit über ein Verständnis von Kultur im Sinne einer Literatur, Wissenschaft oder Kunst umfassenden „Hochkultur" hinausgeht. Alltagskultur meint sämtliche kulturellen Äußerungen von Individuen und Gruppen, ihre Beziehungen zueinander, aber auch zu Dingen. Es geht darum, vermeintliche Selbstverständlichkeiten des Alltags zu hinterfragen und ggf. zu dekonstruieren, Menschen in ihren Einstellungen, Vorstellungen und Denkweisen zu verstehen und Muster und Verflechtungen zu erkennen. Gerade in einer zunehmend komplexer werdenden Gesellschaft besitzen diese Erkenntnisse das Potenzial, daraus resultierende Problemlagen aufzuzeigen oder Bewältigungsstrategien sichtbar zu machen. Dabei findet ein intensiver interdisziplinärer Ansatz Anwendung, der nicht ausschließlich die Gegenwart beleuchtet: Eine Kontextualisierung und ein Blick in die Vergangenheit sind unabdingbar, denn erst eine Kenntnis über alle Zusammenhänge ermöglicht ein vollständiges Bild, und Aspekte des heutigen Zusammenlebens haben ihre Wurzeln meist bereits in der Historie.

Ein Studium der Europäischen Ethnologie ermöglicht es nicht nur, sich in verschiedene Themenkomplexe theoretisch einzuarbeiten, es rüstet die Studierenden auch mit dem notwendigen Handwerkszeug qualitativer Forschungspraxis aus. Aufgrund der großen zeitlichen und thematischen Spanne gibt es nicht das eine geeignete

4 Vgl. zu einem umfassenden Einblick in die Fachgeschichte etwa Weber-Kellermann, Ingeborg/Bimmer, Andreas C./Becker, Siegfried: Einführung in die Volkskunde/Europäische Ethnologie. Eine Wissenschaftsgeschichte. 3., vollständig überarb. und aktual. Auflage. Stuttgart 2003.

Instrumentarium. Um ein umfassendes Verständnis über kulturelle Phänomene zu erlangen, werden häufig verschiedene Methoden miteinander kombiniert. Es geht dabei nicht darum, einen gesellschaftlichen Durchschnitt zu ermitteln, sondern Alltagskultur in all ihren Facetten und Ausprägungen, und damit auch die Abweichungen von einem vermeintlichen Mittelwert, zu untersuchen. Hierzu eignen sich qualitative Methoden auf Mikroebene, d. h. einzelne Beispiele werden in der Tiefe betrachtet, um die Aspekte zu entdecken, die bei einem oberflächlichen Blick verschlossen bleiben. Welche Methoden geeignet sind, ist in Abhängigkeit von der Forschungsfrage und dem jeweiligen Forschungsgegenstand zu bestimmen. Neben teilnehmender Beobachtung, Interviewführung, Diskurs- oder Bildanalysen gehören beispielsweise auch Analysen von Archivmaterial, Medientexten oder Realien zum Repertoire, was noch lange nicht das gesamte Spektrum abbildet.

„Man wird den Alltag mit anderen Augen sehen", ist eine der Aussagen, die Studierenden zu Beginn des Studiums häufig begegnet und sich bereits im Laufe der ersten Semester als wahr herauskristallisiert. „Das Masterstudium ermöglicht es, **eigene Schwerpunkte** hinsichtlich Themenwahl oder methodischer Ausrichtung zu setzen,"[5] verkündet die Homepage der Europäischen Ethnologie an der Universität Bamberg und außerdem: „Ihr Studium ist interdisziplinär, forschungs- und anwendungsorientiert organisiert. So lernen Sie das nötige Handwerkszeug, das Sie in einer individuellen und eigenständigen Masterarbeit anwenden."[6]

Selbstbestimmung und damit eine freie Gestaltung des Studiums und der abschließenden Masterarbeit werden durch diese Äußerungen suggeriert. Während die thematische Ausrichtung des Studiums dennoch in gewisser Weise fremdbestimmt ist, da die „freie" Kurswahl vom Angebot der Dozierenden abhängt, eröffnet sich mit der Masterarbeit das gesamte Themenspektrum der Disziplin und damit absolute Freiheit.

5 Homepage der Europäischen Ethnologie der Otto-Friedrich-Universität in Bamberg: Profil des Studiengangs. Online unter: https://www.uni-bamberg.de/ma-euroethno/profil/ (Stand: 29.09.2023). Hervorhebung im Original.

6 Homepage der Europäischen Ethnologie der Otto-Friedrich-Universität in Bamberg: Masterstudiengang Europäische Ethnologie. Online unter: https://www.uni-bamberg.de/ma-euroethno/ (Stand: 29.09.2023).

Eine Masterarbeit ist das finale Projekt des Masterstudiums und damit die Legitimation wissenschaftlicher Befähigung, die sich in dieser ersten eigenen Forschungsleistung verkörpert. Das Ziel wissenschaftlicher Forschung ist bereits im Namen enthalten: Wissen schaffen. Zu diesem Zweck wird ein Erkenntnisinteresse festgelegt, das unter Einbindung bestehender Wissensbestände und mithilfe geeigneter Methoden über einen längeren Zeitraum verfolgt wird. Im Idealfall steht am Ende des Prozesses neu generiertes Wissen zur Verfügung, das durch Publikation der Öffentlichkeit zugänglich gemacht wird. Der Anspruch liegt dabei auf Transparenz, Nachvollziehbarkeit und Objektivität. Auch wenn am Ende einer Masterarbeit nicht notwendigerweise eine Publikation steht, sind die Anforderungen, bis auf den erforderlichen Umfang, im Wesentlichen identisch mit späteren Forschungsleistungen. Vollständig unberührt bleibt lediglich die Frage der Finanzierung. Obwohl manche Masterstudierenden sich durchaus auf neues thematisches Terrain wagen und in ihren Ergebnissen umfassenderen Forschungsprojekten in nichts nachstehen, liegt die finanzielle Verantwortung in diesem Fall auf Seiten der Studierenden, die nur in manchen Fällen über Stipendien abgesichert sind. Eine entsprechende Themenwahl, die beispielsweise kein extensives Reisen zu weit entfernten Archiven erfordert, hält die Ausgaben im Zaum. So kann man behaupten, dass bereits dieser erste Schritt einer gewissen Fremdbestimmung unterliegt. Die grundsätzliche Freiheit der Forschung ist letztlich aber durch das Grundgesetz garantiert: „Wissenschaft, Forschung und Lehre sind frei“[7] lautet dort Artikel 5 Absatz 3 Satz 1. Es gibt durchaus kritische Stimmen zur generellen Wissenschaftsfreiheit.[8] Darüber hinaus sind Fälle aus anderen Fächern und Universitäten bekannt, in denen die betreuende Person Einfluss darauf nimmt, welches Thema bearbeitet wird: Einerseits durch konkrete Themenvorschläge, andererseits durch Ablehnung der Betreuung eines Vorschlags. Keine dieser Einschränkungen lag in meinem Fall vor.

„Im Alltag stoßen wir immer wieder auf Situationen, die uns irritieren oder Gefühle wie Wut, Angst oder auch Belustigung in uns her-

7 Grundgesetz für die Bundesrepublik Deutschland. Online unter: https://www.gesetze-im-internet.de/gg/BJNR000010949.html (Stand: 29.09.2023).

8 Ein Beispiel hierfür ist etwa das *Netzwerk Wissenschaftsfreiheit*, das zum aktuellen Zeitpunkt 765 Wissenschaftler:innen als Mitglieder verzeichnet. Vgl. Webseite Netzwerk Wissenschaftsfreiheit: Mitglieder. Online unter: https://www.netzwerk-wissenschaftsfreiheit.de/ueber-uns/mitglieder/ (Stand: 29.09.2023).

vorrufen. Es lohnt sich, diesen Irritationen nachzugehen, denn hier verbergen sich häufig kulturwissenschaftliche Forschungsthemen“ [9] lautet eine Empfehlung aus dem Fachbereich. Aufgrund einer entsprechenden Irritation formierte sich ab Frühjahr 2021 das Thema meiner Masterarbeit. Den ersten Anstoß gab die bereits angesprochene Impfdebatte, die sich im Zuge der Corona-Pandemie öffentlich abzeichnete. Regierung, öffentliche Medien und der Großteil der Ärzteschaft bewarben die Impfung, deklarierten sie im weiteren Verlauf zur Notwendigkeit und damit zur gesellschaftlichen Norm, während Impfverweigerung mit unsolidarischem Handeln gleichgesetzt und nur sehr wenigen, entsprechend vorerkrankten Gruppen zugestanden wurde. Häufig wurde im Diskurs die Ablehnung mit einem Wissensdefizit medizinischer Laien in Verbindung gebracht, doch fanden sich unter den Protestierenden auch immer wieder Ärztinnen und Ärzte. Hier lag meine persönliche Irritation verborgen: Welche Motive stecken hinter ärztlicher Impfkritik, wenn diese Berufsgruppe doch eigentlich über das notwendige medizinische Wissen verfügen sollte?

Um sich mit dieser Fragestellung auseinanderzusetzen, bedarf es zunächst einer grundsätzlichen Prüfung der Realisierbarkeit des Forschungsvorhabens: Welche Methoden sind dafür geeignet? Inwiefern sind diese im spezifischen Fall umsetzbar? Welche Quellen stehen zur Verfügung? Häufig startet ein Forschungsvorhaben dann zunächst, wie auch in diesem Fall, mit einer Google-Suche. „Impfkritische Ärzte“, „ärztliche Impfkritik“, „impfgegnerische Ärzte“ sind nur einige der Begriffe, mit deren Hilfe ein erster Überblick zum Thema verschafft werden sollte. Die Anzahl der Treffer war erheblich. Einerseits handelte es sich um Stellungnahmen, die eine berufliche Befähigung ärztlicher Impfkritikerinnen und -kritiker infrage stellten, gar deren Versetzung forderten, andererseits kamen zahlreiche zweifelnde Ärztinnen und Ärzte selbst zu Wort. In Gruppierungen oder als Einzelpersonen legten sie ihre Gründe gegen eine Impfung offen dar. Mit diesen noch sehr oberflächlichen Funden war zwar keine wissenschaftliche Untersuchung eingeleitet, aber eine erste Bestätigung der Themenrelevanz gegeben. Der Forschungsstand musste eruiert, die historischen Hintergründe in

9 Bürkert, Katrin: Performativität. In: Heimerdinger, Timo/Tauschek, Markus (Hrsg.): Kulturtheoretisch argumentieren. Ein Arbeitsbuch. Münster/New York 2020, S. 351-379, hier S. 352

Kontext gesetzt werden. Vor allem aber ging es darum, sich mithilfe qualitativer Forschung dem Forschungsgegenstand, in diesem Fall impfkritischen Ärztinnen und Ärzten, anzunähern.

Eine Gruppe zu untersuchen, die hierarchisch über der eigenen steht, wird in der Wissenschaft weitläufig als „research up" bezeichnet. Allein aus Gründen der Zugänglichkeit bleiben gesellschaftlich höhergestellte Gruppen in Bezug auf Alltagskultur oftmals unbeachtet, wobei bereits vor mehr als zwei Jahrzehnten entsprechende Forschungsappelle in diese Richtung drängten.[10] Es solle allerdings stets miteinkalkuliert werden, auf Ablehnung von Seiten der Beforschten zu stoßen. Ein wahrgenommenes Überlegenheitsgefühl könne dabei eine ebenso große Rolle spielen wie etwa der Faktor Zeit oder auch weitere Gründe.[11]

Unter diese „weiteren Gründe" ist wohl der Verlauf meines Beispiels zu fassen. Nachdem das persönliche Gespräch die größtmögliche Nähe zur beforschten Gruppe und damit die präziseste Aussage über deren Innensicht erlaubt,[12] sollte diese Forschungsmethode in Verbindung mit einer Medienanalyse, beispielsweise öffentlichen Äußerungen auf Webseiten entsprechender Organisationen, angewendet werden. Die hierarchische Überlegenheit der Beforschten im Hinterkopf, wurde zunächst die Bereitschaft zum Gespräch geprüft und damit die Realisierbarkeit eruiert. Relativ zügig konnten durch eine im impfkritischen Milieu verortete Kontaktperson mehrere Ärzte (es handelte sich tatsächlich ausschließlich um Männer) als Interviewpartner gewonnen werden. Um diese Interviews mit dem notwendigen Hintergrundwissen führen zu können, das zwischen Berufstätigkeit und Praktikum angeeignet werden musste, wurden sie für den späten Herbst 2021 terminiert.

In der Zwischenzeit eskalierte die Impfdebatte um COVID-19 zunehmend. Impfkritik wurde im öffentlichen Diskurs nachhaltig problematisiert, etwa von einer „Pandemie der Ungeimpften"[13] gesprochen.

10 Vgl. Kaschuba, Wolfgang: Einführung in die Europäische Ethnologie. 3. Aufl. München 2006, S. 204.

11 Vgl. Goldinger, Heiner: Methodik und Praxis des research up: als Ethnograph bei den Börsianern. In: ZfVK 98.2 (2002), S. 257-270, hier S. 261

12 Vgl. Schmidt-Lauber, Brigitta: Das qualitative Interview oder: Die Kunst des Reden Lassens. In: Göttsch, Silke/Lehmann, Albrecht (Hg.): Methoden der Volkskunde. Positionen, Quellen, Arbeitsweisen der Europäischen Ethnologie. 2. überarb. und erw. Aufl. Berlin 2007, S. 169-188, hier S. 169.

13 Vgl. exemplarisch Bartens, Werner: Pandemie der Ungeimpften. In: Süddeutsche Zeitung Online, 30.11.2021. Online unter: https://www.sueddeutsche.de/gesundheit/corona-pandemie-impfung-ungeimpfte-inzidenz-r-zahl-neuinfektionen-1.5476301?reduced=true (Stand: 29.09.2023).

Nach einigem Hin und Her mit der Kontaktperson zum anberaumten Zeitpunkt der Interviews kristallisierte sich heraus: Die Interviews werden nicht stattfinden. Die Situation habe sich zugespitzt, die betroffenen Ärzte hätten Angst und vertrauten nicht auf vollständige Anonymisierung, lautete die sinngemäße und nicht überprüfbare Rückmeldung der Kontaktperson. Anfragen bei weiteren Ärztinnen und Ärzten, die durch entsprechende Statements auf ihrer Webseite, durch Mitgliedschaften in einschlägigen Vereinigungen oder bei öffentlichen Demonstrationen entsprechend aufgefallen waren, blieben gänzlich unbeantwortet oder zeigten bezüglich einer angesprochenen Verbindung zu Impfkritik negierende Reaktionen der Entrüstung bei gleichzeitiger Ermahnung, ihre Namen keinesfalls in irgendeiner Weise zu erwähnen. Es blieb keine andere Möglichkeit, als diese Entscheidung zu akzeptieren, denn es „muß [...] neben dem ‚Recht auf Forschung' stets auch ein ‚Recht auf Nicht-Erforscht-Werden' geben. [...] Auch dies gehört zur Annäherung an den Anderen ‚in dessen Sicht der Dinge'."[14] Auch wenn über die Gründe an dieser Stelle nur spekuliert werden kann, beinhalten sowohl die Absagen als auch die Reaktionen auf die Anfragen doch auch eine gewisse Aussagekraft, die hier nur knapp betitelt wird: Ärztliche Impfkritik entzieht sich der Öffentlichkeit und beeinflusst dadurch eine mögliche Erforschung. Diese Erkenntnis deckt sich mit Vermutungen zu früheren Zeiträumen.[15]

Funktioniert ein Forschungsvorhaben nicht wie gewünscht, ist eine Anpassung der Herangehensweise notwendig. Der erste Versuch, ein anonymer Fragebogen, scheiterte an der Problematik, die Fragebögen inhärent ist: Es besteht keine Möglichkeit für Rückfragen. Eine Umfrage, die sowohl an einzelne Personen als auch Berufsorganisationen, sprich Ärztekammern, gesendet wurde, ergab zwar einen Rücklauf von zehn Bögen, allerdings waren die Antworten, trotz Fragen zur Impfung allgemein, durch das aktuelle Geschehen sehr auf COVID-19 bezogen oder fielen so knapp aus, dass eine Auswertung nicht möglich war.

14 Kaschuba (2006), S. 207.

15 Bereits für das 19. Jahrhundert wurde auf eine wahrscheinlich hohe Dunkelziffer hingewiesen. Vgl. Thießen, Malte: Immunisierte Gesellschaft: Impfen in Deutschland im 19. und 20. Jahrhundert (= Kritische Studien zur Geschichtswissenschaft), 225; zugl. Habil. Univ. Oldenburg 2015). Göttingen 2017, S. 27.

Ein dritter Ansatz setzte sich zum Ziel, die bei der anfangs getätigten Überblicksrecherche ermittelten öffentlichen Äußerungen im Internet zu analysieren. Einerseits aus Unerfahrenheit mit digitaler Forschung, andererseits aber auch aufgrund der Tatsache, dass die entsprechenden Daten nicht für die eigentliche Analyse gedacht waren, war zum Zeitpunkt dieser ersten Recherche keine Sicherung derselben erfolgt. Letztlich erwies sich dies als verhängnisvoll, da die meisten Seiten mittlerweile aus dem Netz entfernt waren. Selbst die Verwendung derselben Suchbegriffe ergab nur noch vereinzelte Treffer, so dass an eine Analyse nicht zu denken war. Während in den meisten Fällen keine Hintergründe bekannt wurden, erfolgten vereinzelt Hinweise auf eine bewusste Zensur impfkritischer Inhalte.[16]

Von der Erkenntnis getragen, dass das eigentliche Forschungsvorhaben selbst mit angepasster Methodik in Pandemiezeiten nicht durchführbar sein würde, war letztlich eine Modifikation der Forschungsfrage notwendig. Während die Frage nach dem Motiv hinter ärztlicher Impfkritik als Bestandteil grundsätzlich erhalten blieb, erfolgte eine Erweiterung auf eine Analyse des historischen Verlaufs. Grundsätzlich wären archivalische Quellen hierfür geeignet – besonders Quellen, die zufällig hinterlassen wurden, da sie die tatsächlichen Intentionen der Verfassenden erkennen lassen. Denkbar wären Notizen, Tagebucheinträge oder Ähnliches. Stellten zunächst die aufgrund der Pandemie noch geschlossenen Archive eine Hürde dar, war ein weiteres Problem die grundsätzliche Verfügbarkeit von Quellen.[17] Allein zeitlich war es nicht möglich, auf Zufallsfunde zu hoffen. Einschränkend wurde deshalb in Kauf genommen, dass sich die Untersuchung auf eine Analyse publizierter Quellen beschränken musste. Nachdem eine Publikation stets mit einer bestimmten Intention erfolgt und Inhalte auch bewusst nicht veröffentlicht werden können, bleibt die vollständige Innensicht auf ärztliche Impfkritik im Alltag verwehrt. Nichtsdestotrotz hat sich im Ergebnis gezeigt, dass sich ärztliche Impfkritik, trotz ei-

16 Bereits für das 19. Jahrhundert wurde auf eine wahrscheinlich hohe Dunkelziffer hingewiesen. Vgl. Thießen, Malte: Immunisierte Gesellschaft: Impfen in Deutschland im 19. und 20. Jahrhundert (= Kritische Studien zur Geschichtswissenschaft), 225; zugl. Habil. Univ. Oldenburg 2015). Göttingen 2017, S. 27.

17 Auch Thießen hatte auf die dürftige Quellenlage zu Impfungen hingewiesen. Vgl. Thießen (2017), S. 115.

ner vermeintlich wahrgenommenen Kontinuität aufgrund der darin thematisierten Aspekte, im Laufe der Zeit gewandelt hat. Nachdem es bisher keine kulturwissenschaftliche Forschung zu impfkritischen Ärztinnen und Ärzten gab, ist dies immerhin eine erste Erkenntnis. Es bleibt allerdings zu hoffen, dass sich Forschungen der Zukunft in weniger turbulenten Zeiten erneut an die Thematik wagen.

Während bis hierher vor allem die Wahl des Themas und das Vorgehen der Forschung im Fokus standen, ist ein weiterer Aspekt bis dato unberücksichtigt geblieben: Die gesamtgesellschaftliche Eingebundenheit in die Thematik Impfen. Um dem Ziel objektiver Forschung gerecht zu werden, erfordert es bei jedem Thema ein hohes Maß an Bewusstsein über den eigenen Standpunkt. Auch wenn mittlerweile weitgehend akzeptiert ist, dass bei kulturwissenschaftlichen Forschungen stets ein kleiner Anteil der verfassenden Person lesbar bleibt, entbindet dies nicht von der Pflicht steter Selbstreflexion im Forschungsprozess. Die Intensität der Debatte zum Zeitpunkt der Forschung bildete dabei eine Herausforderung. Von allen Seiten, sei es über Medien, den Bekanntenkreis oder das berufliche Umfeld, wurden Meinungen kundgetan und prallten nicht selten mit Wucht aufeinander. Wurde bekannt, dass ich zu dem Thema forsche, waren nicht nur einmal unterschwellige Beeinflussungsversuche im Sinne der jeweils (stark) vertretenen Meinung erkennbar. Als Folge musste der Prozess der Selbstreflexion sehr ausgiebig und immer wieder aufs Neue erfolgen.

Betrachtet man das Projekt Masterarbeit an diesem konkreten Beispiel in Bezug auf das Thema Freiheit, ergeben sich drei wesentliche Punkte der wissenschaftlichen Forschung, die der Fremdbestimmung unterliegen: 1. die Themenwahl, 2. die Methoden der Forschung und 3. ihr zeitlicher Rahmen. Genau genommen ist bereits der Weg bis zur Themenwahl der Masterarbeit von vielfältigen Gabelungen gekennzeichnet, die in ganz unterschiedliche Richtungen führen können. So spielen möglicherweise, neben persönlichen Kompetenzen und Interessen, auch familiäre und finanzielle Hintergründe, das soziale Umfeld oder kulturelle Prägungen eine Rolle in Hinblick auf die gewählte Abzweigung. Es würde zu weit führen, die Entscheidungen für oder gegen eine bestimmte Schulart, für oder gegen ein Studium, für oder gegen ein bestimmtes Studienfach in die Betrachtung mit einzubeziehen. Deutlich wird durch ihre bloße Erwähnung jedoch, dass bereits vor dem Projekt Masterarbeit Entscheidungen getroffen werden müssen, die in mancher Hinsicht auch Fremdbestimmung, und damit – der hier zugrundeliegenden Definition des Freiheitsbegriffes nach – eingeschränkter Freiheit unterliegen können.

1. Obwohl die Auswahl des Themas im Grunde einer freien Entscheidung unterliegt, ist sie nicht gänzlich unbeeinflusst. So kann in manchen Fällen die betreuende Person die Wahl gezielt lenken. Neben der Finanzierbarkeit und der Realisierbarkeit ist zudem die Sichtbarkeit der Themenrelevanz durchaus fremdbestimmt. Die angesprochenen Irritationen, die zur Erkenntnis einer Betrachtungsnotwendigkeit führen, ergeben sich letztlich ausschließlich aus dem gesellschaftlichen Kontext. So wäre ohne die Existenz der Corona-Pandemie und der damit aufkeimenden Impfdebatte die Frage nach ärztlicher Impfkritik nicht sichtbar geworden.

2. Zur Verfügung stehende Methoden werden im Studium vermittelt und sind in der entsprechenden Fachliteratur nachzulesen. Bei der Umsetzung können allerdings sowohl die Zugänglichkeit zu einer Gruppe (Interview), die Bereitschaft zur ausführlichen und exakt themenbezogenen Teilnahme (Fragebogen) als auch die Beständigkeit des Materials (Webseiten) oder dessen Zugänglichkeit (Archive) eine Rolle spielen. Weitere Einflussfaktoren können an dieser Stelle nicht ausgeschlossen werden. Selbst wenn die angewandten Methoden aus der theoretischen Begründung heraus als geeignet ermittelt werden, ist die Möglichkeit der Durchführung von äußeren Faktoren abhängig. Dies kann an der beforschten Person oder Gruppe liegen. Aber auch normative Vorstellungen innerhalb der Gesellschaft spielen eine Rolle, wie das Beispiel gezeigt hat: Die negative Wahrnehmung von Impfkritik hat letztlich zur Beschneidung des zur Verfügung stehenden Forschungsmaterials geführt.

3. Die eben genannten Aspekte können gravierende Auswirkungen auf die zeitliche Dauer der Forschung haben. Eine Anpassung der Methode erfordert nicht ausschließlich eine theoretische Auseinandersetzung mit der exakten Durchführungsweise, sondern mög-

licherweise eine vollständig neue Kontextualisierung. Es ist eben ein Unterschied, ob man eine Person befragt oder auf eine publizierte Quelle zurückgegriffen wird, bei der sowohl Entstehungszeit, Zielgruppe und Inhalt als auch das zeitgenössische Umfeld der Beforschten mit einbezogen werden muss. Obwohl das Einhalten eines zeitlichen Rahmens durch Themen- und Methodenwahl beeinflusst werden kann, können äußere Faktoren für eine gravierende Diskrepanz sorgen. Nicht zu unterschätzen sind bei diesem polarisierenden Thema wiederholte Versuche der Beeinflussung der Objektivität, die eine zusätzliche Auseinandersetzung nach sich ziehen.

Zugegebenermaßen stellt das Fallbeispiel einen Sonderfall dar, da sich die gesellschaftliche Wahrnehmung der Thematik Impfen während des Forschungsprozesses erheblich verändert hat und bei einem weniger debattierten Thema besser kalkulierbare Bedingungen und damit selbstbestimmteres Forschen wahrscheinlich sind. Hinzu kommt im expliziten Beispiel die relative Unerfahrenheit meiner selbst als forschender Person. Dabei sei ehrlicherweise angemerkt, dass der Gedanke an einen Abbruch des Projekts nicht nur einmal den Forschungsprozess begleitet hat. Eine Abhängigkeit von äußeren Faktoren bleibt jedoch, auch unabhängig von der Erfahrung, bei jeder Forschung bestehen und lässt sich auf umfassendere Projekte durchaus übertragen. Blickt man über eine Masterarbeit hinaus, sind diese meist zeitlich auf einen engen Zeitrahmen begrenzt und unterliegen einem Budget. Besonders akute und polarisierende Themen können den Zugang zum Feld erschweren, die Forscherpersönlichkeit vor Herausforderungen im Sinne objektiver Wissenschaft stellen und dadurch diesen zeitlichen Rahmen sprengen. Die davon ausgehende Gefahr ist, dass bestimmte Themen aus der Forschung ausgegrenzt werden, um diese Hürden zu umgehen. Als Hypothese in den Raum gestellt, liegt möglicherweise auch deshalb aus dem kulturwissenschaftlichen Bereich bisher keine Auseinandersetzung mit ärztlicher Impfkritik vor.

Neben aller oben genannten Kritik sei auf einen Aspekt hingewiesen, der die Begriffe Freiheit und Forschung in ein anderes Verhältnis setzt. Während das Konzept Fremdbestimmung in vielen Fällen negativ konnotiert und mit dem Verständnis von Einschränkungen verbunden ist, kann ihm im Zuge europäisch-ethnologischer

Forschung ein positiver Aspekt abgewonnen werden: Gerade Themen um Fremdbestimmung, sei es in Bezug auf Wohnformen oder Erzählungen, Migration, Geschlechterfragen, Mensch-Tier-Beziehungen oder vielen anderen Forschungsbereichen, haben bei genauerer Betrachtung in der jüngeren Vergangenheit zu den gewünschten Irritationen geführt, die letztlich Forschungsthemen offengelegt haben. Wahrnehmungen von Selbst- und Fremdbestimmung sind eben ein Phänomen der Alltagskultur, bei dessen Erforschung der Blick auf die Forschenden nicht ausgeschlossen werden sollte.

Literatur- und Quellenverzeichnis:

Bartens, Werner: Pandemie der Ungeimpften. In: Süddeutsche Zeitung Online, 30.11.2021. Online unter: https://www.sueddeutsche.de/gesundheit/corona-pandemie-impfung-ungeimpfte-inzidenz-r-zahl-neuinfektionen-1.5476301?reduced=true (Stand: 29.09.2023).

Bürkert, Katrin: Performativität. In: Heimerdinger, Timo/Tauschek, Markus (Hrsg.): Kulturtheoretisch argumentieren. Ein Arbeitsbuch. Münster/New York 2020, S. 351-379.

Gadacz, Tadeusz: Philosophie der Freiheit. In: Goethe Institut Polen: Diskussionsreihe zum Thema Freiheit 2018. Online unter: https://www.goethe.de/ins/pl/de/kul/ges/21184099.html (Stand: 29.09.2023).

Goldinger, Heiner: Methodik und Praxis des research up: als Ethnograph bei den Börsianern. In: ZfVK 98.2 (2002), S. 257-270.

Grundgesetz für die Bundesrepublik Deutschland. Online unter: https://www.gesetze-im-internet.de/gg/BJNR000010949.html (Stand: 29.09.2023).

Homepage der Europäischen Ethnologie der Otto-Friedrich-Universität in Bamberg: Masterstudiengang Europäische Ethnologie: Online unter: https://www.uni-bamberg.de/ma-euroethno/ (Stand: 29.09.2023).

Homepage der Europäischen Ethnologie der Otto-Friedrich-Universität in Bamberg: Profil des Studiengangs. Online unter: https://www.uni-bamberg.de/ma-euroethno/profil/ (Stand: 29.09.2023).

Horn, Christoph: Freiheit – Gleichheit – Solidarität. In: Kühnhardt, Ludger/Mayer, Tilmann (Hrsg): Bonner Enzyklopädie der Globalität Bd. 1 und 2. Wiesbaden 2017, S. 1345-1354.

Instagram: Menschen schützen und unterstützen – mit Informationen zu COVID-19-Impfungen, 16.03.2021. Aktual. am 01.02.2023. Online unter: https://about.instagram.com/de-de/blog/announcements/continuing-to-keep-people-safe-and-informed-about-covid-19 (Stand: 15.06.2023).

Kaschuba, Wolfgang: Einführung in die Europäische Ethnologie. 3. Aufl. München 2006.

Oeconomische Encyklopädie oder allgemeines System der Staats- Stadt- Haus- und Landwirthschaft: Freyheit. Online unter: https://www.kruenitz1.uni-trier.de (Stand: 29.09.2023).

Schmidt-Lauber, Brigitta: Das qualitative Interview oder: Die Kunst des Reden Lassens. In: Göttsch, Silke/Lehmann, Albrecht (Hg.): Methoden der Volkskunde. Positionen, Quellen, Arbeitsweisen der Europäischen Ethnologie. 2. **überarb**. und erw. Aufl. Berlin 2007, S. 169-188.

Thießen, Malte: Immunisierte Gesellschaft: Impfen in Deutschland im 19. und 20. Jahrhundert (= Kritische Studien zur Geschichtswissenschaft), 225; zugl. Habil. Univ. Oldenburg 2015). Göttingen 2017.

Weber-Kellermann, Ingeborg/Bimmer, Andreas C./Becker, Siegfried: Einführung in die Volkskunde/Europäische Ethnologie. Eine Wissenschaftsgeschichte. 3., vollständig **überarb**. und aktual. Aufl. Stuttgart 2003.

Webseite Netzwerk Wissenschaftsfreiheit: Mitglieder. Online unter: https://www.netzwerk-wissenschaftsfreiheit.de/ueber-uns/mitglieder/ (Stand: 29.09.2023).

Frauen, Männer, Kinder

Elisabeth Hafner

Ein grünes Fahrrad

„Wenn es eine Gerechtigkeit im Jenseits gibt, werden drüben die Frauen die Gesetze machen und die Männer die Kinder kriegen."
Berta Pappenheim

Seit Jahrhunderten ringen Frauen darum, gesellschaftliche Freiheitsräume zu erweitern, um allen Geschlechtern gleichberechtigte und individuelle Lebensführung zu ermöglichen; zutiefst ist der Begriff der Freiheit mit der Geschlechterfrage verknüpft. Das dem Kind zugesprochene Geschlecht definiert sein weiteres Leben, es beeinflusst die Art, wie mit ihm gesprochen wird, es reguliert die Erwartungen der anderen, es färbt ihm die Welt in rosa oder himmelblau. Gesellschaftliche Rollenangebote sind mehr oder weniger fixiert, der Begriff der Freiheit für Mädchen und Buben divergiert daraus massiv. So erhielt Milas Bruder zum zwölften Lebensjahr ein Fahrrad mit Gangschaltung und Sportlenker, sie aber ein grünes Damenfahrrad samt Speichennetz und Gepäckträger.

Aber noch an weiteren Klippen bricht sich der Freiheitsbegriff: Hautfarbe, ethnische und religiöse Zugehörigkeit, körperliche und geistige Behinderung wirken in patriarchal grundierten Gesellschaften äußerst freiheitsgefährdend, ja freiheitsberaubend. Intersektionale Forschung analysiert diese Mehrfachüberschneidungen, die die mögliche Freiheit für gelingende weibliche Lebensplanungen erschwert, behindert oder verunmöglicht.

Hier wachsen die Bestimmer heran, dort die ihnen Untergeordneten. Tradierte Einstellungen, Haltungen, Normen und Stereotypen wirken massiv, sie färben die Worte ein, das Gedachte, das Gesprochene, das Unbewusste, Halbbewusste, die Körpersprache, die Bildungsmaschinerie, die Arbeitswelt und die Justiz. Überall poppt das Konstrukt des patriarchalen Primates auf, das dem Mann mehr Freiheiten eröffnet und gleichzeitig jene der Frau beschränkt, worauf sich das Machtgefälle erhebt. Die Rechte sozial schwächerer Menschen deuten Stärkere, martialisch geprägt, in offene Flanken um.

Ein Kind hat erst mal Glück, bei Eltern aufzuwachsen, die sich beide der Genderthematik bewusst sind und gesellschaftlich gängige Stereotypen durch bewusst individuelle Gestaltung erneuern und im Rahmen ihrer Möglichkeiten für gleichberechtigte Strukturen sorgen. Einzelne Samenkörner geistiger Freiheit sind damit gestreut. Diese Voraussetzungen hatte Mila nicht, sie wuchs in konservativsten Denkmustern auf, ein künstlerisch talentiertes Kind war weder vorgesehen noch wusste man mit ihm umzugehen. Sie las gerne, entzog sich durch Zeichnen und Träumen der Arbeit und damit auch der familiären Anerkennung.

Es war und ist ein mutiges Ringen von Frauen, in welchem Herrschende vor Töten, Inhaftieren und Verleumden nicht zurückschrecken. Männlich konnotierte Privilegien sind zu sichern. Dies verwehrt marginalisierten Menschen gerechtere Lebensbedingungen. Wer männlichen Normen in Wort und Tat widerspricht, läuft Gefahr, angegriffen zu werden. Von Waffengleichheit kann selten die Rede sein, Guillotine, Gefängnis und Irrenanstalten bedrohten die Freiheitsliebenden und bedrohen sie in manchen Staaten bis zum heutigen Tag. Allein der Wunsch von Frauen, ihre Haare unbedeckt und offen tragen zu wollen, gefährdet in einigen Ländern ihr Recht auf Leben und Freiheit.

Das Leben der Schriftstellerin Olympe de Gouges, die darauf bestand, dass Menschenrechte allen Menschen gelten müssen, endete unter der Guillotine; Théroigne de Méricourts Stimme verstummte hinter den Mauern einer Irrenanstalt, Rosa Luxemburg wurde ebenfalls eingekerkert und ermordet.

In Deutschland leben 1947, kurz nach dem Krieg, sieben Millionen ledige und verwitwete Frauen, nicht nur deshalb kämpft Herta Gotthelf, Frauensekretärin der SPD, dafür, weibliche Abgeordnete in den Parlamentarischen Rat zu entsenden. Frauen müssen in den Gremien überhaupt vertreten sein. Elisabeth Selbert ist dann eine der vier Frauen, die 61 Männern gegenübersitzt. Dr. Selbert arbeitet als Notarin im Ausschuss für Rechtspflege, die Nachwelt nennt sie eine der vier Mütter des Grundgesetzes. Im Entwurf des Artikels 3, den Männer bereits in Herrenchiemsee erarbeitet haben, heißt es im zweiten Absatz: Männer und Frauen haben die gleichen staatsbürgerlichen

Rechte und Pflichten. So stand es auch schon in der modernen Weimarer Verfassung.

Die Anwältin Elisabeth Selbert war eine Dekade im Familienrecht tätig, sie weiß, dass das Bürgerliche Gesetzbuch Frauen dazu verpflichtet, im Betrieb des Mannes mitzuarbeiten, ihnen jedoch bei einer Scheidung keinerlei Anspruch auf den von ihnen erarbeiteten Vermögenszuwachs zugesteht. Gleichzeitig verfügt der Mann über das alleinige Entscheidungsrecht in allen familienrelevanten Fragen, sei es in der Kindererziehung oder in der Regelung der Finanzen.

Selbert schlägt die Formulierung: „Männer und Frauen sind gleichberechtigt" vor, dieser Antrag wird abgelehnt. Den Juristen ist klar, dies zöge eine komplette Änderung des Bürgerlichen Gesetzbuches nach sich. In einer erneuten Lesung im Hauptausschuss fürchtet man den Zusammenbruch des Rechtssystems, die bisherige Regelung genüge, Frauen seien ohnehin mitgemeint, und hier hakt Dr. Selbert ein. Zum einen solle der Status quo ausreichen, zum anderen müsse das gesamte Bürgerliche Gesetzbuch umgeschrieben werden, die Diskrepanz wird offensichtlich.

Es bedarf einer weiteren Lesung im Jahr 1949, Selbert arbeitet journalistisch, sie lotet, unterstützt von Mitstreiterinnen, die Freiheiten für Frauen juristisch aus. Gleichberechtigung wird zum Schlagwort, weibliche Gewerkschaftsmitglieder stellen sich hinter die Forderung, das Teamwork der Frauen wirkt, der Antrag wird angenommen. Die seit Jahrhunderten geforderte Gleichberechtigung, wofür Olympe de Gouges, ungezählte Frauen und wenige Männer gekämpft haben, wird im deutschen Grundgesetz verankert.

Als die österreichische Bundesregierung eine neues Familienrechtsgesetz beschließt, das auf ein partnerschaftliches Verhältnis der Eheleute zueinander baut, ist Mila zwölf Jahre alt. Gleichzeitig tritt die Fristenlösung in Kraft, Mila sind die Überlegungen fremd, Frauenrechte sind in ihrem Elternhaus kein Thema, hier zählt nur, wer genug arbeitet; für die Doppel- und Dreifachbelastung der Mutter gibt es keine Wahrnehmung. Urlaub und Freizeit kennt man nicht, es ist schon ärgerlich genug, fällt die Arbeitsleistung der Frau krankheitsbedingt aus.

Mila ist neunzehn, schwanger und heiratet. Nach zwölf Jahren Ehe reicht sie die Scheidung ein. Erst jetzt lernt sie den Mann und

Vater ihrer Kinder richtig kennen. Jetzt erst gehen ihr die Augen auf, erkennt sie ihre Unfreiheit, die der Mann als Freiheit formuliert: Sie könne gehen, sagt er, wie sie gekommen sei, nur mit ihrem „Pelzchen" bekleidet, die Kinder gehörten ihm. Seit zwanzig Jahren gilt das neue Familienrecht, aber ist es auch in der Praxis der gelebten Rechtssprechung angekommen?

Wie weit ist die Freiheit der Frauenrechte gediehen oder gelten noch alte patriarchale Unterströmungen? Das Problem der Justiz sei vielmehr, dass sie kein Wissen über die Dynamik von Gewalt habe, sagt die Anwältin Sonja Aziz. Dieses Wissen ist in der Justiz nicht verankert. Es wird nicht gelehrt – weder im Jusstudium noch in der vierjährigen Ausbildung zur Richterin oder Staatsanwältin. „Jede Betroffene, die sich traut, ihre Geschichte zu erzählen, braucht nicht nur sehr viel Mut, sondern muss auch wahnsinnig gut rechtlich gebrieft sein", so Aziz in der Aussendung vom 30. August d.J.

Aber Milas Rechte zerschellen am Eisberg männlich dominierter Rechtsauslegung. Nicht zuletzt streut ihr Ehemann Gerüchte, deutet ihre Erschöpfung als Ungehorsam: die alte Litanei vom Phantasma der weiblichen Gehorsamspflicht. Mila erfährt, dass auch weibliche Richterinnen dem alten Denkmodell verbunden geblieben sind und die Interessen der Ehemänner wahren. Die strittige Frage der Obsorge lösen Gutachter, die überzeugt davon sind, Kinder bräuchten einen Vater, der mit harter Hand führe.

Dieser Tage legte Österreichs Justizministerin Alma Zadić einen Gesetzentwurf für einfachere Unternehmungsgründung in ausschließlich weiblicher Sprachform vor. Männer seien automatisch mitgemeint. Darüber empörte sich unter anderem der Chefredakteur Patterer in der Kleinen Zeitung vom 30. Juli d. J. und sprach von einer närrischen Ministerin, von infantilem Revanchismus, der sich gegen die Sprache stelle, die Anliegen schwäche und Menschen von der Politik entfremde. Viel Wehleidigkeit wird hier sichtbar.

Zeitgleich untersagt die neu aus ÖVP und FPÖ zusammengesetzte niederösterreichische Landesregierung unter Landeshauptfrau Johanna Mikl Leitner das Gendern in amtlichen Schriftstücken. Zur leichteren Lesbarkeit und Verständlichkeit, so die Argumentation. Das verwundert, hatte Mikl Leitner sich doch 2008 in einer

Aussendung dezidiert für die Sichtbarmachung der Frauen in der Öffentlichkeit mittels gendergerechter Sprache eingesetzt.

Während in diesem Sommer das spanische Frauenteam die Fußball-WM gewinnt, brechen Sportlerinnen das Tabu der Periode. Die Zeit für Period shaming sei vorbei. Kiran Ghandi läuft den London Marathon, Blut rinnt an ihren Beinen hinab. Sie will unter anderem die Millionen Frauen sichtbar machen, die keinen Zugang zu Tampons und Hygieneartikeln haben, somit auch am Unterricht oder Arbeitsplatz unfreiwillig fehlen müssen.

Denn auf ein Frauenleben bezogen berechnet eine Studie der Huffington Post die Kosten für Menstruationshygiene mit ca. 15 500 Euro. Wurden Schmerzmittel in diesen Betrag schon hineingerechnet? Bluten ist ein Luxus, signalisiert die fiskale Diskriminierung der Hygieneprodukte: die Mehrwertsteuer in Österreich beträgt dafür 20 Prozent, in Deutschland werden 19 Prozent festgeschrieben, Tampons, Binden und Vorlagen werden wie Luxusartikel besteuert.

Eine Studentin aus Karlsruhe verteilt Aufkleber an Damenbinden: Stellt euch vor, Männer würden sich bei einer Vergewaltigung genauso ekeln wie vor ausfließendem Menstruationsblut. Auf den Tennisplätzen fällt die Bekleidungsvorschrift für rein weiße Trikots, und Trainerinnen erstellen Pläne, die den wechselnden Kraft- und Hormonhaushalt der Sportlerinnen berücksichtigen.

Mila hörte eine Geschichte, der zufolge es in einem Land üblich war, Ehebrecherinnen über die Klippen der Küste in den sicheren Tod zu werfen. Die Frau eines Fischers, die ebenfalls über die hohen Klippen ins Meer geworfen wurde, verfing sich aber in den Netzen, die ihr Ehemann für sie ausgespannt hatte.

Sie, Mila, hatte das Gefühl, vom eigenen Mann über die Klippen gestoßen worden zu sein, er wolle, so sagte er, durch die Verpflichtung des Kindesunterhalts nicht unter der Brücke schlafen müssen. Der Haus- und Grundbesitzer verschleiert sein Vermögen, und niemand in der Stadt beanstandete sein an Lynchjustiz erinnerndes Agieren, weder das Jugendamt noch die Gutachter noch die Richter. Im Gegenteil, der Anwalt fragt Mila, ob sie es sich zutraue, ohne Unterhalt, ganz alleine zurechtzukommen.

Die Freiheit, das eigene Leben zu gestalten, hängt in großem Maße davon ab, welche gesellschaftlichen Strukturen kollektives und individuelles Leben prägen. Weibliche Lebensplanung erfordert ein weitaus höheres Maß an Umsicht, Planung und Bewusstheit; vor allem aber: Mädchen, seid klug und rechnet, um euch den Weg in ein lebenswertes Frauenleben zu bahnen.

Schilder „Gegen geschlechtsspezifische Gewalt" stehen auf den Kanarischen Inseln in den kleinsten Orten. Auf dem zweiten Schild ist zu lesen, dass die Straße wgen eines Festes gesperrt ist.

STOP
A LA VIOLENCIA
DE GÉNERO

"Construimos sociedad fomentando la diversidad y la pluralidad"
Pedro Zerolo
Hijo Ilustre de la Isla de Tenerife, canario universal y embajador de la Igualdad y la Diversidad.
1960 - 2015
Autoridad Portuaria
Santa Cruz de Tenerife
FUNDACIÓN
PEDRO
ZEROLO

Am Hafen

Martina Hollenfels

Zeit und Kreativität als Grundlagen der Freiheit

Im Zeichen des Wassermanns geborenen Menschen sagt man eine besonders ausgeprägte Freiheitsliebe nach. Sollte das ein Klischee sein, bin ich die Falsche, es zu widerlegen. Auch viele andere typische Wassermann-Attribute wie ein Hang zu revolutionärem Denken, zur Spiritualität und eine ausgeprägte Liebe zu allem Künstlerischen wurden mir in meine bürgerliche Wiege gelegt. Dazu eine Portion Hochsensitivität, die mir das Leben nicht immer leicht machte, die ich inzwischen aber zu schätzen weiß.

Meine Kindheit in den 70er Jahren war stark von den Gegensätzen in meiner Herkunftsfamilie geprägt. Meine sehr dominante mütterliche Ahnenlinie zeichnete sich durch eine Reihe bemerkenswert starker, begabter Frauen aus, die alle ihre Vorstellungen von persönlicher Freiheit verwirklichen wollten – und auf die eine oder andere Weise scheiterten. Meine Urgroßmutter entstammte einer altösterreichischen Adelsfamilie im heutigen Italien und war eine vielversprechende Opernsängerin. Sie heiratete jung und landete letztlich mit ihrem Mann und der einzigen Tochter in Wien. Das Angebot eines Engagements an die Metropolitan Opera musste sie ablehnen, weil ihr Mann der Meinung war, eine Frau habe bei ihrer Familie zu sein, nicht ihrer Karriere nachzugehen. Also verzichtete sie auf die Chance und fristete ihr Dasein als Konzertsängerin und Gesangslehrerin. Daneben zog sie während des Krieges ihre kleine Enkelin auf, weil meine Großmutter sich nicht in der Lage sah, sich um meine Mutter zu kümmern. Vor ihrer Ehe war meine Großmutter ein aufgewecktes, modernes Mädchen gewesen, das ein Jurastudium absolvierte, was in den frühen 1930er Jahren für eine Frau noch ziemlich ungewöhnlich war. Sie wäre gerne Richterin geworden, aber eine arbeitende Mutter galt als nicht standesgemäß, so dringend die Familie ein zweites Einkommen hätte gebrauchen können. Also machte sie lieber meinem Großvater, meiner Mutter und meiner Tante mit ihrem Frust das Leben schwer. Später behauptete sie, die niemals einer Erwerbsarbeit nachgegangen war und selbst in Zeiten schlimmster finanzieller Engpässe stets eine Haushaltshilfe gehabt hatte, voller Überzeugung, sie habe ihr ganzes Leben lang gearbeitet. Das widersprach zwar krass der Sicht ihrer Umwelt, entsprach wohl aber tatsächlich ihrer persönlichen Wahrnehmung. Sie hatte ein „Opfer" gebracht, das in Wahrheit niemand wollte. Meine Mutter probte den Aufstand gleich mehrfach: Sie schmiss mit 17 die Schule, suchte sich einen Job und später eine eigene Wohnung, was für eine unverheiratete junge Frau in den 60ern keine Selbstverständlichkeit war. Das Abitur holte sie nach, gefolgt von einer erfolgreichen Bürokarriere (erst in einer Bank, dann als Sekretärin eines hochrangigen Politikers). Eigentlich liebte sie ihre schicke Wohnung, ihren anspruchsvollen Job mit flexiblen Arbeitszeiten und ihre Unabhängigkeit, die ihr etwa den unüblichen Luxus erlaubte, jeden Morgen ganz nach italienischer Tradition im Café zu frühstücken. Nur leider waren partnerlose Frauen zu der Zeit in ihrer Freizeitgestaltung noch sehr stark eingeschränkt. Alleinstehende waren in vielen Bereichen des öffentlichen Lebens benachteiligt. Dazu kam, dass meine Mutter ganz jung ihr Herz an einen katholischen Priester verloren hatte, der trotz der starken gegenseitigen Zuneigung nie den Mut aufbrachte, sich aus den Zwängen eines Lebens zu befreien, das er nur sehr bedingt selbst gewählt hatte. Als klar war, dass sich das auch nie ändern würde, heiratete meine Mutter – wie ich glaube, in einem Anfall von Torschlusspanik – meinen Vater und gründete in Windeseile eine Familie. Als ich geboren wurde, war sie 31 Jahre alt, „spätgebärend" nannte man das damals. Mein Vater war ein intelligenter, herzlicher, umgänglicher Mann, der sich wesentlich mehr um mich kümmerte und sich an der Hausarbeit beteiligte, als es zu der Zeit verbreitet war. Aber er entstammte einer Arbeiterfamilie, was für seine Schwiegereltern ein großes Problem darstellte, und er verdiente wenig. Die Ehe war für meine Mutter also ein „sozialer Abstieg". Dazu kam, dass ich ein frühgeborenes Kind mit gesundheitlichen Problemen war, und sie sich verpflichtet fühlte, die ersten Jahre bei mir zu Hause zu bleiben, weshalb wir mit wenig Geld auf sehr engem Raum lebten. Meine Mutter war physisch und psychisch überfordert, geistig nicht ausgelastet und unglücklich, sagte sich aber immer vor, dass sie es so gewollt hatte. Dass unser Familienleben trotzdem funktionierte, lag daran, dass meine Eltern sehr diszipliniert und überaus gut organisiert waren. Alles war bis ins kleinste Detail geregelt, Spontaneität hatte Seltenheitswert. Tatsächlich empfand ich diese starren Strukturen in meiner frühen Kindheit eher als etwas, das Halt und Sicherheit vermittelte, später aber zunehmend als unfrei und einengend. Als sie wieder arbeiten gehen konnte, blühte meine Mutter zwar sichtbar auf, doch die Überforderung durch die Mehrfachbelastung blieb.

Ich bekam durch dieses transgenerationale Muster eine unausgesprochene Botschaft vermittelt, die da lautete: „Ohne Familie kannst du als Frau kein erfülltes Leben haben, mit Familie wirst du aber auch nicht glücklich."

Das mochte einer der Gründe gewesen sein, warum ich einen anderen Ansatz verfolgte. Als ich nach dem Abitur meinen ersten Ferienjob hatte, war mir nach wenigen Wochen klar, dass 40 Stunden pro Woche in einem geschlossenen Raum zu verbringen, kein Lebensmodell war, mit dem ich mich anfreunden konnte. Die einzigen beruflichen Ambitionen, die ich überhaupt hatte, waren künstlerischer Natur. Doch das war im besten Fall als vorzeigbares Hobby akzeptabel. Als ich mich entschied, Lehrerin zu werden, erschien mir das als der bestmögliche Kompromiss zwischen dem freien, kreativen Leben, das ich eigentlich führen wollte, und den begrenzten anderen Optionen, die ich zu der Zeit hatte. Doch als visionäre „Systemsprengerin" unter überzeugten „Systemerhaltern" war ich in meinem Selbstverständnis als „Anwältin der Kinder" in keiner aussichtsreichen Position und entsprechend unglücklich.

Während meines Studiums hatte ich einer Schauspielklasse einen Mann kennengelernt, der zwar deutlich älter war als ich, aber vergleichbare familiäre Altlasten hatte. Uns verbanden auch ähnliche Freiheitsbestrebungen, und er strahlte eine mir bis dahin unbekannte Leichtigkeit aus. Ich verliebte mich und hatte das „Glück", dass er den Wünschen meiner Familie zu entsprechen schien. Ich hatte das nie so geplant (und junge Frauen von heute können sich das – zumindest in unserem Kulturkreis – gar nicht mehr vorstellen), aber einen Mann an meiner Seite zu haben, öffnete Türen und ermöglichte mir schlagartig, mich völlig frei zu bewegen. Da wir von unseren Familien auch noch großzügig unterstützt wurden, ergriff ich die Gelegenheit, der Enge meines Elternhauses zu entkommen, und heiratete sehr früh. Der Plan war simpel. Da ich mich in meinem Beruf ohnehin nicht wohlfühlte, wollte ich mich rasch in eine Babypause flüchten, möglichst bald danach ein zweites Kind bekommen und erst einmal zu Hause bleiben. Um finanziell nicht zu abhängig zu sein, könnte ich später immer noch ein paar Stunden unterrichten und daneben meine kreative Ader ausleben. Ich wollte meinen Haushalt und meine Familie genießen und suchte nicht nach Selbstbestätigung in einer klassischen Karriere.

In der Hoffnung, vieles anders und besser zu machen, als ich es erlebt hatte, verschlang ich während meiner Schwangerschaft eine Menge schlauer Bücher über gesunde Kindererziehung und stieß dabei auf Jean Liedloffs bahnbrechendes Werk „Auf der Suche nach dem verlorenen Glück". So faszinierend die Erkenntnisse, die sie während ihres mehrjährigen Aufenthalts beim indigenen Volk der Yequana im Dschungel Venezuelas über elterliches Verhalten gewonnen hatte, auch waren, so beeindruckte mich ein anderes Detail noch viel mehr. Frau Liedloff erforschte unter anderem die Sprache der Yequana und stellte dabei fest, dass diese Menschen kein Wort für „Arbeit" haben. Jede Tätigkeit hat einen Namen, aber sie kennen das Konzept nicht, ihr Tun zu bewerten. Jeder bringt sich nach seinen Wünschen und Fähigkeiten in die Gemeinschaft ein, und es existiert keine Unterscheidung zwischen Arbeit und Freizeit, nur das Leben mit allen Facetten.

Diese Schilderung traf bei mir einen Nerv. Als Kind unserer Gesellschaft hätte ich das vermutlich nie so formuliert, aber ich hatte immer das unbestimmte Gefühl gehabt, unsere vielgepriesene Idee der „Work-Life-Balance" würde zu kurz greifen. Diese Unterscheidung gar nicht erst zu machen, erschien mir als der viel höher entwickelte Ausdruck von Freiheit und wurde zu einem Ideal, dem ich mich annähern wollte. Bis dahin sollte allerdings noch viel Zeit vergehen.

Es kam nämlich alles ganz anders, als ich es mir in meinen schönen, unreif-naiven Träumen vorgestellt hatte. Kurz nachdem ich mein Studium abgeschlossen hatte, starb mein Vater an Krebs. Wir hatten uns sehr nahegestanden und der Verlust traf mich tief. Sein Tod bewirkte aber auch, dass im Leben meiner Mutter wieder dieselbe Lücke klaffte, die sie 25 Jahre lang mit ihrer Ehe gefüllt hatte. Die große Liebe war es nicht gewesen, aber eine gute Kameradschaft und eine funktionierende Symbiose. Doch nun kamen das allgemeine Drama einer traumatisierten Generation und der Schmerz über alle Verluste ihres Lebens wieder an die Oberfläche: Vom Krieg der Kindheit beraubt, früh die Großmutter als wichtigste Bezugsperson verloren, von der Mutter nicht geliebt, die große Leidenschaft nicht leben dürfen und nun vom stets verlässlichen Partner für immer verlassen. In ihrer Verzweiflung und ihrer Unfähigkeit, ihr Leben allein zu meistern, klammerte sich meine Mutter für den Rest ihres Lebens in einer gewaltsam erdrückenden Bindung an mich, die meine Freiheit in allen Lebensbereichen auf eine Weise einschränkte, die nur schwer zu beschreiben ist.

Vielleicht hätte ich mich irgendwann daraus befreien können, doch es stellte sich heraus, dass mein Mann zwar ein liebenswerter Mensch, aber nicht wirklich in der Lage war, Verantwortung für sich selbst zu übernehmen, ganz zu schweigen von einer Familie. Er war eine Spielernatur und leichte Beute für die Schneeballsysteme und Pyramidenspiele, die sich in den 90er Jahren seuchenartig verbreiteten. Sein Wunsch, sich aus der traditionellen Arbeitswelt zu befreien, brachte ihn dazu, seine gut bezahlte Anstellung aufzugeben und sich selbstständig zu machen, als ich mit unserem Sohn schwanger war. Kurzfristig ging das auch gut, und ich fand mich mit Ende 20 in einer Position wieder, in der ich alles abgehakt hatte, was ein klassisch vorprogrammierter Lebenslauf so vorsieht: Studium, Beruf, Ehe, schöne Wohnung, zwei Autos, Kind – alles, was meine Umwelt von mir erwartet hatte. Und das sollte alles sein, was das Leben zu bieten hatte?

Ich kam aber nicht dazu, lange darüber nachzudenken. Mein Mann verlor das Augenmaß und die Kontrolle über unsere Finanzen, stolperte in die Insolvenz, war aber nicht bereit, sein Leben wieder in familienfreundliche Bahnen zu lenken. Wir sind zwar bis heute befreundet, aber ich konnte meine Existenz und die meines Sohnes nur durch eine Scheidung sichern.

Das hatte zwei Konsequenzen: Ich musste in meinen ungeliebten Beruf zurückkehren, und ich war mehr oder weniger alleinerziehend und deshalb auf die Unterstützung meiner Mutter angewiesen, was in Kombination die Grundlage einer Lebenssituation bildete, die mich so auslaugte, dass ich letztlich in ein Burn-out schlitterte.

Das ermöglichte mir immerhin den Ausstieg aus unserem antiquierten Schulsystem, das weder für unsere jungen Menschen noch für die Pädagogen gesund oder förderlich ist. Ich ordnete mein Leben neu und begann zu verstehen, dass es einen bedeutenden Unterschied macht, ob man frei von etwas oder frei für etwas ist. Ich lernte auch, dass die Antwort auf die Frage, inwieweit Geld frei macht, je nach Lebenssituation sehr unterschiedlich ausfallen kann. In der Zeit der Neuorientierung gelang es mir, meine Bedürfnisse so einzuschränken, dass mein Sohn und ich temporär von Sozialhilfe leben konnten. Nicht mehr zu brauchen, empfand ich damals als eine Form von Freiheit, weil ein Jobverlust nichts Bedrohliches mehr hatte und ich damit auch nicht erpressbar war. Natürlich ermöglicht ein gewisses Maß an finanzieller Absicherung einem viele Freiheiten, aber es überrascht mich auch nicht, dass inmitten einer vom Konsumwahn geprägten Gesellschaft immer mehr Menschen die Freiheiten des Minimalismus für sich entdecken.

Nachdem ich diesen Abschnitt überwunden hatte, wurde mein Leben deutlich besser. Ich wechselte in die Erwachsenenbildung, wo ich mich besser entfalten konnte. Durch einen glücklichen Zufall kam ich mit einem kleinen Verlag in Kontakt und begann, nebenbei Romane zu übersetzen. Ich wandte mich auch wieder meinen kreativen Interessen zu, diesmal dem Schreiben. Es folgten eine Zusammenarbeit mit mehreren in- und ausländischen Verlagen sowie eigene Bücher. Im Zuge der Pandemie gab ich das Unterrichten ganz auf und genoss das Privileg, zu Hause arbeiten zu können. Endlich hatte ich das unabhängige, flexible, ganz und gar selbstbestimmte Leben, von dem ich immer geträumt hatte. Ohne Wecker zu leben und mir meine Zeit völlig frei einteilen zu können, ist für mich ein unbezahlbarer Faktor von Lebensqualität. Damit war und bin ich immer noch sehr glücklich, doch nun fehlte mir der Austausch mit Menschen. Deshalb übernahm ich verstärkt Aufträge, die über das

Übersetzen oder Lektorieren von Texten hinausgingen, und stellte fest, dass es mir noch viel mehr Freude macht, anderer Leute Bücher in ihre bestmögliche Form zu bringen, wenn ich mir ausreichend Zeit dafür nehmen kann. Daraus entwickelte sich mein heutiger Tätigkeitsbereich. Jetzt begleite ich als „Bücher-Hebamme" Menschen, die erstmals ein Buch schreiben wollen, bei der Planung, Umsetzung, Nachbearbeitung und Veröffentlichung ihres Projekts. Ich habe fast 30 Jahre gebraucht, um meine persönliche Version von Jean Liedloffs Konzept zu verwirklichen, aber es war die Reise wert. Ich fühle mich mit meiner Arbeit, meinem kreativen Ausdruck, meinem Selbstverständnis als Frau und meiner Rolle als Mutter eines erwachsenen Kindes so wohl und so frei wie noch nie in meinem Leben.

Im Rückblick denke ich, dass ein wichtiger Schlüssel zu meinem Verständnis von Freiheit im politischen und gesellschaftlichen, aber auch im persönlichen und besonders im spirituellen Sinn die Erkenntnis war, dass unsere Eltern, Lehrer, Mentoren etc. uns in den allermeisten Fällen in der besten Absicht das Beste mitgegeben haben, was sie hatten. Nur macht die Absicht diese Dinge nicht automatisch gut, wahr oder richtig. Wir schleppen kollektiv auch eine Menge ungesunder Traditionen mit und geben sie vielfach unbedacht weiter, weil uns diese Vorstellungen ja von Menschen vermittelt wurden, die wir geliebt und denen wir vertraut haben und von denen wir wussten, dass sie nur Gutes für uns wollten.

Auf dem Weg zur Freiheit führt aber kein Weg daran vorbei, selbst zu denken, Dinge kritisch zu hinterfragen und Antworten zu finden, die der eigenen Wahrheit entsprechen. Dabei geht es nicht darum, das Rad neu zu erfinden, es geht um Eigenverantwortung.

Gerade während der Corona-Pandemie haben wir erlebt, wie rasch kritische Stimmen zu zumindest fragwürdigen Maßnahmen unterdrückt wurden und kein sachlicher Diskurs mehr zustandekam. In einer zunehmend gespaltenen Gesellschaft konnte man nur noch pauschal für oder gegen alles sein, eine differenzierte Diskussion war nahezu unmöglich geworden. Zu sehen, wie unreflektiert eine große Zahl von Menschen diese Entwicklung einfach hingenommen hat, war für mich erschreckend. Noch viel erschreckender fand ich aber die Tendenz, dass kritisch Denkende automatisch einer politischen Nische zugeordnet wurden, mit der viele von ihnen aber auch schon gar nichts zu tun haben wollen. Ganz gleich, wer oder was sich wie präsentiert, es ist immer eine gute Idee, sich zu fragen: Wessen Interessen dient es? Wer finanziert es? Wer profitiert davon? Dann ist es auch nicht schwer zu erkennen, wann Politik das Wohl der Bevölkerung im Sinn hat und wann nicht. Zu sehen, wie es um die Freiheit der Kunst und der Forschung bestellt ist oder woran unser Bildungssystem krankt. Oder auch zu erkennen, dass hinter unserem Gesundheitssystem eine Industrie steht, die nicht davon lebt, dass Menschen gesund sind, denn nur an Kranken lässt sich verdienen … Die Liste der Beispiele ist lang, und nicht immer sind sie auf den ersten Blick zu durchschauen, weil vor allem in den unteren Ebenen aller genannten Bereichen ja auch viele sehr engagierte Menschen tätig sind, die gute Arbeit leisten.

Für die Zukunft würde ich mir die Einsicht wünschen, dass die eigene Freiheit dort endet, wo die anderer Menschen beginnt. Dazu eine höhere Bereitschaft zu kritischem Denken und Verantwortung, weniger Bequemlichkeit, mehr Zivilcourage, ein bisschen mehr Mitgefühl und die Offenheit, andere Meinungen stehenlassen zu können. Dann wäre unser Zusammenleben vielleicht nicht nur freier, sondern auch friedlicher.

Katharina Körting

Ausbluten

Ich räume immer nur bis zu einer bestimmten Stufe auf, kann nicht gut Sachen wegwerfen. Ich sichte meine Vorsorgepapiere, ein langweiliges Thema, das mir plötzlich wichtig wird. Vor-Sorge. Prophylaktisch sich sorgen, damit man keine Sorge versäumt haben wird. Alle tun's, es steckt an. Was habe ich zu erwarten? Ich merke, wie ich beides will, Sicherheit und Freiheit, eine feste Stelle und die Möglichkeit, jederzeit zu verschwinden. Und so bin ich auch: Ich bin gleichzeitig zuverlässig und unzuverlässig, also, ich bin zuverlässig, solange ich da bin, aber irgendwann will ich weg, und dann gehe ich. Irgendwie bleibe ich auch, und jeder, der mir begegnet, bleibt in mir, aber fern. Das ist das Unzuverlässige an mir. Nur als Mutter gilt das nicht. Als Mutter gehe ich nie weg. Als Mutter bin ich noch nah bei den Kindern, wenn sie gar nicht mehr da sind, und wenn mir zu einsam zumute ist, schaue ich mir in der Kneipe ein Fußballspiel an, nur um ihnen näher zu sein, wir haben oft zusammen Fußball geguckt, als sie klein waren, ich mag die Geräusche, sie erinnern mich an meine Kindheit: Stadiongetöse ist für mich wie die Madeleine für Proust. Oder ich begleite den einen Sohn zu seinen Handballspielen, sitze in einer zugigen Halle, lese Zeitung, bis es losgeht, und feuere ihn an auf meine stille Art, während andere Eltern Trommeln und Klappern mitbringen. Ich bin nicht ganz sicher, ob es okay für ihn ist, dass ich mitkomme, auch wenn ich gefragt und Erlaubnis erhalten habe, aber ich denke, er würde es mir sonst sagen. Alle meine Kinder sind größer als ich. Arm über die Schulter legen geht schon lange nicht mehr. Wenn wir es doch mal versuchen, lachen wir und kämpfen ein bisschen um die Drauflege-Freiheit.

So viel ist passiert, während sie in die Höhe schossen, so viele Schritte in so viele Richtungen bin ich gegangen, und so viele ins Leere. Oder ist das nur eine virtuelle Unterscheidung? Leere und Fülle? Jedenfalls bin ich gegangen, gegangen, gegangen. Bin übervoll von all den Verpflichtungen, die waren, und leer von all der Freiheit, was kommt. In den vergangenen zwei Jahrzehnten habe ich mich daran festgehalten, Mutter zu sein und dies so richtig wie möglich zu machen in all dem Falschen. Der Halt bröckelt jetzt weg, denn sie brauchen mich nicht mehr, ich bin nur noch Hin-und-Wieder-Begleitung. Das „Umschalten" dauert Jahre, sie lassen mir Zeit. Deshalb fragt der Sohn: „Mama, ist es okay, wenn ich zu Papa gehe?" Ich bekomme sofort ein schlechtes Gewissen. Er sollte sich nicht um mich sorgen müssen. Dann beruhige ich mich mit dem Gedanken, dass er robuster ist, als ich es je sein werde. Robuster auch gegen die mehr oder weniger subtilen Ansprüche einer Mutter, die es abzuwehren gilt, ohne gröber als nötig zu werden. Ich zerbrösele, zerrinne mir, obwohl ich bleibe, als Mutter zwischen den Fingern. Von Anfang an sind sie ja gegangen, und die gestohlene Zeit über habe ich so getan, als wäre sie meine, als wäre sie von Dauer.

Noch menstruiere ich. Vorher die Trauer, wie üblich. Das innere Weinen. Das Kratzen am Nichts. Hört auch das auf, wenn ich, wie man sagt, frei davon bin und nicht mehr blute? Wer bin ich, wenn meine Gebärmutter sich zur Ruhe setzt? Hat sie genug getan? Habe ich genug getan? Es ist so viel in mir, dass ich nicht weiß, wohin damit. Ich habe mir nie die Zeit (oder die Freiheit?) genommen, „Bilanz" zu ziehen, etwas „Erreichtes" anzuschauen, zu „ernten" oder eine Pause zu machen. Meine Pausen waren immer erzwungen, durch Schmerzen, Traurig- oder Arbeitslosigkeit. In diesen Pausen steht mein Kopf nicht still, wie mein Herz klopft er immer weiter, drängt sich den Fingern auf, die niederzuschreiben haben, was er für richtig und wichtig hält. Oder nicht mal für wichtig: Was geschrieben werden muss, damit es mich nicht verstopft, erstickt, verwüstet. Alles, was ich nicht schreibe, bleibt in mir stecken. Was ich schreibe, fließt. Wenn es fließt, kann ich leben, ohne den Fluss vertrockne ich. Auch, wenn ich nicht mehr blute?

Es ist vorbei, doch ich habe noch nicht genug geschrieben. Es fühlt sich an, als müsse ich sterben, manchmal, weil es vorbei ist. Weil diese Zeit vorbei sein wird, zu Erinnerung verkümmern wird, zu dem, was man sich erzählt, in der Familie, oder über das man schweigt. Wenn ich so denke, mache ich die Rechnung ohne Gott, was immer dumm und meistens fahrlässig ist. Dann erinnere ich mich wieder an ihn und weine, denn was weiß ich denn schon? Hilft er mir beim Futur zwei? Bei all den Abenden, an denen ich zuständig gewesen sein werde, an denen ich gebraucht gewesen sein werde, an denen es schön gewesen sein wird, oder anstrengend, oder hart. Was mache ich mit den freien Abenden, wenn ich keine Kinder mehr zu versorgen habe und wirklich alle ausgezogen sind?

Ich will nicht sterben – ich will schreiben.

Hässlich sein dürfen, mit strähnigen Haaren. In Schlabberklamotten sitze ich mit dem Notizbuch in diesem Lokal, ein gutes Wort, „Lokal", und warte, dass mich keiner anquatscht, denn ich vermeide zu lächeln und drücke den Füller aufs Papier, als bräuchte ich keine andere Gesellschaft. Stricke Lücken in mein Leben, Lücken in mein Fell in der aberwitzigen Hoffnung, jemand möge wirklich lesen. Und seine Hand darüberlegen, wissend, was Freiheit für mich bedeutet.

Freiheit,
nur eingeschränkt zu haben

Interview mit Amancay Kappeller,
48, freiberufliche Journalistin

Woran denken Sie als Erstes, wenn Sie das Wort „Freiheit" lesen oder hören?
Kilometerlanger Sandstrand.
Was bedeutet Freiheit für Sie persönlich?
Nichts müssen, alles können.
Fühlen Sie sich frei (oder nicht)? Warum (nicht)?
Seit Beginn meiner schweren Erkrankung vor zwei Jahren fühle ich mich täglich total unfrei. Bin ans Haus und meistens auch ans Bett gefesselt.
Erzählen Sie konkrete Situationen, in denen Sie sich frei gefühlt haben, und solche, in denen Sie sich unfrei fühlten.
Als Kind habe ich mich in den Sommerferien immer richtig frei gefühlt. Kein frühes Aufstehen, keine Schule, den ganzen Tag in den Wiesen und Wäldern unterwegs. Während des Studiums bedeutete Freiheit, auch mal ein Seminar oder eine Vorlesung sausen zu lassen – um auszuschlafen, zu shoppen, einfach in der Sonne zu sitzen. Mit kleinen Kindern ließ sich die Freiheit dann selten blicken. Als die Kinder größer waren, bedeutete ein Abend mit Essen gehen oder Kino, Babysitter daheim, Freiheit.
Haben Sie sich als Kind frei gefühlt, in welchen Momenten? Fühlten Sie sich eingeschränkt, behindert von Schule, Erziehenden, anderen Kindern, inwiefern?
Mit den Nachbarskindern war ich nachmittags, am Wochenende und in den Ferien immer draußen. Wir konnten uns noch viel freier bewegen als etwa meine Kinder heutzutage. Lager bauen am Bach oder im Wald, den Spielplatz zum BMX-Parcours umfunktionieren, Übernachtungen im Zelt, den selbstgebrannten Schnaps vom Vater eines Freundes aus dem Keller plündern, Blasrohrattacken auf schrullige Nachbarn, ganze Tage auf dem Kickplatz oder auf dem Skatebord im Schuss den steilen Hang hinunter, stundenlang Tischtennis und dabei Fußball-Bundesliga im Radio hören – Hauptsache, man war zum Abendessen wieder daheim. Und nichts Digitales lenkte uns vom Spielen ab.
Schule habe ich nie als Freiheitsentzug empfunden, ich bin so gut wie immer gerne gegangen. Meine Mutter war manchmal überängstlich, zum Beispiel bei Gewitter. Mein Vater sah alles etwas lockerer.
Sind Sie in einer „freien" Gesellschaft aufgewachsen?
Die BRD in den 1980er- und 1990er-Jahren, auf dem Dorf, empfand ich schon als frei. Allerdings habe ich als Kind und Jugendliche auch keiner Randgruppe angehört, die mit Sicherheit auch damals noch Diskriminierung fürchten mussten.
Wenn ja, was zeichnet Ihrer Meinung nach eine freie Gesellschaft aus?
In einer freien Gesellschaft muss man keine Repressalien fürchten, wenn man anders denkt oder lebt als die Allgemeinheit. Gegen den Strom schwimmen wird nicht verurteilt. In einer freien Gesellschaft, wie ich sie mir idealerweise vorstelle, ist aber auch derjenige frei, der wegen Alter oder Krankheit beruflich nicht mehr das leisten kann, was eigentlich von ihm erwartet wird. Sich keine Sorgen machen zu müssen über finanzielle Sicherheit, auch das ist Freiheit. In einer freien Gesellschaft sollte man vom Kollektiv aufgefangen werden.
Wenn nein, erzählen Sie darüber, wie Sie Freiheit und Unfreiheit erlebt haben in der Gesellschaft, in der Sie aufgewachsen sind.
Mit 16 Jahren bin ich in die Millionenstadt Bogotá, Kolumbien, gezogen. Nie habe ich mich unfreier gefühlt als in den vier Jahren, die ich dort verbracht habe. Wir lebten dort während der Zeit des Bomben-

terrors. Wohnten in einer abgeschlossenen und bewachten Wohnanlage. Die Deutsche Schule war abgeriegelt wie der Hochsicherheitstrakt eines Gefängnisses. Nicht nur einmal gab es – echten – Bombenalarm. Als Jugendliche alleine mit Freunden durch die Straßen ziehen – Fehlanzeige. Entführungen, Raubüberfälle, auch Mord – von allem bekam man auch im Umfeld der Schule ständig mit. Der Mann einer Busbegleiterin wurde wegen einer paar Pesos erschossen, ein anderer erstochen. Mutter und Schwester eines Mitschülers wurden wochenlang im Dschungel von Rebellen gefangen gehalten. Meinem Vater drückte der Bewacher eines „Narcos", eines Drogenbosses, eine Maschinenpistole an den Bauch, weil er die Frechheit besessen hatte, vor ihm mit dem Auto einzuscheren. Autotür aufgerissen, Pistole gezückt, Drohung ausgestoßen, Autotür wieder zugeknallt.

Auf den paar Metern, die ich vom Schulbus bis zur Haustür zurücklegen musste, pfiffen mir, damals noch dunkelblond und gertenschlank, reihenweise Bauarbeiter hinterher. Dabei habe ich mich jedes Mal sehr unfrei gefühlt, regelrecht gefangen.

Was waren Ihre „kleinen Freiheiten" oder auch „kleinen Fluchten" in einem unfreien Staat?

Die Stauseen waren Anfang der 1990er in Kolumbien ziemlich leer. Deshalb wurde der Strom rationiert. Eine Zeitlang hatten wir jeden Abend von 6 bis 10 Uhr kein Licht. Stockdunkel ist es, da in Äquatornähe gelegen, jeden Abend schon um 6 Uhr in Bogotá. Eine weitere Beschränkung der Freiheit – die für mich gleichzeitig eine „kleine Flucht" bedeutete: auf dem Bett im Kerzenschein lesen, Walkman hören mit Batterien, daneben den Bernhardiner tätscheln, Briefe nach Deutschland schreiben, während dieser Zeit die Außenwelt aussperren.

Stimmt der Satz: „Die Gedanken sind frei" – innere Emigration in Diktaturen

Das kann ich nicht beurteilen, ich habe nie in einer Diktatur gelebt. Vorstellen, dass da was dran ist, kann ich mir aber.

Was erhoffen Sie sich für die Zukunft, wie denken Sie sich Freiheit in der Zukunft, gesellschaftlich und für Sie privat?

Persönlich würde Freiheit für mich bedeuten, das Haus wieder verlassen zu können. Wieder leben können in 3D statt nur in 2D. Am gesellschaftlichen Leben irgendwie teilhaben zu können. Ein Eis essen gehen, in die Buchhandlung, an einem Fluss sitzen, vielleicht sogar noch mal am Meer. Demnächst bekomme ich einen E-Rolli. Vielleicht sind dann ab und zu kurze Ausflüge in die Natur möglich. Das wäre schon ein Meilenstein an wiedergewonnener Freiheit für mich.

Für alle Menschen auf der Welt wünsche ich mir, dass sie ohne Angst und selbstbestimmt leben können – egal welches Geschlecht oder welche sexuelle Orientierung.

Sind Gedanken wirklich frei, oder werden Ihrer Meinung nach auch Gedanken gelenkt, manipuliert, durch wen oder was, wie (Regierungen, Medien, Algorithmen)?

Schwierige Frage. Das kommt wohl auch auf jeden Einzelnen an, wie frei die Gedanken wirklich sind. Darauf, wie man aufwächst, wie man geprägt wird. Darauf, welche Wahrheiten man für sein Leben konstruiert. Darauf, was einem alles an Positivem und Negativem widerfährt.

Manipuliert werden wir alle permanent, davon bin ich überzeugt. Das fängt bei der simplen Schokoriegel-Werbung an und geht weiter mit Berichterstattung in den Medien, die fast immer bewusst selektiv und lenkend ist. Wie sehr auch unsere Regierung Druck ausüben kann bei eigentlich „freien" Themen, das konnte man gut

während der Corona-Pandemie im Zusammenhang mit Impfungen beobachten – erschreckend!
Früher habe ich Freunde oder Bekannte tatsächlich belächelt, die mir weismachen wollten, dass mein Handy mich quasi rund um die Uhr abhört. Heute zweifle ich nicht mehr daran, wenn mal wieder kurz nach einer Unterhaltung im Privaten über das Thema Pflege postwendend Angebote von Rollstühlen oder Hörgeräten auf dem Smartphone aufploppen.
Und trotzdem: Die Gedanken sind meiner Meinung nach freier als alles andere auf der Welt. Im echten Leben 23 Stunden am Tag ans Bett gefesselt, kann ich mich in meinem Kopf theoretisch ans Meer, in den Buchladen oder in den Sexshop träumen. Jederzeit.

Freisein und Freiheit, unterscheidet sich das, wie, was bedeutet Freisein (von etwas) und was Freiheit?

Noch eine schwierige Frage. Und eine philosophische dazu. Das unterscheidet sich auf jeden Fall. Allerdings fällt mir dazu keine Definition ein, die ausreichend präzise wäre. Beim Stichwort „Freisein von etwas" fällt mir spontan nur ein, dass es unheimlich befreiend sein kann, eine alte oder unerfüllte Liebe endgültig hinter sich zu lassen.

Um welche „Freiheiten" geht es in westlichen, individualisierten Gesellschaften? Um die Grundfreiheiten: Freiheit der Rede, der individuellen Entwicklung, Pressefreiheit, freie Wahlen etc. – oder um freie Fahrt für freie Bürger, die Freiheit, dreimal im Jahr in Urlaub zu reisen, die Freiheit, sich die Premiummarke Miele kaufen zu können? Um die unendliche Konsumfreiheit?

Ich glaube tatsächlich eher Letzteres. In westlichen Gesellschaften streben meiner Ansicht nach die meisten Menschen nach einem möglichst individuellen „Schneller, Höher, Weiter, Mehr" – wahrscheinlich auch deshalb, weil für die Grundbedürfnisse nach Freiheit nicht mehr gekämpft werden muss. Ob (materieller) Konsum auf Dauer frei macht, wage ich allerdings zu bezweifeln. Es gibt ja auch schon gegenläufige Bewegungen. So mancher empfindet zu viele Dinge im Alltag als Last.

Was hat Freiheit mit Geld zu tun? Sind reiche Menschen freier? Bzw. ist man als armer Mensch stets unfrei?

Genug Geld sorgt schon dafür, dass man sich freier, weil sorgenloser fühlen kann. Wer krank ist und nicht privat versichert, der muss um notwendige Therapien oder Hilfsmittel oft kämpfen, nicht selten vergeblich. Geld macht das Leben oft leichter, damit auch freier. Allerdings verkompliziert zu viel Geld das Leben dann wahrscheinlich wieder. Stelle ich mir jedenfalls so vor. Ich kenne mittlerweile einige Menschen, die durch Krankheit in Armut gerutscht sind. Ständig am Rand des Existenzminimums leben zu müssen, das macht absolut unfrei. Ein wirklich freies Lebensgefühl kann ich mir so nicht vorstellen.

Was empfinden Sie als „Gefängnis"?

Meine derzeitige Lebenssituation mit schwerer Krankheit oftmals. In meinem früheren Alltag habe ich mich nur ganz selten gefangen im Sinn von „in der Tretmühle" gefühlt. Es gab auch immer Dinge und Menschen, die mir geholfen haben, schnell wieder anders zu empfinden, den Blickwinkel zu ändern.

Sind Freiberufler frei?

Einerseits schon, weil ihnen kein Arbeitgeber im Nacken sitzt, der x und y und z fordert. Andererseits nicht, weil man sich als Freiberufler eben permanent selber im Nacken sitzen muss – um genug Geld zu verdienen, um Karriere zu machen, Anerkennung zu bekommen. Und man hat die komplette Verantwortung, dauerhaft. Das kann schon erdrückend sein und unfrei machen.

Fühlen Sie sich frei vom Urteil anderer? Oder nicht? Inwiefern beeinflusst das Urteil anderer Ihr Verhalten?

Als Teenager und in meinen 20ern habe ich mich von der Meinung und dem Urteil anderer ziemlich abhängig gefühlt. Ich bin zum Beispiel nicht ins Freibad gegangen, weil mir mein Körper nach den Schwangerschaften nicht mehr gefallen hat – obwohl ich gerne gegangen wäre.

Zum Glück war mir irgendwann aber so gut wie egal, was andere denken.

Was ist in Ihren Augen „Freier Sex"?

Frei ist Sex für mich immer dann, wenn er so ausgelebt werden kann, wie alle Beteiligten das möchten.

*In einer Liebesbeziehung, beim Zusammenleben: Was empfinden Sie als frei, was als unfrei? Schildern Sie Situationen, in denen Ihre Vorstellungen von „Freiheit" mit denen ihre/s Partner*in kollidierten.*

Ich möchte keinen Partner oder keine Partnerin, der oder die nie ohne mich sein kann und extrem klammert. Immer wieder Zeit zusammen verbringen ist schön – darf aber nicht zum Zwang werden. Jeder braucht selbst auch Zeit für sich. Mein Ex-Mann war der Klammertyp, das hat mich oft fast erstickt. Ich muss auch nicht permanent an der besseren Hälfte körperlich kleben. Unfrei fühle ich mich in einer Beziehung auch, wenn es keine (gesunde) Streitkultur gibt. Harmonie um jeden Preis engt mich ein.

Wenn Sie alleine wohnen, empfinden Sie das als frei?

Noch vor ein paar Jahren hätte ich mir nie vorstellen können, mal alleine zu wohnen. Mittlerweile kann ich es mir eher vorstellen. Es muss nicht automatisch einsam sein, alleine zu leben.

Gibt es Situationen (welche?, oft, selten, immer), in denen Sie lieber weniger Freiheit hätten bzw. froh sind, nicht alle Freiheiten zu haben, nicht selbst entscheiden zu müssen, eine Struktur vorgegeben zu bekommen, Anweisungen zu folgen etc.?

Die gibt es auf jeden Fall. Wenn man komplett frei ist in seinen Entscheidungen, dann ist das nicht selten mit Überforderung verbunden. Weil es ja auch immer die falsche Entscheidung sein könnte. Und ja, Überforderung macht unfrei.

In der Uni war es mir manchmal lieber, wenn konkrete Seminare und Vorlesungen vorgegeben waren. Dann musste ich mich nicht entscheiden. In Gesundheitsfragen finde ich es manchmal auch leichter, wenn man eben nicht die Wahl hat.

Können Sie uns Fotos/Malerei/Zeichnungen benennen, die für Sie „Freiheit" symbolisieren, und gerne kurz begründen, warum.

Gegenständliche Kunst fällt mir dazu ad hoc nicht ein. Aber Musik zählt ja auch zur Kunst. Und da muss ich beim Stichwort „Freiheit" immer an drei Lieder denken, die ich mit dem Mauerfall in Verbindung bringe: „Wind of Change" von den Scorpions, „Freiheit" von Marius Müller-Westernhagen und „Go West" von den Pet Shop Boys.

Hier einige Fotos, die in den letzten beiden Jahren Freiheit für mich bedeutet haben.

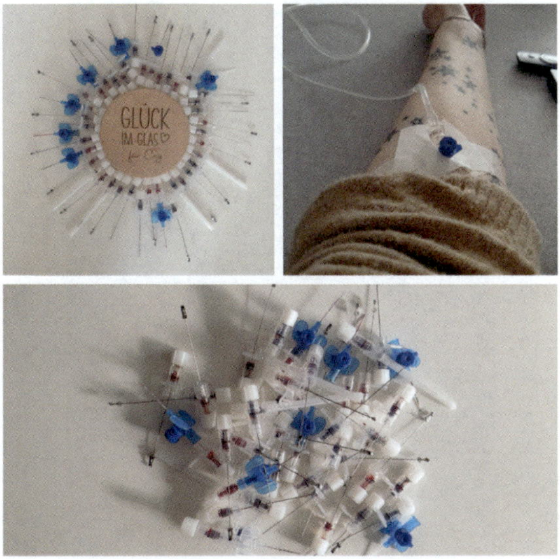

1. Wöchentlich zwei Infusionen haben meinen gesundheitlichen Zustand immerhin so weit verbessert, dass ich ab und zu auf der Terrasse sitzen oder im Sitzen Gemüse schnippeln kann.

2. Die erste halbe Stunde außer Haus nach mehr als einem Jahr: An Ostern konnte ich mit meinen Kindern eine halbe Stunde an der Steinlach sitzen. Freiheit pur!

3. Mal wieder in den Himmel schauen können.

4. Das erste Mal wieder normale Klamotten anziehen können nach über einem Jahr: Freiheit!

5. Auf dem Weg ins Krankenhaus als Notfall wegen Kreislaufentgleisungen – Blick liegend aus dem Krankenwagen auf die Schwäbische Alb. Das erste Mal nach vielen Monaten wieder was anderes sehen als die eigenen vier Zimmerwände – ein (auch ein bisschen absurdes) Gefühl von Freiheit.

6. Rolling Stones-Zunge aus Lego und ein Vielfalt-Symbol in Regenbogenfarben: Monatelang habe ich immer wieder, im Liegen und kurz im Sitzen, daran gebaut. Endlich wieder etwas mit den Händen machen können außer Handy und Buch halten.

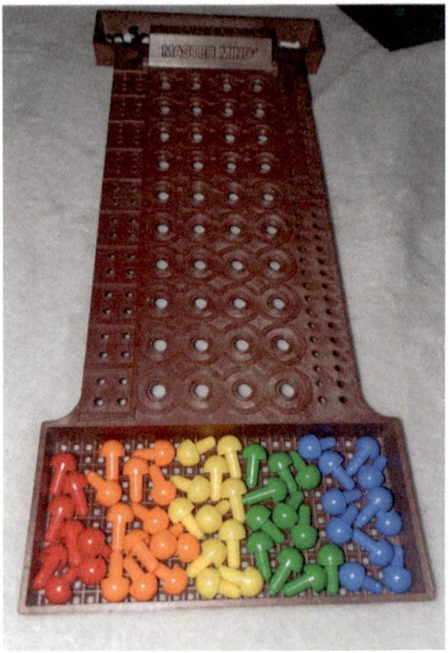

7. Mit den Kindern was spielen ging monatelang gar nicht. Das erste Mal wieder bedeutet auch Freiheit.

8. Ein Jahr lang ging es mir zu schlecht, um mir um so was Belangloses wie Körperschmuck Gedanken zu machen. Ein Stück zurückgewonnene Freiheit.

Britta Redweik
Von der Meinung zur Freiheit

Freiheit. Carlotta seufzte leise und schaute sich um. Nein, niemand blickte auf, nicht einmal ihre Lehrperson. Alle Lernenden um sie herum tippten eifrig auf ihre Computer ein oder hatten sich in die schall-, aber nicht blickdichten Glaskabinen zurückgezogen, um ihre Texte zu diktieren. Nur Carlotta wusste nicht so recht, wie sie anfangen sollte.

Vielleicht definierte sie Freiheit einfach anders als die anderen. Wie schon dereinst ‚Frieden' im Politikunterricht. Obwohl es neben dem engen auch den weitgefassten Begriff von Frieden gab, der auch die Abwesenheit struktureller Gewalt mit einbezog.

Alle außer ihr hatten angegeben, dass sie das Gefühl haben, in Frieden zu leben.

Und Carlotta hatte ihren Ohren nicht getraut. Waren ihre Mitlernenden alle so naiv? Oder war es ihnen so egal, dass es sehr wohl Gruppen in der Bevölkerung, schon in diesem Land, gab, die strukturelle Gewalt erlitten? Nicht zu vergessen, dass sie alle auch Weltbürger*innen waren. Wie konnte jemand das Gefühl haben, in Frieden zu leben, wenn auf dieser Welt Leute in kriegerischen Handlungen starben? Sie hatte ihre Mitlernenden dafür gehasst. Hier saß sie selbst, war selbst Opfer von struktureller Gewalt, und das war all den Leuten, die sich Kamerad*innen oder gar Freund*innen von ihr schimpften, egal?

Nun, bald war sie all diese Leute los. Bald waren die Abschlussprüfungen vorbei, und ein neuer Lebensabschnitt würde beginnen.

Aber sie musste eine gute Note schreiben, wenn sie wollte, dass eben die strukturelle Gewalt, von der sie betroffen war, nicht gleich ihr Leben verpfuschte.

Als Mensch mit Behinderung musste man funktionieren. Belegen, dass man mindestens die gleiche Leistung erbringen konnte wie Menschen ohne Behinderung, selbst, wenn man dafür viel mehr Aufwand, viel mehr Kraft aufbringen musste. Wer nicht mindestens hundert Prozent geben konnte, war schon verloren. Zumindest fühlte es sich für sie so an. Und deshalb musste sie diesen Aufsatz so gut schreiben wie möglich. Musste einen guten Abschluss erreichen. Musste studieren, auch auf die Gefahr hin, dass ihre Behinderungen durch den Stress schlimmer wurden, ihre Gesundheit dadurch nur noch weiter litt.

War das Freiheit?

Nein, sie hatte nicht das Gefühl, dass sie frei war. Was auch immer sie tat, sie hatte nicht die gleichen Chancen, war also diesbezüglich schon eingeschränkt. Sie konnte nicht an alle Orte gehen, nicht an allem teilhaben, weil Barrieren sie davon abhielten. Wieder etwas, worin sie nicht frei war, oder zumindest nicht die gleiche Freiheit genoss wie ihre Mitlernenden. Oder ihre Mitmenschen draußen auf der Straße.

Himmel, in diesem System hatte sie nicht einmal die Freiheit, einen selbstbestimmten Tod zu sterben, egal, wie deutlich ihr die Gesellschaft zeigte, dass sie eigentlich nicht willkommen war. Solange sie nicht sterbenskrank war, galt sie als zu gesund zum Sterben – aber zu behindert, zu krank, um die gleichen Rechte und Möglichkeiten zu haben. Zum Sterben zu viel, zum Leben zu wenig, wie es so schön hieß.

Carlotta wischte sich eine Träne der Wut von der Wange und war froh, dass sie weiterhin niemand hier beachtete. Noch immer hatte sie kein Wort zu Papier gebracht – auch, wenn es in Wirklichkeit schon kein Papier mehr war, das war zuletzt zu teuer geworden.

Sollte sie schreiben, was sie bewegte? Was sie wirklich zu Freiheit dachte? Diesen Aufsatz so persönlich gestalten wie ihre Gedanken? Wenn das der Lehrperson nicht gefiel, konnte der Aufsatz noch so gut strukturiert sein, noch so fehlerfrei, und sie würde doch ihre Zukunft gefährden, vielleicht sogar zerstören.

Auch das war ein Einschnitt in eine mögliche Freiheit, oder nicht? Sie musste befürchten, dass ihre Meinung – auch wenn sie kein Gesetz verletzte, niemanden benachteiligte – nicht erwünscht war und ihr sogar Nachteile einbrachte. Während sie gleichzeitig erdulden musste, dass Menschen sie beleidigten, ihr ihren Lebenswert aberkannten, alles im Namen der Meinungsfreiheit.

Denn Behinderte zu beleidigen, galt nicht einmal als Volksverhetzung. Offen zu sagen, dass ihr Leben weniger wert war, und sie für das Wohl der anderen lieber sterben gelassen werden sollten, wie vor einigen Jahren im Rahmen der ersten großen Pandemie des 21. Jahrhunderts geschehen, war nicht nur nicht strafbar. Es wurde nicht mal als unmoralisch angesehen. Weder damals noch heute.

Hieß das nicht eigentlich, dass sie nicht einmal die Freiheit hatte, ohne die Sorge leben zu können, dass die Politik sie ganz bewusst opferte? Sie vielleicht durch Dinge wie Triage sogar wirklich umbrachte?

Carlotta setzte die Finger an die Tasten. Sie hatte jetzt schon so lange überlegt, so lange gezögert, dass sie eh keine Zeit mehr hatte, sich einen anderen Ansatz zu überlegen. Dann konnte sie auch offen ihre Meinung und Erfahrung niederschreiben, um wenigstens überhaupt eine Arbeit abgeben zu können. Dann umgab sie ein Klangvorhang aus ihrem eigenen, rhythmischen Tippen:

„Ich bin freier als manch andere Person in ärmeren oder von Krieg bedrohten Gegenden. In dieser Hinsicht bin ich privilegiert. Und doch bin ich nicht frei, noch weniger als viele anderen Menschen in diesem Staat."

Ute Winkels (Texte) und Sonja Steidle (Bilder)

Lebensart

Tränen versteinern
Der Karpfen schwimmt ganz allein
Gegen die Strömung

Freizeit

Was machen Sie jetzt
Ich geh in die Stadt blumen
Früher war ich Hund

Andere

Atmen ist das Spiel
Aller Katzenpupillen
Im Schatten im Licht

Gefangen in Liebe, frei von Liebe

Matthias Santiago Staehle

Freiheitsvisionen & Liebesillusionen

Ich bücke mich
nach einer Informationslücke.

Ich suche nach Freiheit
und lass das Geld links liegen.

Ich fasse den Zusammenhang
unter der Gürtellinie an.

Ich fahre Schlangenlinien
und lache über meine Nüchternheit.

Ich schweife ab beim reifen Wissen
am Baum des Begreifens.

Ich warte friedfertig ab
was mit meinen Erwartungen passiert.

Ich höre Gleichheit sei ein alter Witz
und finde Freiheiten jenseits von Besitz.

Ich störe mich an der freien Wirtschaft
und finde weitere soziale Frechheiten.

Ich bin mir selbst eine bessere Hälfte
und lebe ohne höhere Mächte.

in meiner Fantasie liebe ich eine Sie
und meine Nächte gehören ihr allein.

Die Tage verstreichen wie Butter
während ich warte auf Superkräfte.

Ich weiß die Liebe ist eine Abhängigkeit
und doch gebe ich diesem Traum ständig Raum.

Freiheit erscheint mir als Gegenteil von sich binden
und doch möchte ich in Liebesillusionen verschwinden.

Ich sinniere sinnlich in meinen Freiheitsvisionen
und sehe in der Leere keine Schwere.

Ba Ossege
Zum Fressen

Klappe das Buch zu, verschränke die Arme. Höre hinter mir lautes Knirschen und Atmen. Ich drehe den Kopf, eine Frau kommt, setzt sich zu mir auf die Parkbank, nimmt ihren Rucksack vom Rücken und stellt ihn vor sich hin. Sie sieht mich an, schaut weg, sagt: „Ich glaub das nicht, bin ich blöd!" Ich schaue mich um, verwechselt sie mich? Jetzt zieht sie am Reißverschluss des Rucksacks, klappt die Vorderfront auf, murmelt: „Schau dir das an!" Ich blicke ins Innere des Rucksacks und sehe eng gestapelte kleinere und größere Töpfe, Schalen und Dosen, am Rand eine Weinflasche und eine Flasche Mineralwasser. „Hab ich alles besorgt, war mühsam, alles bio und vegan, eh klar." Sie fädelt die Weinflasche aus dem Seitenfach, dreht am Schraubverschluss, schmeißt die Kappe auf den Boden, lehnt sich zurück, setzt die Flasche an. Wein plätschert in den Mund, spritzt heraus, Rinnsale bilden sich, fließen über ihr Kinn am Hals entlang, werden aufgesaugt vom blauen Hemd und bilden dunkle Flecken. Sie setzt die Flasche ab, hält sie mir hin, ich schüttle den Kopf und die Flasche wandert zwischen ihre Füße auf den Boden. Jetzt zieht sie die Mineralwasserflasche heraus und drückt sie mir in die Hand. Wieder greift sie in den Rucksack, wählt aus den Türmen eine Schale aus, flippt mit dem Daumen den Deckel hoch, der im Bogen durch die Luft fliegt, neben der Weinflaschenkappe landet. „Bist du Single?", kommt von ihr. Ich nicke, sehe, wie sie Zeige- und Mittelfinger in die Füllung der Schale steckt, einen Batzen Creme hervorzieht und ihn in den Mund stopft. „Ooo Ouberschin", höre ich dumpf und Creme klebt an ihrem Mundrand. Ich schaue auf die fast menschenleere Wiese vor uns, höre von neben mir: „Mara liebt alles Griechische." Sie hält mir die Schale hin, wartet keine Reaktion ab und schon schmeißt sie die in den Kies zu Deckel und Kappe. Einen kleinen Topf zerrt sie nun hervor, öffnet ihn, reicht ihn mir hin.

„Nein, kein Hunger", sage ich.

„Ach, dachte schon, du bist zu fein dafür, hätte auch Löffel im Unterfach, komm, sag, bist du straight? Machst nicht den Eindruck."

„Nein, straight bin ich nicht“, antworte ich, „aber redet noch wer so? Sind wir nicht queer?“

„Dachte es mir, du mit Buch und Brille hier auf der Parkbank, auch so eine wie Mara, alles befragen, wirklich krass, jedes Gespräch spannend, no small talk, wenn du weißt, was ich mein.“

Ich blicke zu ihr, will antworten, da dreht sie die Schale in der Hand senkrecht, führt sie zum Gesicht, fährt mit der Zunge hinein, presst die Schale näher zu sich, der Rand drückt die Nase ein, die Paste quillt hervor, Klumpen lösen sich, fallen auf ihr Hemd. Ich höre sie schlecken und schlürfen, blicke weg, blicke mich um. Die wenigen Leute auf der Wiese packen Spielsachen und Decken ein. Gleich wird das Pfeifen zu hören sein, dass das Schließen der Tore des Augarten-Parks ankündigt. Und da sind sie schon. Jetzt nimmt die Frau neben mir die Schale vom Gesicht weg, streckt ihren Arm aus, als wolle sie mich berühren, ich zucke zur Seite.

„Keine Angst, wir können sitzen bleiben, kenne mich hier aus, es gibt vorne ein Tor, da kommen wir immer raus.“ Mit Schwung landet die Schale auf ihrem Müllhaufen. Sie fischt eine schwarze Box hervor, löst den Deckel, zeigt mir den Inhalt. „Mini-Reisröllchen mit schwarzem Sesam, vegan und bio, wie Mara es mag“, höre ich. Ich will sie nicht beobachten, kann es aber nicht lassen. Sie sticht mit den fettigen Fingern in die Röllchen hinein, beginnt, Kreise zu drehen, der Inhalt quillt über, die Finger werden schneller, Reiskörner und Avocado, vielleicht Gurkenstückchen fliegen heraus, landen auf ihrer Jeans. Ich will wegrücken, tue es nicht, da hat sie schon aufgehört und greift wieder in den Rucksack. „Extra besorgt.“ Von einem dunklen Baguette bricht sie ein Stück ab, schiebt es sich in den Mund. Nach einer kleinen Pause sagt sie „ich war so lange Single“, setzt die Weinflasche an und wieder ab. „Heute, ihr Geburtstag, ihr sechzigster. Was war das für ein Stress, alles zu besorgen. Und sie? Schickt mir vorhin eine SMS, braucht Pause, weiß nicht, wie lang.“ Sie nimmt die Flasche wieder zum Mund. Lautes Glucksen. Ich denke an meine Katzen, die so leise sind, außer, wenn sie Wasser schlabbern. Plötzlich ein Röcheln. Die Frau springt auf, klopft sich mit der Hand und den schmierigen Fingern auf die Brust, würgt, einmal, ein zweites Mal, plustert eine feinnebelige Fontäne heraus, beugt sich vor, rülpst, einmal, ein zweites Mal, wird sie kotzen? Nein, schon sitzt sie wieder neben mir, atmet tief und langsam ein und atmet aus. Sie nimmt den Arm hoch, wischt sich mit dem Hemdsärmel über die untere Gesichtshälfte. Glänzende Schlieren bleiben auf dem blauen Stoff zurück. Ich öffne die Wasserflasche und trinke ein paar Schlucke.

„Warum? Versteh's nicht", kommt flüsternd. Wird sie heulen? Inzwischen sind wir allein im Park. Die Bäume zeichnen sich schwarz gegen den dunklen Himmel ab. Ich bin mir sicher, dass Tiere um uns herum lauern, vielleicht Füchse, vielleicht auch Wiesel, die darauf warten, dass der Park endlich nur ihnen gehört. Die Frau neben mir ist wieder über den Rucksack gebeugt, zerrt Dosen und Schalen hervor, löst die Verpackungen, gräbt Finger oder Zunge in die Inhalte aus Cremes, Pasten, aus Röllchen und Bällchen. Dazwischen nimmt sie lange Schlucke vom Wein. Immer bleibt etwas am Mundrand kleben, bildet Schichten aus dunkelbraun, beige, grün und der überfließende Wein gräbt sich Rillen. Ich muss hinschielen, sehe Kleckse sich lösen, hinunter auf die dunklen Flecken des Hemdes fallen. In ihrem Mampfen und Schmatzen, Schlürfen und Sabbern sind nur mehr einzelne Worte verständlich. „Enttäuscht … so verliebt … wieder allein … wie weitermachen … wie jetzt leben … wie?" Plötzlich hört sie auf, verharrt. „Was bin ich jetzt?" Sie wendet den Kopf zu mir und auch ich schaue sie an. Ich seufze. Sie rülpst. Wir lachen. Schon beugt sie sich wieder vor. „Die letzte Schale." Sie öffnet sie. „Scheiß drauf, lass uns alte fette Lesben werden", und sie hält sie mir hin, „Baklava vom besten Griechen der Stadt. Hau rein!"

Ruth Forschbach

Wieso?

Wir hätten unseren sicheren Hafen nicht verlassen dürfen.

Die Ordnung der Dinge war durcheinandergeraten.

Durch unsere Zweieinigkeit schnellten deine Worte wie angriffsbereite Klappmesser:

„Niemals habest du geglaubt, dass dir so etwas passieren könne – ein Mann! – jener Mann, ein Seelenverwandter – dies sei dir schon nach wenigen Minuten klar gewesen – mit ihm müsstest du unbedingt den Kontakt vertiefen – versunkene Sehnsüchte leben – unerfüllte Träume realisieren – wir sollten uns auch mehr Freiheiten zugestehen – mehr Zeit zur Selbstentfaltung gönnen – dies würde unsere Liebe keinesfalls gefährden

– im Gegenteil, sie nur noch verstärken."

Du hättest mir das nicht in der Küche sagen dürfen.

Nicht so unvermittelt.

Nicht während den Essensvorbereitungen.

Wildkräutersalat aus heimischem Anbau wartete in der Porzellanschüssel auf die Balsamico-Trüffel-Öl-Krönung.

Das selbstgebackene Walnussbrot verströmte appetitanregenden Duft.

Der Tisch war gedeckt: Weißes Tuch, edle Gläser, Kerzen, Meersalzbutter.

Eigentlich wollte ich nur noch die gut abgehangenen Rinder-Steaks vom Bio-Hof, selbstverständlich Fleisch aus artgerechter Weidehaltung, in die gusseiserne Bratpfanne legen.

Mit einer leichten Drehung nach rechts griff ich mit beiden Händen den Pfannenstiel und schlug dir den Bräter auf den Kopf.

Wortlos.

Auf das fragende „Wieso?" in deinen Augen, gleich noch einmal.

Du fielst wie ein Baum.

Nur nicht auf Humus.

Unseren Küchenboden bedecken handgearbeitete Naturstein-Fliesen aus der Toskana.

Ulrike Voss

Fortgehen

Auf Reisen treffe ich sie. Besuche sie, wenn sie Zeit hat. Sie ruft mich an, sagt: Komm. Die Vorfreude auf die erste Berührung treibt mich fort, fort aus meiner Welt, aus meinem Leben, aus der Arbeit, ich erfinde Ausflüchte für die anderen. Beim Arbeiten im Homeoffice sind freie Zeiten möglich, die es früher nicht gegeben hätte. Mein Alltag ist so organisiert, dass ich spontan für einen oder einige Tage fortkann. Sie ist unterwegs. Ich bin unterwegs. Alltagsprobleme, Stress, die Auseinandersetzungen mit Menschen, kreisende Gedanken verschwinden, nur die Vorfreude, die Begierde, die Lust sind da. Das empfinde ich als Freiheit. Nur noch das Eine treibt dich und mich voran. Wir sind Körper, die berührt werden möchten. Ich komme an. Du umarmst mich. Wir reden, natürlich tauschen wir uns aus, während wir uns verflüssigen.

Noch Tage danach ist die Wärme ihrer Haut an meiner. In mir Ausgefülltsein, ein Beben nah am Schmerz. Wieder und wieder erlebe ich, wie sie sich zu mir umdreht, wie es beginnt. Ich träume vor mich hin. Ich weiß, es ist unmöglich, dass es immer so ist. Wir wissen, dass es Momente sind, Momente außerhalb, Moment der körperkonzentrierten Freiheit, und dass es nie sicher ist, ob und wann es sich wiederholt. Ich denke an den Satz, dass Freiheit und völlige Sicherheit nicht miteinander zu vereinbaren sind. Und bin fort aus dem Privaten, komme zurück in die Welt mit ihren großen und kleinen Problemen.

Georgi Tenev
Heiliges Licht

Sie gehen auf dem Fußweg am Gartenzaun entlang, gehen Hand in Hand und merken nicht, dass die Straße an der nächsten Ecke gesperrt ist, versperrt von einer Mauer, über der Mauer ein Ziegelvorsprung. Sie gehen heute und sie sind verliebt. Nicht einmal im Ghetto büßt die Liebe ihre Kraft ein, selbst im Ghetto erhellt sie die Herzen mit ihrem ideellen Licht.

Nachts wird das Ghetto geschlossen. Im Ghetto befinden sich die Bibliotheken und Lesesäle, die Forschungsinstitute und die beiden Universitäten, die Akademie, das Nationalmuseum, das Verwaltungsbollwerk der abgesetzten Obrigkeit, das Akademietheater, die Musik- und die Ballettschule, die Manege. Jeder weiß, wer im Ghetto wohnt – diejenigen, die die Schuld tragen an der Katastrophe des Landes. Die ehemaligen Wissenschaftler, die Professoren der Geschichtsfakultäten, die Verfasser der alten Grammatik und der alten Geschichte, die Lehrkräfte der Militärakademie, die Hygienebeauftragten, die Beamten im staatlichen Gesundheitswesen, die Schöpfer der alten Hymne und der Flagge, die Bildhauer, die die Denkmäler gemeißelt hatten, die Architekten, die Erbauer der Granitgebäude der Ministerien. Die Städtebau-Ingenieure, die den Paradeplatz geplant hatten, diejenigen, die sich auf dieser Tribüne von den Demonstranten hochleben ließen, die alten Helden und Bonzen, die nach den ersten Tagen des Umschwungs am Leben geblieben waren – sie haben sich dort hinter die Mauer zurückgezogen, zu den Denkmälern der vergangenen Behaglichkeit, nicht auf Befehl, sondern weil sie sonst nirgendwo hätten hingehen können. Draußen wären die Ghettobewohner verhungert oder umgebracht worden. Hier, hinter der Mauer, gibt es keine Läden und kein warmes Wasser, doch man kann ruhig schlafen. Mittlerweile findet sich genug Platz für alle, und die Bewohner zahlen keine Steuern. Trotzdem funktioniert das Ghetto wie eine Art Stadt. Die Universität steht allen offen, die sie besuchen wollen, doch wie hätte man sie besteuern sollen? Nachts ist nur ein Mast der alten Zentralbeleuchtung in Betrieb, mit einer Doppellampe, die über der gelben Passage vor dem Denkmal der Republik hängt. Unbeirrt flackern auch noch ein paar Girlanden, die vom Vorjahresschmuck auf der einen Seite des Stadtsees, hoch in den Zweigen der Parkbäume hängengeblieben sind. Niemand weiß, wie die Versorgung erfolgt und wie der Strom vom Außennetz zu ihnen gelangt. Man hält es für ein beinahe mystisches Phänomen, und die Lesenden treffen sich dort jede Nacht. Sie sitzen und liegen auf den Bänken, und wenn es warm ist, im Gras. Hier schreiben sie, trinken Tee aus Thermosflaschen, lesen vor und unterhalten sich, bisweilen auch nicht nur. Von dieser Stelle aus ist es nicht weit bis zur Mauer, weniger als fünfzig Meter. Jenseits der Mauer setzt sich der nächtliche Park fort, manchmal sind Laute zu hören, Hundegebell, unklare Stimmen, Gesänge von Fußballfans. Zur allgemeinen Beruhigung der Ghettobewohner werden die neuen Barbaren nicht mehr hineingelassen und niemand demoliert mehr Denkmäler und Häuser, wie damals während der Revolution. Freiwillige Teams von Bibliothekaren und Wissenschaftlern beheben die Schäden mit dem, was gerade zur Hand ist: sie wischen die Farbe von den Büsten vor der alten Volksversammlung, schrubben die bunten Graffiti auf dem Bronzepferd mit der reitenden Majestät, bis sie allmählich verblassen. Die Gestalt, die auf Kränzen über dem Granitsockel steht, gewinnt langsam ihre alte Farbe zurück, die unter den Streifen von Farbspray und Leuchtfarbe verborgen war. Das Tier nimmt tierische Formen an, der Mensch auf ihm menschliche. An warmen Tagen finden sich vor der Akademie der Wissenschaften Maler und Bildhauer ein. Sie kommen von der Fakultät der schönen Künste der Bildhauerschule und bringen ihre Geräte mit, damit schmelzen sie Blei, klettern auf Leitern und kleben zerbrochene Scheiben der kaputten Bleiglasfenster an der Fassade der Akademie. Die Bergleute aus der Provinz hatten das Gebäude seinerzeit mit dem Ministerrat verwechselt, wegen der Säulen über dem Eingang. Ein kurzer Beschuss mit ausgegrabenen Pflastersteinen hat es verstümmelt. Nach der Februarrevolution wurde das Ghetto zu einer geschlossenen Stadt, umgeben von einer Mauer im zentralen

Bereich. In seinem letzten Fall legte das Volksgericht das Gelände fest, gab eine Karte der Wohnhäuser und ein Verzeichnis mit den Namen der Bewohner heraus. Von diesem Augenblick an war das einzige Gebäude, das zu Schaden kam, die Hauptpost. Von deren Kellergeschoss soll ein Tunnel abgegangen sein, der weit in den Norden bis zum Hauptbahnhof führte. Aus Angst, er könnte zu einem Geheimgang zur geschlossenen Stadt werden, wurde der Tunnel unter den Ruinen der Post zugeschüttet. Der Bau der Mauer begann genau ein Jahr, nachdem auch der letzte Vertreter der alten emanzipierten Klasse aus der Stadt abgereist war.

*

Reportage von seiner Abreise.

„Mehr habe ich Ihnen nicht zu sagen. Die Viererkoalition ist auseinandergefallen, keiner hat mehr Vertrauen zu irgendjemandem. Vielleicht muss es ja so sein, ich rechne auch schon seit langem damit, dass mir jemand in den Rücken fällt..."

„Herr Regent!" Ein Journalist winkt und meldet sich zu Wort.

„Ich bin kein Regent mehr. Das war ich einmal. Ihr habt jetzt neue Minister, einen Präsidenten, ich gehe weg."

„Wohin, Herr Regent? Und wann?"

„Jetzt. Sehen Sie nicht das Auto dort?"

„Welches Auto, das da?" Er zeigt auf den Krankenwagen. „Das ist doch ein Krankenwagen!"

„Nein, ist es nicht."

„Doch, es ist ein Krankenwagen!"

„Nein, Sie irren sich."

„Wie sollte ich mich irren, ich sehe doch, dass es ein Krankenwagen ist!"

„Dann sehen sie eben nicht richtig."

„Sie wollen also allen Ernstes behaupten, dass Sie mit diesem Wagen wegfahren?"

„Das ist im Grunde einer unserer Wesenszüge – wir sehen nie das Gute, sehen nie das, was uns vereint, sondern immer nur das Schlechte, die Reibereien, den Skandal."

„Aber die Stadt brennt!"

„Keine Sorge, ich gebe Euch in die Hände eines sehr verantwortungsbewussten Mannes, Ihr werdet ihn selbst als ‚Mann des Volkes' bezeichnen."

„Warum denn das? Wer soll das sein?"

„Der dort."

„Wer – der mit dem Hut?"

„Ich glaube ja."

„Wie heißt er?"

„Er wird sich selbst vorstellen."

„Aber weshalb fahren Sie weg? Und weshalb mit einem Krankenwagen?"

„Das ist doch egal."

„Bitte antworten Sie!"

„Still, hören Sie, was der Mann Ihnen zu sagen hat."

„Aber warum fahren Sie mit dem Krankenwagen, ist Ihnen vielleicht nicht gut?"

„Kein Kommentar."

„Also stimmt es tatsächlich?"

„Ja."

„Was – ja?"

„Mir ist nicht gut."

Ende der Reportage.

*

Sie gehen weiter und gelangen an das Ende des Zaunes, wo dieser von der steinernen Mauer geschnitten wird. Sie gehen Hand in Hand, betreten den Park. Die Nacht hat sich über die Stadt gelegt, und sie gehen immer beherzter weiter, berühren sich am Ellbogen, berühren sich an der Schulter, die Dunkelheit macht ihnen Mut, die Nacht bietet ihnen Schutz, sie bleiben zwischen den Schatten verborgen. Sie gelangen zu jenen Bäumen, in deren Zweigen das Licht der Girlanden flackert. Dort setzen sie sich, zwischen die anderen Paare. Dort gibt es keine Lesenden mehr, niemand unterhält sich, es gibt nur noch Paare in enger Umarmung. Dort legen sie sich auf den Rücken und über ihren Köpfen glänzen die Girlanden des Festschmucks vom Vorjahr. Die Lampen leuchten vor dem schwarzen Hintergrund des künstlichen Rundhorizonts, der einen Himmel darstellt. Die Projektion bedeckt die Leinwand mit nächtlichen Wolken. Das hier und da unterbrochene Bühnenbild des städtischen Dekors, das sich über dem leeren Pavillon spannt, in dem nichts mehr ist, kein Volk und kein Staat im eigentlichen Sinne des Wortes. Die Kontrollstelle am Eingang ist geschlossen, den Zoll gibt es nicht mehr. Der Rest vom Rest ist eingeschlossen im Dekor einer geschlossenen Stadt, dem Ghetto. Und hier machen sie Liebe, in der Hoffnung, dass es irgendeinen Sinn gibt in ihrer Vermehrung, ihren Liebesvereinigungen, ihrem freudigen Atmen unter dem glänzenden Licht, einem heiligen Licht, das ihre Körper bescheint.

Michael Stumpf

Aufbrechen

Michael Stumpf, den Wolken hinterherschauen, Wolken wie Gemälde

Barbara Fellgiebel

Freiheit, die ich meine

Ich will mich nicht lange über Freiheit im Allgemeinen auslassen. Das haben hier schon andere getan. Ich will vielmehr auf meine persönliche Freiheit eingehen. Die nicht gerade selbstverständliche Freiheit, vieles tun zu können – Atmen, sehen, hören, gehen, fühlen, schmecken. Fähigkeiten, über die die meisten Menschen nicht nachdenken – solange sie funktionieren. Das sind doch keine Freiheiten, höre ich Einwände.

Doch, in gewisser Weise schon, denn sie sind die Grundvoraussetzungen, um reisen zu können, mich von A nach B bewegen zu können, ins Theater, Kino, Konzert, auf Buchmessen, Festivals, wohin auch immer ich gehen möchte.

Mein Leben leben zu können, ohne auf die Hilfe anderer angewiesen zu sein.

Das ist Freiheit. Freiheit, die ich meine.

Und die Freiheit der Wahl! Wählen zu können, wen ich an der Spitze meiner Regierung sehen möchte, wo und wie ich leben möchte. Ob im Land meiner Geburt, meistens mein Vaterland genannt, oder im Land meiner Wahl. Meine Bleibefreiheit möchte ich nicht missen; weder aus politischen noch wirtschaftlichen noch klimabedingten Gründen.

Ob ich essen möchte.

Was ich essen möchte.

Wann ich essen möchte.

Wie viel ich essen möchte.

Wie ich mich kleiden möchte – nackt oder vermummt oder irgendwo dazwischen.

Freiheit ist in jeder Form eine Zumutung, die man aushalten muss, meint eine bekannte österreichische Komikerin, und:

Gedankenfreiheit ist ein Muss, Meinungsfreiheit manchmal zweifelhaft, will sagen, es gibt Meinungen, die besser Gedanken geblieben wären …

Gudrun Lerchbaum
Aufbrechen

1.
Es ist sein schlurfender Gang, der mir zuerst auffällt. Dann der Hosensaum, der sich über dem Rand des rechten Stiefels schoppt, dessen Reißverschluss offensteht und einen nackten Knöchel preisgibt. Die Hose selbst aus dünnem Baumwollstoff, grau und weiß gestreift wie die eines Sträflings aus einem alten Film. Oder eine Pyjamahose. Das passende Oberteil flattert unter dem Bund der Wolljacke hervor bis zum halben Oberschenkel. Zwischen den Beinen des alten Mannes hat sich ein Zipfel seines moosfarbenen Schals verfangen. Ungeduldig zerrt er daran, ohne den Schritt zu bremsen. Schwer zu sagen, ob er das Tempo bestimmt oder sich an das des Rollators anpasst, auf den er sich mit vorgebeugtem Oberkörper stützt. Ein Windstoß löst die quer über den Schädel drapierte Haarsträhne. Wie die Flagge der Freiheit weht sie hinter ihm her.

Ich hole auf, bin jetzt fast auf gleicher Höhe, sehe seine knochigen Hände um die Griffe geschlossen, die Fingerknöchel blau vor Kälte. Sein Blick ist starr auf den Laptop gerichtet, der aufgeklappt im Korb der Gehhilfe ruht. Falls er ein Ziel anzeigt, ist es nur für einen bestimmt. Für meine Augen bleibt der Bildschirm schwarz.

Ich falle zurück. Muss ich mir Vorwürfe machen, weil ich ihn nicht anspreche, nicht meine Hilfe anbiete, obwohl sein ganzer Auftritt auf demente Wanderlust deutet? So klar liegt der Weg vor ihm, dass er nicht eine Sekunde am Randstein zögert, bevor er die Straße überquert. Ich folge ihm. Wir wissen beide, dass es überall besser ist als dort, wo man sich selbst nicht mehr kennt.

2.
Du bist dann dort weg, hast es nicht mehr ausgehalten, hast den Rucksack gepackt und bist los.
Kannst du nicht machen, haben sie dir nachgerufen. Niemand kann allein.
Quer durch die Landschaft, bis die Füße nicht mehr tragen, und weiter. Bist die Straße entlang, den Schlaglöchern nach, hast in Schup-

pen geschlafen. Von Dorf zu Dorf werden die Leute weniger, die dir nachsehen. Da ist nichts mehr, sagen sie.

Du gehst weiter. Bis niemand sich mehr vor die Tür wagt, bis keine Türen mehr da sind, keine Dächer, und die Wände bröckeln. Bis kein Mensch mehr da ist, nur du. Bis du es siehst, am Hang in der Sonne.

Das Haus. Die Fenster zerschlagen bis auf das unter dem Giebel, in dem jetzt Licht aufflammt. Herzrasen. Jemand wartet auf dich. Du rennst, bis dir der Atem ausgeht. Bis die Spiegelung der Sonnenstrahlen im Glas erlischt und dein Herz mit der Sonne sinkt.

Du stehst im Garten. Ein Ast ist vom Nussbaum gebrochen, liegt quer über dem Weg. Die Zucchini sind reif, auch die Bohnen, die Tomaten verfault zu Boden gefallen, nur eine leuchtet noch rot. Du pflückst sie, beißt hinein. Ihr Saft tropft dir von Kinn und Fingern, während du auf den Eingang zugehst. Die Tür liegt aus dem Rahmen gehebelt am Boden.

Du drehst dich um. Alles leuchtet und in der Luft ein Sirren, als erwachten das Haus und das Land aus einer Betäubung, aufgestört durch deinen Schritt. Du bist die Erste. Andere werden kommen.

3.

Die Überwachungskamera erfasst den Moment, als die Frau die Hand des Kindes loslässt, um einen Ständer mit Mänteln durchzusehen. Das Kind klammert sich an ihr Hosenbein, den Daumen im Mund. Dann lässt es los, zerrt einen Stoffhasen aus dem Netz des Kinderwagens und macht sich auf, mit taumelnden Schritten zunächst, dann immer schneller läuft es auf ein Karussell mit Abendkleidern zu. Es steckt den Kopf zwischen die glänzenden Rockbahnen, bevor es ganz zwischen ihnen verschwindet. So unsichtbar für die Kamera wie für die Frau, die den Kopf hebt und sich nach allen Seiten umsieht.

4.

Abwechselnd tragen wir die Kleinsten. Durch den Fluss. Durch den Wald. Über Felder. Durch die Nacht. Halten ihre Münder zu, wenn wir lauschen oder in der Ferne ein Licht sehen. Schrecken zusammen bei jedem fremden Rascheln, bei jedem Knirschen oder Knacken, das nicht von uns verursacht wird. Die Geräusche unserer Schritte sind uns vertraut wie unser Atem, wie die geflüsterten Worte, mit denen wir uns Mut zusprechen, uns zum Durchhalten anstacheln. Weil es in die Freiheit nicht mehr so weit sein kann, wie wir schon gekommen sind.

5.

Als euch die Fluten verschlungen hatten, war es zu spät. Als sie euch abholten und einsperrten, habt ihr uns gehasst. Als eure Häuser in Flammen aufgingen, habt ihr an uns gedacht. Habt ihr bereut, dass ihr geblieben seid? Wir hatten euch gewarnt. Ihr meintet, wir hätten euch im Stich gelassen. Wären wir geblieben, hätten wir gemeinsam kämpfen können. Alles wäre anders gekommen. Gemeinsam hätten wir gesiegt oder es zumindest versucht, bevor wir untergegangen wären. Es ist anders gekommen. Wir haben uns gerettet. Ihr wart. Wir sind.

6.

Die Luft war klar wie selten zuvor, als sie den Entschluss fassten, das Tal zu verlassen. Sie wollten den Ursprung des verheißungsvollen Duftes ergründen, den der Wind ihnen seit Tagen in die Nasen wehte. Über schmale Pfade folgten sie dem Wild durch die Berge und hatten den Duft längst vergessen, als sie den großen Fluss erreichten, der die Ebene durchschnitt und ein weiteres Ziel versprach. Als es wieder einmal Winter wurde, erreichten sie das Meer. Einige blieben, andere zogen die Küste entlang, verstreuten sich wie Samen, die hier und dort Wurzeln schlagen. Als die Kindeskinder die Boote bestiegen, um herauszufinden, wo die großen Vögel brüteten, blieben sie zurück. Vergeblich hielten sie von nun an Ausschau.

Eine Strömung hatte die Boote erfasst und an Ufer gespült, die so üppig und mild waren, dass die riskante Rückkehr aufgeschoben wurde, bis niemand mehr genau wusste, aus welcher Richtung sie gekommen waren.

Es ist ein Märchen, dass sie aus dem Paradies geworfen wurden von einem alten Mann mit Bart. Aus eigenem Antrieb überwanden sie jedes Hindernis, um über den Rand der Welt ins Nichts zu blicken. Zu springen.

Joachim Hildebrandt
Frei sein heißt, von sich selbst Besitz ergreifen

Zu uns selbst stehen

Unser Herz ist unruhig. Das ist das Motiv von Augustinus in seinen „Bekenntnissen". Und es sucht etwas. Was mag das sein? Vielleicht wollen wir in dieser Unruhe einen Platz suchen für den freien Geist, der sozusagen alle Zwangsgeister vertreiben kann, von denen wir besessen sind und die uns nicht zur Ruhe kommen lassen. Da hilft wohl ein Sich-fallen-lassen-Können in Kräfte, die uns neue Perspektiven eröffnen, freiere, die nicht mehr den Horizont verstellen. Die uns aufrecht gehen lassen: Aufschwungkräfte. Kein Lamentieren mehr.

Manchmal müssen wir einen Ausweg finden, fühlen uns umzingelt, eingesperrt und meinen, nicht weiterkommen zu können, bevor wir den Ausweg gefunden haben. In Kafkas Erzählung Ein Bericht für eine Akademie lesen wir von dem Affen, der in der freien Natur eingefangen, nun per Schiff im Käfig zu einem anderen Kontinent transportiert wird. Er reflektiert seine neue Situation:

„Ach, man lernt, wenn man muss, man lernt, wenn man einen Ausweg will ... durch eine Anstrengung habe ich die Durchschnittsbildung eines Europäers erreicht. Das wäre vielleicht gar nichts, ist aber insofern doch etwas, als es mir aus dem Käfig verhalf und mir diesen besonderen Ausweg, diesen Menschenausweg verschaffte."

Den Menschen könnte man vielleicht als ein Wesen definieren, das, solange es geht, vor sich selbst ausweicht. Lieber machen wir alles mögliche andere. Gehen ins Theater und lassen dort die Welt „aufgehen", spielen mit in Fernsehshows oder tummeln uns in flachen und schnellen Psychologisierungen der Mitmenschen, obwohl wir eigentlich „Mut zum Sein" finden wollen. So leben wollen, wie wir das Leben in uns spüren. Um es tatsächlich zu spüren, müssen wir erst einmal Ja dazu gesagt haben, mündig geworden sein. Dann können wir für uns selbst sprechen und brauchen uns nicht immer in ein „gutes Licht" rücken zu wollen. Ein Licht, von dem wir andere glauben machen, es sei unser Licht. Das ist nur eine idiotische Originalität, uns so darzustellen, dass es gesellschaftlichen Anforderungen scheinbar entspricht. Erst ein Erwachsenwerden, Zu-uns selber-Stehen lassen uns an eine wirkliche Freiheit glauben, der wir näherkommen können. Sie führt zu selbstständigen Entscheidungen, dazu, für uns selbst zu sprechen und nicht mehr infantil etwas nachsprechen zu wollen, was andere erwarten. Das ist eine Voraussetzung für Freiheit.

Psychologen sprechen von der Gefahr eines zu frühen „Abschieds vom Meer“. Will heißen, dass wir mit zunehmender Verfestigung im Erwachsenenalter die ersten Schwingungen des fötalen Wesens vergessen, obwohl sie niemals völlig ausgelöscht werden können. Was wir Seele und Sympathie nennen, spüren wir ja immer wieder in uns aufkommen. Sie melden sich in uns und wollen nach außen getragen werden.

Um zu mir zu kommen, muss ich in die Gegenwart kommen, aufmerksam wahrnehmen, wie es mit einem steht und wie es mit der Situation steht, in der ich bin. Heraklit nennt das ganz schön: „Ich beriet mich bei mir selbst.“ Selbstbeobachtung und geistesanwesende Konzentriertheit.

Du bist frei mir gegenüber, ich bin frei dir gegenüber

Und noch ein Aspekt ist wichtig. Frei bin ich nicht für mich. Freiheit ist etwas, das zwischen mir und dem Anderen passiert oder zutage tritt. Immer ein „zwischen uns“. Wir sind frei in Bezug aufeinander. Du bist frei mir gegenüber, ich bin frei dir gegenüber. Sonst bleibt meine errungene Freiheit für mich nur eine mit Macht und Ohnmacht verbundene. Ich spiele meine Macht aus oder, da das auf Dauer anstrengend ist, ich erleide die Ohnmacht. Das Problem der Freiheit ist: Reagiere ich auf den anderen Menschen oder nicht? Höre ich einen Ruf, dass ich mit dem Anderen etwas teilen will, das ich habe oder kenne? Teile ich das Brot oder teile ich es nicht? Töte ich oder töte ich nicht?

Freiheit ist eine Wahl. Freiheit heißt auch Verantwortung zu übernehmen für eine Entscheidung, das heißt, wir tun etwas oder tun es nicht. Und wenn wir es tun, dann wie Descartes in seinen Meditationen über die Grundlagen der Philosophie sagt: „… dass wir zum Befolgen oder Meiden dessen, was uns der Verstand vorlegt, so veranlasst werden, dass wir uns von keiner äußeren Gewalt dazu bestimmt fühlen“.

Frei sein ist selbstbestimmt. Es kommt gewissermaßen wie das Wasser aus der Leitung, ohne dass jemand zu diesem Wasser etwas dazu tut. Philosophen sprechen davon, frei ist, wer „sich als er selbst bei sich fühlt“. So können wir die Welt mit uns vertraut machen. Wir nehmen sie in uns auf, um sie kennenzulernen. Dann versetzt uns die Welt nicht mehr in Schrecken. Wir fühlen uns nicht mehr in ihr gefangen. Wir wissen, wozu sie uns nützt, was wir von ihr erwarten und was wir in die Welt geben können. Mit der Welterkenntnis erkennen wir uns selbst. Manche Menschen sprechen davon, dass Freiheit Flügel dem Menschen verleihen könne und er dann „von oben“ auf alles, was ihn einschränkt, „herunter“sehen könne. Eine neue mögliche Einschränkung für den Menschen entsteht jedoch dann, wenn er „von oben herab“ auf seine Mitmenschen sieht und nun besser zu sein glaubt als andere, die Welt besser zu verstehen glaubt als sie. Das macht seine Freiheit kleiner. Denn was hier als Freiheitsverständnis gilt, ist allein die Vernunft des Menschen. Die Freiheit warnt den Menschen auch vor der Unvernunft, die gleich mit der Unfreiheit ist. Aus einer Machtposition heraus einen Krieg anzuzetteln, den Menschen ins Unglück zu stürzen, wo Unsicherheit und Finsternis beginnen – das ist Machtmissbrauch und kein Kennzeichen von Freiheit. Ist es nicht so, dass uns allein die Wahrheit befreien kann? Aber um Wahrheit zu erkennen, müssen wir schon die Freiheit für die Wahrheit in uns entwickelt und geschaffen haben. Das ist kein sicheres Terrain, auf dem ich mich hier bewege, und doch, so scheint mir, gibt es einen deutlichen Zusammenhang zwischen Wahrheit und Freiheit.

Frei handeln heißt, von sich selbst Besitz ergreifen

Um die Freiheit zu wählen, muss man frei sein, aber man ist nicht frei, wenn man die Freiheit nicht gewählt hat. Klingt paradox. Wenn die Freiheit einen Raum zwischen mir und dem Anderen schafft, dann geht es um Annäherung, um Sich-Entfernen, um Angst und Aversion oder Liebe, Neugier und Hingabe. Vielleicht auch um etwas, das gut für mich und den Anderen ist. Es gibt offenbar einen Unterschied zwischen meiner Freiheit und der Freiheit des Anderen. Aber vielleicht gibt es den Unterschied nicht mehr, wenn ich auf einen Weg gelange, der beide Teilfreiheiten miteinander zu einer vollständigen Freiheit verbinden kann.

Aber ist es eigentlich nicht besonders wichtig zu fragen: Wer bist du? Wie bist du? Wir neigen dazu, Freiheit auf uns selbst zu beziehen. Wenn wir sagen würden: Freiheit ist vor allem die Freiheit des Anderen, dann bekommen wir einen neuen Blickwinkel. Und wenn der Andere unsere Freiheit einschränkt? Dann müssen wir uns von dem Anderen wieder entfernen. Wie viel Nähe halten wir aus, ohne uns einzureden, dass wir sie aushalten müssen?

Nietzsche sagte einmal: „Ein leichter Gang kündigt eine Gottheit an." Die Bewegungsweise der Sklaven würde sich von der freier Menschen unterscheiden. Im Tanz wird das ja auch sichtbar, wie sich ein Mensch dreht und bewegt. Zielgerichtetheit und Zweckmäßigkeit entfallen im Tanz. Der Tanz befreit. Wenn wir die geschmeidigen Bewegungen der Tänzer beobachten, spüren wir eine Befreiung. Und wir fühlen uns verbunden mit dem Tänzer. Wir fühlen seine Befreiung im Drehen und Sich-Bewegen, an der wir Anteil nehmen, und in dieser Verbindung fühlen wir uns auch befreit von der Welt, solange wir dem Tänzer mit unseren Blicken folgen.

Freiheit ist immer eine getroffene Wahl. Man kann wählen zwischen Gut und Böse. Die nicht unwesentliche Wahl bedeutet, sich selbst etwas zu eigen zu machen, sich selbst etwas anzueignen. Henri Bergson sagt in Zeit und Freiheit: „Frei handeln heißt, von sich selbst Besitz ergreifen."

Ich verbinde mich so sehr mit etwas, dass es zu einem Teil von mir selber wird. Der polnische Philosoph und Theologe Józef Tischner sagt: „Nur Gutes kann angeeignet werden." Denn das Böse passiert wie von alleine, um es salopp auszudrücken, wenn wir es zulassen. Das Gute muss erarbeitet, sich selbst angeeignet, muss aufgenommen und gelebt werden. Trotz aller Widerstände.

Der neue Mensch – wie der Apostel Paulus das nennt. Paulus sieht es natürlich in der christlichen Bedeutung.

Eines müssen wir noch erwähnen: Furcht. Mit jedem neuen Aufnehmen, „Aneignen" geht Furcht einher. Wird das Neue besser sein als das Alte? Was müssen wir dafür aufgeben oder opfern? Wenn ich eine Aufgabe übernehme, habe ich weniger Zeit für die alte Aufgabe. Wird es sich lohnen? Im Voraus habe ich keine Antworten auf diese Fragen. Vielleicht sollte man deshalb alles so sein lassen, wie es immer schon war. Doch dieser Skeptizismus hilft nicht weiter.

Freiheit ist auch mit einem gewissen Risiko verbunden. Eine neue Welt zu erobern, die wir noch nicht kennen. Dort hören unser Verstehen, das bisher Gelernte und Eingeübte erst einmal auf und Unsicherheit beginnt. Wenn ich das Risiko nicht auf mich nehme, werde ich die Freiheit allerdings nicht erreichen.

Das Drama von Gut und Böse, auch das Lügen oder die Lüge spielen eine Rolle. Es kommt oft vor, dass ich auf eine Lüge mit einer Lüge antworte. Denn ich erkenne eine gewisse Gerechtigkeit darin, mich so zu verhalten, wie der Andere sich zu mir verhält. Ich lüge dann, weil der Andere mich belogen hat. Das hat eine gewisse Logik. Ich räche mich dafür an ihm. Und wenn mir das bewusst wird, sage ich: Er hat es verdient. Meine Rache ist gerecht. Es gibt noch eine andere Möglichkeit zu reagieren. Nein zu sagen zur Lüge. In dem Moment wird die Furcht schwächer. In diesem Sinne ist Freiheit positiv. Hegel sagt: Freiheit ist Negativität. Aber jene Negativität, die auf eine Negativität nicht negativ reagiert. Das ist positiv. Umwandlung der Werte ist möglich (mit freiem Verhalten). Wenn der Autofahrer mich anschnauzt, weil ich ihm keine Vorfahrt gebe, weil er tatsächlich keine Vorfahrt hat, dann brauche ich ihn nicht wieder anzuschnauzen. Das Wort „schnauzen“ erinnert auch sehr an einen Hund oder einen Wolf, an tierisches Verhalten.

Wer sich für Wahrheitsliebe statt für Lüge entscheidet, erfährt in seinem Bewusstsein, dass er sozusagen unabhängiger von dieser Welt wird. Das ist nicht unbedingt eine leichte Entscheidung, weil meine Reaktion dann eine neue Qualität bekommt.

Wir kennen die Metaphern „Freiheit als Flug“ oder „Sich-Erheben“ oder „Beflügelung des Menschen“. Wer sich in der Welt der Lüge für Wahrheitsliebe entscheidet, erfährt bewusst, dass er sich „über“ die Welt gestellt hat oder dann nicht mehr in dieser Welt eingeschränkt ist, nicht mehr eingeengt sein muss.

Ikarus hat das alles gespürt, doch zu viel Sonne blendet oder verbrennt den Körper, sodass er von Himmelshöhen abstürzte.

Freiheit als Flug

Freiheit braucht eigentlich zwei „Flügel“: der eine ist auf etwas ganz Konkretes und der andere auf ein Ideal hin bezogen. Unsere Freiheit ist auch, wie Jean Nabert sagt, die Freiheit, an die wir glauben. Die innere Freiheitserfahrung, wenn wir an sie glauben, nähert sich einem äußeren Ideal an. Oder: Freiheit wird erst durch das Sich-Öffnen für ein Ideal möglich, an das wir glauben.

Wir müssen auch das Phänomen Zeit betrachten. Es gibt keine Freiheit, wenn die Zeit die Wiederholung des Gewesenen ist. Wenn unsere Gedanken und Gefühle nur in die Vergangenheit gehen und wir dort gern etwas jetzt verändern würden. Die Wahl, die wir treffen, muss auf etwas Zukünftiges gerichtet sein. Wir könnten auch sagen, was ich bisher gemacht habe in einer Sache, werde ich ab morgen ändern. Das ist eine Entscheidung, die mit der Vergangenheit zu tun hat, aber nicht in der Vergangenheit gedanklich etwas ändern will, sondern in der kommenden Zeit.

Furcht gehört zur Unfreiheit. In der Freiheit verschwinden diese Eindrücke und Erlebnisse, die charakteristisch sind für den Zustand der „Gefangenschaft“: Verzweiflung, Schwermut, Hoffnungslosigkeit. Freiheit richtet mich auf und gibt mir einen frohen Stolz (oder freudigen Stolz), der entsteht, wenn ich mich in die Höhe strecke, wenn ich mich aufrichte: meinen Körper, auch meine Gedanken, meinen Geist. Ein erhabenes, edles Gefühl, das man zumindest bei selbstbewussten, frei „gelassenen“ Kindern gut beobachten kann. Keine Selbstgefälligkeit, kein Aufgeblasensein.

Freiheit setzt Hoffnung frei, sowie Freude und das Gefühl der Würde. Ist ein Aufschwung, ein Sich-Erheben aus dem Zustand der Verzweiflung möglich? Schafft das der Mensch von alleine? Das führt uns zu einer anderen Frage, die auf das Wesen des Guten hinzielt. Kann es sein, dass das Gute unfrei ist? Es kann gezwungenermaßen gut sein. Das ist aber nicht gut. Sondern es muss gut sein wollen. Wie auch das Böse: um böse zu sein, muss es böse sein wollen. Das ist jedoch keine logische Notwendigkeit. Denn es kann aus dem „Müssen“ oder Glauben, etwas tun zu müssen, ein „Wollen“ werden. Ich will mich nicht mehr böse verhalten. Józef Tischner sagt: „Das Wollen des Guten muss frei sein … Das Gute kann nicht umhin, frei zu sein. Daher ist es ausgeschlossen, dass es sich seiner selbst nicht bewusst wäre. Es muss reflexiv sein." Und wie ist es mit dem Bösen? Das Böse ist nicht frei. Es entsteht aus dem Hass auf etwas Gutes, es ist davon abhängig.

Freiheit ist ein Prozess

Freiheit ist ein Prozess, der sich weiterentwickelt durch die Beziehung mit den anderen Menschen. Indem ich lerne, nicht mehr, wie üblich, über den Anderen herrschen zu wollen. Ich habe einen neuen Nachbarn und sehe nun eine Chance, ihn dahin zu bringen, sich so zu verhalten, wie ich das will. Wenn ich ihn akzeptiere, wie er ist, oder wenn die Eltern das Kind nicht mehr „nur für sich haben" wollen, sondern ihm erlauben zu sein, „wie es ist", dann entsteht ein Innehalten, in dem ich die Wahrheit der Freiheit erkenne und „Besitz von mir ergreife", wie Bergson das nennt.

Ich bin frei, wenn ich dem Anderen Freiheit zugestehe, wenn ich darauf verzichte, von ihm Besitz zu ergreifen, über ihn verfügen zu wollen. Wenn ich den Anderen sein lasse, wie er ist, dann erlebe ich das Gute meiner eigenen Freiheit. Ich nehme etwas von mir zurück, mich selbst

behaupten zu wollen, und lasse den Anderen gewähren. Eine großzügige Geste. Aber das muss ich immer wieder lernen und praktizieren, um mich selbst wahrzunehmen, inwieweit ich Einfluss auf den Anderen nehmen will, ohne sein Verhalten, sein Tun erst einmal vorurteilsfrei anzusehen und aufzunehmen.

Das ruhelose Herz muss sich öffnen für eine Sehnsucht, die über die Wirklichkeit hinausgeht, ohne sie in Händen halten zu können.

Ich sehne mich nach einer Erfüllung, die ich nicht genau definieren kann, und lasse zugleich diese Sehnsucht, was sie halt ist: das große Meer, der Flug in die Ferne, welche Metapher auch immer zutreffen mag.

Die Buddhisten nennen es moksha, einfach Freiheit. Das ist die Freiheit in der Meditation, in der Poesie, auch im Tanz und im Leben miteinander.

Jürgen Wertheimer

Im Museum der Demokratie

Immer, wenn eine Angelegenheit an ihr Ende gekommen ist, ist es an der Zeit, ihr ein Museum zu widmen.

Kaum war der Kohlebergbau der Transformation zum Opfer gefallen – wuchsen Bergbaumuseen aus dem Boden. Museen für indigene Kulturen flankieren den Weg unseres Fortschritts und das Andenken an jüdisches Leben floriert, seit dieses jüdische Leben nahezu ausgelöscht worden war.

Was also liegt näher, sich jetzt in der Phase der Agonie der Demokratien Gedanken über die Ausgestaltung einer würdigen Gedenkstätte, eines Museums der Demokratie zu machen – selbstverständlich ausgestaltet nach modernsten museumspädagogischen Erkenntnissen, interaktiv, digital und – wichtiger denn je – verzweifelt nachhaltig.

In Gedanken sehe ich schon ein supermodernistisches Monumentalgebäude von Ito oder einem anderen Stararchitekten an einem symbolträchtigen Ort wie Berlin oder noch besser Brüssel glasschimmernd oder betonverblendet aus dem Boden wachsen. Oder man wählt die tiefergelegte Variante und begräbt das Ganze dezent unter der Erde – eine Art musealer Katakombe. Wie auch immer: Wichtiger sind die Inhalte, wie man so schön zu sagen pflegt.

Und die sind wirklich vom Feinsten.

Die historischen Säle ohnehin: das generöse Engagement von Amazon ermöglicht eindrucksvolle hautnahe Begegnungen mit den demokratisch-humanistischen Gründervätern – ausgestattet mit 3D-Brillen wähnt man sich auf dem Forum Romanum und erlebt hautnah mit, wie werdende Tyrannen von couragierten Republikanern in die Schranken gewiesen bzw. erdolcht werden. Man ist dabei, wenn Sokrates den Giftbecher lehrt und Jesus basisdemokratische Reden schwingt.

Lange Schlangen Interessierter auch bei der liebevoll installierten Hinrichtung Ludwigs XVI. im Dienste der hehren Werte der Revolution. Wie die Durchsetzung demokratischer Standards insgesamt ein vergleichsweise anstrengender, langwieriger und nicht immer angenehmer Prozess war: Gelegentlich sahen sich die Demokratiebringer sogar dazu genötigt, einige Kontinente zu ent- bzw. neu zu bevölkern. Sehr anschaulich, bunt und pittoresk wird dies in der, nicht ohne feine Ironie mit dem Begriff „Kolonialwaren“ betitelten, Sektion zur Darstellung gebracht.

Weiter geht's in großen Linien hin zum unaufhaltsamen Aufstieg des Bürgertums als gestaltender politischer Kraft. Im Gefolge dieser Umschichtung glitten die ursprünglichen, etwas abstrakten und radikalen Begrifflichkeiten von Freiheit, Gleichheit, Brüderlichkeit langsam in praktikablere Formate wie Wachstum, Wohlstand, Fortschrittsglaube: Dieser Teil des Museums steht ganz unter den Vorzeichen des Bankwesens und der Börse, in Marmor gehalten, gediegen, vertrauenerweckend.

Besonders erhebend aber immer wieder das entzückend gestaltete kleine „Kabinett der Freiheit“ mit der Festaktrede von Ex-Bundespräsident Gauck aus dem Jahr 2013 als Endlosschleife im Hintergrund: „... die Freiheit in der Freiheit gestalten ...“ Verantwortung – Entfaltung – Vertrauen – wer fühlte sich nicht vom sonoren Klang dieser Worte berührt. Musikalisch begleitet von ... nein, ausnahmsweise nicht von Beethovens Fünfter, sondern, thematisch näher, Mozarts „Viva la libertá!“ aus „Don Giovanni“.

Verweilen wir ruhig etwas länger in diesem Teil der Ausstellung und schauen uns etwas um. Die Größten der Großen haben sich in das goldene Buch der Freiheit eingetragen. Von Immanuel Kant mit einem seiner beglückenden, griffigen, vernunftgrundierten Sätze, wonach „jeder seine Glückseligkeit auf dem Weg suchen darf, welcher ihm selbst gut dünkt, wenn er nur der Freiheit anderer, einem Ähnlichen Zwecke nachzustreben, die mit der Freiheit von jedermann nach einem möglichen allgemeinen Gesetze zusammen bestehen kann, nicht Abbruch tut.“ (AA VIII 290).

Bis hin zu Rosa Luxemburgs kirchentagstauglichem Motto, wonach „Freiheit immer die Freiheit der Andersdenkenden“ sei.

Doch so ganz grenzenlos und unproblematisch scheint der Freiheitsspielraum der Freiheit selbst in der Frühzeit ihres Triumphzuges nicht gewesen zu sein. Delacroixs Liberté muss schwerbewaffnet auf die Barrikaden steigen und dabei im wahrsten Sinn über Leichen gehen. Und der ketzerische Voltaire fragt respektlos nach, ob man wirklich die Freiheit hätte, sich vor einer feuerbereiten Kanone zu platzieren?

Freiheit oder Tod! – das Motto hat sich in uns festgesetzt und eingefressen. In Schillers „Die Räuber" kommt es zum Exzess: Ein frömmelnder Pfaffe bietet der Bande an freizukommen, wenn sie ihrerseits bereit ist, ihren Anführer, Karl Moor, auszuliefern.

Moor geht volles Risiko. Provoziert die Kameraden, reizt die sogar, den „Verrat" um ihres eigenen Vorteils willen zu begehen – ihm läge nichts daran.

Doch die Bande steht wie ein Mann und verweigert sich dem Angebot – Moor triumphiert: „Jetzt sind wir frei – Kameraden! Ich fühle eine Armee in meiner Faust – Tod oder Freiheit." Wenigstens sollen sie keinen lebendig haben!

Aber Schiller, das übersehen viele, wollte diese heroische Pose nicht propagieren – er wollte zeigen, welche zerstörerische Sogwirkung sie zu entfalten imstande ist. Tausende sollten in den kommenden Jahrhunderten im Sinne dieser Losung willig ihre Haut zu Markte tragen, getreu dem idiotischen Motto: lieber tot als rot, lieber tot als „Welsch" …

Man staunt im Rückblick – um solcher Erkenntnisse willen ist ein Museum ja da — wie lange dieser fatale Argumentationsduktus verfangen hat: vergesst eure kleine, schäbige, persönliche Freiheit zugunsten einer weit größeren, wenngleich möglicherweise tödlichen, kollektiven „Freiheit". Zumindest bis weit in 20. Jahrhundert hinein konnte man diese Logik vermitteln.

Wir drehen uns um und sehen im Spiegelkabinett musealer Freiheitsentwürfe die andere Seite der Freiheitsmedaille – die „Gedankenfreiheit", die durch niemanden so betörend in Szene gesetzt wird wie durch Marquis Posa in Schillers „Don Carlos". Ist es nicht ergreifend, dieses idealistische Appellieren an den Mächtigen: „Gehen Sie Europens Königen voran.

Ein Federzug von dieser Hand, und neu
Erschaffen wird die Erde. Geben Sie
Gedankenfreiheit …"

Und der Marquis kann gar nicht anders, als sich an seiner automatisierten Freiheitsrhetorik weiter zu berauschen, ist doch alle Schöpfung „auf Freiheit gegründet – und durch Freiheit allein reich und gestaltbar!“ Dass er wenig später, verheddert im Leporello seiner Freiheitsmission, versehentlich selbst zu Tode kommt, tut hier nichts zur Sache.

Leicht überrascht und verblüfft schauen wir noch einmal zurück auf die Gauck-Vitrine: in der Tat, fast dieselben Worte seit zweihundert Jahren – zwei Weltkriege und Diktaturen weiter so, als ob das Wünschen noch immer helfen könnte … Und noch immer singen wir das hohe Lied der Autonomie, so als ob nichts geschehen wäre. Als ob die Freiheitsillusion nicht längst entzaubert und in alle Winde zerstreut wäre. Als ob … als ob … Als ob wir nicht längst gelernt hätten, dass Freiheitsspielräume nicht von oben gewährt, sondern von unten erkämpft und so hart ausgehandelt werden müssen, wie man dies bei Tarifverhandlungen macht: Freiheit ist schließlich auch nur eine Art Währung, eine ziemlich harte.

Allmählich dämmert uns, was die Museumsdidaktiker uns dezent vermitteln wollten, als sie den kleinen Freiheitspavillon im Szenarium einer Bank, einer Börse platzierten. Der Zusammenhang ist ebenso einfach wie desillusionierend:

Freiheit ist keine Frage der Moral, sondern der ökonomischen Möglichkeiten. Freiheit muss man sich leisten können. Bevor man darüber nachdenkt, ob man sich die Freiheit nehmen kann, eine eigene Meinung zu betreten, sollte man kurz darüber nachdenken, welchem Risiko man sich damit aussetzt.

Aber lassen wir diese Unerfreulichkeiten hinter uns und wenden uns abschließend der repräsentativen Liberty Hall zu. Ein Kuppelbau von beachtlichen Ausmaßen – in dessen Zentrum strahlt das Symbol der Freiheit: Lady Liberty. Natürlich nicht in voller Lebensgröße, wie sie seit 1886 vor den Toren New Yorks die Welt empfängt, sondern nur als relativ stattliches Modell im Maßstab 1:10. Aber bei einem Symbol kommt es ohnehin nicht auf die Größe, sondern die ideelle Strahlkraft an, oder, wie Wilhelm Busch dies in anderem Zusammenhang ausdrückte:

„Und da es zudem ein Symbol, so kann nicht schaden, wenn es hohl.“

Lady Liberty ist, wie man weiß, sowohl hohl wie begehbar. Die Geschichte dieses Großsymbols ist, wie uns der Audioguide mitteilt, für unser Team nicht uninteressant. 1865 machte ein Franzose, René de Laboulaye, den Vorschlag, dieses Projekt als französisch-amerikanische Koproduktion auf den Weg zu bringen, um der amerikanischen Unabhängigkeit ein Denkmal zu setzen. Der Plan: das freiheitserfahrene Frankreich liefert die Statue, die USA den Sockel. Und genauso wurde es gemacht.

Die in Stücke zerlegte Statue wurde über den Atlantik transportiert und dort zusammengesetzt. Wie aber hatte man sich eine solche Lady, eine „Lady Liberty Enlightening the World", vorzustellen? Erst dachte man an eine schwarze Sklavin, die gebrochenen Ketten der Sklaverei lässig drapiert, dann an eine Indianerin oder an eine Variante der Allegorie der „Liberté" à la Delacroix, also an eine schwerbewaffnete Inkarnation der Revolte.

Man entschied sich schließlich für einen weder kulturell noch ethnisch noch politisch unverfänglicheren Entwurf und landete bei einer ins Amerikanische übersetzten Athena. Edel, neutral, mit Sonnenkranz und Fackel. Ein klassisches Modell von einer gewissen aussagelosen Unbestimmtheit – also durchaus passend zum Sujet. Für jeden Ankömmling ein Versprechen. So auch für den sechzehnjährigen Karl Roßmann in Kafkas Erzählung „Der Verschollene". Als sein Schiff in den Hafen von New York einläuft, sieht er sie als Erstes, die Statue der Freiheitsgöttin im Sonnenlicht – um ihre Gestalt „wehten die freien Lüfte". Weshalb sie in Kafkas Version allerdings ein bedrohliches Schwert statt der bekannten Fackel trägt, bleibt unklar. Der weitere Weg durch Amerika wird für den jungen Mann jedenfalls kein Honiglecken – eher ein Spießrutenlauf.

Wir aber verlassen die Halle, erleichtert und belehrt verzichten wir für heute auf weitere museale Exkursionen und streben dem Ausgang zu. Dabei gäbe es noch so vieles Altertümliche, aber Liebenswertes zu bestaunen: den „Saal des Parlaments" etwa, Zeuge einer Zeit, in der noch echte, kontroverse ‚Debatten' geführt wurden. Den „Parteientempel" – ein Relikt aus Zeiten, in denen Programme noch für Haltungen standen, oder das Mausoleum der sogenannten EU. Jener Institution, die seinerzeit auf fast querdenkerische Weise notorisch darauf bestand, eine „Wertegemeinschaft“ zu sein.

Ach ja, gute alte Demokratie. Jetzt aus der Rückschau, zusammengehalten von einem starken, durchdigitaliserten, verlässlichen, KI-gesteuerten System, sehen wir das alles mit einer gewissen Wehmut. Sind aber letztlich doch froh, den ganzen Kram, oder Selbstverantwortlichkeit, der inneren Widersprüche, der ausufernden Vielstimmigkeit losgeworden zu sein. In unseren nicht nur schöneren, sondern auch gerechteren „Neuen Welt“ sind die Gespenster des Individualismus und anderer psychologischer Neurosen nur mehr fahle Schatten der Erinnerung …

Unfrei. Gefangen.

Alieren Renkliöz

Schreib es auf

Ich fliege frei wie ein Vogel,
spreche aus, was ich denke,
steh mit meinem Namen
für meine Welt,
meine Sicht auf die Dinge.

Ich fliege leicht wie ein Vogel,
spreche aus, was ich denke,
schreibe, was wichtig ist,
schreibe über drohenden Knast in der Türkei, Verfolgung durch Graue Wölfe, den türkischen Geheimdienst, die deutsche Polizei, transnationale Repression, Unterdrückung. Über Interpol, über den Abschiebeknast in Pforzheim, über Muhammed Tunç, über sechs Uhr am Morgen, eine zusammenbrechende Ehefrau, einen blonden Polizisten, der den Redner zum Schweigen bringen will, über ein Dutzend Demonstranten, die sich zwischen die Gewalt und die Gerechtigkeit stellen. Ich schreibe von Pogromen an Kurden und Aleviten, schreibe von den Runen der Grauen Wölfe an den Mauern von Gries, von der Frage: Türk müsun?
Von meiner Antwort.
Ein Zucken,
leise in meinen Ohren.
Bilde ich es mir nur ein?
Bin ich paranoid?

Meine Mutter trinkt mit Freundinnen günstigen Kaffee vor einem Einkaufszentrum. Sie spricht Kurmancî mit einer Freundin, als eine der Türkinnen sie zurechtweist: „Hör auf, kurdisch zu reden. Das stört mich." Die Gesprächspartnerin, auch eine Kurdin, antwortet der Türkin: „Ich will's ja nicht, aber sie spricht mich immer auf Kurdisch an." – „Wer bist du, dass du mir die Zunge verbieten willst?", schimpft meine Mutter. Sie wird sich mit diesen Frauen nicht mehr treffen. Sie sind alle schon mindestens zwanzig Jahre in Deutschland. Auch unsere Nachbarin schweigt. Früher war sie unter Kurden Kurdin, unter Türken Türkin, die Religion wechselte sie je nach Gruppe. Jetzt hat sie ein Kopftuch auf. Jetzt tauscht sie mit Aleviten kein Essen mehr. Die Kinder werden in die Moschee gefahren. Dort hockt ein türkischer Imam, spaltet die Community in Türken und Kurden, in Rechtschaffene und Terroristen, in Anhänger Mohammeds und ungläubige Aleviten.

Bombenangriffe auf Rojava. Soli-Kundgebung Kurdistan findet nicht statt.
Die Leute wollen in die Türkei,
haben Verwandte dort und
Angst vor dem türkischen Staat.

Auch ich solidarisiere mich nicht mit Heyva Sor, halte so viele Reden für so viele Themen, aber stelle mich nicht hin und rufe: Freiheit für Kurdistan, das Ende der türkischen Usurpation. Kein Bericht über die Türkei mit meinem Namen drunter, keinen über die Kurden, ich kann so viel kritisieren, aber hier, hier kritisiere ich nicht. Ich zeichne keine Karikatur von Erdoğan und Bahçeli in Truthahn-Kostümen. Ich stelle mich nicht hin und frage den Staat, der die PKK verbietet: Wissen Sie eigentlich, dass es keine Kurden mehr geben würde, wenn die Guerillas nicht gekämpft hätten?

Angstvision vieler Exil-Kurden: Türkeibesuch, Flughafenkontrolle, Knast.
Selbst wenn ich nie mehr in die Türkei reise, so wollen es doch meine Mutter, mein Vater. Was, wenn sie die Repression an meinen Eltern auslassen? Was, wenn sie diese statt mich bestrafen?

Ein Zucken
  in meinen Ohren.
Blei,
ich habe Angst, verrückt zu werden.
Aufspüren, verfolgen, fangen, erledigen.

Aufspüren, verfolgen, fangen, erledigen.
Aufspüren, verfolgen, fangen, erledigen.
Aufspüren, verfolgen, fangen, erledigen.

Beim Barbier. Wo kommst du her? Aus Maraş. Es heißt Kahramanmaraş, Kahraman! Sind unsere Soldaten denn umsonst gestorben? Er hat ein Messer, er ist an meinem Hals, was soll ich antworten? Sein Vorgesetzter am anderen Stuhl zeigt ihm an, das Thema zu wechseln. Para-Universalismus: Er ist mehr Unternehmer als Rassist.

Ich streiche das „Kahraman" aus Maraş,
streiche das „Gazi" aus Antep.
Verschwinde Faschismus
                    aus den Herzen und Köpfen,
                                        den Seelen der Menschen!
Will ich schreien, aber
ich bleib stumm.

In der Dönerbude. Was für ein Kurde bist du, dass du kein Kurdisch sprechen kannst? Wie kann man seine eigene Sprache nicht beherrschen? Du bist Türke, assimiliert. Und jetzt assimilierst du uns auch, indem du uns zwingst, mit dir türkisch zu reden.

Im Kinderzimmer. Drei Jungs, schwere, nachdenkliche Gesichter.
Der Älteste spricht:
Brüder, wir sind ausgerissene Pflanzen,
geworfen auf die Straße.
Nackte Wurzeln tun weh,
wir müssen Fuß fassen im Beton.

Aufspüren, verfolgen, fangen, erledigen.
Aufspüren, verfolgen, fangen, erledigen.
Aufspüren, verfolgen, fangen, erledigen.

Ein Zucken,
  in meinen Ohren.
Ein Gewehrlauf ragt aus dem Gebüsch.
Nicht ich, sondern sie sind verrückt.

Taksim, Istanbul. Amças kontrollieren zivil. Polizeibusse, Panzer, Passanten, gleichgültig. Schwere Munition, Touristen, konsumwütig. Studis, Çaydampf aus kleinen Gläsern, Soldaten, Starbucks, Musik, Flanieren, Verhör auf offener Straße:
Woher kommen Sie? Was haben Sie vor?
Ich reiche ihm meinen Pass.
Was tun Sie hier? Wo wurden Sie geboren?
Deutschland. Ich reise nur.
Wo kommen Sie wirklich her? Warum reisen Sie?
Deutschland. Einfach so, wie alle anderen auch, oder.
Wo kommen Sie wirklich her? Wirklich.
Deutschland, ich bin in Deutschland geboren und aufgewachsen.
Woher kommen Ihre Eltern?
Aus der Türkei, sage ich und schweige dann. Was soll ich antworten?
Der Vogel in meiner Brust dreht durch,
ich weiß nicht, was ich tun soll.
Meine Beine gleichen Bambusstangen im Wind. Der in Zivil hat immer noch meinen Reisepass in der Hand, schaut auf die Stempel. Ich weiß nicht, wie mir geschieht, welcher Teufel mich reitet, ich hebe den Kopf, blicke auf den Cop mit entschlossenen Augen, Beine zittern immer noch, Stehen fällt schwer:
Schreib es auf.
Ez Kurd'im.
Ez Elewîme.
Schreib es auf,
Usurpator,
schreib es auf.

Ich stehe mit meinem Namen für meine Welt,
für meine Sicht auf die Dinge.
Ich fliege frei wie ein Vogel,

spreche aus, was ich denke,
schreibe, was wichtig ist.

Ich mache nichts falsch.
Ich habe ein Recht zu sein, wer ich bin.
Ich spüre Blei
in meinem Fleisch.

Aufspüren, verfolgen, fangen, erledigen.
Aufspüren, verfolgen, fangen, erledigen.

Der Jäger drückt ab.
Ein Vogel fliegt nicht mehr.

Auf dem Taksimplatz aber fallen die Tropfen auf den Asphalt, sie erzählen ihm, was geschehen ist. Die Worte fließen in die Rinnsteine, die Kanalisation, den Bosporus, das Marmara-Meer, ins Mittelmeer, in die Ozeane.

Chantalle El Helou

Die sexuelle Begegnung im Kampf

Zur Unfreiheit in der Prostitution

Für den Januar 2024 hatte das feministische Referat der Universität Oldenburg eine ganz besondere Veranstaltung angekündigt. Am 12. Januar sollte ein Workshop unter dem Titel „How to sell sex online (fast)“[1] Frauen den Einstieg in die Prostitution erleichtern. Der Titel ist der beliebten Netflix-Serie „How to sell drugs online (fast)“ entlehnt. Prostitution wird als trendy und cool verkauft und mit einer eigentümlichen Selbstverständlichkeit als freiheitlicher Kampf dargestellt. Die Verteidigung der Prostitution ist nicht nur ein Plädoyer für das formale Recht, alle Lebensbereiche einschließlich der Sexualität zu kommodifizieren, sondern fokussiert vor allem darauf, sich gerade als *sexuelle Befreiung* ins Licht der Öffentlichkeit zu rücken. Dementsprechend genügt es den Apologeten der Prostitution auch nicht, dass Prostitution existiert, es wird ein Begriff der Prostitution etabliert werden, der an die geforderte Normalisierung anschließt: Sexarbeit.

Das geht auch damit einher, jede Kritik am System der Prostitution als Angriff auf die konkrete Prostituierte umzudeuten. So geschieht es im Akronym Swerf (sex worker exclusionary radical feminist), in dem unterstellt wird, gerade die Kritik an der Gesamtheit der Prostitution sei ein Angriff auf Prostituierte selbst. Dem Kritiker der Prostitution Feindlichkeit gegenüber den konkreten Prostituierten vorzuwerfen, ist vergleichbar absurd, wie dem Kritiker des Kapitalismus Arbeiterfeindlichkeit vorzuwerfen. Die Kritik am System als Angriff auf die Existenz der Beteiligten (absichtlich) misszuverstehen, zeugt von einer Identifizierung des Tätigen mit der Tätigkeit, die so stark ist, dass angenommen wird, dass das Ende der Tätigkeit mit dem Ende der Existenz des Tätigen selbst zusammenfällt.

Doch auch die Kritiker der Prostitution drehen sich um die Frage der Freiheit. So auch in diesem Text: Wenn ich nach sexueller Freiheit in der Prostitution frage, geht es mir hier nicht vorrangig um das Warum. Es sollen nicht die Zwänge untersucht werden, die

1. https://archive.is/Vtbve, [Zugegriffen am 12.01.2024].

Frauen in die Prostitution führen. Sobald man die wirtschaftliche Not oder das Unglück anspricht, unter der Frauen in die Prostitution gelangt sind, meldet sich zugleich ein Apologet zu Wort, der von Gegenteiligem zu berichten weiß. Für die Frage nach der sexuellen Freiheit *innerhalb* der Prostitution ist es aber nicht entscheidend, ob die Wahl *zur* Prostitution frei war oder nicht. Entscheidend ist die Antwort auf eine anders gestellte Frage: Kann es innerhalb der Sachzwänge der Prostitution überhaupt sexuelle Freiheit geben? Kann die Prostitution dem Anspruch der sexuellen Freiheit gerecht werden? Dieser Anspruch ist einerseits einer, den die Apologeten der Prostitution ständig selbst abrufen, um die Prostitution als Teil sexueller Freiheit zu verteidigen, und die sich darum ihrerseits am eigens unterstellten Anspruch messen lassen müssen. Andererseits ist es – wie sich zeigen wird – grundsätzlich relevant, einen Maßstab zu etablieren. Will man nicht in Relativismus abdriften, kommt als dieser nur die sexuelle Freiheit als sexuelle Spontanität in Frage. Ausgangspunkt dieser Bestimmung ist der Selbstzweck des menschlichen Subjekts.

Obwohl Prostitution in unserer Gesellschaft ein geschlechtsspezifisches Thema ist, ist die Frage, ob Prostitution der sexuellen Freiheit genügt, selbst nicht geschlechtsspezifisch. Die ureigensten Sachzwänge der Prostitution verlieren nicht ihre Bedeutung, nur weil sich das Geschlecht der Prostituierten ändert. Das sollte einem auch für den Fakt zu denken geben, dass aus queeren Kreisen Prostitution verherrlicht und auf queere Konstellationen auszuweiten versucht wird.[2] Für die folgende Argumentation ist die sexuelle Differenz und ihre historische Ausprägung allerdings nicht notwendig zu berücksichtigen, weswegen auch gegenteilige Beispiele aus Gegenwart oder Vergangenheit nichts zur Sache tun.

Die Frage nach der faktischen Freiheit im Sex der Prostitution ist die Frage nach einem Maßstab. Damit ein Maßstab sinnvoll ist, müssen *alle* sexuellen Begegnungen an ihm gemessen werden kön-

2 So berichtete das beliebte queere Stripkollektiv „Magic Dykes" bei einer ihrer Shows, dass sie bald ein Striplokal mit und für Queers eröffnen wollen. Das Problem mit der Sexarbeit bestehe nämlich nur in den cis-männlichen Freiern, dementsprechend sei das durch einen erhöhten Anteil an queeren und weiblichen Freiern auszubessern. Queers und Frauen seien erstens einfach respektvoller, zweitens spielt der Faktor des „Anstands" in dem Ruf nach queerer Prostitution eine entscheidende Rolle. Das Problem der Prostitution sei also nicht deren Sachzwang, gerade auf den Anstand eines anderen hoffen zu müssen, sondern das kritisierbare Fehlverhalten Einzelner. Analog dazu werden auch in anderen Diskussionen Sachzwänge gern auf den Schultern von Individuen ausgetragen, anstatt die Einrichtung der Verhältnisse selbst zu hinterfragen. Bekannt sein dürfte diese Denkweise auch aus Debatten über Arten der Regierung: Auch eine Diktatur könne Früchte tragen, wenn der Diktator anständig ist.

nen. Die Einführung von Doppelstandards würde sich im Bereich des Sexuellen als fatal erweisen.

Dass an den nicht-ökonomisch vermittelten Sex ganz andere Maßstäbe als an den prostituierten Sex angelegt werden, äußert sich darin, dass Dinge wie Ekel, Schmerz und Unlust – sowie deren Verharmlosung – bei der freien sexuellen Begegnung als Verrohung gelten würden, bei der Prostitution aber als zu rechtfertigen gelten. So folgende Aussage: „Ich hasse den Empowerment-Mythos. Ich bin nicht empowert! Denn Sexarbeit ist Arbeit und Arbeit nervt! Es gibt in jeder Branche die Streber*innen, die ihren Job lieben. Und gerade in der Sexarbeit müssen wir betonen, dass wir mit der Arbeit glücklich sind. Sonst werden wir Hals über Kopf gerettet. Aber wir dürfen unseren Job hassen, eklig oder nervig finden und trotzdem für bessere Arbeitsbedingungen kämpfen."[3]

Im Einklang dazu erläuterte mir mal eine queere Befürworterin der Prostitution, dass „Sexarbeit" deswegen nicht zu kritisieren sei, weil Schmerz und Unlust zu jeder Arbeit dazugehören. Während ihr Schmerz und Unlust beim Sex dann als unproblematisch gelten, wenn er als Erwerbstätigkeit ausgeführt wird, gelten ihr in der restlichen Sexualität die Lust – vor allem ihrer Partnerinnen – als oberstes Prinzip.

Diese Trennung basiert auf der Einschätzung, dass aus Sex etwas qualitativ ganz anderes wird, wenn er ökonomisch vermittelt ist. Diese Aussage ist deswegen so perfide, weil ökonomisch vermittelter Sex tatsächlich etwas anderes ist als der sich selbst dienende Sex: Genau das zeichnet jedoch die Entfremdung aus, die in der Prostitution stattfindet. Die sexuelle Begegnung hat ihre eigenständige Bedeutung, bekommt dann aber durch die ökonomische Vermittlung eine andere. Die sexuelle Begegnung ist dann eben nicht mehr Selbstzweck und kann es in dem Prostitutionsverhältnis auch nicht werden. Durch die Entfremdung vom eigentlichen Anlass der sexuellen Begegnung, ihrem Selbstzweck, verändert sich das Verhältnis, das man überhaupt zur sexuellen Begegnung einnehmen kann. Die unterschiedliche Bedeutung besteht also tatsächlich, wird von den Prostitutionsbefürwortern aber eben nicht kritisiert, sondern als unterschiedlicher Anspruch

3 Schmacht, Christian, Wir verlangen, dass Sexarbeit entkriminalisiert wird. Eine Rede, https://missy-magazine.de/blog/2019/11/07/wir-verlangen-dass-sexarbeit-entkriminalisiert-wird/, [Zugegriffen am 10.02.2024].

affirmiert. Das tatsächlich bestehende Verhältnis der Entfremdung wird dadurch zum Anspruch verdoppelt.

Der Doppelstandard, mit dem sexuelle Begegnungen betrachtet werden, drückt sich dann so aus: Das Prinzip der Gegenseitigkeit gilt nur dann, wenn der Anlass ohnehin die Gegenseitigkeit ist. Ist der Anlass die Einseitigkeit, dann darf der Sex auch einseitig sein. Nur dann ist die *Lust* als Maßstab an den Sex gestellt, wenn Anlass des Sexes überhaupt erst die Lust war. Wenn die Lust auf Sex jedoch in einem Bereich als optional gilt, kann rational nicht mehr erklärt werden, warum sexuelle Lust in einem anderen Bereich nicht auch optional sein sollte. Beispielsweise basiert die homosexuelle Emanzipation grundlegend auf der Annahme, dass erstens das menschliche Subjekt Selbstzweck und auch der Sex einen triebhaften Selbstzweck besitzt und weder konkreter Mensch noch konkreter Sex vorrangig auf ihn äußerliche Ziele wie die Kindszeugung ausgerichtet sind. Auch die rechtliche wie sexuelle Frauenemanzipation basiert auf dem Versuch, dem Selbstzweck von Subjekt und seinem Begehren gerecht zu werden. Mit der vorangegangenen Argumentation kann jedoch nicht erläutert werden, warum gerade in der Homosexualität oder der Frauenemanzipation der Selbstzweck des Sexuellen Durchschlagskraft besitzen sollte, während die sexuelle Begegnung dann ihren Anspruch an den Selbstzweck verliert, wenn es um Prostitution geht.

Wenn nur der Sex auch als Selbstzweck gelten muss, dessen Anlass auch der Selbstzweck ist, entfällt jede Urteilskraft. Es macht den Maßstab grundsätzlich überflüssig, wenn er nur an jene Fälle angelegt wird, die ihm ohnehin entsprechen. Der Sinn eines Maßstabes ist es ja gerade aufzuzeigen, dass ihm einige Fälle, also Fälle *ein und derselben* Kategorie, *nicht* entsprechen. Wenn also der Selbstweck des Subjekts und seines sexuellen Begehrens überhaupt Gültigkeit beanspruchen können soll, muss das Streben hin zur Verwirklichung des Selbstzwecks genereller Anspruch an sexuelle Begegnung überhaupt sein.

Die Zurückweisung eines allgemeinen Maßstabs sexueller Begegnung bedeutet konsequent zu Ende gedacht jedoch den Verlust der Urteilsfähigkeit über sexuellen Zwang generell: Wenn gegen Sex, der nicht durch Lust, sondern durch andere Beweggründe zustande kommt, die Unlust kein Argument mehr ist, heißt das ad absurdum geführt: Anlass einer Vergewaltigung ist nicht die Lust der Vergewaltigten, deswegen kann ihre Unlust auch kein Argument gegen ihre Vergewaltigung sein. Sex nicht als Selbstzweck zu bestimmen und darauf zu verzichten, ihn am Grad der Möglichkeit zur Spontanität zu bemessen, läuft auf Relativismus hinaus, an dessen Ende auch der Selbstzweck des begehrenden Subjekts selbst in Frage gestellt ist.

Es sollte also klar sein, dass die Sexualität ernst zu nehmen, bedeutet, sie als Selbstzweck zu begreifen und also an all ihre Erscheinungsformen denselben Maßstab anzulegen. Die Sexualität als Selbstzweck zu begreifen, bedeutet anzuerkennen, dass ihr Charakter triebhaft ist und ihre Eingebungen nicht völlig zu durchdringen und zu bestimmen sind, sondern sich dem Subjekt spontan äußern. Weil sich die konkrete sexuelle Fantasie aus der Quelle des Unbewussten speist und daher nicht planbar ist, kann sexuelle Freiheit nur die Möglichkeit zu gelebter sexueller Spontanität bedeuten. Sex genügt dann nicht der Freiheit, wenn sein Anlass eben nicht sein Selbstzweck ist, sondern ein ihm äußerer, sodass dem Sex selbst schon von vornherein ein Absehen von Spontanität zugrunde liegt. Die Möglichkeit zur Spontanität ist nicht gleichzusetzen mit tatsächlicher Erfüllung aller Eingebungen – die Erfüllung des Begehrens ist psychoanalytisch sowieso in Frage gestellt. Aber jede Suche nach sexueller Erfüllung wird überhaupt erst dort denkbar, wo nicht grundsätzlich gegen die spontane Eingebung gehandelt werden muss.

Der Selbstzweck des sexuellen Begehrens

Was charakterisiert die Prostitution?

In der Prostitution ist die sexuelle Begegnung ökonomisch[4] vermittelt. Das ist der kleinste und darum entscheidende gemeinsame Nenner. Dass das der Fall ist, heben selbst diejenigen hervor, die sich die größte Mühe geben, einen qualitativen Unterschied zwischen den Arten der Prostitution zu ziehen. Die philosophische Autorin Theodora Becker versucht in ihrem Buch *Die Dialektik der Hure*, die Hurerei qualitativ von Prostitution und Sexarbeit zu unterscheiden

4. Die Bedingung der Prostitution ist der Mangel. Wenn es auf Seiten der potenziellen Prostituierten keinen Anlass mehr gibt, sich zu prostituieren, läuft das Verlangen des potenziellen Freiers nach sexueller Befriedigung ins Leere. Das Ende der gegenseitigen Abhängigkeit bedeutet mindestens, dass der unbefriedigte (sexuelle) Wille, der sich auf den anderen Menschen richtet, keine Durchsetzungskraft mehr findet: Der Andere ist durch dessen verwirklichte Autonomie dem eigenen Willen entzogen.

und der Hurerei „utopisches Moment“[5] hervorzuheben und in die Überlegungen zur befreiten Gesellschaft zu integrieren.

Kurz gesagt: Für die Hurerei ist demnach nicht wie bei der „Sexarbeit“ eine konkrete sexuelle Dienstleistung und damit auch kein Tauschhandel charakteristisch, sondern die sexuelle Begegnung, die dem Freier Verheißung und gar Erlösung verspricht. Die in die Zukunft verschobene Erfüllung der Verheißung speise die Beziehung zwischen Freier und Hure und drehe sich nur sekundär um den sexuellen Akt.[6]

Ungeachtet der Frage, ob die Charakterisierung des menschlichen Begehrens zutreffend ist oder nicht, stellt sich die Frage, ob Beckers Argumentation ihren eigenen Prämissen gerecht werden kann: Becker bringt angelehnt an die Psychoanalyse Freud'scher Schule an, dass die Erfüllung des sexuellen Begehrens nicht vollständig möglich sei. Das sexuelle Begehren bestehe daher wesentlich im Aufschieben der Erfüllung – und nicht in der konkreten körperlichen Befriedigung – und werde gerade dadurch angetrieben.[7] Die Grenzen zwischen Mittel und Zweck des sexuellen Strebens verschwimmen: Da das Begehren so eingerichtet ist, dass es sich selbst am Leben erhält, kann die körperliche Befriedigung – der Orgasmus – nicht als Endpunkt gelten. Dass die Unterscheidung zwischen Begehren und Genuss schwierig ist, dient Becker als Argument, auch die Werbung und das Begehren in eins fallen zu lassen. Zwar mag es stimmen, dass „[d]ie Fantasie […] unvergleichlich viel mehr versprechen [kann], als ein Orgasmus je einzulösen vermag“[8], und es mag auch stimmen, dass es daher „willkürlich und sinnlos [ist], eine Grenze zu ziehen, die die Verführung säuberlich vom Vollzug, das Begehren von der Erfüllung trennte“[9], doch ergibt sich daraus noch längst keine Erklärung der Existenz der Prostitution. Gerade wenn man diesen Punkt tatsächlich als wesenhaft begreift, wird der Selbstzweck des sexuellen Begehrens umso offensichtlicher; Zweck des Begehrens ist es, sich selbst zu erhalten und dadurch den Genuss zu steigern.

5 Becker, Theodora, Dialektik der Hure. Von der „Prostitution“ zur „Sex-Arbeit“, Berlin 2023, S. 15.

6 Vgl. ebd., S. 410f.

7 Begehren ist nicht synonym zu Bedürfnis. Begehren meint in dieser Argumentation das Begehren danach, die Spaltung des eigenen Subjekts hin zu einer Ganzheit zu überwinden. Das Gespaltensein ist jedoch das, was ein Subjekt zum Subjekt macht. Während die vielen kleinen Objekte des eigenen Drängens erreicht werden können – und die Lust an ihnen gerade in ihrem Erlangen vergeht –, bleibt das Begehren im Leben zwangsläufig unerfüllt.

8 Becker, Dialektik der Hure, S. 423.

9 Ebd., S. 423

Wenn die Aufschiebung der Erfüllung wesenhaftes Motiv der menschlichen Sexualität ist[10], so ist die Verheißung ohnehin Anlass *aller* sexueller Begegnung und keine besondere Kultivierung der Hurerei. Selbstverständlich *ist* die Verheißung Anlass auch der Hurerei, zeichnet sie aber mit keiner besonderen Qualität aus, sondern markiert entgegen Beckers Analyse gerade das, was *alle* sexuellen Beziehungen gemeinsam haben, und damit das, was die Prostitution gerade *nicht* von den nicht-ökonomisch vermittelten sexuellen Begegnungen unterscheidet. Dass „[d]ie Grundlage der Hurerei [...] die Eigenheit des sexuellen Begehrens [ist], selbst schon Lust zu sein, und der sexuellen Lust, selbst auch Begehren zu sein"[11], ist dann nur noch eine Binsenweisheit, die nicht viel mehr ausdrückt als das Offensichtliche; dass es ohne das sexuelle Begehren die Prostitution nicht gäbe.

Gerade der Hinweis, dass sexuelles Begehren niemals befriedigt werden kann, diese Unmöglichkeit zur Befriedigung aber gerade das sexuelle Streben aufrechterhält, macht die Existenz von Prostitution nicht nur zu einer Verstümmelung des sexuellen Selbstzwecks – eben, weil der Sex im prostituierten Verhältnis nicht auf den Selbstzweck, sondern auf das Ökonomische ausgerichtet ist –, sondern auch überflüssig.

Stimmt man mit Becker darin überein, dass die Fantasie mehr als jeder Orgasmus leisten kann, so wird gerade durch den verfügbar gewordenen konkreten sexuellen Akt die Hoffnung auf die sexuelle Erfüllung enttäuscht und frustriert. Die Erfüllung ist auch dann verunmöglicht, wenn das konkrete Drängen (durch Befriedigung) endet und sich darum auch die Lust durch das Abfallen der Spannung auflöst. In der Befriedigung tritt somit das notwendige Moment der Unlust in jeder Lust zutage. In der Theorie der Lust als der Suche, nicht der Erfüllung, kommt gerade das bis ins unendliche Hinauszögern des sexuellen Aktes dem Sinn des Begehrens am allernächsten. Es gibt daher keinen rationalen Grund, weswegen das Begehren für das

10 Die Lacan'sche Psychoanalyse mag in vielfacher Hinsicht antiessenzialistisch sein, Lacans zentrale Theorie über das Begehren ist es nicht. Im Gegenteil: Das Begehren als unmöglich zu befriedigendes Streben ist wesenhafte Eigenschaft des Menschen. Darin ist Lacan essenzialistisch. Das kann man ablehnen oder affirmieren, jedenfalls muss man es anerkennen. Dieser Ansatz ist in diesem Sinne auch teleologisch, weil der Ausgang der Entwicklung des sexuellen Strebens von Anfang an gesetzt ist: Die Entwicklung geht vom Ende her. Die Suche nach Befriedigung läuft gerade so ab, dass die Erfüllung nicht einsetzen wird. Wie jede essenzialistische These ist auch diese eine Vergeblichkeitsthese. Ob man sich nun gegen das Begehren wehrt oder es zu beeinflussen versucht; alles ist bereits Ausdruck der „Aufschiebung" und jedes Bemühen, über dem Begehren zu stehen, daher vergeblich.

11 Becker, Dialektik der Hure, S. 422.

Hinauszögern des Genusses Hilfe eines Dritten benötigen sollte und warum diese Hilfestellung ökonomisch vermittelt sein muss. Das Begehren ist in dieser Theorie ja gerade so gestrickt, dass sich Erfüllung sowieso niemals einstellt: Im Hinauszögern und Aufschieben ist das Begehren selbst sein Meister und benötigt keinen Dritten.

Sachzwänge der Prostitution

Worin besteht hier angeblich die Freiheit? Welche Sachzwänge begegnen zwangsläufig der Prostituierten? Was wird also in der Prostitution vom Freier erworben? Was ist die Ware der Hure? Ausgehend von der Feststellung, dass die Objektwahl immer spezifisch ist, schließt Becker logisch: „Jeder Begehrende wählt aus, selbst wenn seine Wahl darin besteht, das scheinbar Beliebige zu wählen. [...] Aus dieser Eigenheit des sexuellen Begehrens folgt, dass die Ware der Hure von ihr als Person nicht zu trennen ist; sie kann nicht bloß eine isolierte sexuelle Dienstleistung anbieten, sondern sie muss immer *sich selbst als begehrenswertes Objekt* präsentieren.“[12] Weiter bestimmt sie die Hure so: „Zugleich aber ist die Hure, indem sie ihr Metier mit dem Ziel des Erwerbs [...] betreibt und also die Lust bewusst als Mittel einsetzt, nichts weniger als bloß sie selbst, wenn sie Hure ist; *sie spielt sich nur.* Das heißt: Sie spielt die Werbung und die Ware und die Hure, und alle drei existieren nicht außerhalb dieses Spiels. Diese Simulation der Sache ist aber von der Sache selbst nicht zu unterscheiden: *Das Wesen der Hurerei ist der Schein*, die Verstellung, die Illusion und das Spiel, wie sie das Wesen der Lust sind [...].“[13] Wenn das Wesen der sexuellen Lust der Schein ist und der Schein das Wesen der Hurerei, dann ist entweder jede Lust Hurerei oder der Begriff Hurerei wird überflüssig. Das, was die Hurerei auszeichnet, ist eben die ökonomische Vermittlung, letztendlich die Ausrichtung auf ökonomischen Erfolg, ohne den die Hurerei erst gar nicht zustande kommen würde.

Da der Erfolg der Hure auf der kunstvollen Aufrechterhaltung ihres Scheins basiert, gibt es kein Außerhalb der hurenden Tätigkeit mehr: Sie ist immer in ihrer Rolle, übt sich in Verzicht, entsagt den Ausschweifungen und den Gefühlsmitteilungen. In der Verschmelzung allen Tuns des Subjekts mit der notwendig auf Erfolg aus-

12 Ebd., S. 425 (Hervorhebung i.O.).
13 Ebd. (Hervorhebung i.O.).

gerichteten und darum totalen Tätigkeit der Prostitution wird die Hurerei zur „*Lebensweise*“.[14]

Diese Totalität ist unausweichlich und liegt in der Sache selbst begründet: „Dass die Sache, um die es geht, bei der Hure sie selbst sein muss, ergibt sich logisch daraus, dass sie kein von sich unterschiedenes Werk erschafft wie der Künstler, sondern selbst ihr Werk ist […]“[15]. Der konkrete sexuelle Akt und die Befriedigung des Freiers lägen daher nicht im Fokus[16], was allerdings nicht bedeutet, dass auf die sexuelle Befriedigung verzichtet werden kann, da sich die Nichterfüllung der Verheißung lediglich als antreibend erweist, wenn wenigstens körperliche Lust gestillt werde.[17]

Was Becker hier als Relativierung der sexuellen Fokussierung begreift, erweist sich analog zur totalen Ausdehnung der Tätigkeit auf das gesamte Leben als totale Ausdehnung des Sexuellen auf jede Tätigkeit. Wenn „das Lustversprechen […] wesentlicher Durchgangspunkt ihrer Lebensweise“[18] ist und jede Tätigkeit aus Erfolgsstreben auf diese Lebensweise zugeschnitten sein muss, dann ist der Horizont, vor dem jede Tätigkeit stattfindet, logischerweise das Lustversprechen.

Mit der Prostitution wird also nicht nur der Körper selbst zur Ware, was allein schon die Prostitution wie auch die Leihmutterschaft von jeder anderen „Arbeit“ unterscheidet, erworben wird selbstredend auch die aktive Beteiligung dieses Körpers am Geschehen: Da „die Ware der Hure von ihr als Person nicht zu trennen ist; sie kann nicht bloß eine isolierte sexuelle Dienstleistung anbieten, sondern sie muss immer *sich selbst als begehrenswertes Objekt* präsentieren“[19], ist das Engagement mit jeder Faser des Körpers und des Intellekts verlangt.

Zwar ist in jeder Arbeit der Körper *involviert*, doch während die Arbeit etwas vom Körper zu Unterscheidendes herstellt, verschmilzt in der Prostitution die „Arbeitskraft“ mit ihrem Produkt: „Alles an der Hure ist Werbung, ist sie selbst, ist Ware. Die Hure wirbt mit sich selbst für sich selbst; die Werbung ist die Ware und die Ware ist die Werbung und beides ist sie selbst als begehrens-

14 Becker, Dialektik der Hure, S. 427 (Hervorhebung i.O.).
15 Ebd., S. 463.
16 Vgl. ebd., S. 463.
17 Vgl. ebd., S. 426.
18 Ebd., S. 463.
19 Ebd., S. 425 (Hervorhebung i.O.).

wertes Objekt."[20] Wenn der Gebrauchswert der Hure ihre sexuelle Verheißung ist, die Verheißung in der sexuellen Begegnung „konsumiert" wird, die sexuelle Verheißung von der Hure aber nicht unterschieden werden kann, so kann auch die sexuelle Begegnung nicht der Hure äußerlich sein. Da die Verheißung und somit der andere Mensch als begehrenswertes Objekt Anlass *aller* sexueller Begegnung ist, wird die abgekapselte sexuelle Begegnung verunmöglicht: Es gibt keine sexuellen Dienstleistungen.[21] Die Prostituierte stellt eben keine Gegenstände für andere her, sondern stellt sich selbst und ihre kultivierten Regungen in den Dienst anderer. Triebverzicht ist überall im Kapitalismus gefordert, doch Prostitution ist der einzige Bereich, in dem (für die Hure) Triebverzicht und die Beherrschung der eigenen Sexualität unmittelbar mit ihrer körperlichen, nicht abstrakten Auslebung zusammenfällt.

Das hat Einfluss auf die Triebstruktur: Die Hure muss ihre Triebe absolut subsumieren. Wer seine Triebe hingegen nicht mehr subsumieren muss, ist der Freier, der mithilfe des Geldes sexuelle Verheißung und körperliche Befriedigung erlangen kann. Becker möchte glauben, dass die Prostitution keinen Äquivalententausch darstellt, weil in der Hurerei gerade die nicht greifbare sexuelle Verheißung erstanden wird – Geld nicht gegen Leistung, sondern gegen ein unbestimmtes sexuelles Versprechen.[22] Doch gerade weil das Verhältnis zwischen Freier und Prostituierter ja durch das allgemeine Äquivalent gesamtgesellschaftlicher Arbeit (Geld) veranlasst wird, wird Sex erst durch seine Vermittlung im prostituierten Verhältnis dem Geld äquivalent. Das ist eben nicht, was die Prostitution harmlos, sondern grundsätzlich problematisch macht. Die Abstraktion, die in der Prostitution als dem Tauschakt qualitativ un-

20 Ebd., S. 425.

21 Deswegen greife ich Beckers Unterscheidung zwischen Hurerei, Prostitution und Sexarbeit nicht auf und nutze die Begriffe synonym, weil ich Beckers Behauptung, es handele sich hier um greifbar qualitative Unterschiede, die unterschiedliche Begriffe rechtfertigen würden, zurückweise. Ihre Unterscheidung basiert auf der Annahme, dass es tatsächlich möglich ist, eine sexuelle Dienstleistung als von der restlichen Person abgekapselt anzubieten. Das sieht sie in der „Sexarbeit" erfüllt. Inwiefern kann aber der sexuelle Akt in der restlichen Prostitution denn eigentlich nicht auf der Verheißung und dem Engagement der Prostituierten basieren? Die Verheißung ist ja angeblich Essenz der menschlichen Sexualität, was bedeutet, dass sexuelle Begegnung nicht ohne sie zustande kommen kann. Das Engagement, das notwendig an den Tag gelegt werden muss, um in den Sachzwängen des sexuellen Gewerbes zu bestehen, ist doch gerade das, was der gemeinsame Nenner aller Formen der Prostitution ist. Wie ich weiter ausführen werde, liegt auch gerade in der Notwendigkeit zum eigenen Engagement die Unfreiheit.

22 Vgl. Becker, Dialektik der Hure, S. 457.

terschiedlicher Gebrauchswerte stattfindet, ist eine Realabstraktion. Das heißt, dass die Abstraktion in der Prostitution nicht auf dem Verständnis beruht, das sich Freier und Prostituierte bewusst oder unbewusst von ihrem Verhältnis zueinander machen. Die Abstraktion im Tauschakt basiert nicht auf Innerlichkeit oder Intention der Beteiligten, sondern besteht in einem objektiven Geltungsverhältnis. Der Sex wird dem Geld durch das spezifische Verhältnis, in dem er stattfindet – der Prostitution –, zwangsläufig äquivalent.[23]

Die Arbeitsbedingungen sind nicht das Problem der Prostitution, ihre ureigensten Sachzwänge würden sich auch unter anderen Arbeitsbedingungen nicht ändern. Eben weil das vollständig notwendige Engagement gerade das ist, was den Erfolg der Hure ausmacht, also die hohe Zahlungswilligkeit des Freiers bedingt, ist Engagement nicht optional, sondern stellt sich als der eigentliche Sachzwang heraus. Daher „sträubt sich [das Wesen der Prostitution] gegen jede von außen an sie herangetragene Formalisierung, Professionalisierung und Unterwerfung unter Regeln, die sie einem förmlichen Gewerbe gleichstellen sollen. Jede Regulierung bedeutet einen Eingriff in die Autonomie der Hure, bedeutet, Grenzen einzuziehen zwischen Leben und Arbeit, zwischen Werbung und Ausführung, zwischen Verkäuferin und Ware, die ihrem Metier fremd sind. [...] Beide [Hure und Künstler] kümmern sich nicht um Honorarzahlungen, Arbeitszeiten oder Urlaubsregelungen und vorgegebene Qualitätsstandards jenseits der Zahlungswilligkeit der Kundschaft.“[24] Die hurende Tätigkeit muss so flexibel sein wie das unberechenbare sexuelle Begehren ihrer Freier spontan ist. Weil die Prostitution ganz am anderen Menschen orientiert sein muss – an dessen Spontanität –, tauscht sie selbst sexuelle Spontanität gegen sexuelle Flexibilität ein.

Bezeichnend ist daher, welche Attribute der erfolgreichen Hure laut Becker durch den Faktor des notwendig vollständigen Engagements

23 Dass Sex dem Geld im Verhältnis der Prostitution äquivalent wird, hat nicht nur Bedeutung für die konkret Beteiligten des konkreten prostituierten Aktes. Eben weil es eine Realabstraktion ist, ist sie auch als solche für alle anderen Menschen und deren sexuelle Verhältnisse als Drohung präsent. Zudem verwischt die Äquivalentwerdung von Sex und Geld auch die Unterschiede zwischen Zwang, Erpressung und „Freiwilligkeit“, da ja im prostituierten Verhältnis als einzig Bestimmbares die Realabstraktion steht, nicht die genauen Details ihres Zustandekommens. Durch den Eintritt ins Tauschverhältnis wird der Sex der Gegenleistung tatsächlich äquivalent. In dieser Äquivalentwerdung, die zusätzlich durch das Zustimmungsprinzip abgesichert ist, bietet sich das Potenzial, dass abstrakter und konkreter Zwang verschmelzen.

24 Becker, Dialektik der Hure, S.427.

zufallen. Die Hure ist eine Asketin: „Die Mission der Menschheitsbeglückung steht metaphorisch für die Tätigkeit der Hure am einzelnen Freier.“[25] Weil sie an der Erlösung des Freiers, an einem höheren Ziel[26] – schließlich sogar an der Erlösung der Menschheit – arbeitet, verzichtet sie auf ihr privates Glück[27] und wird in ihrer Askese auch zum Märtyrer. Die Hure muss Rausch und Vergnügungen und überhaupt jede Art der Zerstreuung zurückweisen, „um ihre Kräfte nicht unnötig zu verausgaben“[28], die zwangsläufig aufgrund der Totalität der hurenden Tätigkeit nur auf das Ziel des Erfolgs ausgerichtet sein können.

Die Hure ist nämlich nicht die genussvolle Müßiggängerin, die in den Tag hineinleben kann. Ihr Erfolg und die Höhe ihrer Kosten stehen „bis zu einem gewissen Grad in ihrer Entscheidungsgewalt und [...] [hängen] von ihrer Entschlossenheit ab, als Hure erfolgreich zu sein und aufzusteigen. [...] Es scheint, dass die teure Hure vor allem deswegen teuer ist, weil sie sich dazu entscheiden hat, teuer zu sein, weil sie selbst ihren Wert so hoch einschätzt.“[29] Becker glaubt zwar, dass die Preisbildung eine willkürliche Setzung der Hure ist, die zudem nicht nach kapitalistischen Regeln spielen würde. Der hier beschriebene Vorgang zur Preisbildung ist aber schlicht und ergreifend Spekulation auf den Zahlungswillen des Freiers und darin sehr wohl einerseits üblich kapitalistisch als auch am Markt orientiert, nämlich an der Spekulation anderer Huren und der Spekulation des Freiers auf günstigere Konditionen.

Talent als Talent zur Selbstzurichtung

Diese Totalität ist zudem gekennzeichnet von Berechnung: „Die Hure ist die perfekte Ware, weil sie *lebendig* ist, weil sie sich in jeden Kunden und sein Begehren ‚einfühlen‘ kann“[30] und, so wäre hinzuzufügen, auch muss. Doch nicht nur auf Fremdvermessung beruht die Hurerei. Becker stellt fest, „dass nicht jede Frau – in Wirklichkeit nur sehr wenige – zur erfolgreichen Hure taugt“[31]. Das läge daran, dass die Hurerei maßgeblich

25 Ebd., S.445.

26 Becker widerspricht sich hier direkt. Vorher hieß es ja nun noch, dass die Hure nur sich selbst als ihr Kunstwerk begreift, jetzt ist gar die Erlösung der Menschheit ihr Ziel. Muss sich also die Hure zu ihrem eigenen Kunstwerk disziplinieren, um der Menschheit Erlösung zu bringen?

27 Vgl. Becker, Dialektik der Hure, S. 447.

28 Ebd., S. 439.

29 Ebd., S.429.

30 Ebd., S. 454 (Hervorhebung i.O.).

31 Ebd., S. 460.

von den Faktoren Talent und Berufung abhängt: Die „[g]eborene Prostituierte kann es nicht geben, nur berufene Huren."[32] Becker schließt daraus Erstaunliches: Gerade dieser zur Hurerei „notwenige individuelle Faktor der ‚Berufung' steht der kapitalistischen Organisation, der Vergesellschaftung der Hure im Weg."[33]

Zuerst das Offensichtlichste: Da die erfolgreiche Hurerei nur gerade durch das sich disziplinierende, auf jegliche spontane Lust und Unlust verzichtende Subjekt überhaupt denkbar wird, weil alle Tätigkeiten, die nicht auf die Hurerei ausgerichtet ist, „mit dem eigentlichen Wesen der Hurerei nichts zu tun haben, [...] vielmehr davon ablenken"[34], erweist sich die Hure gerade als die Personifizierung protestantischer Arbeitsethik. Doch selbst wenn die Hurerei nicht kapitalistisch wäre, so würde das noch nicht die Freiheit der Sexualität darin beweisen.

Obwohl Becker gerade die Gründe, aus denen die Hure in der bürgerlichen Gesellschaft zurückgewiesen wird – angebliche Disziplinlosigkeit und Faulheit – als zu verteidigende Eigenschaften im Widerstand zur disziplinierten Arbeit im Kapitalismus und darüber hinaus als gerade die Hurerei auszeichnende „unabdingbare Voraussetzung des Gebrauchswertes ihrer Ware [...]"[35] herausstellen will, zeigt sie selbst auf, dass sich die nach Erfolg strebende Hure weder einen Mangel an Fleiß noch an Disziplin leisten kann.

Becker zeigt – wenngleich auch unausgesprochen – gerade das Gegenargument auf: Wenn man mit der Sexualität seinen Lebensunterhalt verdient, kann man in allen Dingen undiszipliniert sein, *außer* in der Sexualität. Um kalkulieren, sich bietende Gelegenheiten nutzen und strategisch vorgehen zu können, um also flexibel zu sein, muss die Spontanität in der eigenen Sexualität aufgegeben werden. Doch nicht einmal mehr die außer der Sexualität stehende Spontanität ist möglich: Da in der Totalität der Hurerei alle Tätigkeit sexuell und alles Sexuelle der hurenden Tätigkeit zuträglich sein muss, entfällt *jegliche* Möglichkeit zur spontanen Tätigkeit. Becker verwechselt die in der Prostitution notwendige Flexibilität, die jede Regulierung zum faktischen Verstoß

32 Ebd., S. 462.
33 Ebd., S. 460.
34 Ebd., S. 439.
35 Ebd., S. 408.

gegen das Wesen der Hurerei macht, mit Autonomie: In allem muss die Hure flexibel sein, um das Begehren des Freiers zu erhalten. Diese Art von Flexibilität ist aber genau das Gegenteil von Spontanität. Damit die Hure flexibel auf die Umstände, in denen sie lebt, reagieren kann, muss sie eben von den spontanen Eingebungen ihrer eigenen leiblichen Existenz absehen.

Zurück zum Talent: Die berufene Hure besitzt ein Talent dafür, sich als Objekt der Verheißung zu inszenieren. Die Hurerei ermögliche dadurch selbst angeblich „ein hohes Maß an Autonomie, denn sie wird ihrem Wesen nach selbstständig ausgeübt. Sie funktioniert nicht auf Befehl oder Weisung, sondern kann nur vermittels der Entfaltung der spezifischen Talente der jeweiligen Hure erfolgreich sein.“[36] Es ist klar, dass die Bergung von Talent kein Selbstzweck sein kann: Die bedrohlichsten Situationen haben schon so manches Talent in einem Menschen zutage gefördert, ohne dass man daraus eine Legitimität der Umstände ableiten könnte. Gerade in der Notwendigkeit, seine Talente zu bergen, wird die hier von Becker beschriebene Autonomie zum Gegenteil von Spontanität; die verborgenen Talente dürfen weder einfach liegen gelassen noch frei entfaltet werden, sondern müssen hinsichtlich eines bestimmten Zwecks kultiviert werden: Es ist die eigene Triebsubsumierung zum Zwecke der Triebkultivierung eines anderen.

Die Notwendigkeit, sich mit dem ganzen Selbst zu engagieren und alle Fähigkeiten von Körper und Intellekt abrufen zu müssen, ist Ausdruck der Bedrängnis. Die Hurerei ist dadurch höchster Ernst. In der Begegnung mit dem Freier im Verhältnis der Prostitution ist die vereinzelte Hure ganz auf sich, ihr Talent und ihren eisernen Willen zurückgeworfen. Werden Gelegenheiten aus Unlust oder aus Hingabe an die eigenen spontanen Eingebungen verpasst, kann das den Niedergang bedeuten: In der Prostitution ist der Ausnahmezustand institutionalisiert.

Becker bleibt zudem hinter den banalen Erkenntnissen zurück, die uns auch postmoderne Bildung nach Foucault liefern könnte: Dass nämlich moderne Herrschaft nicht auf roher Unterdrückung individueller Unterschiede, sondern gerade auf dem unerbittlichen Wühlen nach

36 Ebd., S. 415.

der Besonderheit eines jeden Einzelnen aufbaut. Die Notwendigkeit zur absoluten Selbstvermessung, sein Innerstes nach außen zu kehren, jede Regung zu kennen, den Überraschungen des Unbewussten Einhalt zu gebieten, Kreativität an den Tag zu legen, um seine Besonderheiten gerade im Kampf um Erfolg an die Oberfläche des eigenen Handelns zu zwingen, ist nicht die Subversion des Bestehenden. Dieser Zwang, vom Selbstzweck der Tätigkeit absehen zu müssen und allen Regungen nicht nur Einhalt zu gebieten, sondern auch die körperlichen und intellektuellen Fähigkeiten gerade anlässlich der Existenzangst kultivieren zu müssen, und auch die Entscheidung, was unterdrückt werden muss, was hervorzukehren sei, nach der Begünstigung im Existenzkampf zu treffen, mag zwar Charakter aller Arbeit sein, erhält aber in der Prostitution anderen Charakter. Während in der Arbeit die Sexualität einfach nur sublimiert wird, um *nicht* ausgelebt zu werden, wird in der Prostitution die Sexualität sublimiert, um körperlich ausgelebt zu werden. Anlass der Arbeit ist ein notwendiger Stoffwechsel mit der Natur. Sex ist für das konkrete menschliche Individuum aber eben kein notwendiger Stoffwechsel mit der Natur, sondern in diesem Sinne wirklich nur Selbstzweck. Die Optionalität des sexuellen Aktes bedeutet nicht etwa seine Banalität, sondern gerade seine Intimität, und verlangt daher nach Spontanität. Auch hier basiert die Herauskehrung des sexuellen Selbstzwecks auf der Anerkennung des individuellen Menschen als Selbstzweck. Sex als Fortpflanzung ist zwar notwendiger Stoffwechsel zur Erhaltung der Art, aber das lässt weder die Arterhaltung zum Selbstzweck werden (für wen denn auch?) noch ergibt sich daraus notwendige Bedeutung der Fortpflanzung für das Individuum.

Sex ist deshalb auch nicht Care-Arbeit, weil es sich hier eben nicht um die (notwendige) Reproduktion bereits bestehender Arbeitskraft handelt. Der Selbstzweck des Sexuellen kann nicht zur Pflege rationalisiert werden. Ansonsten müsste man tatsächlich von einem Recht auf Sex sprechen. Wenn sexuelle Befriedigung oder Fortpflanzung jedoch als notwendig gilt, stehen sich widerstrebende sexuelle Willen als gleichberechtigt gegenüber. Die Durchsetzung hat dann mindestens so viele gute Gründe wie ihre Verhinderung.

Gerade durch die Allumfänglichkeit dessen, was die Hurerei abdecken muss – einen Bereich mit potenziell unendlicher Ausdehnung, da die Hurerei gerade auf der unkonkreten und dadurch schier grenzenlos ausdehnbaren sexuellen Verheißung beruht –, ist die darin notwendige Selbstvermessung total. Die Totalität, mit der sich in der Hurerei in sexueller Selbst- und Fremdbeherrschung geübt werden muss, ist der intensivste Gegenpol der sexuellen Spontanität.

Die von Becker beschriebene Flexibilität ist eine, in der es eben nicht möglich ist, sich spontanen Regungen und Eingebungen des Unbewussten, spontaner Lust und Unlust hinzugegeben. Der Sachzwang der Prostitution ist, dass sie sich schlicht und ergreifend ökonomisch lohnen muss. Und zu diesem Zwecke muss das sich prostituierende Subjekt sich selbst und der Umwelt total, aber eben auf je nach Anlass richtige Weise verfügbar machen. Diese zynische Auffassung von Freiheit ist eine der Bedürfnislosigkeit, die der Sehnsucht nach Zwanglosigkeit, nach Hedonismus und Genuss nur spöttelnd entgegenhält, nicht zu hohe Ansprüche zu stellen. In diesem Freiheitsverständnis besteht die höchste Freiheit darin, sich selbst und seine Empfindsamkeit zu überwinden. Ein Verständnis, dass gerade die notwendig gewordene Kultivierung des eigenen Talents feiert, muss zwangsläufig auch die Verhältnisse feiern, die die Behauptung gegen die Spontanität der Empfindungen notwendig gemacht hat. Der Kampf gegen bestehende Zurichtung verwandelt sich in einen Kampf gegen das Eingestehen bestehender Zurichtung.

Da Becker richtig feststellt, dass es zur Prostitution nicht nur die Hure benötigt, sondern auch den Freier und die wirtschaftlichen Umstände, die die Prostitution überhaupt notwendig und denkbar werden lassen, ist ihre „Ehrenrettung der Hure“[37] auch eine Ehrenrettung des Freiers und eine Ehrenrettung der bestehenden Verhältnisse obendrein. Denn damit die Hurerei weiterbestehen kann, muss es Armut oder die stetige Gefahr geben, in die Armut abzusinken. Daher ist Beckers Misstrauen gegenüber dem Kommunismus[38], die Zurückweisung des Endes der Abhängigkeit nur konsequente Folge ihrer Romantisierung der Abhängigkeit.

Die Prostituierte hat zwar formal die Möglichkeit, ihren Regungen zu folgen, aber eben nicht ohne gegen das Wesen der Prostitution und damit gegen die Regeln zum Erfolg zu verstoßen. Eben weil in

37 Becker, Dialektik der Hure, S. 15.
38 Vgl. ebd., S. 401.

der Prostitution Inhalt und Form in eins fallen, ist die spontane Verfügung über den eigenen Körper darin nicht angelegt. Der ökonomisch vermittelte Sex unterliegt dadurch *wesentlich* dem Befehl totaler Produktivität und der dadurch notwendigen Perfektionierung der Selbstbeherrschung durch Disziplinierung aller Empfindungen.

Der sexuelle Akt genügt nur der Spontanität und damit der Freiheit, wenn Anlass der sexuellen Begegnung er selbst ist. Sobald der Anlass ein anderer ist, vor allem, wenn es ein ernster, ein existenzieller Anlass wie die Selbsterhaltung ist, ist Spontanität verunmöglicht. Der sexuelle Akt ist dann getrieben von Berechnung, Abwägung, Aushandlung, Kompromiss, Disziplinierung und Zurichtung des Selbst und basiert auf an sich selbst verübter Verrohung. Bis wohin können die Grenzen des Ertragbaren getrieben werden?

Auch wenn eine einzelne Prostituierte in den Genuss des Wohlstands kommen kann, der es ihr ermöglicht, bei Freiern und Handlungen wählerisch zu sein, muss sie sich darum sorgen, diesen Zustand auch zu erhalten. Auch wenn eine konkrete Prostituierte nicht auf alles eingehen muss, so steht – wie man es auch drehen und wenden mag – die sexuelle Begegnung in der Prostitution unter den Vorzeichen ihrer Nützlichkeit: Das Wesen der sexuellen Begegnung in der Prostitution ist, von ökonomischem Erfolg gekrönt zu sein und darum Triebverzicht im Namen der Sexualität üben zu müssen.

Die Frage, ob die Prostitution der sexuellen Freiheit genügen kann, ist demnach schnell beantwortet: Sie kann es nicht und unter keinen Umständen. Der Anlass des ökonomisch vermittelten Sex ist das Ökonomische und somit per Definition nicht der Selbstzweck des sexuellen Begehrens.

Entsexualisierung der Prostitution

Gegen diese Argumentation wird in der Regel folgender Einwand vorgebracht: Die scharfe Trennung zwischen sexuellen und nicht sexuellen Körperteilen und Tätigkeiten sei selbst Ausdruck von Herrschaft. Diese Argumentation zielt auf die Verneinung der Intensität und damit Intimität des Sexuellen ab. Der Unterschied zwischen Prostitution und Arbeit ist tatsächlich einzig dann auszumachen, wenn auch eine Unterscheidung zwischen sexuell und nicht-sexuell getroffen wird. Erst dann ist ein ökonomisches Verhältnis oder ein sexuell-ökonomisches Verhältnis ein Unterschied ums Ganze. Wie auch das Auflösen eines gemeinsamen Maßstabes für alle sexuellen Begegnungen, den Verlust des Maßstabs für sexuelle Begegnungen überhaupt bedeutet, führt auch das Auflösen der Trennung in sexuell und nicht-sexuell in Relativismus.

Mit der Auflösung der Unterscheidung zwischen sexuell und nicht-sexuell geht logischerweise auch die Auflösung des sexuellen Selbstzwecks einher. Sex als Fremdzweck zu begreifen, kann aber nicht das Drängen nach tatsächlicher sexueller Erfahrung erklären. Wenn Sex keinen Selbstzweck hat, gibt es zwar – das wollen die Prostitutionsbefürworter damit erreichen – kein Argument mehr gegen jegliche Art der sexuellen Begegnung, aber eben auch kein Argument mehr *für* überhaupt irgendeine Art der sexuellen Begegnung. Die Apologeten der Prostitution müssen ihre eigenen Prämissen leugnen, wollen sie den Sex banalisieren.

Wenn Sex eine Banalität ist, dann offenbart sich hier der Doppelstandard, mit dem die Sexualität der Prostituierten gegenüber der des Freiers bewertet wird; die Sexualität des Freiers gilt als unhaltbar drängend, während die Sexualität der Prostituierten als selbstverständlich abgekapselt verstanden wird. Die Sexpositivität als neues „Hab dich nicht so", als hippe Variante des „es ist ja nur ein bisschen Sex", kann ihre eigene Entscheidung somit nicht erklären; warum sie nämlich die Durchführung des sexuellen Aktes dem Unterlassen des sexuellen Aktes vorzieht. Dabei ist diese Entscheidung angesichts der angeblichen Banalität des Sexes ja keineswegs eine Zwangsläufigkeit. Wenn Sex so banal ist, gibt es keinen Grund, ihn zu unterlassen, aber eben auch keinen Anlass, ihn tatsächlich zu haben. Wenn der Anlass einer sexuellen Begegnung – wie Becker widersprüchlicherweise gerade als Argument *für* die Hurerei anführt – gar nicht im Akt selbst steckt, sondern in der Verheißung, und der wahre Genuss gerade in der Unerreichbarkeit der Erfüllung liegt, dann wird der Verzicht auf den sexuellen Akt dem Begehren gerechter als seine Durchsetzung. In der Verheißung als dem eigentlichen Genussmoment der Sexualität tritt ihre Besonderheit zutage: Die Sexualität ist ihrem Wesen nach nicht wie die Arbeit auf die Herstellung eines ihr äußerlichen Objekts ausgerichtet, sondern kreist tatsächlich nur um sich selbst.

Das Motiv der Verheißung widerspricht dem als unbändig unterstellten Drängen zum sexuellen Akt. Gerade der in dieser Anleihe aus der Lacan'schen Psychoanalyse steckende Punkt, dass das Subjekt eben nicht mit seinem sexuellen Begehren zu einer sklavischen Einheit verschmolzen ist, ermöglicht, dass das sexuelle Unterlassen denkbar wird und gerade der Mangel an tatsächlichen sexuellen Begegnungen nicht dazu führen muss, sexuelle Begegnungen zu erpressen oder durch ökonomische Vergünstigung einzuleiten.

Die Einführung des Unbewussten lenkt auch das Augenmerk darauf, dass das sexuelle Begehren zwar unergründlich, aber darum nicht beliebig ist. Die Möglichkeit, mit dem Nichteintreten sexueller Begegnungen und unerwidertem Begehren gelassen umzugehen, bedeutet im Umkehrschluss nicht, dass die sexuelle Begegnung, die nicht auf ihrem Selbstzweck begründet ist, ebenso gelassen hingenommen werden kann. Während die auf dem Begehren (an der Erwiderung des Anderen) fußende sexuelle Begegnung – wenn man denn Lacan folgen möchte – zwar immer unerfüllt bleibt, findet sowohl das Streben nach sexueller Erfüllung als auch das ewige Aufschieben der Erfüllung *innerhalb* der Begehrensstruktur des Subjekts statt. Die Nichterfüllung ist demnach Teil des Selbstzwecks des sexuellen Begehrens. Es ist jedoch etwas anderes, ob sich *innerhalb* der Spontanität die Erfüllung nicht einstellt oder ob das Streben nach Erfüllung von vornherein unmöglich ist, weil die sexuelle Begegnung selbst *außerhalb* des eigenen Begehrens stattfindet. Die sexuelle Begegnung, die dem Selbstzweck entbehrt, steht von vornherein *außerhalb* der Begehrensstruktur. Keinen Sex zu haben, mag banal sein. Sex zu haben, ist es nicht und das zeigt sich gerade durch das Argument, das durch die Prostitutionsbefürworter selbst vorgetragen wird: Eben weil Sex nicht notwendig ist, kann seine Selbstzweckhaftigkeit und der darin liegende Genuss affirmativ hervorgehoben werden. Eben weil Sex für das menschliche Individuum nicht wie Essen und Trinken ist, stellt der Einzug der Notwendigkeit in die sexuelle Begegnung immer eine Verstümmelung des sexuellen Selbstzwecks dar.

Sex als Selbstzweck zu definieren, muss den Apologeten der Prostitution dann aber gerade als Dekadenz, als überfeinerter Anspruch erscheinen. Wie beschrieben, ist der Selbstzweck im Sex aber der Anlass für sexuelle Begegnung überhaupt. Auch das sexuelle Streben des Freiers ist Selbstzweck. Die Frage ist jedoch, warum der sexuelle Selbstzweck des Freiers dringlicher sein sollte als der der Prostituierten bzw. warum die ökonomisch vermittelte Durchsetzung des eigenen Begehrens gegen das Begehren eines Anderen legitim sein sollte.

Argumentative Stütze dieser Rebellion gegen das Sexuelle ist die postmodern unterfütterte Behauptung, Sexarbeit sei überhaupt mehr Arbeit als Sex: Die Empfindsamkeit des Körpers, die Unterscheidung in sexuelle und nicht-sexuelle Handlungen sei doch ohnehin westliche Fiktion. Die Behauptung, bei Prostitution handle es sich um Arbeit, lässt nicht nur den Maßstab an den Sex fallen, frei zu sein, sondern stellt notwendig in Frage, überhaupt Sex zu sein. Diese Konstruktion bildet hier eine rhetorische Analogie zu der Behauptung, bei Vergewaltigung handle es sich nicht um Sex. So wie bei sexuellen Übergriffen von „sexualisierter" Gewalt gesprochen wird, ist es gut denkbar, dass bald von „sexualisierter" Arbeit gesprochen wird.

Die Behauptung, Vergewaltigung sei kein Sex, ist gut gemeint, aber irrational. Gemeint ist, dass es sich nur beim „richtigen" Sex überhaupt um Sex handle, und hat damit dasselbe Maßstab-Problem wie eine Definition von Sex ohne dessen Selbstzweck. Dieses Argument kommt oft sowohl von sexpositiver Seite als auch von feministischen Akteuren. Die Sexpositiven versuchen damit offensichtlich, Sex als eine Sache der Gegenseitigkeit per Definition festzuschreiben: Nur was „positiv" ist, kann sich den Begriff Sex verdienen. Sex soll begrifflich nicht mehr mit Gewalttätigkeit und Zwang in Verbindung gebracht werden können. Vergewaltigung ist demnach „einfach nur" Gewalt. Die sexpositive Definition von Sex schließt damit an Foucaults Vorschlag an, das Phänomen der Vergewaltigung zu entsexualisieren: „One can always produce the theoretical discourse that amounts to saying: in any case, sexuality can in no circumstances be the object of punishment. And when one punishes rape one should be punishing physical violence and nothing but that. And to say that it is nothing more than an act of aggression: that there is no difference, in principle, between sticking one's fist into someone's face or one's penis into their sex [...]"[39]

Offensichtlich ist, dass sich Vergewaltigung nicht über das Ausmaß der Gewalt, sondern über den Zwang und den Unwillen zum Sex definiert, während auch einvernehmlicher Sex gewaltvoll sein kann. Die Vergewaltigung als „sexualisierte" Gewalt soll aber eine reine Unterkategorie der Gewalt sein, deren Unterschied zu restlicher Gewalt – das Sexuelle – nur auf einem kulturell verursachten Missverständnis beruht. Vergewaltigung als Unterkategorie von Sex zu begreifen, verbietet sich angeblich moralisch und politisch. Doch gerade die Spezifizierung der Vergewaltigung als „sexualisierte" Gewalt erweist sich als besonders perfide. Der Unterschied bestehe nur darin, dass diese Gewalt „sexualisiert" sei, also auf dem kulturell verankerten Glauben basiere, dass die Interaktion von beispielsweise Genitalien immer sexuell sei. „Sexualisiert" meint hier nicht nur, dass sich die Gewalt selbst diese kulturelle Illusion zu Nutze macht, um anzugreifen – ihr wahres Ziel aber die Gewalt sei und gar nicht der Sex; „sexualisiert" impliziert hier auch, dass die Tat tatsächlich kein Sex war. Beim Glauben, sexuell angegriffen worden zu sein, handelt es sich dementsprechend um eine kulturell verursachte Illusion, die aufgeklärt werden muss. Damit entfällt nicht nur die sexuelle Gewalt, sondern das Sexuelle selbst. Alles Sexuelle ist eigentlich nur sexualisiert: Sex ist in dieser Konsequenz auch nur eine sexualisierte Begegnung, sexualisierter Sex.

Die – ohnehin als Konstruktion zurückgewiesene – Empfindsamkeit kann so zum singulären Phänomen, zum Einzelfall erklärt werden: Der Boden ist bereitet, um sexuelle Empfindsamkeit generell als nicht notwendigerweise vorhandenes Phänomen zu beschreiben. Die gesellschaftliche und individualgeschichtliche Zurichtung hin zur sexuellen Verrohung eines Subjekts erscheint als ursachenlos und zufällig und daher als zu vernachlässigen: Manche Frauen seien eben so.

Entscheidend ist auch: Wenn Vergewaltigung denn einfach nur Gewalt wäre, sich qualitativ von einem Faustschlag ins Gesicht nicht unterschiede, so wäre der Begriff der Vergewaltigung selbst überflüssig. Die Entsexualisierung von Vergewaltigung soll zwar der Regulierung sexueller Handlungen vorbeugen, verleugnet aber in letzter

39 Foucault, Michel, Politics, Philosophy, Culture. Interviews and other writings 1977-1984, London 1988, S. 200.

Konsequenz nicht nur das Phänomen der sexuellen Gewalt, sondern die *sexuelle* Begegnung selbst. „Richtigen" Sex erkennen zu können, basiert sowieso auf der impliziten Abgrenzung von „falschem" Sex. „Falscher" Sex ist aber angeblich gar kein Sex, dürfte also als möglicher Abgrenzungspunkt überhaupt nicht in Erscheinung treten – jedenfalls nicht anders in Erscheinung treten als der Faustschlag. Indem durch die Fokussierung auf Gewalt der Faustschlag und die Penetration auf dieselbe nichtsexuelle Ebene gezogen werden – Vergewaltigung könne „einfach" Gewalt sein analog zur Behauptung, sexuelle Begegnung könne „einfach" Arbeit sein –, verschwindet die Unterscheidung zwischen sexuellen und nicht-sexuellen Handlungen und dadurch die sexuelle Begegnung selbst: Wenn alles Sex ist, ist eben auch nichts Sex. Der Vorschlag zur Befreiung der Sexualität muss die Prämisse leugnen, die er implizit getroffen hat; dass sich nämlich die Akte – der freie Sex und die Vergewaltigung – nur durch ihre grundsätzliche Ähnlichkeit überhaupt so massiv voneinander unterscheiden lassen und dass die Vergewaltigung nur dadurch überhaupt kritisierbar wird, da sie am freien Akt, nicht am Faustschlag gemessen wird. Die Befreiung *der* Sexualität wird zur Befreiung *von* der Sexualität.

Sex als Tausch- und Verwaltungsakt

Ein weiterer Einwand gegen die Prostitutionskritik ist der Hinweis auf Konsens und der Verweis auf den freien Willen. Affirmativ klingt das so: „Das Argument, dass bei Sexarbeit zwei Erwachsene ihre Zustimmung geben, woraufhin eine Transaktion folgt, wird vor allem verwendet, wenn andere den Sexarbeiter*innen ihren freien Willen absprechen. Mit diesem Argument wird in den Diskursen um Zwangsprostitution und Menschenhandel ein humanisierendes Bild von Sexarbeit gezeichnet, in dem Sexarbeiter*innen keine Opfer sind."[40]

Wenn formale Zustimmung besteht, sei am Akt nichts auszusetzen. Dieser Hinweis basiert auf der Annahme, dass das, was die Prostitution von sexueller Nötigung unterscheidet, die Konsensfähigkeit ist. Die Prostitution sei deswegen legitim, weil man hier einen gewissen Spielraum hat, eine gewisse Entscheidungsfähigkeit und zu erwartbarem Schmerz und Unlust „Ja" sagt, sich berechnend darauf einlässt.

40 Hasan, Maria, Sexarbeit ist Arbeit, https://missy-magazine.de/blog/2018/11/20/sexarbeit-ist-arbeit/, [Zugegriffen am 02.02.2024].

Tauschakt, Aushandlung und Kompromiss sind jedoch nicht das Alleinstellungsmerkmal der Prostitution. Es ist vielmehr das, was Prostitution von Formen sexueller Nötigung *nicht* unterscheidet. Genauso wie freier Sex nicht durch die Abwesenheit von Gewalt charakterisiert ist, ist sexuelle Nötigung nicht zwangsläufig gewalttätig.

In dem Film *Dogville*[41] von Lars von Trier gibt es eine Szene, in der der perfide Charakter sexueller Nötigung offensichtlich wird. Die Protagonistin, die in die namengebende Kleinstadt vor ihren kriminellen Verfolgern flieht, gerät durch die ihr helfenden Einwohner zusehends unter Druck. Besonders der Gärtner hat es auf sie abgesehen. Eines Tages gelangen eben jene Verfolger auf der Suche nach unserer Protagonistin durch die Stadt Dogville und verlangen von den Bewohnern Auskunft. Die junge Frau hat sich währenddessen in das Haus des Gärtners geflüchtet, der nun droht, sie auszuliefern, werde sie sich ihm weiterhin verweigern. Es ist nicht so, als ob sie keine Chance hätte, sich anders zu entscheiden: Der Gärtner fällt in diesem Sinne nicht in roher Gewalt über sie her, sondern baut gerade auf ihre Abwägung der Situation. Sie könnte auch darauf spekulieren, dass der Gärtner nur blufft oder sich gar ihren Verfolgern und folglich den Konsequenzen ihrer Entdeckung stellen. Sie ist in dieser Situation somit auch nicht unmündig. Sie will zwar wirklich keinen Sex mit dem Gärtner, doch noch weniger will sie entdeckt werden. Obwohl weder Zwang noch Gewalt noch Unmündigkeit im klassischen Sinne die Situation bestimmen, wäre es zynisch, diesen als freien sexuellen Akt zu behaupten.

Der Sex selbst ist in diesem Sinne gegen ihren Willen, doch dass er stattfindet, basiert auf ihrer Abwägung und willentlichen Entscheidung. Die sexuelle Begegnung ist an die Bedingung geknüpft, nicht verraten zu werden. Das macht den sexuellen Akt zum Tauschakt und darum zur Prostitution. Den Charakter des Tauschaktes erhält die sexuelle Begegnung, weil ihr Anlass der Tausch *ist*. Sie willigt in den Tauschakt gegen ihren sexuellen Willen ein.

In der Situation der sexuellen Nötigung gilt der eingeforderte Sex als das geringere Übel im Vergleich zur Einlösung der Bedro-

41 Windelov, Vibeke (Produzent), von Trier, Lars (Regisseur), (2003), Dogville [Film], Dänemark, Zentropa Entertainments.

hung, mit der der Druck aufgebaut wird. Dabei besteht der Unterschied zwischen dem Ermessensspielraum in der sexuellen Nötigung und der rohen Gewalt in der Vergewaltigung in der Strategie des Täters, nicht vorrangig im Empfinden des Opfers. Während bei der Vergewaltigung durch körperliche Gewalt, Fixierung etc. auch keine Gegenwehr mehr ermöglicht ist, ist die Nötigung auch immer eine Nötigung dazu, an der eigenen sexuellen Unterwerfung zu partizipieren, um dem größeren Übel zu entgehen. Sex als Tauschakt basiert so gesehen immer auf der Abwägung der eigenen Prekarität und auf dem Entschluss, einen existenziellen dem sexuellen Willen vorzuziehen. Gerade weil der Tauschakt auf dem Ausspielen des Subjekts gegen sich selbst basiert und gerade weil das Subjekt darum an der eigenen sexuellen Nötigung partizipieren muss, bleibt der Unwille zum Sex ohne formale Artikulation. Die sexuelle Nötigung in Form des Tauschaktes lässt sich daher problemlos mit „Nein-heißt-Nein" und „Nur-Ja-heißt-Ja" vereinbaren, weil in dieser Definition Konsens ohnehin nicht von Kompromiss unterschieden werden kann. Ein „Ja" kann unabhängig von der vorangegangenen innerlichen Abwägung geäußert werden. Dem Konsensprinzip geht es um Formalität und es kann daher nicht zwischen der Prostitution und dem frei-spontanen Sex unterscheiden. „Ja" heißt hier tatsächlich „Ja", weil in diesem Denken Freiheit nur noch als individuelle Verantwortung unter Bedingungen des (ökonomischen) Zwangs gilt. In dem Sex des „Nein-heißt-Nein" und „Nur-Ja-heißt-Ja" gilt nicht die Achtung vor der sexuellen Spontanität des vom eigenen Selbst verschiedenen Individuums, sondern gemeinsam gefundener Kompromiss. Die Konsenssucht entspricht unserer Zeit. Wenn Sex auch in nicht ökonomischen Zusammenhängen, im sogenannten Privaten zum Tauschakt wird, Sex so nur noch die ganz bei sich bleibende Masturbation durch einen anderen Körper ist, in der unterschiedliche Interessen möglichst reibungslos verwaltet und vertraglich möglichst lückenlos abgesichert werden müssen, so entspricht die Prostitution umso mehr den Regeln des privaten Sexes, je mehr privater Sex einem Tauschakt und darin der Prostitution gleicht.

In der Forderung nach Konsens mischt sich einerseits das liberale, an feste Grenzen und Vertrag glaubende Individuum mit dem postmodernen, an die Irrationalität glaubenden (Un-)Subjekt des Diskurses: Der andere Mensch erscheint als vollständig unberechenbare Wundermaschine, deren völlige Enthemmung jederzeit bevorsteht. Die Ideologie des Relativismus, die Absage an die Möglichkeit eines rationalen Gemeinsamen, führt zum völligen Verlust des Vertrauens in die (körperliche) Äußerung des Anderen. Der Andere als in seinem konkreten Sein willkürliche Formation des Diskurses erscheint dann tatsächlich als undeutbares „verrücktes Dingsda"[42], das von der eigenen Äußerung vollständig abgetrennt ist. Das in Neigungen aufgelöste Subjekt „wird nicht mehr danach streben, den anderen als ein anderes Subjekt wahrzunehmen, als ein anderes willentliches Bewußtsein, mit dem eine (untersubjektive) Beziehung gegenseitiger Anerkennung der Freiheiten eingegangen werden kann [...]."[43] So kann man weder den Anderen berühren noch von ihm berührt werden: Überwältigung und Verführung erscheinen als unmöglich. Der Glaube an die grundsätzliche Unzugänglichkeit des anderen schließt jegliche Gegenseitigkeit des Begehrens aus. Da es in diesem Denken keine Verständigung geben kann, ist auch das Missverständnis – das man ja überwinden könnte – ausgeschlossen. Es prallen zwei Konkurrenten aufeinander, deren Interesse am jeweils Anderen unbewegliche Projektion ist. Das Begehren am Anderen hängt sich zwar an diesem auf, begehrt aber gar nicht diesen und dessen Begehren. Das Einzige, was gegenseitig sein kann, ist daher die Verletzung. Die Lust wird hingegen als etwas begriffen, das innerhalb der eigenen Grenzen stattfindet, als etwas, das ganz von einem selbst ausgeht und daher ganz bei sich ist: Die Grenzüberschreitung kann dann nur noch als die Kraft gedacht werden, die Lust zerstört. Das Damoklesschwert gegenseitiger Übergriffigkeit schwebt nun über der sexuellen Begegnung. Die Absage an die Möglichkeit zur Einfühlung impliziert, dass jeder sowohl ständig in Gefahr ist, Opfer zu werden, als auch ständig auf dem Sprung ist, den anderen durch eigene potenzielle Täterschaft in Gefahr zu bringen. Da man selbst für den anderen ebenso unlesbar ist wie dieser für einen selbst, ist das, was

42 Lipovetsky, G., 1983, zitiert nach Ferry, Luc/Renaut, Alain, Antihumanistisches Denken. Gegen die französischen Meisterphilosophen, München/Wien 1987, S. 78.

43 Ferry, Luc/Renaut, Alain, Antihumanistisches Denken. Gegen die französischen Meisterphilosophen, S. 78.

den Täter zum Täter macht, die ungenügende Disziplin zur Zurückhaltung. Um sich selbst vorm Opfer- und Tätersein zu schützen, bleiben nur harte Grenzen und absolute Selbst- und Fremdbeherrschung. Die Spontanität ist so höchste Bedrohung für das disziplinierte und Disziplin einfordernde Individuum. Wenn der Grad an Selbstdisziplinierung zum Marker gelungener sexueller Begegnung und Sex zum Tauschakt wird – eine abgetrennte sexuelle Dienstleistung gegen eine andere ihr gegenüberstehende sexuelle Dienstleistung –, dann ist es nur folgerichtig, sexuelle Dienstleistungen auch gegen nicht Sexuelles – Geld und Güter – einzutauschen. Je mehr der private Sex dem Tauschakt und damit der Prostitution gleicht, desto stärker schreitet auch die Normalisierung der Prostitution voran.

In „Nur-Ja-heißt-Ja“ steckt daher auch die intensivste Absage an die Erotik; die Lust im anderen herauszufordern und sich den Empfindungen hinzugeben, steht dem Bekenntniszwang gegenüber. „Ja“ als Bekenntnis zu der vom Einzelnen mit sich selbst geführten Abwägung angesichts des Willens eines Anderen ist die Ökonomisierung des Intimen und dadurch kein Widerspruch zur Prostitution, sondern bildet mit dieser ein Kontinuum der Selbstbeherrschung. Aus der Kunst der Erotik wird die Kunst der Aushandlung. Weil das Konsens-als-Kompromiss-Prinzip selbst auf Disziplinierung beruht, bleibt es unkritisch gegenüber unter Selbstdisziplinierung zustande gekommener sexueller Begegnungen. Das Konsensprinzip markiert damit eine neue Form der Verrohung und Abstumpfung: Während das sexuelle Spiel als die eigentliche Bedrohung empfunden wird, können die Sachzwänge der Prostitution problemlos als konsensuell gelten. Damit bleibt die sexuelle Freiheit – sowohl ihre formale Erfüllung als auch der formale Verstoß gegen sie – eine Frage von Willen ohne tatsächliche Wirklichkeit, also ohne die tatsächliche Möglichkeit zu gelebter (sexueller) Spontanität. Die Prostitution kann damit zwar dem Konsens entsprechen, weil dieser eine bequeme Umgehung der Auseinandersetzung mit ökonomischen Zwängen ermöglicht, aber eben nicht der Spontanität.

Die Protagonistin in *Dogville* übernimmt in ihrer Handlung, im Zulassen des sexuellen Aktes aktiv Verantwortung und trifft eine Entscheidung. Während in *Dogville* die sexuelle Nötigung durch eine andere Person konkret ist, ist die sexuelle Nötigung durch ökonomischen Zwang abstrakt. Der abstrakt ökonomische Zwang der Prostitution kann jedoch immer nur durch einen konkreten Freier wirksam werden. Die Äquivalentwerdung von Sex und seiner Gegenleistung und die dadurch stattfindende Realabstraktion ist das Einzige, was im prostituierten Verhältnis sicher bestimmt werden kann, nicht die genauen Details ihres Zustandekommens. Durch den Eintritt ins Tauschverhältnis wird der Sex der Gegenleistung tatsächlich äquivalent. In dieser Äquivalentwerdung, die zusätzlich durch das Zustimmungsprinzip abgesichert ist, bietet sich das Potenzial, dass abstrakter und konkreter Zwang verschmelzen, dass konkreter Zwang seine Durchschlagskraft durch abstrakten Zwang findet.

Die sexuelle Nötigung *kann* damit nicht nur konsensuell sein, weil das Prinzip des Konsenses ohnehin Abwägung, Aushandlung und Vereinbarung in einer die Spontanität verunmöglichenden Ausgangslage bedeutet. Weil es im „Nein-heißt-Nein" und „Nur-Ja-heißt-Ja" eben keine Unterscheidung zwischen Kompromiss und Konsens gibt, *ist* die sexuelle Nötigung eine Art, Konsens als „Nein-heißt-Nein" und „Nur-Ja-heißt-Ja" herzustellen.

Im Sex als Tauschakt gibt es keinen Selbstzweck des sexuellen *Verhältnisses*. Die sexuelle Motivation ist einseitig, während auf der genötigten Seite der Sex nur geringeres Übel ist. Es wird an diesem Beispiel ersichtlich, dass sexuelle Nötigung und Prostitution keine sich ausschließenden Phänomene sind. In der Prostitution ist Sex immer Tauschakt, das sexuelle Verhältnis im Tauschakt basiert nicht auf Selbstzweck, weil er nicht auf Selbstzweck basiert, ist in ihm keine Spontanität und daher keine Freiheit möglich. Der Horizont, vor dem dieses Verhältnis stattfindet, sind die außerhalb des sexuellen Selbstzwecks liegenden Bedingungen, die sein Anlass sind und an die er daher gekoppelt ist. Sexuelle Nötigung und Prostitution gehen durch ihren Charakter des Tauschaktes ineinander über.

Prostitution ist also nicht „bezahlte Vergewaltigung", wie es manche Radikalfeministinnen formulieren, sondern gerade wegen ihrer unveränderlichen Sachzwänge als sexuelle Nötigung zu klassifizieren. Weil der Vorschlag im Raum steht, Sex seines Selbstzwecks für andere Zwecke zu berauben, avanciert der Selbstzweck des Sex im gesellschaftlichen Common Sense zum Luxus. Dort, wo im Sex ausgehalten und durchgestanden werden muss, herrscht nicht die Lust, sondern die Tapferkeit. Doch Tapferkeit ist anders als die Lust kein Selbstzweck und kein Maßstab, sondern wird nur da nötig, wo sich das menschliche Subjekt in Bedrängnis befindet.

Literaturverzeichnis

Becker, Theodora, Dialektik der Hure. Von der „Prostitution" zur „Sex-Arbeit", Berlin 2023.

Ferry, Luc/Renaut, Alain, Antihumanistisches Denken. Gegen die französischen Meisterphilosophen, München/Wien 1987.

Foucault, Michel, Politics, Philosophy, Culture. Interviews and other writings 1977-1984, London 1988.

Hasan, Maria, Sexarbeit ist Arbeit, https://missy-magazine.de/blog/2018/11/20/sexarbeit-ist-arbeit/, [Zugegriffen am 02.02.2024].

https://archive.is/Vtbve, [Zugegriffen am 12.01.2024].

Schmacht, Christian, Wir verlangen, dass Sexarbeit entkriminalisiert wird. Eine Rede, https://missy-magazine.de/blog/2019/11/07/wir-verlangen-dass-sexarbeit-entkriminalisiert-wird/, [Zugegriffen am 10.02.2024].

Windelov, Vibeke (Produzent), von Trier, Lars (Regisseur), (2003), Dogville [Film], Dänemark, Zentropa Entertainments.

Rumiana Ebert

Ein Stück Freiheit

Heimatlos ohne Pass
lerne ich in Hamburg japanisch

um auf einer Messe in Tokio
Briefmarken verkaufen zu können

ich sehe mich fliegen
auf Nils Holgerssons Gänserich

Erkenntnis

Der junge Maler
seit zehn Stunden

mit dem beladenen Caravan
zur Ausstellung unterwegs

stilisiert broschenartig
die Morgenlandschaft

mit einer roten Stute neben
den Kotelettresten von gestern

und nennt es
„Die Befreiung der Magersüchtigen"

Michael Georg Bregel

In Gittern

Findest du Worte, die zwischen den Stäben durchpassen?
Spielt es eine Rolle?

Alles spielt eine Rolle. Seine Rolle. Manchmal ist die Rolle nur gespielt. Manchmal ist das Spiel die Rolle. Im Innendrin. Im Drumherum. Du kannst die Splitter zusammenfügen. Zu einem Wollen. Einem Schlüssel. Du kannst diesen Schlüssel verlieren oder verschlucken. Oder verwenden. Du kannst die Splitter fliegen lassen. Unverbunden. Dann passen sie durch das Gitter. Wenn du sie hart genug fühlst, können sie Waffen sein. Können treffen, durchbohren. Töten. Draußen. Oder sich wiederfinden. Sich wiederfinden wollen. Sich verbinden wollen. Zu einem Gedanken. Auch der kann treffen, töten. Draußen.

Kümmert mich das Draußen?
Willst du sie nicht töten, deine Wärter?

Vielleicht wären sie tot, aber immer noch draußen. Und ich hier drin. Was sie sagen, hereinrufen, verstehe ich kaum. Hin und wieder klingt es wie Knurren. Meistens aber wie weißes Rauschen. Wie ein Sinuston, zu dem sich Münder bewegen. Gesichter verzerren. Als würde das Drinnen keine Bedeutung durchdringen lassen wollen. Keine Erklärungsversuche. Zu all den Schlägen. Zum Beat der Stöcke an den Stangen. Meine Sprache sprechen sie nicht. Draußen. Oft winde ich Worte, stakse auf Silbenstelzen umher. In meiner Bewegung erkennen sie keinen Tanz. In meinen Lauten kein Flehen.

Was würdest du sagen wollen, wenn du könntest?
Was, wenn das nicht Gesagte das Einzige wäre, das gesagt werden müsste?

Was zu sagen wäre, was zu sagen ist, prallt ab an der Gummizellmembran atmender Tage. In dieser Sprache oder einer anderen, in keiner oder meiner, es ist immer falsch. Lasst mich nicht raus. Um meinen Käfig streifen Tiere.

Männlich, 72 Jahre

Was bedeutet Freiheit für Sie?
Nicht eingezwängt sein, nicht eingeschränkt sein, Freundschaften pflegen können, für mich sein und arbeiten können. Sie gibt mir ein gutes Lebensgefühl.
Fühlen Sie sich frei?
Zurzeit fühle ich mich relativ frei, auch in meinen Freundschaften, von gesundheitlichen Problemen abgesehen.
Frei fühle ich mich mit Freundinnen und Freunden, am Schreibtisch, im Arbeitsraum, im Kaffeehaus etc. Unfrei fühle ich mich beim Arzt, bei Behörden.
Haben Sie sich als Kind frei gefühlt?
Ich habe mich selten frei gefühlt, nur im Kino und Bücher lesend war ich frei.
Sind Sie in einer „freien" Gesellschaft aufgewachsen? Wenn ja, was zeichnet Ihrer Meinung nach eine freie Gesellschaft aus?
Erstens ja, zweitens: ländliche Gesellschaften, auch in Demokratien, sind selten frei – das gegenseitige Beobachten überwiegt, die Versuche, die Nachkommen in die Geschichten der Eltern und Altvorderen einzubinden, behindern stark das Freisein, die Entwicklungsmöglichkeiten.
Stimmt der Satz: „Die Gedanken sind frei" – innere Emigration in Diktaturen
Wahrscheinlich. Innere Emigration ist auch in den sogenannten freien Gesellschaften vorhanden, das ist eine Frage der persönlichen Entwicklung, als Reaktionsweise auf psychische Beschädigungen.
Wie denken Sie sich Freiheit in der Zukunft?, gesellschaftlich und für Sie privat.
Gesellschaftlich: Die Förderung von individueller Entwicklung, Chancengleichheit, Unabhängigkeit von materiellen Bedingungen. Privat: Geistige und körperliche Beweglichkeit im Alterungsprozess.
Sind Gedanken wirklich frei?
Wie die neuronale Forschung zeigt, muss man Gedankenfreiheit relativ sehen: Wir entwickeln uns musterhaft in dauernder Wechselwirkung mit unserer Umwelt, dabei wissen wir nicht, was Bewusstsein eigentlich ist, auch nicht, was „Ich" ist, wie es entsteht, welche Funktion „Ich" hat, wie Bewusstsein und Ich zusammenhängen, ineinander wechselwirken usw.
Zweitens: die Beeinflussung durch allerlei Medien ist gegeben und wird eher zu- als abnehmen. Dagegen hilft nur Selbstbeobachtung.
Freisein und Freiheit, unterscheidet sich das, wie?
Freisein von etwas ist für mich eine Lebenserleichterung, Freiheit vor allem ein philosophischer, gesellschaftsformender, auch gesellschaftsanalytischer Begriff.
Um welche „Freiheiten" geht es in westlichen, individualisierten Gesellschaften? Um die Grundfreiheiten: Freiheit der Rede, der individuellen Entwicklung, Pressefreiheit, freie Wahlen etc. – oder um freie Fahrt für freie Bürger, die Freiheit, dreimal im Jahr in Urlaub zu reisen, die Freiheit, sich die Premiummarke Miele kaufen zu können? Um die unendliche Konsumfreiheit?
Es geht um alle diese Freiheiten, Reihenfolge und Rangordnung müssen frei und andauernd miteinander ausgehandelt werden.
Sind reiche Menschen freier? Bzw. ist man als armer Mensch stets unfrei?
Geld ist die Freiheit, über sich selbst zu verfügen, über seine Zeit zu verfügen. Je weniger ich das kann, umso unfreier bin ich.
Was bedeutet Kunstfreiheit?
Kunstfreiheit bedeutet relativ alles, ihre Einschränkung ist nur unter ganz speziellen Bedingungen möglich, wenn Menschenrechte nicht berücksichtigt werden.
Was ist die Freiheit der Lehre an Hochschulen?
Die Freiheit der Lehre an den Hochschulen bedeutet relativ alles, ihre Einschränkung

ist nur unter ganz speziellen Bedingungen möglich, wenn Menschenrechte nicht berücksichtigt werden.
Was empfinden Sie als „Gefängnis"?
Gefängnisse, Verwahranstalten. Metaphern und sonstige Sprachzwänge, Sprachregelungen. Soziale Situationen, in denen ich mich unwohl fühle, die ich aber nicht verlassen kann.
Erziehungskonzepte heute und früher?
In unserer Gesellschaft hat sich einiges zum Besseren entwickelt (nach WK II), die autoritären, totalitären, rückwärtsgewandten Tendenzen sind aber auch hier zunehmend spürbar, das Demokratische verliert an Attraktivität.
Sind Freiberufler frei?
Wir sind frei, arm zu sein.
Arbeitswelt und Freiheit?
Je geringer die Arbeitszeit, umso größer die Freiheit – und je „unentfremdeter" die Arbeit, umso befriedigender, wobei Befriedigung auch als persönliche Freiheit verstanden wird.
Fühlen Sie sich frei vom Urteil anderer? Oder nicht? Inwiefern beeinflusst das Urteil anderer Ihr Verhalten?
Nein. In sehr vielfältiger und für mich nicht so leicht zu beschreibender Weise. Widerstands- und Annahme-Verhalten sind nicht immer durchsichtig ineinander verstrickt, Tendenzen zur Selbstzensur beispielsweise nicht immer sofort erkennbar – und wie ich darauf reagiere, ist oft sehr unterschiedlich – wiederum die Schaukel von Annahme und Widerstand, Selbstwiderstand oder Sich-Annehmen.
Was ist in Ihren Augen „Freier Sex"?
Unbeschränkt von gesellschaftlichen Zustimmungen, mit jemand, die zustimmt, mir dabei zustimmt.
*In einer Liebesbeziehung, beim Zusammenleben: Schildern Sie Situationen, in denen Ihre Vorstellungen von „Freiheit" mit denen ihre/s Partner*in kollidierten.*
Haushalt, nur einen gemeinsamen Haushalt haben.
Wenn Sie alleine wohnen, empfinden Sie das als frei?
Ja und nein. Haushaltspflichten lassen mich als unfrei empfinden.
„Die Freiheit nehme ich mir", „Ich bin so frei" – bloß nichtssagende Redewendungen?
Eher schon, aber wortwörtlich genommen können sie zu Verpflichtungen werden, also Unfreiheit – bei mir und anderen – erzeugen.
Gibt es Situationen (welche?, oft, selten, immer), in denen Sie lieber weniger Freiheit hätten bzw. froh sind, nicht alle Freiheiten zu haben, nicht selbst entscheiden zu müssen, eine Struktur vorgegeben zu bekommen, Anweisungen zu folgen etc.?
Bei bezahlter Arbeit, bei Jobs.
Freiwillig unfrei?
Eher nicht.
Können Sie Bilder aus der Kunst benennen, die für Sie „Freiheit" symbolisieren, und gerne kurz begründen, warum.
Ein Beispiel: René Magritte, Die große Familie: Vogelflug, Wolken, Meer, das Kippen von Inhalt in Form, eine Beweglichkeit in der Metaphorik, überhaupt das Beispiel für die Beweglichkeit der Begriffe, die sprach- und bild-spielerische Umgangsweise mit eingespieltem Gebrauch, das Öffnen der Begriffe, Inhalte und Formen und das Offenlassen aushalten können.

Jan-Eike Hornauer

Traumhafte Ornithologie

Freiheit ist ein bunter Vogel,
den's in Wahrheit gar nicht gibt.
Und wohl auch aus diesen Gründen
allerorten sehr beliebt.

René Magritte, Die große Familie, 1963

Kleines Paradies
oder: Ein Gartenfreund erklärt seine Passion

Der Garten ist Freiheit,
eingezäunt zwar,
aber immerhin.

Wo gibt es mehr?

AI

Endlich frei!
Hinterm Zaun
mit Plastikarmband versehen
auf festgelegte Zeit

Waltraud Schwab

Die Hände meines Vaters

Fünf Monate schon war er nicht mehr in der Werkstatt. Trotzdem zeichneten sich seine Handlinien noch immer dunkel von der Haut ab, als säße Dreck darin. Nur war es kein Dreck. Vielmehr hatte sich über die Jahre metallischer Staub in die mikroskopisch winzigen Vertiefungen der Handlinien, in Schrunden und kleine Schnitte eingegraben, war eingewachsen, hatte sich selbst eintätowiert und die Haut verfärbt. Die Tätowierungen seiner Hände waren ein Zeichen, adelten ihn, verliehen ihm Würde und Stand. Sie waren wie die Hautmalereien in den Gesichtern Indigener.

Er war doch auch so einer, ein Eingeborener, nur dass man einen wie ihn auf dem Dorf lieber Einheimischen nennt. Diese ziehen keine Anthropologen an, niemand kam in seine Werkstatt, in diese Höhle, in der die sechzigjährige Patina an den Wänden wie Malerei war, um die Zeichen zu deuten. Als er noch arbeitete, war er dankbar dort unten. Darüber, über seine Dankbarkeit, hätten die Forschenden schreiben können, hätten sie die Tür zu der Werkstatt geöffnet und wären eingetreten. Mein Vater hätte es nicht so sagen können, aber in der Werkstatt, seinem Schutzraum, waren die Albträume milder. Sie hätten die Albträume erforschen sollen.

Mein Vater reparierte Autos. Er reparierte Karren, Karossen, Blechkisten. Sein Wortschatz für Autos war riesig. Rostschüssel, Schlitten, Benzinkutsche, Wagen, Vehikel, Schrottmühle, Chaise. Letzteres hörte sich, wenn er es sagte, wie „Scheysä“ an. „Was bringsch ma do fir ä Scheysä?“ – Was bringst du mir da für eine Chaise?

Schon als Kind klang sein Beruf, den ich in der Schule mitunter hochdeutsch aufsagen sollte, geheimnisvoll. „Kaeffzett-Mechaniker.“ Kaeffzett – was sollte das sein? Und als es hieß, dass das Kraftfahrzeug bedeute, hatte ich immer noch keine Ahnung. „Na, Autos halt.“ Allerdings reparierte mein Vater auch anderes. Er reparierte alles, was anfiel. Einzig, dass es Sachen waren, also Zeugs, das er ganz machte. Was er nicht reparieren konnte: sich. Er war ein Heiler der Dinge, die richtete er auch dann noch, als ihm seine Finger nicht mehr gehorchten.

Als ich Kind war, waren mir die Hände meines Vaters egal. Denn Menschen konnte er kaum berühren. Da war diese Scheu, etwas am Menschlichen zu zerstören, wenn er es anfasste, Wenn stimmt, was unsere Mutter sagte, dann hat er mich und meine Brüder nie auf den Arm genommen. Vor Dingen dagegen hatte er diese Angst nicht. Drehte er eine Schraube auf, war es wie eine Liebkosung.

Erst als er alt war und seine Hände aussahen wie knorrige Wurzeln eines Efeus, die sich scheinbar um sich selbst drehten, bewunderte ich sie. Weil er nie aufhörte, sie zu benutzten, selbst dann, als sie ihm nicht mehr gehorchten. „Gib mir doch ein paar Walnüsse zum Knacken", sagte er, und dann brauchte er fünf Minuten für eine, zehn Minuten für zwei. Und wenn er ein Dutzend geknackt hatte, war eine Stunde vorbei, und er war sicher, dass er tätig war.

Er nahm die Nuss in die linke Hand, platzierte sie vorsichtig auf der Handfläche, griff mit der anderen Hand nach dem Nussknacker, legte ihn subtil um die Nuss, als müsse er Feinstarbeit leisten. Dann drückte er zu mit der einen Hand, aber die Kraft reichte nicht. Immerhin saß die Nuss nun fest in der Zange, und er konnte die andere Hand zu Hilfe nehmen. Mit zwei Händen und aller Macht schaffte er es, dass die Nuss aufsprang. In zwei Teilen lag sie vor ihm. Jetzt kam die eigentliche Herausforderung: Wie bekommt er sie bloß aus den Schalen heraus?

Die Hände meines Vaters waren keine Pranken, nicht groß, eher patschig mit unausgewogenen Maßen. Für seine kurzen Finger waren die Handflächen zu breit. Manchmal, wenn seine Hände kalt waren, steckte er sie in die Ärmel seines Pullovers. Die rechte in den linken Ärmel, die linke in den rechten. Ein Hauch von Wohlgefallen zog über sein Gesicht ob der Wärme. Oder er rieb sie ineinander, als wasche er sie, obwohl er gar nicht im Wasser war. Je älter er wurde, desto öfter, denn seine Knochen fingen schon Jahre früher an, sich zu verformen. Arthrose, Rheuma – aber solche Diagnosen sind unwichtig. Denn unvorstellbar war für meinen Vater, dass er seine Hände eines Tages nicht mehr nutzen kann.

Als er noch in die Werkstatt ging, war die Routine meines Vaters so: Er stand auf, wusch sich, trank eine Tasse Tee, aß ein Marmeladenbrot, höchsten zwei, ging die Treppe runter, verschwand in der Werkstatt. Dort blieb er, unterbrochen vom Mittagessen und manchmal nachmittags, wenn jemand ihn mahnte, etwas zu trinken, für ein Glas Wasser. Wann er Abendbrot aß, war nie genau zu sagen. „Ruf den Vater", hieß es dann, und eines von uns Kindern ging in die Werkstatt und sagte, dass das „Z'oubädrinke", das Zu-Abend-Trinken, gerichtet sei. Auf dem Dorf hieß es „Abendtrinken", nicht „Abendessen". Aber wann er dann endlich die Treppen hochkam in die Küche, das hing davon ab, ob alles wieder funktionierte, was er am Tag reparieren wollte. Oft hatten meine Mutter, meine Geschwister und ich da schon gegessen.

Er wusch sich die Hände, setzte sich auf die Eckbank. Brot, Wurst und Käse standen auf dem Tisch. Auch Wein und Wasser. Meine Mutter zog die Ablenkung des Abendprogramms im Fernsehen vor und saß schon im Wohnzimmer. Er blieb alleine am Küchentisch, aß, las Zeitung, hörte Radio, samstags am liebsten „Allein gegen alle". Er hing an den Lippen von Hans Rosenthal, dem Moderator. Als Kind war ich irritiert, ob der Bewunderung, die mitschwang, wenn er dessen Namen sagte. Als dulde er nicht, dass wir ihn nicht kennen. Ob er selbst um dessen Geschichte wusste, weiß ich nicht. Den Holocaust hat Rosenthal überlebt, versteckt in einer Laube in Berlin.

Sechzig Jahre lang arbeitete mein Vater von morgens bis abends in der Werkstatt, auch am Samstag. Sonntags aber setzte er sich ins Wohnzimmer an den Tisch, schlug seine großen Bücher auf und machte die Buchhaltung. Dann mussten wir leise sein. Wenn er Zahlen addierte, klang sein Murmeln wie Singen.

Sehr ungern nur hat mein Vater das Dorf verlassen. Ausflüge? „Daheim ist es am schönsten." Sein Daheim begann nach dem Krieg. Da fing er an, im zerstörten Land seine Werkstatt zu bauen, in die er sich zurückziehen konnte. Weil er tätig war, weil er für die Leute alles reparierte, fragte niemand nach Freude jenseits der Arbeit. Er selbst am wenigsten. Er forderte nichts für sich. Nur dass er arbeiten konnte. Was er erwirtschaftete, teilte er. Gern sah er es, wenn andere in der Familie sich ebenso in der Arbeit erschöpften wie er. Meine Mutter, die Kinder, sein Bruder auch.

Ein paar Erleichterungen gab es mit der Zeit. Dass jemand anderes die Buchhaltung machte etwa. Und dass andere, vor allem mein älterer Bruder, Schrauben nachzogen, die er eingeschraubt hatte. Denn seine Kraft schwand schleichend.

Eine Zäsur war der Tod meiner Mutter. Das war neun Jahre, bevor er nicht mehr in die Werkstatt ging. Als er einmal an sie erinnerte, nannte er sie in einem Atemzug „Schutzengel und Handlanger“, der ihm nun fehle. Nie habe ich die beiden je sich umarmend gesehen, seine Hand auf ihrer Schulter, seine Hand auf ihrer Hand.

Es hat lange gedauert, bis ich verstanden habe, dass die Werkstatt das Arbeitslager meines Vaters war, dass er nicht nur arbeitete, sondern auch eine Lebensschuld abtrug, jene, einmal versagt zu haben, dass er sich einmal, als junger Mann, keine zwanzig war er, hatte mitreißen lassen von Demagogen und deren hetzerischer Propaganda und in Zusammenhänge geriet, die er vor seinem Gewissen nicht gutheißen konnte.

Ihn nach seinen Erlebnissen im Krieg zu fragen, war jedoch immer schwierig. Begann er zu erzählen, war sein Tonfall ein einziges Weinen. Das habe ich nicht ausgehalten. Ein Vater, dem die Tränen nicht kommen, der aber dennoch weint, wenn er spricht. Jede Frage war für ihn ein Angriff. Auch wenn es gar nicht um den Krieg ging, sondern ums Danach. „Was soll falsch daran sein zu arbeiten?“, fragte er. Ob er nicht nur Autos reparieren wollte, sondern auch das Schlimme, das Menschen sich angetan haben? Mein Vater war nur kurz in fremder Gefangenschaft. Aber sehr lange freiwillig in seinem eigenen Lager. „Die Werkstatt ist doch kein Lager“, sagte er. „Ich hatte zu essen, zu trinken, wann immer ich hungrig und durstig war.“

Dann waren seine Hände von der Krankheit verformt. Seine Fingergelenke nun doppelt so breit wie die Knochen der Fingerglieder. Wie ungeschliffene Perlen reihten sie sich hintereinander. Wenn ich sie berührte, spürte ich die verformten Knochen, sah die bläuliche Farbe und das eintätowierte Geflecht, das sich über seine faltige Haut zog.

Seine Hände waren immer kalt. „Frierst du?“, fragte ich.

Loretta Petti

Erbschaft

Mein Opa war ein großer, stattlicher Mann, er hat mich nie umarmt, wenn wir uns getroffen haben, sondern immer nur mit glänzendem Blick lange angeschaut. Sein Lächeln war so naiv und unschuldig wie das eines Kindes: Ein Bauerngesicht, mit vielen Falten von der Arbeit auf den Feldern, das sich mir von oben neugierig zuwandte.

Er erzählte mir, wie während des Krieges die Partisanen sich im Stall versteckt hielten. Nachts geleiteten sie ihn zum Lager der Agrarvereinigung, wo sie sich das Getreide zurücknahmen, das die Bauern gezwungen waren abzuliefern. Er fuhr auf der Karre, und die Partisanen stampften kräftig und laut mit den Füßen auf den Boden, sodass die Faschisten glaubten, ein großes Kommando sei unterwegs, und sie blieben in der Kaserne. Mein Opa wusste, dass sie, die Faschisten, den Hof niederbrennen und möglicherweise seine Familie ermorden würden, wenn sie ihn verdächtigten, Partisanen bei sich zu beherbergen. Während der ganzen Fahrt zitterte er vor Angst: „So viel Angst habe ich nie wieder gehabt!“, sagte er mir.

Ich habe meinen Opa, diesen Bauern mit seinen einfachen klaren Prinzipien, bewundert. Das war seine Freiheit: dieser Kampf.

Von ihm habe ich gelernt, dass es Mut und Bereitschaft zum Risiko braucht, um frei zu leben.

Um die eigene Freiheit und die unserer Mitmenschen muss man kämpfen, dazu muss man bereit sein. Mein Opa war es. Bereit.

Klára Hůrková

Ankunft, 1989

Die Zugfahrt war lang
Doch erst die Neonlichter
an der belgischen Autobahn
machten den Neuanfang sichtbar

Böhmerwald Prag Frankfurt am Main
Bonn Aachen Lichtenbusch Liège

In Brüssel (Le Petit Château)
Fingerabdrücke abgegeben
für das wertvollste Stück Papier

Danach zum ersten Mal
gekochte Muscheln gegessen
den gefallenen Engel
in der Kathedrale von Lüttich besucht
über die Maas geschaut
in alle Richtungen

Der Nacht entkommen

Im Traum verlor ich dich in einer fremden Stadt
Wir waren verabredet, du kamst nicht
Statt in ein Museum zu gehen
stieg ich auf ein Karussell
das sich schnell drehte, ich hatte Angst
die Ketten könnten reißen

Wie vorher, nicht im Traum
als wir am Fluss entlang durch eine fremde Stadt
spazieren gingen und stehenblieben
legte ich meinen Kopf auf deine Brust und
hörte dein Herz und sagte: Du darfst nie sterben
Du lachtest, wir umarmten uns

Und dann im Wald auf einem kleinen Parkplatz
wo die Luft nach Erde und Novemberlaub roch
waren die Ketten gerissen
und da war deine Haut und meine entfesselte Lust
das Sterben fortzujagen, uns der Nacht zu entreißen

Tagebucheintrag

Diese Momente festhalten, sagst du
Den Fischgeschmack im Mund
Den Weißwein, schwarzen Pfeffer
Den Duft nach Schnee von den Wiesen
Die Weihnachtslichter
Den karierten Bettüberwurf

Und den Geruch der Haut
Und deine warmen Finger
am Saum des weißen Stoffs
Und den Erdbeergeschmack im Mund
Und den Handy-Wecker
der dreimal klingelte und uns trotzdem
nicht überreden konnte, aufzuhören
Und die Sonne am Morgen
Den Spaziergang danach

Festhalten, aber nicht besitzen
Nur diese Momente

Ein physikalisch-philosophisches Gedicht

In unserer Traumwelt
ist der Raum gekrümmt
und Gravitation ein Irrtum
Und es gibt geheime Gänge
und schwarze Löcher
In unserer Traumwelt
gibt es keine Grenzen
nur Verbindungen
über Lichtjahre hinweg
In unserer Traumwelt
werden die Körper Energie
und Bewusstsein wird Sein
und Denken wird Erleben

In unserer Traumwelt
wartet der Teufel
mit seinem Aufnahmegerät
darauf, dass wir zum Augenblick
sagen: „Verweile! Du bist so schön!“

Um es zu vermeiden, müssen wir
den Augenblick
voll in uns aufnehmen
voll austrinken, voll verbrennen
voll verbrauchen, voll auskosten
um wieder leer zu sein
um weiter zu fliegen.

Rapunzel

Jetzt bin ich allein
in meinem Turmzimmer
mit weiß gestrichenen Wänden
mit Blick auf den Kirchturm
die wiederkehrenden Krähen
in den Himmel

Jetzt bin ich allein
von Büchern umgeben
kann lesen, schreiben, malen
wie ich es immer wollte

Doch ich sitze nur
auf meinem harten Stuhl
und tue nichts
Mein Haar ist kurz
Kein Prinz kann darauf
hochklettern
Ich kämpfe gegen die Motten
die sich in meinem Herzen
einnisten wollen

Ich bin Rapunzel
in meinem weiß gestrichenen Turm
Ich schreibe Gedichte
lass mein Haar wachsen

Interview mit Klára Hůrková
61 Jahre, Tschechisch und Deutsch

Woran denken Sie als Erstes, wenn Sie das Wort „Freiheit" lesen oder hören?
Ich denke an den Zustand der inneren Ruhe, Ausgeglichenheit und Unerschütterlichkeit im Sinne der Stoiker und Buddhisten. Also an die individuelle, innere Freiheit. Aber natürlich an vieles mehr.
Was bedeutet Freiheit für Sie persönlich?
Die Möglichkeit, mich geistig zu entwickeln, nicht daran gehindert zu werden, die Welt für mich zu erforschen. Auch die Möglichkeit/Gelegenheit, meine Fähigkeiten mit Menschen zu teilen und Anerkennung zu erfahren. Raum für Kreativität und Experimentieren.
Fühlen Sie sich frei (oder nicht)? Warum (nicht)?
Im Großen und Ganzen fühle ich mich frei. Ich bin in einer Gesellschaft aufgewachsen, in der die Freiheit sehr eingeschränkt war. Das ist jetzt anders. Und in meinem Alter verstehe ich, dass das Leben einem Grenzen setzt, die man akzeptieren muss.
Erzählen Sie Situationen, in denen Sie sich frei gefühlt haben, und solche, in denen Sie sich unfrei fühlten.
Ich fühle mich frei, wenn ich samstags nach einem ausgiebigen Schlaf aufwache und keine Pläne habe – das ganze Wochenende liegt vor mir und ich kann damit machen, was ich will!
Unfrei fühle ich mich in Stresssituationen: Wenn ich zu viel auf der Arbeit erledigen muss, wenn ich zu viele Termine und Deadlines habe und dazu unerwartet noch neue kommen, wenn ich keine Aussicht auf Ruhe und Muße habe.
Wie war Ihre Kindheit? Haben Sie sich als Kind frei gefühlt, in welchen Momenten?
An den Wochenenden und in den Ferien fühlte ich mich frei, weil ich lange schlafen konnte und keine besonderen Pläne hatte. Allerdings konnte ich mich immer darauf verlassen, dass ich mit meiner Familie etwas Interessanten erleben würde. Meine Eltern und meine Großmutter waren sehr liebevoll und kreativ. Das waren die schönsten Augenblicke meiner Kindheit.
Fühlten Sie sich eingeschränkt, behindert von Schule, Erziehenden, anderen Kindern, inwiefern?
Ja, Kindergarten und Schule empfand ich schon immer als Zwang, obwohl ich zu den stillen Kindern gehörte, die von Erzieherinnen gemocht werden, und später zu den Kindern, die schnell und leicht lernten. Aber ich habe mich immer darauf gefreut, erwachsen zu werden, damit ich nicht in die Schule gehen muss und – frei bin! Tja, am Ende bin ich Lehrerin geworden und gehe immer noch in die Schule ...
Sind Sie in einer „freien" Gesellschaft aufgewachsen?
Nein. Ich bin 1962 in der Tschechoslowakei geboren und lebte 27 Jahre in einer kommunistischen Diktatur, bevor ich im Sommer 1989, kurz vor der demokratischen Wende, in der Westen emigrierte.
Was waren Ihre „kleinen Freiheiten" oder auch „kleinen Fluchten" in einem unfreien Staat?
Vieles passierte in privaten Räumen. Als ich auf dem Gymnasium und an der Uni in Prag studierte, hatte ich viele Freunde, die sich mit Kunst beschäftigten, aktiv oder passiv. Wir haben Texte geschrieben und vervielfältigt, Zeitschriften „herausgegeben" (mit Hilfe einer Schreibmaschine und Kohlepapiers), wir haben Bilder gemalt, Skulpturen kreiert und in Wohnungen Ausstellungen veranstaltet. Viele haben Musik gemacht, Konzerte in Wohnungen, Garagen und anderen privaten Räumen waren keine Seltenheit. Auch Theater, musikalische Shows mit Diaprojektion und vieles andere gab es bei Leuten zu Hause. Alles

das durfte man nicht, es fiel unter das Versammlungsverbot und man konnte Probleme mit der Polizei bekommen.

Sind Sie aufgrund freier Meinungsäußerung etc. verfolgt worden?

Ich hatte Probleme auf dem Gymnasium, weil ich auf meine Tasche das Zitat von Bob Dylan geschrieben hatte: Don't criticize what you can't understand. Auf Tschechisch. Das war aber nur einer der vielen Gründe, warum man mein Abiturzeugnis mit Absicht verschlechterte und warum mir der örtliche Vertreter der Kommunistischen Partei keine Empfehlung zum Hochschulstudium gab. Dass ich dann trotzdem studiert habe, verdanke ich der Unerschrockenheit meiner Mutter. – So etwas ist natürlich keine wirkliche Verfolgung, andere Menschen in meinem Land kamen in der gleichen Zeit für ähnliche Taten ins Gefängnis.

Stimmt der Satz: „Die Gedanken sind frei" – innere Emigration in Diktaturen?

Meiner Meinung nach ja. Die geistige Welt ist die einzige, die auch unter einer Diktatur frei sein kann. Sogar Gedankenaustausch ist in der Regel noch möglich.

Um welche „Freiheiten" geht es in westlichen, individualisierten Gesellschaften? Um die Grundfreiheiten: Freiheit der Rede, der individuellen Entwicklung, Pressefreiheit, freie Wahlen etc. – oder um freie Fahrt für freie Bürger, die Freiheit, dreimal im Jahr in Urlaub zu reisen, die Freiheit, sich die Premiummarke Miele kaufen zu können? Um die unendliche Konsumfreiheit?

Die „unendliche Konsumfreiheit" ist natürlich keine Freiheit. Ich glaube, viele Leute im Westen verstehen gar nicht, wie frei sie sind und worin ihre Freiheit besteht. Es geht darum, wie ich schon am Anfang sagte, sein geistiges und überhaupt menschliches Potential ohne unnötige Hindernisse entwickeln zu können, um ein zufriedener, verantwortungsvoller Mensch zu werden, der seinen Mitmenschen viel zu geben hat. Selbsterkenntnis gehört auch dazu. Natürlich muss man in der Lage sein, seinen Körper zu ernähren und zu kleiden, nicht zu hungern und zu frieren, nicht von der Gesellschaft ausgeschlossen zu werden etc.

Was hat Freiheit mit Geld zu tun? Sind reiche Menschen freier? Bzw. ist man als armer Mensch stets unfrei?

Mit Sicherheit nicht. Sonst würden z.B. Künstler/innen in Deutschland zu den unfreisten Menschen zählen, dabei ist es genau umgekehrt. Bittere Armut macht natürlich unfrei, aber wenn man die Grundbedürfnisse befriedigen kann, hat man immer die Möglichkeit, sich persönlich zu entwickeln und in das Abenteuer „Leben" voll einzusteigen.

Was bedeutet Kunstfreiheit?

Dass es nicht verboten ist, bestimmte Gedanken zu äußern, in bestimmten Stilen zu malen oder zu dichten, Veranstaltungen zu organisieren, Bücher zu drucken und zu verbreiten, sich mit Menschen zusammenzutun, zu reisen, zu recherchieren etc.

Sind Freiberufler frei?

Ich war lange Freiberuflerin und empfand es nur als teilweise frei – nämlich dann, wenn es mir die Möglichkeit gab, unbekannte und für mich interessante Bereiche kennenzulernen. So habe ich zum Beispiel einen Kurzfilm synchronisiert oder Vorträge zur interkulturellen Kommunikation gehalten, obwohl mein Hauptgebiet Sprachunterricht war. Das „Experimentierfreudige" daran hat mir gefallen. Gleichzeitig war die Freiberuflichkeit immer mit Stress und finanzieller Unsicherheit verbunden, was mich wiederum unfrei machte. – Vielleicht ist es mit allen Bereichen im Leben so – Freiheit und Unfreiheit lassen sich nie komplett trennen.

Was ist in Ihren Augen „freier Sex"?
Sex, der zwischen zwei freien Menschen stattfindet. Beide wollen ihn und tun damit niemandem Dritten weh.
*In einer Liebesbeziehung, beim Zusammenleben: Was empfinden Sie als frei, was als unfrei? Schildern Sie Situationen, in denen Ihre Vorstellungen von „Freiheit" mit denen ihre/s Partner*in kollidierten.*
Eine Liebesbeziehung schränkt die individuelle Freiheit etwas ein, gibt einem aber unendlich viel mehr – was wiederum eine neue Freiheit bedeutet. In meiner 32 Jahre dauernden Beziehung fühlte ich mich immer dann am meisten frei, wenn ich zusammen mit meinem Mann etwas unternahm, das uns beide glücklich machte. Aber auch dann, wenn er mich darin unterstützt hat, was mir am wichtigsten war: das Schreiben und Malen. Unfrei fühlte ich mich, wenn ich zu viele andere Pflichten hatte und mich entscheiden musste, ob ich die wenige Freizeit meiner Kunst oder meinem Mann widme. Manchmal ging eben nicht beides.

Wiebke Kahn

Freiheit, die ich meine

Amï Lapœ

Freiheit zwischendrin

Freiheit und Gefangenschaft haben etwas Gemeinsames, oder nicht? Sie existieren beide im Stillen und Ungehörten. Da, wo von Freiheit gesprochen wird und werden kann, kann sie da überhaupt existieren? Wie frei ist sie dann, von was? Inmitten von Schranken, Sprachschranken, zwischen dir und mir, Gefühlschranken zwischen dir und mir. Unsicherheits- und Sicherheitsschranken zwischen dir und mir, Wahnsinns-, Denk- und Vernunftschranken zwischen uns. Von Kriegen. Singt die Freiheit, sinkt die Freiheit in Kriegen. Zwischen uns. Von der Gefangenschaft spricht das Stumme und zum Schweigen gebrachte heraus. Sie markiert Freiheit vielleicht am meisten, die Freiheit, die niemals gefangengenommen werden kann. Nicht durch Verbannung, nicht durch Unsichtbarmachung, nicht durch Töten, nicht durch Schmerz. Das Morden lässt die Freiheit sprechen. Es schreit nach ihr und schreit sie an. Stumm. In der Stummheit des Unrechts wird die Freiheit laut und sich selbst. Es ist immer der unhörbare Strahl der Freiheit, der herausbricht und spricht. Wenn sie am wenigsten erlaubt ist. Von dir. Mir. Von mir. Dir. Das Recht der Stärkeren gilt nicht. Macht ist nicht frei. Die Macht der Freiheit übersteigt sie. Verstummung und Stummheit sind und machen verdächtig, wenn sie unfreiwillig sind. Aber manchmal ist die Stummheit auch Freiheit. Die Freiheit, nichts zu sagen, zu dir oder mir. Abwesende Anwesenheit, anwesende Abwesenheit, beide Freiheiten in einem. Die Macht und Ohnmacht der Freiheit zugleich sind. Die absolute Freiheit. Das Nichtgehörtwerdenwollen. Dich zu negieren. Nehme ich mir die Freiheit. Dann existieren weder du noch ich. Oder wir beide am meisten. Vielleicht ist das als die Freiheit nach dem Tod denkbar. Und dann die unfreie Stummheit. Vor dem Tod, die, die immer im Leben passiert. Das ist die gewünschte Freiheit. Die Flucht. Ich möchte fliehen. Nicht zu dir. Oder jemandem, nicht zur Gött*in. Das wäre Tod, und vielleicht, eine andere, unfreie Verbundenheit, die im Leben wieder frei sein will. Nicht in der Beziehung zwischen diesem und jenem. Fliehen wie auf der Flucht, wo die Freiheit nur scheint und aufscheint, auf den Wegen und dem gehetzten Gedankenregen. Da ist es, wo wir sie vielleicht am meisten festhalten müssen. Du und ich. Damit sie bleibt. Als die Freiheit, für sich frei zu sein, wie zu fliegen, in Atmosphären. Wie nach dem Tod doch vielleicht? Eine andere Freiheit ist die Freiheit im Leben. Die Freiheit, die die Landschaft säumt und in den Ohren liegt, selbst, wenn diese mit tausend und einem Geräusch schon voll sind. Freiheit liegt im Blick, und in den Gedanken, deinen und meinen. In der Theorie und ihrem Recht, und zu Unrecht in ihren getätigten Folgen. Gemacht ist Freiheit Ungemach. In der Schwebe sie zu halten, ist Freiheit als Aufgabe. Ist Freiheit eine Aufgabe, in allen Sinnen? Oder von Sinnen? Freiheit ist ein Kompass. Für dich und mich. In der Ferne ohne Richtungen. Zu erklimmen.

Peter Ertle

Ich bin sehr für die Freiheit, immer

I

Der Mensch lernt im Laufe seiner Entwicklung, Bedürfnisse aufzuschieben. Er legt Bauspar- und Rentenverträge an. Ob Hunger, soziale Anerkennung, Streben nach Wohlstand, Karriereplanung: Er ist in der Lage, einzuteilen, aufzuschieben. Er spart. Er leidet, um besser auszusehen. Er strengt sich an, was sich nicht so gut anfühlt – um Erfolg zu haben.

Es gibt aber zwei Phänomene, bei denen er es am schlechtesten kann, partout nicht will. Das eine hängt mit der Außenwelt zusammen: Wenn andere gleich jetzt haben, dürfen, sind: sieht er nicht ein, warum er jetzt nicht soll, darf, ist. Umgekehrt ist ein Kollektivverhalten ohne Ausreißer die beste Gewähr, dass auch der Einzelne aufschiebt, verzichtet, weiterdenkt. Es wirkt, wie Untersuchungen gezeigt haben, viel besser als Einsicht, Vernunft. Der Mensch ist ein Herdentier.

Das zweite Phänomen, bei dem der Mensch sich schwertut, ein Bedürfnis aufzuschieben, um seine weitere, dauerhafte, bessere Einlösung in der Zukunft zu gewährleisten, ist: Beim Gefühl der Freiheit. Was ganz offenbar damit zusammenhängt, dass so schwer zu sagen ist, was das wäre: Freiheit. Was Geld ist, ein Arbeitsplatz, Sex, soziale Anerkennung, gestilltes Hungergefühl, geeigneter Wohnraum, ist wesentlich leichter zu sagen, weil konkreter. Und mit einer gewissen Grundversorgung ist leichter auf weitergehende Träume zu verzichten oder sie auf ein Morgen zu vertagen, in dem alles besser wird. Und vielleicht auch gar nicht kommen muss, weil das Jetzt gut genug ist beziehungsweise man zu faul ist, um es wirklich besser haben zu wollen.

Nicht so bei der angeblichen Freiheit. Die vor allem „so ein Gefühl" ist. Die Freiheit, die stets im Munde geführt wird, um die sich alles dreht, die keiner sich nehmen lassen möchte, offenbar das Heiligste von allem – ist eine, die kein Aufschieben verträgt, kein Beschneiden, die nur ein Jetzt kennt und ein volles Maß.

In Wahrheit stimmt das natürlich alles nicht: Würden Menschen nur kurz nachdenken, wo ihre Freiheit beginnt und wo sie endet, was sie alles nicht dürfen, was sie alles müssen, würden sie feststellen, dass sie immer aus einem schwer entflechtbaren Gemisch aus frei und unfrei bestehen. Doch vor allem, wenn ihnen neu etwas von der bisherigen Freiheit genommen werden soll, und vor allem, wenn es der Staat ist, der ihnen das wegnehmen möchte: ganz, ganz schwer. Alles, was nicht neu ist, merkt der Mensch dagegen kaum, er zahlt Steuern, beachtet die Straßenverkehrsordnung und schubst in der Regel niemanden vom Bürgersteig. Auch das Geldverdienenmüssen, das einem ja die Freiheit nimmt, nicht arbeiten zu müssen, erlebt der Mensch eher als Chance, überleben zu können, vielleicht sogar zu einem gewissen Vermögen zu kommen. Die anderen tun es ja auch. Der Mensch ist gut darin, sich die Dinge in gutem Licht darzustellen und freiwillig mitzutun. Auch wenn er auf diese Weise sein halbes Leben sinnlos verplempert. Ja, die Menschen leben mehrheitlich mit dem schwer erklärlichen Gefühl, sie seien frei und gut beschäftigt. Und falls nicht, sagt es keiner, man müsste sich sonst ja schämen.

Wehe aber, es kommt ein neuer Zwang, und sei es nur eine neue Empfehlung oder ein neues Nachdenkensollen hinzu: Dann ist der Aufschrei garantiert. Warum soll ich mich impfen lassen? Warum soll ich nicht mehr 180 auf der Autobahn fahren dürfen? Warum soll ich nicht mehr oder deutlich weniger fliegen oder für einen Flug das Zehnfache zahlen wie bisher? Warum soll ich für den Liter Benzin über zwei Euro bezahlen? Warum soll ich als Mehrfachmillionär so viel Steuern zahlen? Warum darf ich qua Mietendeckel nicht mehr so viel Miete kassieren, wie ich möchte? Warum darf ich keinen Polenwitz mehr machen, obwohl es doch nur ein Witz ist? Warum soll ich meinen Pool nicht mehr mit Wasser füllen? Warum muss ich das Windrad in Sichtweite von meinem Balkon haben, kann das nicht bei meinem Nachbarn stehen? Das sind nur einige Fragen zu Zwängen, die es neu gibt oder nur deshalb nicht gibt, weil der Widerstand zu groß wäre.

II

Die Überlegung, durch die Einschränkung jetziger Freiheit die zukünftige Freiheit besser oder überhaupt erst möglich zu machen – ist offenbar viel zu abstrakt, zu theoretisch. Da die Abstraktion auf anderen Gebieten aber klappt, muss davon ausgegangen werden, dass sich von Freiheit weniger einfach abstrahieren lässt und/oder dass wir zu falsche, fixierte Vorstellungen von Freiheit haben. Die von Erich Fromm populär gemachte Unterscheidung zwischen Freiheit wovon und Freiheit wozu spielt hier sicher eine Rolle. Freiheit wird immer noch vor allem als Freiheit jetzt und zwar von verstanden. Aber auch die Freiheit, in Zukunft frei von Wassermangel, Hitzewellen, Verteilungskämpfen und so weiter zu sein, ist etwas, das rein auf dem Papier steht, nur im theoretischen Verstand sitzt. Was wir sowieso schon haben, was uns selbstverständlich ist, verbindet sich schlecht mit der gefühlten Freiheit. Das ändert sich erst, wenn der Mensch evidente, persönliche Verlusterfahrungen oder Errungenschaftserfahrungen auf diesem Gebiet macht. Ohne Katastrophen, also die Verknüpfung eines Wissens mit negativen Emotionen beziehungsweise ohne die durch Gewohnheit abhanden gekommene Auffrischungsverknüpfung des Selbstverständlichen mit positiven Emotionen, kurz: ohne die Unselbstverständlichungsmachung – scheint es nicht zu gehen.

Auch bei einer Verhaltensänderung zugunsten der Zukunft werden wir nicht vom zukünftigen Gefühl des Gewinns, des Guten, der gewonnenen Freiheit durchströmt. Der Raucher, der das Rauchen aufgibt, wird nicht von einem Gefühl großer, besserer Gesundheit durchströmt. Er macht es aus Kalkül, aus Angst, aus Verstandesgründen. Auch Mitgefühl, Verantwortungsgefühl kann ein Grund für Verhaltensänderungen sein, auch soziale Anerkennung, Konformitätsdruck, das in der Ordnung der Mehrheit sein wollen – was erst greifen kann, wenn eine Verhaltensänderung bereits auf breiter Basis da ist. Und, ja, es ist möglich, aus all dem einen Genuss zu ziehen, sozusagen den Verlust des ursprünglichen Genusses, den man als schlecht oder kontraproduktiv erkannte, durch einen anderen, erwachseneren, sozialeren, reiferen zu ersetzen.

Doch gerade bei der Freiheit scheint das eminent schwer. Zumindest dort, wo sie einem von anderen genommen werden soll. Kommt der Antrieb von ihm selbst, ist der Mensch dagegen zu den erstaunlichsten Umwandlungen fähig. Er opfert seine Freiheit für Arbeit, für Karitatives, für einen anderen Menschen, für Ideale, für alle möglichen Verantwortlichkeiten. Und spürt seine Freiheit gerade in der selbst gewählten Verpflichtung. Auf diese Weise ist er zu immenser Energie fähig. Vermutlich ahnt er, dass Freiheit allein das pure Nichts ist, dass es ein Wozu braucht. Dass nur Nichtstun und die naheliegendsten Genüsse suchen sich rasch erschöpft, auf Dauer wenig sinnstiftend, wenn nicht gar selbstgefährdend ist.

Doch wehe, andere wollen sein Freiheitsgefühl beschränken! Nein, er selbst muss es sein, der über die Heizung in seinem Keller bestimmt oder darüber, ob er 120 oder 180 auf der Autobahn fährt, er selbst muss bestimmen, ob er nach Berlin fliegt oder mit dem Zug fährt, ob er 1000 Euro oder 3000 Euro Miete nimmt. Eigentlich braucht er den Staat nur, damit der ihm ein paar Sachen abnimmt, ihm das Leben erleichtert, Freiheit mehrt und garantiert. Aber doch nicht wegnimmt!

III

Deshalb ist es am aussichtsreichsten, den Menschen dahingehend zu manipulieren, dass er die Umwandlung von Freiheit in selbstgewählte Verpflichtung beziehungsweise den Verzicht auf momentanes Freiheitsgefühl zugunsten einer zukünftigen aus freien Stücken und eigenem Antrieb heraus anzugehen glaubt.

Dann wäre der soziale Frieden gesichert. Die Menschen müssten quasi nur zum Richtigen, Guten manipuliert werden statt zum Schlechten, Falschen. Manipulieren deshalb, weil das sicherer ist als Überzeugen. Überzeugen kommt ja aus der Einsicht ins bessere Argument. Aber welches ist das beste? Kommt nicht immer wieder ein neues um die Ecke, mit dem man nicht gerechnet hat, das alles in Frage und in ein neues Licht stellt? Das Entlassenwerden aus der selbstverschuldeten Unmündigkeit in die Freiheit – funktioniert nicht. Freisein überfordert den Einzelnen, wir sehen es überall, die Menschen werden von Meinungen hin- und hergerissen, sie werden nicht souverän, sondern im Gegenteil hilflos, fühlen sich dabei aber wie die Kings, total überheblich, von sich selbst und der momentan bevorzugten Meinung eingenommen.

Was auch passiert, jedem von ihnen ist seine individuelle Freiheit am wichtigsten. Auch wenn alle kollektiv zum Abgrund rennen, auch wenn falsche Vorstellungen über die Welt kursieren, mein Gott, wer weiß schon, was falsch und was richtig ist, das sollte man jetzt nicht so hoch hängen; auch wenn die einen die anderen ausnutzen und beherrschen, das ist nicht schön, klar, das sollte man beheben, aber ganz wird man es nie beheben können, das wissen wir doch, und letztlich ist es nicht so schlimm, solange wir selbst zu denen gehören, die davon profitieren. Meine Oma hat auch immer gesagt, Demokratie wäre im Normalfall schon besser als Diktatur, aber bei einem richtig guten Diktator wäre Diktatur besser. Und wenn wir selbst dieser Diktator wären, sowieso.

Das mit der Emanzipation des Menschengeschlechts haut auf Dauer nicht hin. Wir sind zu dumm, zu beherrscht vom Moment und nicht solidarisch genug.

Aber das alles ist letzten Endes nicht so schlimm. Wirklich schlimm ist nur, wenn ich persönlich etwas von meiner Freiheit abgeben muss. Und zwar dir. Lieber verbrenne ich es noch, als dass es dir zukommt. Das sage ich dir. Davon abgesehen bin ich sehr für die Freiheit, immer, ich liebe die Freiheit. Alle Menschen sollten frei sein.

Thomas Luthardt

Metallklar plingt der Chor

der mauerpicker:
durch jähe mutation
(neunter november, nachts)
entstandne gattung (und gleich
vom aussterben bedroht –).
ich folg der spur der steine
auf den flohmarkt:
da liegt das
stück beton.
bunt.
blutgezeichnet.

Drachen im Herbst

Hunderte Drachen
Erobern die Lüfte. Drachen
Vieler Formen und Farben,
Frei fliegend, steigen,
Bis zum Zerreißen;
Drachen, gefesselt
An Seilen, gelenkt,
Von uns
ihr Aufstieg bestimmt,
Unser Lauf bringt die Bunten
Näher, näher dem Blau.

Ob gewollt oder nicht:
Jeder bezahlt
Teuer
Seine Freiheit
Mit Einsamkeit

Wunsch
hier bin ich geboren
hier will ich sterben
dazwischen
werde ich
leben
vielleicht
nicht nur
hier

Morgens
Aufwachen
Sein
Bedingungslos
Einfach so

Was für eine Zeit,
Da ein Gespräch über Boote
An Tod denken lässt,
Da Gespräche über Meere
Die Sonne verdunkeln,
Wir den Urlaub
Besser im Gebirge buchen.

Thomas Wörtche

Die Freiheit, die ich meine oder Welche Freiheit mein ich denn?

Ich soll also etwas über „Freiheit" schreiben. Okay, ich bin so frei und nehme mir auch gleich die Freiheit, den Text mit „Ich" zu beginnen, obwohl ich gelernt habe, dass man das nicht tut, zumindest nicht in Briefen und in nicht-narrativen Texten, weil das egoman und vulgär sei. Habe ich mich damit schon von einer Konvention befreit? Eine Konvention, die, sollte sie tatsächlich noch existieren, eine Petitesse wäre, der man nicht unbedingt mit dem Freiheitsbegriff zu Leibe rücken muss. Wir sind hier ja eher auf der Ebene des allgemeinen Sprachgebrauchs, obwohl schon ein Unterschied besteht, ob ich mich von einem Spinnennetz befreie, in das geraten bin, oder eine noch so belanglose Konvention unterlaufe – eine Konvention, die sich in diesem Fall aus bildungsbürgerlichen Vorstellungen darüber speist, was man tut und was man nicht tut, was eine Gruppen-/Klassen-/Schichtenzugehörigkeit und die Akzeptanz derer Werte und Normen impliziert, oder eben nicht. Und damit die Zurückweisung eines Verhaltensmusters meint, das sich nicht nur in diesem einen Beispiel konkretisiert. Bin ich schon deswegen so herrlich unkonventionell (nach Reinhard May)? Oder nur ein sprachliches Trampel?

Das ganz Große und das ganz Kleine liegen hier eng beieinander. Die liberté der französischen Revolution, die freiheitlich demokratische Grundordnung, die Freedom Riders oder die Parole Woman, Life, Freedom meinen etwas anderes als „Freie Fahrt für freie Bürger" – letztere Läppischkeit (eine Kampagne des ADAC 1974, nach der Ölkrise; dann gerne in Wahlkämpfen benutzt und heute, Stichwort Tempolimit, wieder salonfähig) markiert deutlich den Weg einer emanzipatorischen Idee – „(Sire), geben Sie Gedankenfreiheit" – zur Verprivatwirtschaftlichung. Kosmetika, Autos, Damenhygieneartikel oder Fernreisen (noch in die finstersten Diktaturen) werden mit „Freiheit" assoziiert. Obwohl auch darin eine vertrackte Dialektik steckt. In Mangelgesellschaften, also in Diktaturen und Tyranneien, ist der

Wunsch nach Konsumgütern à la mode oder der nach Reisefreiheit durchaus Teil eines legitimen politischen Programms. Nur Menschen aus saturierten Gesellschaften können darin eine Art „Verrat" an höheren Idealen sehen. Dennoch: Die Entsemantisierung einer politischen Kategorie zu einer deregulierten Lizenz, die jeden moralischen Standard sogleich als Einhegung, als „Unfreiheit" denunziert, ist ein sehr neuralgisches Ding. Die Befreiung von einer Okkupation kann sehr schnell in einen nationalistischen Rausch umschlagen, der seinerseits mit Ausgrenzung und Unterdrückung agiert. Und wie viel Blut ist im Namen der Freiheit geflossen, deren darauffolgende neue Unfreiheiten sich mit Surrogaten wie Ruhm, Ehre oder sonstigen Teleologien tarnen? Und wieder umgekehrt: Es ist ein absolutes Privileg in einer Gesellschaft leben zu dürfen, in der es Rede- und Meinungsfreiheit gibt, Reisefreiheit sowieso. Die Alliierten des Zweiten Weltkriegs haben das für uns möglich gemacht, wenn auch nicht nur aus reiner Herzensgüte. Unsere Freiheit ruht auch auf machtpolitischem Kalkül – und man könnte diese Kette historisch nach hinten verlängern: Die Freiheit der USA beruht auf der De-Kolonisation der Briten, und gleichzeitig auf Genozid und Sklaverei. Der britische Kolonialismus beruht auf der Freiheit zu handeln, die Rassismus, Flotte und Feuerwaffen garantiert, auf dem „freien Spiel der Kräfte", die erst später zu „freien Märkten" umbenannt wurden. Die Befreiung vom Zarenjoch endete im Terror des Stalinismus, und heute sind beide im Putinismus wieder herzinniglichst vereint. Und so weiter und so fort, es ist schon ein Elend mit der Menschheit.

Freiheit, so könnte man bis jetzt sagen, ist ein eher abstraktes Gut. Je erhöhter, idealer, strahlender es enthusiasmiert wird, desto schmerzhafter wird die Fallhöhe. Alice Weidel fühlt ihre Freiheit bedroht, weil man ihr ihr Schnitzel wegnehmen will, erwachsene Menschen sehen ihre Freiheit mit dem Gendersternchen davonschwimmen, und mancher Mensch meint, Wahlfreiheit herrsche nur zwischen Pest und Cholera, kurz, die diversen Albernheiten zu diesem Thema sind schon auch lustig.

Wir könnten jetzt durch die Geschichte der politischen Philosophie wandern (name dropping erspare ich uns hier), wir werden immer auf den Widerspruch zwischen Ideal und Wirklichkeit stoßen.

Und immer wieder auf den Zusammenhang von Freiheit und Moral. Das eine scheint ohne das andere nicht zu haben zu sein. „Als moralische Subjekte müssen wir uns für frei halten", notiert Kant in der „Kritik der praktischen Vernunft", was Niklas Luhmann mit dem aparten Zynismus konterte, Freiheit könne auch verstanden werden „als Unerkennbarkeit der Ursache von Freiheitseinschränkungen".

Wobei wir bei den Illusionen wären, die mit dem Begriff der Freiheit verbunden sein könnten. Auch da reichen von Albernheiten wie „der Rechtsweg steht Ihnen frei …", was angesichts der Chancen eines Individuums gegen hochgerüstete Law-Firms noch nicht mal als subtiler Zynismus rüberkommt, wenngleich das Prinzip höchst wertvoll ist, bis hin zum freien Willen die Antagonismen des Konzepts. Denn spätestens jetzt treten Psychologen und Hirnforscher auf, die Biochemie ins Feld führen oder sich zumindest darauf einigen können, dass der freie Wille eine Illusion sei. Trotzdem gibt es gute Gründe, es für eine Willensentscheidung zu halten, wenn ich beschließe, nicht jedes Ekelpaket gleich über den Haufen zu schießen, wobei es egal ist, ob diese Entscheidung illusionär ist oder nicht. Man kann das „bedingte Willensfreiheit" nennen, wobei sich die Bedingungen im günstigsten Fall an dem Wertekanon einer freiheitlichen Gesellschaft orientieren – im ungünstigsten Fall an dem einer „unfreien" Gesellschaft, die z.B. Femizide im Gleichklang mit einem bestimmten Wertekanon sieht. Womit wir bei Schopenhauers Bonmot wäre, der Mensch könne tun, was er will, aber er könne nicht wollen, was er will. Und damit wiederum bei der Moral. Um die kommen wir nicht herum. Aristoteles' offene Optionen, Hegels (preußischer) Staat (in dem sich Freiheit sozusagen materialisiert hat) oder Rousseaus volonté géneral sind letztlich und wie auch immer moralisch grundiert. Das geht auch mit Max Stirners Feier des Einzigen nicht weg. Das Verhältnis von Freiheit zu Moral mag problematisch und oft auch unbequem sein, beides sind keine absoluten, sondern relative Begriffe, die daraus folgenden Handlungen sind allerdings weder abstrakt noch relativ. Dennoch wäre es – nicht nur angesichts der globalen Verhältnisse – verheerend, das Konzept „Freiheit" als Ideologie zu bemäkeln. Freiheit ist, all at all, ein heilig Gut, das es zu schützen gilt.

Michael Stumpf

Mitwirkende

Augustin, Michael, lebt in Bremen. Jüngste Veröffentlichungen: der Auswahlband „Immer was zu knabbern – Gedichte u. Miniaturen“ (Edition Temmen, Bremen 2023), das Künstlerbuch „Sticking Around „(Redfoxpress, Dugort/Irland 2024) und das Kinderbuch „Unser Zoo bleibt heute zu!“ (Thienemann, Stuttgart, 2024).

Bäuerlein, Monika, *1981 in einem kleinen Dorf am westlichen Rande Niederbayerns. Nach dem Abitur, einer kaufmännischen Aus- und Weiterbildung sowie einigen Berufsjahren in München zog es sie in die weite Welt. Ein einjähriger Neuseelandaufenthalt brachte nicht nur zahlreiche Eindrücke mit sich, sondern auch den Wunsch nach beruflicher Veränderung, den sie sich als Reiseleitung für europäische Bustouren mit Menschen aus aller Welt erfüllte. Das erworbene Wissen über Geschichte und Kultur(en) wollte sie letztlich auch wissenschaftlich fundieren, sodass sie spätberufen sowohl ein Bachelor- (Geschichte, Europäische Ethnologie und Islamischer Orient) als auch ein Masterstudium (Europäische Ethnologie) absolvierte. Derzeit ist sie wissenschaftliche Mitarbeiterin am Lehrstuhl für Europäische Ethnologie an der Otto-Friedrich-Universität in Bamberg.

Beindorf, Heinrich, lebt in Köln, Prosa und Lyrik. Veröffentlichungen in Zeitschriften und Anthologien.

Beyerle, Sabine, *1975 in Leonberg; lebt und arbeitet in Berlin; 1996-2003 Studium der Bildenden Kunst an der Universität der Künste Berlin, 2003 Meisterschülerin bei Hans-Jürgen Diehl; Stipendien u. a. 2021 Neustartkultur Stipendium der Stiftung Kulturwerk; 2020 Sonderstipendium der Senatsverwaltung für Kultur und Europa, Berlin; 2016 Artist in Residence, Sanyi, Taiwan; Artist in Residence, Studio Plesungan, Surakarta, Indonesien; 2015 Artist in Residence, The Generator, Reno, Nevada, USA; 2012 Künstlerhaus Lukas, Ahrenshoop; Ausstellungen u. a. 2024 „it's a wild world“, Kunstverein Landshut; 2023 „grünes Licht“, Kunstverein Norden, 2020 „Orte“, Kunstverein Uelzen; 2019 „Weiße Flecken“, Kunstverein Kaponier Vechta; 2014, „Fliegende Bauten“, Kunstverein Niebüll, Richard Haizmann Museum; Niebüll; 2011 „Woanders zu Hause“, Kunsthalle Vierseithof, Luckenwalde. Die beiden Arbeiten zur „Freiheit“: Öl / Acryl auf Leinwand

Böttcher, Miriam, bin 33 Jahre alt und passionierte Weltenbummlerin. Aktuell befinde ich mich auf einer mehrmonatigen Fahrradtour durch Europa, um Spenden für Straßenhunde und -katzen auf den Kapverden zu sammeln. Wenn ich nicht gerade auf Reisen bin, findet man mich in Deutschland. Dort wohne und arbeite ich die meiste Zeit. Deutschland ist meine Base, aber mein Zuhause ist die Welt, und von dieser versuche ich so viel wie möglich kennenzulernen. Sie ist so voller Geschichten und Abenteuer, dass ich gar nicht genug bekommen kann! www.instagram.com/miriamboettcher.freisein, www.facebook.com/miriamboettcher.freisein www.freisein-verlag.de,

Bormann-Nassonowa, Elvira. Übersetzerin Georgi Tenev..

Boura, Ewa, *1954 in Thessaloniki, Lyrikerin. Studium der deutschen und englischen Literatur in London und Berlin. Stipendiatin im Schriftstellerhaus Stuttgart (2002), Internationales Künstlerhaus Villa Waldberta München (2016). Buch-Veröffentlichungen u.a.: Gedichte „Aus dem Traumarchiv“ (2016), Edition Atelier-Handpresse, Berlin Kreuzberg, Beiträge in Anthologien, zuletzt u.a. in „said. Leben und Werk im Gespräch“ (2023).

Bregel, Michael Georg, *1971 in München, lebt in Berlin, veröffentlicht Lyrik, Prosa, Übersetzungen, Grafik, Fotografien und Kurzfilme. Er war Rundfunk- und Tageszeitungsredakteur, ist studierter Politologe und als Autor, Übersetzer, Redakteur und bildender Künstler tätig. Seine Arbeiten waren und sind in diversen Ausstellungen, Museen und Kinos zu sehen, er erhielt Preise für Lyrik und Journalismus. Sein Schwerpunkt in der Arbeit als Übersetzer liegt im Bereich Comics. Zahlreiche Beiträge in Anthologien und Literaturzeitschriften und verschiedene Herausgaben. Literarische Einzelveröffentlichungen, zuletzt Lyrikband „Diesseits“ (2021).

Breitenbach, Anna, Journalistenschule München. Eine Zeitlang Reporterin und Autorin für den SWR. Sie lebt als freischaffende Autorin und Poetin in Esslingen/Nackar und Elmo di Sorano/Italien. Auftritte mit Lesungen und Performances. Ständige Installationen von Texten (Die Gedichtekiste, Stadtbibliothek Stuttgart, Das Schaufenstergedicht, Alimentari da Loretta), Ausstellungen poetischer Objekte. Für den Roman „Fremde Leute“ mit dem Thaddäus-Troll-Preis ausgezeichnet. Zuletzt: „Dichte Nähe. Körper, Wörter, Wirkstoffe“ (2023), „Nach dem Absturz ist das Fleisch ganz weich. Frauengeschichten, unter uns erzählt“ (2024, beide Konkursbuch Verlag).

Can, Safiye, *1977 in Offenbach, tscherkessische Vorfahren, Studium Philosophie, Psychoanalyse und Rechtswissenschaft in Frankfurt. Kuratorin der Zwischenraum Bibliothek für Kunst und Migration der Heinrich-Böll-Stiftung, engagiert in der Vereinigung türkischsprachiger Schriftsteller Europas (ATYG), Mitglied im P.E.N., Gastdozenturen und Stipendien, Auszeichnungen u.a.: Alfred-Müller-Felsenburg-Preis für aufrechte Literatur; Else-Lasker-Schüler-Lyrikpreis. Bücher mit Lyrik und Prosa, zuletzt HerzSchlagDrama. Ausgewählte Gedichte. (Büchergilde, Frankfurt am Main 2023). Ausstellungen.

Casper, Sigrun, *1939 in Kleinmachnow, Ausbildung zur Industrienäherin, ein Jahr Schauspielstudium, Verkäuferin in der Deutschen Bücherstube Ost-Berlin, Flucht. Später Studium Stoffmusterentwurf, Pädagogik- und Sonderpädagogikstudium, arbeitete lange als Deutsch- und Kunstlehrerin an einer „Förderschule“ mit vielen Migrantenkindern in Berlin-Wedding. Romane, Gedichte und Kurzgeschichten, Auszeichnung u.a.: Walter-Serner-Preis. 2023 erschien der dritte Band mit „Wortschätzchen“.

Ebert, Rumiana, * in Plovdiv, Bulgarien, lebt seit 1966 in Deutschland. Chemiestudium mit Promotion an der TU München, Studium der Musikwissenschaft an der Universität Heidelberg, langjährige Tätigkeit als Chemikerin. Mehrere Gedichtbände, zuletzt „Ecken und Ovale“, Wieser Verlag, und „Mitlesebuch 135“, Aphaia Verlag 2017, sowie zahlreiche Veröffentlichungen von Gedichten und Erzählungen in verschiedenen Zeitschriften, Anthologien und Zeitungen, u. a. in „Sinn und Form“, „Sprache im technischen Zeitalter“, FAZ. Übersetzungen von Gedichten aus dem Bulgarischen. Preise und Stipendien, zuletzt 2007 Literaturpreis der Stadt Mannheim für Lyrik.

El Helou, Chantalle, studiert in Jena Gesellschaftstheorie. Sie veröffentlichte 2023 „Vom Queersexismus zur Emanzipation. Ein Lagebericht mit Auswegen“ und hält Vorträge zur Kritik an Postmoderne und Queerfeminismus.

Engelbrecht, Lucia, Übersetzerin, Gedicht von Orit Gidali.

Ertle, Peter, *1962 in Augsburg. Studium der Neuen Deutschen Literatur, Philosophie und Allgemeinen Rhetorik in Tübingen. Journalist, Autor und Dozent. Kulturredakteur des Schwäbischen Tagblatts. Buch „Wir gehen jetzt weiter zum brennenden Hasen“ zusammen mit Armin Bremicker. Lebt in Tübingen.

Fausto, Pedro, *1953 in Tijarafe (La Palma), lebt dort, Ausstellungen, Bilder in Museen, Bildbeiträge in Büchern.

Fellgiebel, Barbara, *1950 in Deutschland, Wahlschwedin, organisiert Kulturreisen und internationale Literaturtreffen. Germanistin, Journalistin, Wirtin, Lehrerin, Autorin, Übersetzerin, Radiostimme, Literaturbesessene. 30 Jahre lang lebte sie in Portugal. Hält antinazistische Vorträge: „Mein Großvater versuchte Adolf Hitler zu ermorden“. Schreibt Buchmesse- und Literaturfestivalberichte. www.literaturcafe.de

Forschbach, Ruth, Autorin, Lyrikerin und Moderatorin, lebt in Frechen. Sie ist in Beratungs- und Projektarbeit sowie im Veranstaltungsmanagement tätig und arbeitet u.a. publizistisch für Fachmagazine. Veröffentlichungen: „Zwischen Punkt und Komma“, Lyrikband 2021, „Im Innern der Zeit“, Lyrikband 2022, sowie Gedichte und Essays in zahlreichen Anthologien, diversen Literaturmagazinen und (Netz-) Zeitschriften. Mitglied im Autorenkreis Rhein-Erft (ARE), in der Gesellschaft für zeitgenössische Lyrik (GZL), im Bundesverband j. Autoren/Autorinnen (BVjA) sowie im Europa-Literatur-Kreis, Kapfenberg/Österreich. www.lyrisches-mittendrin.de

Gidali, Orit, israelische Dichterin, Herausgeberin und Bilderbuchautorin, Gründerin von „Sadnaot Habait“, Israels bekanntester Schule für kreatives Schreiben, ausgezeichnet u.a. mit einem Fulbright-Stipendium, 2023.

Hafner, Elisabeth, preisgewürdigte Lyrikerin und ehrenamtliches Vorstandsmitglied des Kärntner Schriftstellerinnen-Verbandes.

Herholz, Gerd, *1952 in Duisburg als Sohn einer Hausfrau und eines Zinkziehers. Lebt mit seiner Frau in Gelsenkirchen-Buer. Schreibt für Zeitungen, Zeitschriften, Blogs, für den Rundfunk sowie wissenschaftliche Beiträge (zuletzt in Jan-Pieter Barbian/Erhard Schütz, Hg.: „Die ‚Utopie des Alltäglichen‘. Nachdenken über Nicolas Born“, Wehrhahn, Hannover 2019). Bücher u.a. „auf- und abgesänge. gedichte“ (Sassafras, Krefeld 1983), der Longseller „Die Musenkussmischmaschine. 132 Schreibspiele für Schulen und Schreibwerkstätten“ (Neue Deutsche Schule, Essen 20033) und das „Lesebuch Sigismund von Radecki“ (Aisthesis, Bielefeld 2021). Veröffentlichungen in Anthologien und Literaturzeitschriften, zuletzt in DAS GEDICHT, in „Gedichte für alle Liebeslagen“ (Philip Reclam jun., Stuttgart 2021), in „Ruhrgebiet – über uns“ (Henselowsky Boschmann, Bottrop 2023). Er übt seit Jahrzehnten Kampfkünste und ist ausgebildeter Lehrer des Qigong Yangsheng und Taijiquan. In zunehmend gewalttätigen Zeiten wurde er zum Schüler des Krav Maga.

Hildebrandt, Joachim, schreibt Prosa und Lyrik, ist Hörfunkautor für Feature, Essay und Reportagen. Lebt in Potsdam. Ist Indienreisender.

Hollenfels, Martina, * 1969, Dipl.-Päd., war vor ihrem Wechsel ins Verlagswesen in der Erwachsenenbildung tätig. Sie lebt in Wien und arbeitet dort als freie Übersetzerin, Autorin und Buch-Coach. Unter dem Pseudonym Florentina Iride hat sie mehrere Romane und Kurzgeschichten veröffentlicht, unter anderem beim Homo Littera-Verlag. Mehr zu ihrer Tätigkeit und ihren Texten kann man auf www.buecher-hebamme.at nachlesen.

Hornauer, Jan-Eike, *1979 in Lübeck, leidenschaftlicher Textzüchter (freier Autor, Herausgeber, Lektor und Texter), wohnt in München. Aufgewachsen in Hausen bei Aschaffenburg, Studium der Germanistik und Soziologie in Würzburg. Jüngster Solo-Band: „Das Objekt ist beschädigt. Zumeist komische Gedichte aus einer brüchigen Welt“ (muc Verlag 2016). Jüngste Herausgabe: die Lyriksammlung „Wenn Liebe schwant“ (muc Verlag 2017). Zweiter Vorsitzender des Münchner Künstlervereins Realtraum, freier Redakteur bei „Das Gedicht blog“. Zudem zahlreiche Gedichte und Kurzgeschichten in Anthologien (erschienen u. a. bei Reclam und dtv) und in Publikumsmedien (etwa taz und Main-Echo sowie WDR 3 und 5). Er ist zweifelsohne einer der größten Literaten Deutschlands (exakt zwei Meter Körperlänge). www.textzuechterei.de

Hůrková, Klára, *1962 in Prag, lebt in Aachen. Studium der Philosophie in Prag und der Anglistik und Kunstgeschichte in Aachen und Norwich. Promotion. Autorin, Übersetzerin, Herausgeberin, Lehrerin, Malerin. Mehrere Gedichtbände, zuletzt „Gehege mit Magnolien“, Pop Verlag, Ludwigsburg 2023. Diverse Preise, zuletzt POST-POETRY NRW, 2018 und First Prize in English Poetry Contest of World Congress of Poets, 2023. Mitglied im Tschechischen Zentrum des internationalen P.E.N. Klubs. www.hurkovaklara.de

Kahn, Wiebke, Künsterin in Berlin. www.wiebkekahn.de

Kallhoff, Angela, *1968 in Arnsberg, Studium, dann wissenschaftliche Assistentin am Institut für Philosophie in Münster, Research Scholarships an der Columbia University, New York, jetzt Professorin für Ethik mit besonderer Berücksichtigung von angewandter Ethik an der Universität Wien.

Knauss, Sibylle, wuchs im Ruhrgebiet auf und studierte Germanistik und Theologie. Autorin zahlreicher Romane, darunter der Bestseller „Evas Cousine“, den die New York

Times im Jahr 2002 unter die „Notable Books of the Year" wählte. Neben ihrer schriftstellerischen Tätigkeit war sie Professorin an der Filmakademie Baden-Württemberg und Filmdramaturgin. Zuletzt erschienen von ihr die Romane „Das Liebesgedächtnis" und „Der Gott der letzten Tage" in der KrönerEditionKlöpfer 2023 sowie der Essayband „Der Glaube, die Kirche und ich" in der Reihe Kröner Einsichten 2022.

Koehler, Inna, Geografin, fotografiert gerne und malt.

Körting, Katharina, freie Autorin und Journalistin in Berlin.

Lapœ, Amï, (alias Mariam Popal) ist habilitierte Literaturwissenschaftlerin in Allgemeiner und Vergleichender Literaturwissenschaft (AVL) an der Universität Bayreuth und Mitglied der Forschungssektion Arts&Aesthetics des dortigen Exzellenzclusters. Sie ist unter dem knallblauen Himmel von Kabul (der Himmel hat sie nie verlassen), dem Duft von Mehlbeerenbäumen, patsch-frischen Nordwinden und vielen, glitzernden, freifliegenden bunten Buchstaben aufgewachsen, wo sie noch immer lebt. Sie ist Initiatorin und Leiterin der digitalen Plattform und Denkwerkstatt Othernesses–Towards Humanisms Beyond BoderThinking, welche auch den Theorieblog Theorie. Text birgt. Außerdem ist sie assoziiertes Forschungsfellow in der Amerikanistik der Universität Potsdam.

Lerchbaum, Gudrun, lebt in Wien. Als Architektin verfügt sie über beste Voraussetzungen zur Konstruktion fiktiver Welten. Als ehemalige Philosophiestudentin, Fabrikarbeiterin, Plakatkleberin, Kellnerin und Alleinerzieherin kennt sie sich in der realen Welt aus. Ihr erster Roman erschien 2015 bei Aufbau, der fünfte, „Zwischen euch verschwinden", 2023 im Haymon Verlag.

Lieb, Sigi, studierte Diplom-Sozialwissenschaften an der FAU Erlangen-Nürnberg mit interkulturellem Schwerpunkt und volontierte bei der Deutschen Welle in Köln, Bonn und Berlin. Nach Jahren als Journalistin und PR-Beraterin arbeitet sie heute als Beraterin und Trainerin für Diversity und inklusive Kommunikation (www.gespraechswert.de). Im März 2023 erschien ihr Buch „Alle(s) Gender. Wie kommt das Geschlecht in den Kopf?", Querverlag.

Lioubaskina, Marina, in Usbekistan geboren, studierte Schöne Künste in Kaliningrad und St. Petersburg, lebt und arbeitet vorwiegend in Berlin. Internationale Projekte, Lesungen, Performances und Ausstellungen, u.a. „Kunst auf Rezept", Parallelprogramm zur Biennale Venedig. Bücher: „Marinotschka, du bist so zärtlich", „Alice-Soliton" und „Lioubaskina-Cocktail".

Lipp, Carola, pensionierte Professorin im Fach Kulturanthropologie/Europäische Ethnologie der Universität Göttingen.

Luthardt, Thomas, *1950 in Potsdam. Zuletzt erschienen „Poesiealbum 378: Thomas Luthardt" (Märkischer Verlag, 2023) und „Märchenbrunnen" (Verlag der 9 Reiche, 2021).

Mayer, Alf, *1952, freier Journalist und Exil-Allgäuer, lebt nach 33 Jahren Frankfurter Westend in Bad Soden am Taunus. Filmredakteur der legendären Medienzeitschrift „medium", CvD bei der IG Metall und dem Werber-Blatt „horizont", Arbeit mit Edgar Reitz („Heimat") und Alexander Kluge (TV), Textchef Manufactum, 150 Titelgeschichten für die IG BAU, 50 Reportagen für das „Schwarzbuch: Rente mit 70. Zusammen mit Frank Göhre Bücher über Ed McBain und Elmore Leonard, Übersetzer der vier Räuberinnen-Romane von Wallace Stroby, von Benjamin Whitmer „Flucht" und Katherine Faw „Young God". Seit 2016 monatlich ein CrimeMag bei: www.culturmag.de

Möllendorff, von, Erika, pensionierte Ärztin.

Nössler, Regina, Studium der Germanistik und Film- und Fernsehwissenschaften. Lebt als freie Autorin und Lektorin in Berlin. Zahlreiche Publikationen, zuletzt die Krimis „Die Putzhilfe" (2019), „Katzbach" (2021) und „Kellerassel" (2023), alle im Konkursbuch Verlag Claudia Gehrke.

Ossege, Ba, *1962 in Duisburg , in Wien aufgewachsen, Soziologin & Schreibdozentin, Autorin autofiktionaler Prosa, veröffentlicht in Anthologien & Literaturzeitschriften, zuletzt u.a.: Das Schreiben der Frauen, 2023, in: Entladungen. Zeitschrift für Literatur der Arbeitsgemeinschaft Autorinnen, Schwesternschaft, Wien, 7-10. Let's adore Jelinek! Let's praise Ernaux!, 2023, in: SchreibRÄUME. Über Grenzen hinweg schreiben, Punktgenau Verlag, Wien, 1/2023, 48-53. Ausgehungert, 2022, in: Podium. Zeitschrift für Literatur. www.baosse.net, https://www.instagram.com/ba_osse/

Petti, Loretta, *1951 in Montepulciano, tiefste Toskana, seit über 40 Jahren in Deutschland, Hauptberuf Quereinsteigerin, seit Jahren Betreiberin in Stuttgart der Location „Alimentari da Loretta" mit Gastronomie und Kultur, papiernes Produkt ihrer Gastrobetätigung ist das Kochbuch „Loretta kocht echt italienisch" (Hädecke Verlag).

Rathenow, Lutz, *1952 in Jena. Nach der „Black Panther Party/Sektion Jena" gründete und leitete er ab 1972 den „Arbeitskreis Literatur und Lyrik" bis zu dessen Verbot 1975. Übersiedlung nach Ostberlin. Sein erstes in der Bundesrepublik publizierte Buch führte zu dreimonatigen Ermittlungsverfahren. Er galt fortan als politischer und literarischer Netzwerker zwischen DDR-Opposition, literarischen Szenen und West-Journalisten. Sächsischer Landesbeauftragter zur Aufarbeitung der SED-Diktatur von 2011–2021. Dort ging er eigene Wege. „Drei Mal die Freiheit …" collagierte er aus dem Sammelband „Trotzig lächeln und das Weltall streicheln. Mein Leben in Geschichten". (Wir danken dem Kanon-Verlag für die Nachdruckerlaubnis).

Redweik, Britta, wurde in eine Familie der Geschichtenerzähler*innen geboren. Wurde ihr als Kind noch erzählt, wie die Gummibärchen an Bord der Enterprise kamen, hat sie sich als Erwachsene selbst erst daran gemacht, den Menschen zu studieren, um ihn besser zu verstehen. Nachdem sie dank ihrem Soziologiestudium aber gelernt hat, dass die Realität einfach nicht magisch genug ist, zieht sie sich jetzt lieber in die Welt in ihrem Kopf zurück und nimmt gerne mal Lesende auf diese Reise mit. Sie hat bisher die Biografie „Unter drei Augen“ herausgebracht, zudem erschienen 2022 von ihr sowohl ein Sachtext in einem Projekt, das Lehrmaterialien zu Diversität für Schüler*innen der 8. und 9. Klasse bereitstellt, als auch Kurzgeschichten in den Anthologien „Hic Sunt Dracones“ und „Body Enhancements“. Kostenlos auf ihrer Website steht zusätzlich die 2022 geschriebene Weihnachtsnovelle „Fast wie im Weihnachtsfilm“ zum Download zur Verfügung. Außerdem bietet sie Sensitivity Reading an.

Renkliöz, Alieren, ist Lyriker und Journalist. Er denkt, die Freiheit, zu deiner Ethnie und Religion zu stehen, ist für Kurd*innen und Alevit*innen in Deutschland und der Türkei gefährlich. Die Assimilationspolitik des türkischen Staates ragt bis nach Deutschland, wo die Interessen des NATO-Partners rabiat durchgesetzt werden. Die Grauen Wölfe sind die größte faschistische Organisation in Deutschland. Kritische Journalist*innen leiden unter Verfolgung durch staatliche Institutionen und Menschen, die sich weigern, das Selbstbestimmungsrecht des kurdischen Volkes anzuerkennen. Arbeiten von Renkliöz finden sich auf seiner Website: alierenrenklioez.de

Richter, Elisabeth, * in Gütersloh, Westfalen. Studium der Pädagogik und Soziologie in Göttingen. Berufsjahre als Buchhändlerin, Internatslehrerin und -erzieherin, Familientherapeutin, Kulturjournalistin. Freie Mitarbeit bei verschiedenen Zeitungen, wiederholt Beiträge für DIE ZEIT, DAS MAGAZIN. Autorin von Kurzgeschichten. Mehrfache Preisträgerin, u.a. 1. Preis 2006 und 2. Preis 2021 beim Brandenburgischen Literaturpreis. Privat: 4 Kinder, 1 Klavier, 1 Cembalo, 1000 Bücher. Sie lebt in einem Dorf in der Prignitz im Land Brandenburg.

Rick, Karin, Wiener Autorin. Schreibt seit vielen Jahren, oft über die Verschränkungen von Liebe, Sex und Macht.. Sie studierte Kommunikationwissenschaft und Kunstgeschichte. Dolmetscher- und Übersetzerstudium an den Universitäten Wien und Paris, Studien- und Lehraufenthalte in Frankreich, Belgien und Spanien. Sie organisierte Symposien und übersetzte u.a. Bücher von Hélène Cixous und Alain Robbe-Grillet aus dem Französischen. Sie gab Konkursbuch 20 „Das Sexuelle, die Frauen und die Kunst“ (1987) heraus, ihre erste Publikation im Konkursbuch Verlag.

Santiago Staehle, Matthias, *1975 in Esslingen, aufgewachsen in Neuhausen. Chilenische Mutter, deutscher Vater, zweisprachig. Abi, Zivi und Prakti bei Fotografen und Filmproduktionen. 2005 Diplom mit * an der Hochschule für bildende Künste Hamburg. Meisterschüler von Wim Wenders, freier Autor und Regisseur. 2007 Premiere von Mikrofan (Spielfilm, 80 min) bei den Hofer Filmtagen und im Anschluss bundesweiter Kinostart. Verschiedene Auszeichnungen. www.santiagostaehle.de. Aktuelles Buch: Meer, reif & verwegen /Mar, maduro y atrevido (Gedichte, chili Verlag 2022)

Schock, Axel, *1965, lebt und arbeitet als Herausgeber, Redakteur und Journalist in Berlin. Mitherausgeber des Jahrbuchs „Mein schwules Auge“, Band 3-14, sowie Autor (u.a. „Die Bibliothek von Sodom“, „Out im Kino – Das lesbisch-schwule Filmlexikon“, „Absolut Berlin. Das Berlin-Sammelsurium“ und „Schwule Orte. 150 berühmt-berüchtigte Schauplätze“). Seit 2013 Organisator des internationalen poesiefestival berlin.

Schwab, Waltraud, Autorin, Journalistin aus Berlin, seit 2002 bei der taz. 2021 erschien der Roman „Brombeerkind“ im Ulrike Helmer Verlag. Viele Texte finden Sie im taz-Archiv: https://taz.de/!s=waltraud+schwab/ Oder unter: www.waltraud-schwab.de. Auf Instagram finden Sie mich unter: wa_wab.un_art

Sofronieva, Tzveta, ist mehrsprachige Autorin von Gedichten, Kurzgeschichten, Essays und Theaterstücken, sowie Herausgeberin interkultureller Anthologien. Sie ist auch Kuratorin von Lesereihen, darunter „Das Wissen der Dichtung“ (2015) und „mehrsprachig ringen“ (2019). Ihre Werke wurden in 22 Sprachen übersetzt, und u.a. mit dem Adelbert-von-Chamisso-Förderpreis (2009) und dem Cliff Becker Prize in Translation (2012) ausgezeichnet. 2020 wurde sie vom bulgarischen Kulturministerium für ihren Beitrag zur bulgarischen Literatur (2020) geehrt, 2023 war sie Writer in Residence in IWP in Iowa. Zuletzt erschien ihr englischsprachiger Band „Multiverse: New and Selected Poems“ (2020).

Sonnenberg, Gudrun, *1965, lebt und arbeitet in Berlin als Redakteurin, Schreibtrainerin und freie Journalistin. Sie schreibt Kurzgeschichten und ist Kernautorin der Offenen Lesebühne „So noch nie“ in Berlin-Pankow.

Stegmüller, Achim, *1977 in Heidelberg, studierte in Leipzig am Deutschen Literaturinstitut, in Tübingen Japanologie und in Marburg DaF. Seit 2001 stetige Publikationen von Lyrik und Prosa in Anthologien und Literaturzeitschriften wie ndl, edit und Am Erker. Seit 2006 Preise und Stipendien, u.a. Else-Lasker-Schüler-Stückepreis 2010, Jahresstipendium Literatur der Kunststiftung-Baden-Württemberg 2012 und Schwäbischer Literaturpreis 2023. Zuletzt erschienen: 2018 im Textem Verlag die Erzählung „Zerstreuung“ und 2023 in Zusammenarbeit mit Anja Liedtke und Sabine Hey im Achter-Verlag Gedichte und Kurzprosa „Von Hängen fallen. Meraner Sammlung“. Lebt seit 2013 als Lektor für Deutsch in Kyoto.

Steidle, Sonja, *1962, Meisterschülerin der Staatl. Kunstakademie Düsseldorf (bei Professor Erwin Heerich), verschiedene Stipendien und Preise, Kunststudium an der Ecole des Beaux Arts, Paris, seit 2020 Museumspädagogik Kunstmuseum Engen. Zahlreiche Einzelausstellungen, zuletzt Sentiero d'Arte, Trarego-Cheglio (2023). Sie lebt und arbeitet in Orsingen am Bodensee.

Stumpf, Michael, Los Llanos, La Palma, La sorpresa. Wanderführer, Naturfotografie.

Sukhana, Sunita, *1991 in Darmstadt, Studium Staatswissenschaft und Literaturwissenschaft, Volontariat beim Konkursbuch Verlag, jetzt Mitarbeiterin im Hirzel-Verlag. Buch: „Von Indien nach Deutschland: Was uns der Weg meines Vaters über Migration und die Freundlichkeit von Fremden erzählt“ (2023, Hirzel Verlag).

Tawada, Yoko, *1960 in Tokyo. 1979 kam sie das erste Mal nach Deutschland, mit der transsibirischen Eisenbahn. Seit 2006 lebt sie in Berlin. Studium der Literaturwissenschaften in Tokyo, Hamburg und Zürich, Promotion. Yoko Tawada schreibt auf Japanisch und auf Deutsch literarische Essays, Romane, Gedichte, Kurzprosa und Theaterstücke. Ihre Bücher sind in viele Sprachen der Welt übersetzt. Viele Auszeichnungen u.v.a. Goethe-Medaille, Akutagawa-Sho, Kleist-Preis, Carl-Zuckmayer-Medaille, National Book Award. Bisher 28 Bücher im Verlag. Zuletzt erschien „Eine Zungengymnastik für die Genderdebatte".

Tazhi, Aigerim, Айгерим Тажи (Kasachstan), LyrikerinI. Gedichtband „БОГ-О-СЛОВ [THEO-LOG-IAN, oder GOD O›WORDS]" und „Бумажная кожа"/Paper-Thin Skin (USA, 2019), zweisprachige Ausgabe bei Zephyr Press. Das Buch erhielt zahlreiche Rezensionen von internationalen Kritikern. Wurde in „World Literature Today" in die „Most Notable Translations" des Jahres sowie von Meduza in die „Top Books des Jahres" aufgenommen. Literaturpreise u. a. Literary Steps Prize, Shortlist für den Debut Prize und den Voloshin Literary Contest. Ihre Gedichte wurden in Europa, Asien, Afrika und Amerika veröffentlicht und in viele Sprachen übersetzt, darunter Englisch, Französisch, Niederländisch, Deutsch, Polnisch, Arabisch, Armenisch, Usbekisch, Kasachisch und andere. Tazhi ist auf internationalen Literaturbühnen aufgetreten, z. B. auf dem Poetry International Festival Rotterdam, und ist Ehrenstipendiatin für Schreiben des Internationalen Schreibprogramms IWP (Iowa City, USA). Mehrere Projekte an der Schnittstelle zwischen Poesie und anderen Kunstformen.

Tenev, Georgi, *1969 in Sofia, Bulgarien, Schriftsteller und Dramatiker, Romane, Kurzgeschichten und Film/TV-Drehbücher. „Heiliges Licht", Erzählungen, Altera, Sofia.

Voss, Ulrike, Lehrerin, einige Romane in der Reihe Liebesleben, u.a. „Alicia", „Das dritte Mal".

Wasitschek, Karina, schreibt, zeichnet, schaut hin, hört zu, hält Reden. Sie hat von Klos putzen über Zigaretten verkaufen und Bier zapfen bis zum Lektorat einer wissenschaftlichen Publikation und Provenienzforschung im Stadtmuseum so ziemlich jeden Job gemacht. Ihr würde niemals einfallen, dessen Lied zu singen, wessen Brot sie isst. Am Theater Lindenhof und am Theaterhaus Stuttgart werden Inszenierungen ihres Stücks „Wer lange wartet, stirbt – Monolog einer Klimaaktivistin" aufgeführt. Sie hat einen Abschluss in Slavistik und Ethnologie und schreibt ihre Masterarbeit in Empirischer Kulturwissenschaft über den Alltag von flüchtenden Menschen an der bosnisch-kroatischen Grenze, wenn sie nicht gerade in diversen Politgruppen arbeitet. Ansonsten sitzt Karina gern an belebten Plätzen und beobachtet Bäume, Menschen, Katzen und Vögel. Für wütende Einwände, lustige Kommentare oder Neuigkeiten über das Hubble-Teleskop erreichbar unter karina.wasitschek@posteo.de.

Weigelt, Andreas, Theaterwissenschaftler (Fulbright-Stipendiat New York University), Gründer und 25 Jahre lang kreativer Kopf der Galerie Bellevue Kunst + Kultur in Tiergarten. Fast 6 Jahre lebte er in New York und ist noch viele Jahre danach hin - und her gereist. „Das Leben in zwei Welten, der alten und der neuen. Jede Welt befruchtete die andere. Das Pendeln selbst, die Zeit im Flugzeug, zwischen den Welten, aus dem Fenster über die Wolken blickend, war etwas ganz Besonderes für mich. Hier konnte ich die große, ultimative Freiheit erahnen. In einem wunderbaren Vakuum."

Wels, Jane, arbeitet an ihrem Lyrikdebüt. @jane.wels

Wertheimer, Jürgen, Professor für Internationale Literatur und Autor in Tübingen. Leitete das von ihm initiierte Forschungsprojekt „Cassandra: Krisenfrüherkennung durch Literaturauswertung". Bücher im Konkursbuch Verlag: „Don Quijotes Erben. Die Kunst des europäischen Romans", „Weltsprache Literatur. Die Globalisierung der Wörter" und über die Krisenerkennung durch Literatur „Sorry Cassandra! Warum wir unbelehrbar sind" (weitergeschriebene Neuausgabe in Arbeit).

Winkels, Ute, lebt und arbeitet zur Zeit als Dozentin und Referentin für Japanisch in Düsseldorf. langjährige Pressesprecherin und Projektleiterin am Institut für Deutsch-Japanische Beziehungen in Düsseldorf und Tokio. Danach wurde sie Geschäftsführerin und Mitgesellschafterin des Asien-Instituts „Language Office" bzw. „Asiakomm". Sie veröffentlichte zahlreiche interkulturell orientierte Artikel in einschlägigen Zeitschriften, Magazinen und Tageszeitungen, Gedichte u.a. 2024 in „Einsamkeit. Mein lesbisches Auge 23". Buchveröffentlichungen: „Verhandeln mit Japanern" (Gabler Verlag) und „Hallo Düsseldorf" (daisan-shobo Verlag).

Wörtche, Thomas, *1954 in Mannheim, Literaturkritiker und Publizist. Studium der Germanistik und Philosophie in Bochum und Konstanz, promovierte über phantastische Literatur. Er publiziert Literaturkritiken und Essays. Im Deutschlandradio Kultur regelmäßig Beiträge zur Kriminalliteratur. U.a. Jury-Mitglied des Deutschen Krimi Preises und Herausgeber einer Krimireihe im Suhrkamp-Verlag.

Wronsky, Gail, Autorin von acht Gedichtbänden, zwei gemeinsam verfassten Gedichtsammlungen und zwei Büchern mit Übersetzungen von Lyrik der argentinischen Dichterin Alicia Partnoy. Bücher u.a. „The Stranger You Are" mit Bildern des bekannten Künstlers Gronk (Tía Chucha Press) und „Under the Capsized Boat We Fly": New & Selected Poems (White Pine Press). Sie lebt in Topanga, Kalifornien.

Zetzmann, Kira, *1999 in Coburg, studiert gerne und gerade, besonders glücklich über die kleinen Dinge im Leben und ihre Familie.

Marina Lioubaskina, Verbieten verboten

KONKURSBUCH.DE

Impressum

Erste Auflage von 666 Exemplaren 2024

PF 1621, 72006 Tübingen, Telefon: 0049 (0) 7071 66551 und +172 7233958
gehrke@konkursbuch.de
Gestaltung: Verlag

Danke an alle, die mit Text und Bild zu diesem Buch beigetragen haben oder sich haben interviewen lassen. Dank auch an Elisabeth Herzog, Sophie Voigtmann und Tzveta Sofronieva für Recherche, Übersetzung und Vermittlung einiger Beiträge und an Amancay Kappeller für die Transkription.

www.konkursbuch.de
Gerne schicken wir Ihnen auch unser gedrucktes Gesamtverzeichnis.
ISBN: 978-3-88769-259-9